论著的调查研究成果受“中国语言资源保护工程”课题资助。课题名称：民族语言调查·云南昭通苗语西部方言滇东北次方言。项目课题编号：YB1912A058。

论著的出版受“云南财经大学‘十四五’学位授权点孵化项目和学科水平提升项目”资助。

云南彝良大花苗苗语研究

陈龙　著

中央民族大学出版社
China Minzu University Press

图书在版编目（CIP）数据

云南彝良大花苗苗语研究 / 陈龙著 . —北京：中央民族大学出版社，2023.8（2024. 10 重印）

ISBN 978-7-5660-2219-6

Ⅰ . ①云…　Ⅱ . ①陈…　Ⅲ . ①苗语—研究—彝良县　Ⅳ . ① H216

中国国家版本馆 CIP 数据核字（2023）第 080619 号

云南彝良大花苗苗语研究

著　　者　陈　龙

责任编辑　白立元

封面设计　舒刚卫

出版发行　中央民族大学出版社

北京市海淀区中关村南大街 27 号　　邮编：100081

电话：（010）68472815（发行部）　传真：（010）68933757（发行部）

（010）68932218（总编室）　（010）68932447（办公室）

经 销 者　全国各地新华书店

印 刷 厂　北京鑫宇图源印刷科技有限公司

开　　本　787×1092　1/16　印张：22.75

字　　数　311 千字

版　　次　2023 年 8 月第 1 版　2024 年 10 月第 2 次印刷

书　　号　ISBN 978-7-5660-2219-6

定　　价　78.00 元

目　录

第一章　绪论

第一节　苗语和苗语系属

一、苗族及苗语的地位

苗族有着悠久的历史，今天的苗族主要分布在中国的湖南、四川、贵州、云南、广西等省区，老挝、越南、美国等国也有不少的苗族人口。全国第六次人口普查显示，中国境内苗族九百四十多万人（2010年），第七次人口普查结果显示，苗族人口已经超过一千万。苗族使用的语言主要是苗语，“在中国，约有四分之三的苗族人仍以苗语为母语，四分之一左右以汉语或勉语、侗语等其他少数民族语言为母语”[①]。

苗族有自己的语言，在漫长的发展过程中，随着不断的迁徙，苗族散居于各地，语言发生了很多变化，产生了一定的差异，形成了许多方言土语。

苗语的系属问题以及与周边其他语言的关系，众说纷纭。比较有代表性的观点有：

李方桂把苗－瑶语族归入印－支语系（Indo-Chinese Family），苗－

① 余金枝：《湘西矮寨苗语参考语法》，中国社会科学出版社，2011年，第1页。

瑶语族包括苗语群和瑶语群[①]。

白保罗（Benedict）认为苗语族是一个独立的语族，不属于汉藏语系，应该属于澳斯特罗-泰语系（Austro-Tai）[②]。

沙加尔（Sargat L.）提出汉语南岛语同源的观点[③]。这一观点得到部分中国学者的支持，“邢公畹、郑张尚芳、潘悟云等也支持建立‘华澳语系’。不过，他们对苗瑶语的归属稍有不同。沙加尔把苗瑶语放到南岛语。邢公畹、郑张尚芳、潘悟云、陈保亚等则列入汉藏语系，实际仍认为苗瑶语属汉藏语系。”[④] 王辅世否定了白保罗等人的观点，坚持苗瑶语族和汉语具有同源性[⑤]。

学术界对于苗瑶语族的归属虽然存在争议，但是苗语属于苗瑶语族是得到多数研究者肯定的，苗语与汉语的关系需要通过更多语言事实来证明。

二、苗语方言的划分

苗语方言的划分，是在许多学者调查研究的基础上逐步完善的。《苗语方言调查报告》中总结了1950—1955年苗语调查研究的情况，把苗语分为三个方言，东部方言、中部方言和西部方言[⑥]。

经过补充调查研究，1959年把东部和中部的次方言改为土语，对一些苗语方言、土语进行调整，“苗语分为湘西、黔东、川黔滇方言。湘西

---

① 李方桂：《中国的语言和方言》，引自中国语言学报（美国），1973年创刊号，第1—7页。

② 本尼迪克特：《汉藏语言概论》，中国社会科学院民族研究所语言室，1984年。

③ Sagart L. *Chinese and Austronesian*: *Evidence for a Genetic Relationship*. Journal of Chinese Linguistics，1993，21（1）：1-63.

④ 李云兵：《20世纪以来的苗瑶语调查》，《民族翻译》，2011年，第1期，第72—80页。

⑤ 王辅世：《苗瑶语的系属问题初探》，《民族语文》，1986年，第1期，第1—18页，第79页。

⑥ 马学良、喻世长、王辅世：《苗语方言调查报告》，民族语文科学讨论会印，1955年，第3页。

方言分为东、西两个土语，黔东方言又分为东、北、南三个土语。川黔滇方言内别差别大，分为川黔滇、滇东北、贵阳、惠水、麻山、罗泊河、东部等七个次方言。”[①] 王辅世把川黔滇方言东部次方言改名为重安江次方言[②]。

苗语的方言划分还存在一些遗留问题，李云兵经过大量的调查研究，提出苗语方言归属和划分的补充意见，他认为：黔东方言和川黔滇方言中应分别增加一个次方言，川黔滇次方言分别增加一个土语，贵阳次方言增加两个土语[③]。杨再彪（2004）[④] 通过调查分析，认为湘西方言应分为六个土语。

在已有的研究成果中，苗语分为三大方言，27个次方言、土语。三大方言即湘西方言（亦称“东部方言”）、黔东方言（亦称“中部方言”）和川黔滇方言（亦称“西部方言”）。分布区域如下：

（一）湘西方言

主要通行于湖南省的湘西土家族苗族自治州、贵州省的松桃苗族自治县、湖北省的恩施市、宣恩县、来风县、咸丰县和重庆市的秀山土家族苗族自治县、酉阳土家族苗族自治县、彭水苗族土家族自治县等地。湘西方言其内部又分为两个次方言，6个土语。

西部次方言3个土语

第一土语，分布在湖南省湘西土家族苗族自治州的凤凰县（除原叭仁乡）、花垣县大部、吉首市南部，怀化市的新晃侗族自治县、麻阳苗族自治县；贵州省松桃苗族自治县，以及榕江县、紫云苗族布依族自治县的部分地区；重庆市秀山土家族苗族自治县的部分地区；广西壮族自治区南丹

① 中国科学院少数民族语言研究所、中国少数民族语言简志：《苗瑶语族部分》，科学出版社，1959年，第3—4页。

② 王辅世：《苗语方言划分问题》，《民族语文》，1983年，第5期，第1—22页。

③ 李云兵：《苗语方言划分遗留问题研究》，中央民族大学出版社，2000年，第39—68页。

④ 杨再彪：《苗语东部方言土语比较》，民族出版社，2004年。

县、都安瑶族自治县的部分地区。

第二土语，分布在湖南省湘西州花垣县东部，吉首市西部、北部，保靖县东部，古丈县西南部，凤凰县原叭仁乡；湖北省宣恩县的部分地区。

第三土语，分布在湘西州保靖县东南部。

东部次方言3个土语

第一土语，分布在湘西州泸溪县的小章乡。

第二土语，分布在湘西州泸溪县西北部、吉首市东部、古丈县东南部。

第三土语，分布在湘西州龙山县南部、永顺县的首车乡。

（二）黔东方言

黔东方言主要通行于贵州省的黔东南苗族侗族自治州、安顺市、黔西南布依族苗族自治州和黔南布依族苗族自治州，广西壮族自治区的融水苗族自治县、三江侗族自治县以及湖南省的靖州苗族侗族自治县、会同县等地。黔东方言分为4个土语：

北部土语分布在贵州省的凯里市、黄平县、雷山县、台江县、施秉县、都匀市、麻江、丹寨、剑河、镇远、三穗、三都、福泉、平坝、镇宁、兴仁、贞丰、安龙、望谟等地。

东部土语分布在贵州省的锦屏县、黎平县、剑河县等地，湖南省的通道侗族自治县、靖州苗族侗族自治县、会同县等地。

南部土语分布在贵州省的从江县、榕江县、丹寨县、三都等地。

西部土语分布在麻江的河坝，都匀的棉洛、凯里、三都、榕江，广西南丹等地。

（三）川黔滇方言

川黔滇方言分布广泛，包括四川、贵州、云南、广西等省区。有17个次方言、土语。次方言有：川黔滇次方言、滇东北次方言、贵阳次方言、惠水次方言、麻山次方言、罗泊河次方言、重安江次方言、平塘次方言等八个次方言。土语有：川黔滇次方言分第一、第二土语，贵阳次方言分北部、南部、西南部土语，惠水次方言分东部土语、中部土语、北部土语和西南部土语，麻山次方言分中部土语、南部土语、西部土语和北部土语。

本文的研究对象——云南彝良大花苗苗语，属苗语西部方言滇东北次方言的一个土语。苗族大花苗支系，自称“阿卯”。大花苗苗语属于苗语西部方言滇东北次方言。该次方言不分土语，通行在云南省东北部和贵州省西北角（王辅世，1983）。人口约30万人，分布于云南省的彝族良县、大关县、昭阳区、永善县、巧家县、武定县、禄丰县、禄劝县、楚雄市、大姚、元谋、昆明呈贡区、安宁市、富民、宜良、麒麟区、寻甸县、宣威市、沾益区、易门、嵩明、曲靖、东川、会泽、马龙等地。贵州省的威宁县、赫章县、织金县、普定县、望谟县、水城县等地。大花苗苗语保存较为完好，不同区域的口语中有差异。本文所选取的彝良土语与石门坎标准音点语音稍有差别，但能相互通话。

第二节 彝良苗族及其语言使用

一、彝良县的人文地理

彝良县地处云南省东北部、昭通市中部，介于东经103°51′—104°45′、北纬27°16′—27°57′之间。地处云、贵、川3省接合部的乌蒙山区。东接镇雄、威信县，南邻贵州省威宁、赫章县，西连昭阳区、大关县，北毗盐津县、四川省筠连县。土地总面积2795.76平方千米。地形东、西窄，南、北长，西、中部低，自南北向倾斜。山地占总面积的96%以上。最高海拔2780米，最低海拔520米，海拔高差2260米，是典型的山区县。境内有洛泽河、白水江和田黄河三大流域，其中洛泽河、白水江两大河流均属长江上游水系，过境长度分别为75.6公里和27公里。彝良县，是军事家罗炳辉、革命先烈刘平楷和英雄徐洪刚的家乡，是世界天麻原产地。

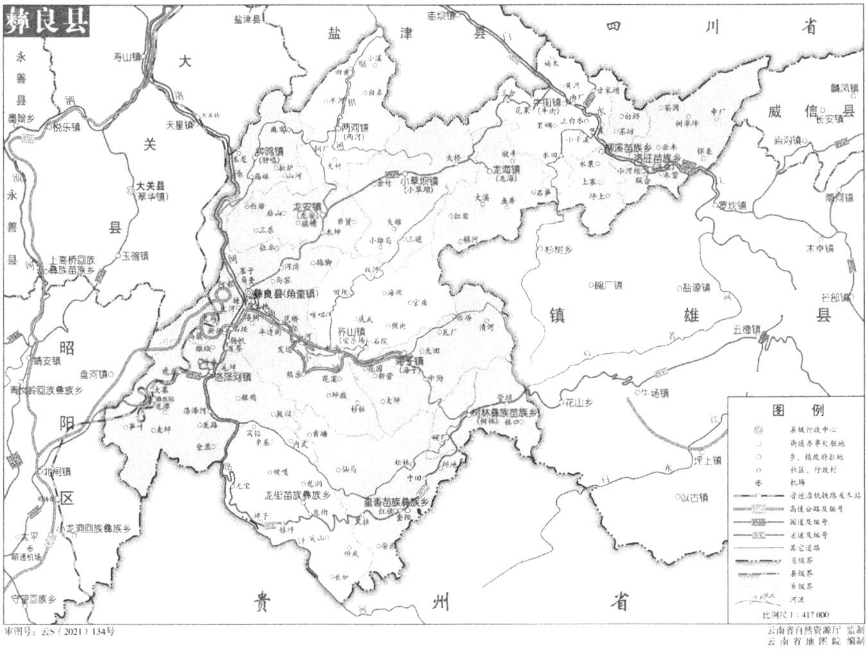

彝良县地理图示①

历史上，彝良曾属屈流大雄甸（今镇雄）、叙州（今宜宾）羁縻地、昭通。1950年4月彝良解放，建县人民政府。彝良辖区牛街、洛泽河、海子、荞山、龙安、两河、钟鸣、小草坝、龙海9个镇和柳溪苗族乡、洛旺苗族乡、龙街苗族彝族乡、奎香苗族彝族乡、树林彝族苗族乡5个乡。

① https：//yunnan.tianditu.gov.cn/MapResource（云南省地理信息公共服务平台）。

二、彝良苗族的语言生活

彝良境内有彝、苗、回等少数民族20个，少数民族乡5个。统计显示[①]，2021年末，彝良县户籍总人口632214人。总人口中，少数民族人口90093人，占总人口的14.27 %，少数民族人口中苗族59920人、彝族28406人、水族589人、回族214人、布依族183人。全县使用的汉语方言为西南官话，少数民族语言使用人口最多的是苗语川黔滇方言、滇东北次方言、苗语川黔滇次方言第一土语、彝语东部方言滇东北次方言，其他民族语言还有水语和布衣语。

彝良的苗族有大花苗和白苗两个支系。大花苗分布在彝良中部和南部，人口约4.5万，伍新福（2006）[②]认为彝良的花苗是从贵州威宁北上，经奎乡、龙街迁到彝良的。白苗分布在彝良东北部的柳溪和洛旺，东与云南威信县长安乡毗连，南与云南镇雄县罗坎镇相接，北与四川省宜宾市筠连县高坪苗族乡接壤。调查显示彝良的白苗多数来自四川[③][④]，白苗从湖广迁到四川叙永，后又由叙永迁到筠连，再由筠连进入云南威信、彝良。洛旺、柳溪苗族为白苗，白苗苗话属于苗语川黔滇次方言第一土语，使用人口约1.2万人。

---

① http：//www.cnyl.gov.cn/contents/1371/38851.html.

② 伍新福：《苗族史研究》，北京：中国文史出版社，2006年，第114页。

③ 伍新福：《论苗族历史上的四次大迁徙》，《民族研究》，1990年第6期，第103—110页。

④ 中国作家协会贵阳分会筹委会：《苗族古歌》，民间文学资料第16集，中国作家协会贵阳分会筹委会，1959年。

第三节 研究设计

一、研究价值

彝良大花苗苗语至今尚未有人进行过系统的研究。研究彝良大花苗苗语语法具有重要的理论价值和现实意义：

1.有助于苗语记录与描写研究。苗语方言土语的记录与描写，既有助于语法、语音、词汇的深入研究，又是语言文化资源的保护实践。

2.为苗语的历时研究提供参考数据。历时比较在挖掘语言演变规律时，需要对各种例外加以解释，苗语方言土语的研究，能为历史比较提供基础数据。

3.彝良大花苗苗语研究属于方言个案，能为方言和土语之间的比较研究提供比较材料。

4.语言接触与民族交融研究。彝良大花苗苗语受到周边语言的影响，是研究语言接触和民族交流、交融重要窗口。

二、理论方法

（一）理论指导

本文主要采用记录语言学和描写语言学的理论，主要借鉴描写语法中参考语法（Reference grammar）① 的框架进行。参考语法属于描写语法的一种，它以单一语言的共时语言特征为描写对象，目的是为语法理论研究和应用研究提供比较充足、可靠的语言依据。戴庆厦、蒋颖指出参考语法具有“全面性”“系统性”“细致性”和“原创性”等特点。从研究方法上

① 戴维·克里斯特尔：《现代语言学词典》，沈家煊译，商务印书馆，1900年。

分，语法研究可分为功能语法、形式语法、类型学语法三大类。功能语法是从语言的功能来分析语法的变异；形式语法是从语法的形式来揭示人类语法的普遍规律；类型学语法是从语言的类型特点来寻求语法的共性和个性。从语种的多少上来分，语法研究可分为单一语法研究和语法比较研究两大类。[①] "参考语法"与语言类型学关系尤其密切，Alexandra Y.Aikhenvald撰写的《参考语法的艺术：实用手册》（*The Art of Grammar：A Practical Guide*）从类型学的角度，对语言参考语法的重要性、语言的基本要素如音系、词类、语法关系、语境下的语言、语言的样貌以及如何整合参考语法等方面进行了梳理，向读者呈现出了参考语法的艺术，为语言的参考语法编写提供了实用的价值与指引。[②]

本研究以语言记录和语言描写为理论指导，力求体现语言记录和语言描写的四个特点，在对彝良大花苗苗语语法进行全面描写的同时，加强对其特点的描写分析。

（二）研究方法

本文主要采用田野调查法（fieldwork）、描写法（description）、对比法（comparison）和统计法（statistics）等研究方法。

田野调查法是语言描写的前提。苗语是一种没有传统文字的语言，信息的传递、情感的交流和文化的传承都以口语为载体，因此，田野调查成为收集语料的唯一方式。

描写法是指对语言现象做科学描写的一种方法，侧重于从共时角度静态地描写某一语言现象。本文在获取大量语言材料的基础上，对彝良大花苗苗语的语法系统做了全面细致的描写，并针对彝良大花苗苗语的语法特点，对名词、动词、形容词、指示代词、状词、述宾短语、修饰短语、被

① 戴庆厦、蒋颖：《"参考语法"编写的几个问题》，《云南师范大学学报》（哲学社会科学版），2007年第1期，第109—113页。

② 潘家荣、周晨磊：《〈参考语法的艺术：实用手册〉述介》，《黔南民族师范学院学报》，2018年第38卷第3期，第45—48页。

动句等进行深入的分析和描写。

对比法是把两个或多个相关的研究对象进行对比分析，从而探讨彼此之间共性和个性的一种方法。如把述宾结构中的“动词+宾语”和“形容词+宾语”进行对比，就可以发现彝良大花苗苗语动词和形容词之间的诸多共性。又如对“中心语+状语”和“状语+中心语”、“修饰语+中心语”和“中心语+修饰语”进行对比，可以揭示状语和修饰语的前置和后置所受的语义制约，状语和修饰语的可前可后并不是语序的任意移动。

统计法是利用数理语言学理论对某一类语言材料进行统计，以数据来揭示某一语言规律的一种方法。本文在研究动词前缀、“形容词+名词宾语”时，对所收集到的相关语料进行穷尽式的统计分析，对动词前缀与动词和形容词、单音节词和双音节词的组合能力，形容词与名词宾语组合情况进行了量化统计，为探索动词前缀的功能以及制约条件、形容词带宾语的内在规律提供数字依据。

三、调查简况

本书所有的语料是按照国家语言资源保护工程设计的调查内容，作者于2019年亲自前往昭通彝良调查的第一手语料。所收集的语料主要有：分类词汇、语法句子、话题讲述、歌谣故事和地方普通话等。

本书的语料都是土生土长的母语人提供的。他们分别是：王启明，男，苗族，1962年7月生，云南省昭通市彝良县海子乡大坪村双寨组人，初中学历，主要提供词汇、话题讲述材料、歌谣和故事等。王群，女，苗族，1997年1月出生，云南省昭通市彝良县洛泽河镇仓盈村核桃坪组人，调查时为云南民族大学在读大学生。王银镇，男，苗族，1997年11月出生，云南省昭通市彝良县钟鸣镇麻窝村庙湾组人，调查时为云南民族大学学生。

四、标注说明

缩略语主要采用语言资源保护标注规范。

为了更客观地反映语言现象，除地名、人名等专有名词外，本书采用语素标注法，句子翻译尽量采用对译+意译。

第四节　苗语研究回顾

苗语研究成果的总结，可见《中国少数民族语言研究六十年·苗瑶语族语言研究》，该章节中的“苗语支语言研究”系余金枝教授编写。作者在此主要补充最新苗语研究动态、国外苗语研究动态和苗语滇东北次方言的研究成果。

一、语音研究

（一）语音构拟研究

苗语声调构拟研究。张琨《苗瑶语声调问题》（1947）① 建立了苗瑶语四个声调的理论，奠定了苗瑶语的声调系统。《苗瑶语声调构拟》（1973）② 一文构拟的原始苗瑶语有*A、*B、*C、*D四个调，相当于汉语的平上去入。陈其光（1994）③ 、吴安其（2002）④ 对苗语声调的来源提出了各自的观点。

---

① 张琨:《苗瑶语声调问题》，中央研究院历史语言研究所集刊第16本，1947年。

② 张琨著:《苗瑶语声调构拟》，贺嘉善译:《民族语文研究情报资料集》，第1973年第1期。

③ 陈其光:《汉藏语声调探源》，《民族语文》1994年第6期，第37—46页。

④ 吴安其:《苗瑶语核心词的词源关系》，《民族语文》，2002年第4期，第1—11页。

苗语声母构拟研究。张琨《苗瑶语声调构拟》(1973)[①] 拟测的古苗瑶语声母系统有94个。王辅世（1980）[②] 构拟了古苗语的121个声类，与毛宗武合著的《苗瑶语古音构拟》(1995)[③] 中古苗瑶语的声类系统有263个声类，其间李云兵(1995)[④]、胡晓东(2009)[⑤] 等提出了修补意见。王立芝(2011)[⑥] 对《苗瑶语古音构拟》中拟为*b-类声母的苗瑶语词中的汉语借词做考证，包括*b-类声母指拟为*b-或者*b-加唇化音、腭化音的声母。王艳红（2017）认为古苗瑶语的*ts组音从来源上看可能是从汉语借入的。它们的今读从发音方法来看有塞音、塞擦音、擦音等，从发音部位来看有齿间音、齿龈音、硬腭音等。这些不同的读音类型，有区域分布特征，是语言接触和自然音变共同作用的结果。[⑦]

苗语韵母构拟研究。王辅世在《苗语方言声韵母比较》[⑧] 一文中构拟的古苗语有32个韵类，并给每个韵类取名，但没有构拟音值。他的《苗语古音构拟》(1994)[⑨] 把古苗语的韵类减成30个，并调整了顺序和修改了一些名称，增加了拟音。吴安其《汉藏语同源研究》(2002)[⑩] 构拟的古

① 张琨著:《苗瑶语声调构拟》，贺嘉善译:《民族语文研究情报资料集》，第1973年第1期。

② 王辅世:《苗语的声类和韵类》,《民族语文》，1980年第2期，第17页。

③ 王辅世、毛宗武:《苗瑶语古音构拟》，北京：中国社会科学出版社，1995年。

④ 李云兵:《苗语历史语言学的最新成果——〈苗语古音构拟〉述评》,《民族语文》，1995年第6期，第4页。

⑤ 胡晓东:《〈苗瑶语古音构拟〉中黔东苗语部分例缺字补正》,《语言研究》，2009年第29卷第2期，第3页。

⑥ 王立芝:《〈苗瑶语古音构拟〉*b-类声母中的汉借词》,《民族语文》，2011年第4期，第34—36页。

⑦ 王艳红:《古苗瑶语~*ts组音的今读类型及其分布和形成》,《语言研究》，2017年第37卷第3期，第121—127页。

⑧ 王辅世:《苗语方言声韵母比较》,《民族语文》，1979年第2期。

⑨ 王辅世:《苗语古音构拟》，国立亚非语言文化研究所，1994年。

⑩ 李云兵:《苗语历史语言学的最新成果——〈苗语古音构拟〉述评》,《民族语文》，1995年第6期，第4页。

苗语的韵类有35个，增加了*-m、*-p、* -t和*-k结尾的韵类。

（二）语音演变研究

辅音或声母的研究成果较多。陈其光在《古苗瑶语鼻闭塞音声母在现代方言中反映形式的类型》(1984)[①] 一文中，根据古全清鼻冠音、古次清鼻冠音、古全浊鼻冠音在现代苗瑶语方言中的读音情况，把古鼻冠闭塞音声母的演变归纳为16种演变类型。他又在《汉藏语概论·苗瑶语篇》[②] 中对苗语的演化规律做了系统的论述。

朱晓农等人（2010）[③] 分析了贵州凯里湾水镇苗语的送气擦音，认为送气擦音明显可以分出擦音段和送气段。谭晓平《苗瑶语塞擦音的来源与演变》(2013)[④] 通过15种苗瑶语方言的对比材料认为，送气擦音部分来源于古送气塞擦音或塞音，另一部分来源于带有送气性质的古清擦音，颤音声类。陈宏《大兴苗语的鼻冠音》(2013)[⑤] 指出大兴苗语鼻冠音声母的特点：一是大兴苗语鼻冠音声母构成的音节结构接近一个半音节；二是大兴苗语中鼻冠音常常使前边的开音韵母鼻化带上鼻音韵尾，形成以鼻音收尾的韵母。

苗瑶语的声调发达，方言声调复杂。张琨的《苗瑶语声调问题》(1947) 推测到古苗瑶语有清浊两大类声母。李永燧、陈克炯、陈其光的《苗语声母和声调中的几个问题》(1959) 一文认为苗语罗泊河次方言4个声调是苗瑶语现存最古老的声调类型。陈其光、杨再彪、李云兵等学者进一步补充了苗瑶语声调演变的问题。栗华益（2011）[⑥] 根据贵州省贵定县谷撒寨苗语声调的特点：A、B、C个声调，古*D调舒化后-k尾韵音节

---

① 陈其光：《古苗瑶语鼻冠闭塞音声母在现代方言中反映形式的类型》，《民族语文》，1984年第5期，第12页。

② 马学良：《汉藏语概论》，北京：民族出版社，2003年，第509—683页。

③ 朱晓农、石德富、韦名应：《鱼粮苗语六平调和三域六度标调制》，《民族语文》，2012年第4期，第10页。

④ 谭晓平：《苗瑶语塞擦音的来源与演变》，《中央民族大学学报》（哲学社会科学版），2013年第40卷第1期，第98—103页。

⑤ 陈宏：《大兴苗语的鼻冠音》，《民族语文》，2013年第3期，第63—66页。

⑥ 栗华益：《谷撒苗语的声调特点》，《中国语文》，2011年第3期，第7页。

归入今C调，-p、-t尾韵音节归入今A调，认为古浊塞音、浊塞擦音弱化为浊擦音后，声母清浊的区别特征仍然存在，并增加了“爆发 — 非爆发”的发音方法区别特征，使得古苗语调类在谷撒苗语中直接保存下来并有新发展，并通过谷撒苗语的声调特点反观汉语方言的声调变化条件，认为在声母保持清浊相区别的前提下有调类存古的可能性。

（三）语音类型学

表1-1　苗语语音类型学特征（Phonology）[1]

1.Consonant Inventories — Large	1.辅音库存 — 大
2 .Vowel Quality Inventories — Average（5 — 6）	2.元音质量库存 — 平均（5 — 6）
3 .Consonant-Vowel Ratio — High	3.辅音元音比 — 高
4 .Voicing in Plosives and Fricatives — No voicing constrast	4.在爆破音和摩擦音中浊音 — 无浊音对立
5 .Voicing and Gaps in Plosive Systems — Other	5.爆破系统中的发声和间隙 — 其他
6 .Uvular consonants — Uvular stops only	6.悬雍垂辅音 — 仅悬雍垂停止
7 .Glattalized Consonants — No glottalized consonants	7.声母化辅音 — 无声母化辅音
8 .Lateral Consonants — /l/No obrstruent laterals	8.侧辅音 — /l/无侧辅音
9.The Velar Nasal — No initial velar nasal	9.软腭鼻音 — 无初始软腭鼻音
10 .front Rounded Vowtels — None	10.正面圆润的元音 — 无
12. Syllable structure — Moderately complex	12.音节结构 — 中等复杂
13.Tone — Complex tone system	13.音调 — 复杂音调系统
18 .Absence of common consonants — all present	18.没有共同的辅音 — 全部存在
19. Presence of Uncommon Consonants — None	19.不常见辅音的存在 — 无

① https：//wals.info/languoid/lect/wals_code_hmo.

燕海雄、孙宏开、江荻的《中国南方民族语言塞擦音的类型与系属特征》(2010)[①] 指出中国南方民族语言塞擦音的类型特征一方面极为复杂，另一方面又有规律可循，南方民族语言在塞擦音类型层面上正处在不同的发展阶段，即（无塞擦音阶段）→南岛语→侗台语→南亚语→苗瑶语→藏缅语，塞擦音的类型特征表现在地理层面上就是从东至西、自南往北塞擦音的数量在逐渐增多。李云兵《论苗瑶语的连读变调》(2015)[②] 指出苗瑶语有左侧音节变调、右侧音节变调、左右侧音节变调、单音节变调，左侧音节变调、右侧音节变调与其名词短语句法结构的语序类型高度一致，左侧连读变调为右重韵律结构，右侧连读变调为左重韵律结构。燕海雄的《论汉藏语言塞音的类型与共性》(2015)[③] 一文指出统计的30种苗瑶语言或方言中：从发音部位来看，[双唇+齿龈+软腭]的组合类型最为常见，约占66%，其次为[双唇+齿龈+软腭+龈腭]占20%；从发音类型看，[不送气+清]出现比为100%，[送气+清]出现比为85%，[不送气+浊]出现比为80%，没有[送气+浊]情况；从喉塞来看，苗瑶语有2个语言点出现，极为少见。谭晓平《苗瑶语元音系统的类型学考察》(2016)[④] 以苗瑶语40个点的材料为研究对象，指出苗瑶语元音系统以五到十元音型为主，其中七元音型和九元音型最多；元音音位的平均数目为8个，较为接近汉语方言的元音音位平均值8.6；从地理分布上来看，元音系统类型数目、元音平均数目由北到南、从西往东呈现逐步递减之势；元音系统的构型以三角形为主，只有5个点属于四边形；出现频率较高的元音音位是/i a u e o c ə E I y w/ ；/e o/与前响二合元音的高频出现是苗瑶语显著的类型特点；

① 燕海雄、孙宏开、江荻：《中国南方民族语言塞擦音的类型与系属特征》,《语言研究》, 2010年第30卷第4期，第9—17页。

② 李云兵：《论苗瑶语的连读变调》,《民族语文》, 2015年第3期，第23—40页。

③ 燕海雄：《论汉藏语言塞音的类型与共性》,《云南师范大学学报》(哲学社会科学版), 2015年第47卷第2期，第28—35页。

④ 谭晓平：《苗瑶语元音系统的类型学考察》,《语言研究》, 2016年第36卷第4期，第120—126页。

/y/成为常见音素体现了汉语对苗瑶语元音系统的深刻影响。谭晓平《苗瑶语塞音系统的类型学考察》（2017）① 指出苗瑶语中塞音系统的结构以清、清送气两分的格局为主，其次是清、清送气、浊的三分格局，小舌与鼻冠塞音的高频出现是其显著的类型特征。谭晓平《苗瑶语鼻音系统的类型学考察》（2017）② 指出苗瑶语鼻音系统的结构以清浊两分的格局为主，出现频率最高的是双唇、齿啮良、软愕鼻音，清鼻音以及龈腭鼻音的高频出现是其显著的类型特征。谭晓平《苗瑶语擦音系统的类型学考察》（2020）③ 指出 苗瑶语擦音音位数量在6—10个之间的语言较多，其平均数目为9.5个，两倍于平均数目为4.6个的普遍共性；出现频率较高的调音部位是齿/龈、喉、腭前、唇齿，调音部位数量沿着由北到南、从西往东的苗瑶语分布地理路线逐步递减；调音部位组合以4—5个为主，其中[唇齿+齿/龈+腭前+喉]的组合出现频率最高；擦音系统以清浊两分的格局为主；弛化擦音、送气擦音、先喉塞擦音、腭前擦音的高频出现是其显著类型特征。

赵志娟《四川古蔺大寨苗语语音及类型特征》（2020）④ 对比Maddieson的*patterns of sounds*（1984）⑤ 中的语音共性规则，大寨苗语的塞音、擦音符合世界语言共性，塞擦音和鼻音和世界语言共性有所区别。与Crothers（1978）⑥ 对世界209种语言进行研究归纳出15条元音共性原则相比，大寨苗语的元音高度符合语音共性原则。

---

① 谭晓平：《苗瑶语塞音系统的类型学考察》，《中央民族大学学报》（哲学社会科学版），2017年第44卷第1期，第127—134页。

② 谭晓平：《苗瑶语鼻音系统的类型学考察》，《语言研究》，2018年第38卷第4期，第110—117页。

③ 谭晓平：《苗瑶语擦音系统的类型学考察》，《民族语文》，2020年第5期，第95—103页。

④ 赵志娟：《四川古蔺大寨苗语语音及类型特征》，吉首大学，2020年。

⑤ Maddieson，Ian .*Patterns Of Sounds* [M]，Cambridge University Press.1984.

⑥ Crothers.*TypologyAnd Universals Of Vowel System*[A].In：Greenberg（Ed），Universals Of Human Language Volume 2 Phonology，Stanford：Stanford University Press，1978.

（四）语音实验研究

浊送气是苗语语音中的一个典型特征，孔江平《苗语浊送气的声学研究》（1993）[①] 采用实验语音声学分析法，从发声类型的角度，对苗语石门坎话中的辅音浊送气进行声学分析，发现石门坎苗语的送气成分，在发声类型上属于气嗓音（breathyvoice）。其生理表现为声带前约有三分之二振动产生浊音，而后三分之一分开，通过高速气流产生送气摩擦噪音，在声学上主要体现为第一谐音的强度大于第二谐音和第一共振峰的强度。通过研究还发现，苗语石门坎话的浊送气由送气和气音构成。其气音成分贯穿整个韵母。因此，单从语音上看，属气嗓音韵母，并和正常嗓音的韵母形成对立。朱晓农《语音学》也把浊送气归为气嗓音。

鼻冠音的实验声学研究有：杨波的《现代苗语方言鼻冠音声母声学实验分析》（2005）[②] 通过实验的方法证明在湘西苗语和川黔滇苗语中，确实存在鼻冠复辅音声母；鼻音与口辅音（塞音/塞擦音）结合紧密，组成一个音节，共用一个声调；在两个辅音中，鼻音后的辅音是强势，音值强而长，能量集中爆发；鼻音是弱势，音值短而弱；鼻冠音缺乏独立性，声母的性质只由其中的闭塞音决定，鼻冠音不起作用，闭塞音是鼻冠闭塞音声母的主要成分；在“开音节+鼻冠音音节”的结构中，鼻音和前一个音节的结合紧密，形成新的语流音节。吴生毅的《凤凰苗语鼻冠阻塞音的声学实验研究》（2014）[③] 从时长、清浊和基频三个角度探讨凤凰苗语鼻冠阻塞音的声学属性，从时长来看，在词中位置上，鼻音，阻塞音，鼻冠阻塞音和NC辅音丛的时长存在差异，清浊来看鼻音后的不送气阻塞音发生浊化是一个较为普遍的语言现象，送气音和不送气音浊化程度不同的原因在

---

① 孔江平：《苗语浊送气的声学研究》，《民族语文》，1993年第1期，第67—73页。

② 杨波：《现代苗语方言鼻冠音声母声学实验分析》，北京：中央民族大学，2005年硕士论文。

③ 吴生毅：《凤凰苗语鼻冠阻塞音的声学实验研究》，上海：上海师范大学，2014年硕士论文。

于，发鼻音时的软腭动作和阻塞音的送气与否会共同作用于发阻塞音时的声门上下气压差，从而影响鼻冠阻塞音的清浊属性。从基频来看，相对于送气的清鼻冠阻塞音，不送气的浊鼻冠阻塞音对元音基频有降低作用，与塞音相比，鼻冠阻塞音的后接元音基频更低。

吴生毅、吴蕾《干荣的苗语送气擦音的声学特点与共时变异》（2017）[①] 分析黔东方言干荣苗语送气擦音，其特点表现为擦音段和送气段的边界明显，擦音段时长较长，能量较强，送气段时长短能量弱，还表现为送气擦音的后接元音有气嗓特征。送气擦音的声学特点存在变异情况，元音气化为老年组特有，声母时长比更大为青年组特有现象。

声调的实验研究，一类是方言声调调值的声学特征研究：如梁峰《湖南凤凰县山江苗语声调实验》（2012）[②] 指出山江苗语是6个类7个调值，龙洁、杨再彪《湖南泸溪小章苗语声调实验》（2012）[③] 认为小章苗语也是6个类7个调值，杨再彪、梁锋《湖南凤凰腊尔山苗语声调实验》（2012）[④] 指出腊尔山苗语共有7个调类，8个调值。曾虹《湘西苗语声调实验研究》（2014）[⑤] 运用声调实验方法研究吉首市境内的湘西苗语土语的单音词声调，并与前人的结果对比，分析了吉首区域苗语声调的分化、合并、消失的特点。杨棋媛《小水井苗语声调实验研究》（2016）[⑥] 为滇东北次方言小水井苗语。探讨了小水井苗语的单字调格局，声母清浊、清音浊流和浊送气对单字调的影响及双字调的变调规律，从性别和年龄两个角度对小水井

① 吴生毅、吴蕾：《干荣苗语送气擦音的声学特点与共时变异》，《语言研究集刊》，2017年第2期，第339—350+38页。

② 梁锋：《湖南凤凰县山江苗语声调实验》，《现代语文》（语言研究版），2012年第3期，第19—20页。

③ 龙洁、杨再彪：《湖南泸溪小章苗语声调实验》，《语文学刊》，2012年第19期，第13-15页。

④ 杨再彪、梁锋：《湖南凤凰腊尔山苗语声调实验》，《三峡论坛（三峡文学·理论版）》，2012年第6期，第101—103+149页。

⑤ 曾虹：《湘西苗语声调实验研究》，湖南师范大学，2014年硕士论文。

⑥ 杨棋媛：《小水井苗语声调实验研究》，云南民族大学，2016年硕士论文。

苗语进行单字调分组实验，考察其性别差异和代际差异。刘文、杨正辉、孔江平《新寨苗语单字调及双字调声学实验研究》（2017）[①] 通过基频和时长两项声学参数分析新寨苗语单字调及双字调，结果现实该方言有八个单字调：五个平调、两个升平调和一个高降调，五平调在双字组合中没有发生变调。

一类是声调类型研究，苗语声调调域有分两域的，即常态常域和弛声下域，如清江苗语（朱晓农2007、2012）[②][③] 有分三域的，即假声或张声上域、常态常域、气声下域。如朱晓农、石德富、韦名应《鱼粮苗语六平调和三域六度标调制》（2012）[④] 。唐留芳、牟飘飘《安顺大硐口苗语的三域声调系统》（2019）[⑤] 通过实验得出大硐口苗语声调是三域八度类型，其中T2为常态发声，T4、T6与T8是气声。同时认为音高近似而发声态不同的阴调T7和阳调T6应该处理为清冽声 — 气声分调而不是清浊同调。

还有一类是声调感知研究，如刘文、张锐锋《鱼粮苗语低平调和低降调的声学感知研究》（2016）[⑥] ，刘文《新寨苗语五平调的声学和感知研究 —— 兼论五度标调法》（2019）[⑦] ，刘文《升还是平：新寨苗语声调个

---

① 刘文、杨正辉、孔江平：《新寨苗语单字调及双字调声学实验研究》，《民族语文》，2017年第2期，第12 — 24页。

② 朱晓农、吴和德：《高坝侗语五平调和分域四度制》，《语言研究集刊》，2007年，第306 — 317页，第329 — 330页。

③ 朱晓农：《音法演化：发声活动》，商务印书馆，2012年。

④ 朱晓农、石德富、韦名应：《鱼粮苗语六平调和三域六度标调制》，《民族语文》，2012年第4期，第3 — 12页。

⑤ 唐留芳、牟飘飘：《安顺大硐口苗语的三域声调系统》，《民族语文》，2019年第2期，第69 — 79页。

⑥ 刘文、张锐锋：《鱼粮苗语低平调和低降调的声学感知研究》，《语言学论丛》，2016年第2期，第197–212页。

⑦ 刘文：《新寨苗语五平调的声学和感知研究 —— 兼论五度标调法》，《中国语音学报》，2019年第1期，第79 — 87页。

案研究 —— 兼论平调的感知判断》(2020)[①]。

(五)语音智能研究

少数民族语言不仅具有较高的学术研究价值，还具有很好的应用价值和广阔的发展前景。苗语人工智能技术研究主要集中在苗语中部方言。

杨建菊等《基于HMM的黔东南少数民族地区苗语连续语音识别系统研究》(2017)[②]结合贵州黔东南少数民族地区苗族语言发音特点，对苗语连续语音识别系统进行研究，并尝试采用Sphinx工具，应用Hidden Markov Mode(HMM)方法，对苗语连续语音识别系统进行初步设计和识别测试。在此基础上，杨建菊等人(2018)[③]以凯里学院“苗语基础”课程为对象，在Android相关开发平台上将移动APP与苗语口语学习相结合，解决苗语初学者实现“随时”学苗语问题。

李学林《贵州省中部苗语语音自动标注方法研究》(2020)[④]以贵州省中部苗语作为研究对象构建苗语语音数据集，以24维MFCC参数作为HMM模型算法的输入特征。基于相同音素语谱能量的结构相似性设计自动音素边界检测方法，并通过自动边界检测方法对获得的音素进行识别。选取300个标准切分音素数据对HMM模型进行训练，然后使用100个标准切分音素数据进行测试，准确率为76.3%。最后应用自动边界检测方法得到的音素在HMM模型上测试，当容错时间为40ms时，准确率为72.5%。李学林等《贵州省中部苗语音素边界检测方法研究》(2020)[⑤]以中部苗族语言为研究对象，依靠语谱能量突变作为划分依据，设计一种边

① 刘文:《升还是平:新寨苗语声调个案研究 —— 兼论平调的感知判断》,《民族语文》,2020年第1期，第48—57页。

② 杨建菊、唐录洁、龙虎:《基于HMM的黔东南少数民族地区苗语连续语音识别系统研究》,《电脑知识与技术》,2017年第13卷第31期，第190—191页。

③ 杨建菊、丁光辉、唐录洁:《基于Android的苗语学习手机APP软件研究与设计》,《数码世界》,2018年，第157卷，第11期，第69—70页。

④ 李学林:《贵州省中部苗语语音自动标注方法研究》，贵州民族大学，2020年。

⑤ 李学林、赵冬梅、梁明秀:《贵州省中部苗语音素边界检测方法研究》,《现代信息科技》,2020年第4卷第3期，第19—21页。

界检测的算法。实验证明，该方法针对贵州省中部苗族语音音素边界划分具有良好的效果。张学文等《基于卷积神经网络的苗语孤立词语音识别》（2022）[①] 以MFCC特征作为语音识别网络的输入训练模型，借助汉语拼音对苗语（中部方言）进行语音标注，构建了包含苗语常用字词句的语音语料库，构建基于卷积神经网络（Convolutional Neural Net-works，CNN）的苗语孤立词语音识别模型，设计苗语孤立词汇识别模型，该模型利用卷积神经网络对提取的语音特征进行训练和测试，解决了文字缺失情况下的苗语孤立词语音识别问题。

二、构词法研究

关于构词法的研究主要集中在附加式构词法、并列复合名词构词法和四音格构词法等方面。

（一）附加式构词

苗语的附加式构词法以前缀加词根构成，因此，附加式构词法的研究成果多为研究名词前缀的文章。如乐塞月的《贵阳花溪区甲定苗语的前加成分》（1979）[②] 、李云兵的《苗语川黔滇次方言的名词前加成分》（1992）[③] 和吴秀菊的《语言接触中湘西苗语的合成词构词法研究》（2019）[④] 、陈其光的《苗瑶语的前缀》（1993）[⑤] 和石怀信的《再论苗语形态》（1997）[⑥] 等论文都涉及前缀的构词功能问题。吴正彪（2011）以黔东方言苗语前缀音

① 张学文、王林、冯夫健、谭棉、李学林：《基于卷积神经网络的苗语孤立词语音识别》，《软件导刊》，2022年第21卷第2期，第21—26页。

② 乐赛月：《贵阳花溪区甲定苗语的前加成分》，《民族语文》，1979年第3期，第7页。

③ 李云兵：《苗语川黔滇次方言的名词前加成分》，《 民族语文》，1992年第3期，第61—65年。

④ 吴秀菊：《语言接触中湘西苗语的合成词构词法研究》，《凯里学院学报》，2019年第37卷第4期，第7页。

⑤ 陈其光：《苗瑶语前缀》，《民族语文》，1993年第1期，第9页。

⑥ 石怀信：《再论苗语形态》，贵州民族研究，1997年第3期，第6页。

节词Ghab为例，就其在具体语境中的所指与能指的构词特点以及将动词、形容词、量词和数词等加上前缀音节词Ghab后变为名词的语法功能进行分析和探讨。[①]

（二）复合结构

余金枝的《吉首矮寨苗语并列复合名词的结构和声调特征》（2004）[②]一文，认为吉首矮寨苗语并列复合名词的构词成分在排序的先后上受到声调的制约。罗兴贵《苗语滇东北方言前缀词试析》（2009）从词汇的构造形式入手，论述滇东北方言苗语的构词方式和特点。[③] 吴秀菊《语言接触中湘西苗语的合成词构词法研究》（2019）发现湘西苗语与汉语言长期接触，苗语的合成词除了固有词还产生了汉借合成词。固有合成词有复合式、附加式、重叠式三大构词类型。在复合式构词法中，偏正式能产性最强，述宾式的能产性次之，述补式、联合式能产性较弱，主谓式能产性最弱。附加式构词法能产性高，比较常见。重叠式构词法能产性低，构成的词很少。汉借合成词具有一些新的、带有相当特点的构词方式，包括苗汉混合词、仿汉重组式、同音借译式。汉借合成词丰富了苗语的构词方式，体现出汉语对苗语构词规则的影响。[④] 陶文武、王朝梅《田坝苗语并列复合词的结构和词序特征》（2022）指出田坝苗语并列复合词在音节结构上以双音节为主，有少量的四音节结构；在词性上以“名+名”为主，“动+动”次之，“形+形”最少。制约田坝苗语并列复合词词序排列的因素主

① 吴正彪：《黔东方言苗语前缀音节词Ghab的构词特点及语法功能》，《楚雄师范学院学报》，2011年第26卷第10期，第9—12页。

② 余金枝.吉首矮寨苗语并列复合名词的结构和声调特征[J].民族语文，2004（01）：26–29.

③ 罗兴贵：《苗语滇东北方言前缀词试析》，《贵州民族学院学报》（哲学社会科学版），2009年第6期，第21—24页。

④ 吴秀菊：《语言接触中湘西苗语的合成词构词法研究》，《凯里学院学报》，2019年第37卷第4期，第1—7页。

要与声调的顺序和调类的阴阳有关，此外还受语义因素的制约。①

（三）四音格结构

潘元恩和曹翠云的《黔东苗语的并列四字格》（1958）② 是首篇研究苗语四音格的论文。王春德《谈谈苗语构词法》（1981）认为四音格中有的是词和词组两种形式，两者很不容易区分。向日征的《湘西苗语的并列四字结构》（1983）③，从句法功能的角度把湘西苗语的四音格分为“名词性的”、“动词性的”和“形容词性的”三个大类，并对这三个大类所包含的每一个小类进行了详尽分析。王辅世《苗语简志》（1985）④ 把并列四音格作为一个整体，并对苗语三个方言代表点的并列四音格的结构进行分类分析。严素铭、徐东伦《黔东苗语并列四字格结构分析》（1989）⑤ 采用四字格的命名方式，分析黔东苗语六种并列四字格构式特点。杨勤盛《试析川黔滇苗语四音格的结构及其变调规律》（1990）⑥ 分析了毕节县先进乡苗语四音格词的结构和意义特征。陈其光在《汉藏语概论》（2003）⑦ 中从结构特点、语义特点和语音特点三个方面对四音格定义，杨再彪《苗语东部方言土语比较研究》（2004）⑧ 从构词视角定义四音格，余金枝的《湘西矮寨苗语四音格词研究》（2006）⑨，分析苗语四音格词的在语音、结构、语

---

① 陶文武、王朝梅：《田坝苗语并列复合词的结构和词序特征》，《贺州学院学报》，2022年第38卷第3期，第55—63页。

② 《少数民族语文论集·第一集》，中华书局，1958年。

③ 向日征：《湘西苗语的四字并列结构》，《民族语文》，1983年第3期，第7页。

④ 王辅世：《苗语简志》，民族出版社，1985年。

⑤ 严素铭、徐东伦：《黔东苗语并列四字格结构分析》，《贵州民族学院学报》（社会科学版），1989年第3期，第69—76页。

⑥ 杨勤盛：《试析川黔滇苗语四音格的结构及其变调规律》，《贵州民族研究》，1990年第4期，第6页。

⑦ 马学良：《汉藏语概论》（第2版），民族出版社，2003年。

⑧ 杨再彪：《苗语东部方言土语比较研究》，民族出版社，2004年。

⑨ 余金枝：《湘西矮寨苗语四音格词研究》，《中央民族大学学报》（哲学社会科学版），2006年第33卷第3期，第8页。

义方面的特征。朱雪梅《汉苗语四音格词比较研究》（2012）[①] 从格式类型、内部语素用法、表义特点、语音节律特征、内部构词结构等方面进行分析描写了汉语和苗语的四音格词及其异同。熊朝兰《文山苗语四音格词研究》（2021）[②] 从语音、语义、语法和形成机制等方面对文山苗语四音格词进行描写分析和研究。苗语滇东北次方言的重叠研究有：张丽（2002）[③]《苗语滇东北次方言重叠式研究》、季红丽等（2022）[④]《滇北苗语重叠式研究》两篇。

三、句法研究

近年来，苗语句法研究越来越被关注，主要涉及几个方面：

（一）并列结构

吴秀菊《论湘西苗语的名词性并列结构》（2019）[⑤] 根据标记的有无，将湘西苗语的名词性并列结构分为无标记和有标记两种类型。并列标记的隐现受语义整体性、语义亲近性、句法位置、音节和韵律、语用等因素的制约。并列项的排序受语义认知、语用交际、韵律要求、社会文化等因素的影响。论文通过对苗语跨方言的比较，发现并列标记存在跨方言的共性与差异。张成《黔东苗语的并列结构》（2020）认为黔东苗语的并列结构有紧缩型与宽松型，紧凑型为两个语义相关、语法地位相同的词组合而成，语序有所限制。宽松型需在并列成分加入联系项，作并列标记，语义上有平列式、对举式和选择式三个次类，无语序限制，语法功能上有描

① 朱雪梅：《汉苗语四音格词比较研究》，吉首大学，2012年。

② 熊朝兰：《文山苗语四音格词研究》，云南师范大学，2021年硕士论文。

③ 张丽：《苗语滇东北次方言重叠式研究》，贵州民族大学，2022年硕士论文。

④ 季红丽、赵艳梅、朱莎：《滇北苗语重叠式研究》，《玉溪师范学院学报》，2022年第38卷第4期，第80—88页。

⑤ 吴秀菊：《论湘西苗语的名词性并列结构》，《贵州民族研究》，2019年第40卷第3期，第8页。

摹、名词范畴化、数量泛化、选择、回指等功能，在构成机制中，具有和谐机制与竞争机制。[①] 吴蕾《西江苗语的并列结构》（2021）探讨西江苗语并列结构的类型、语义特征及并列标记的来源。把并列结构分为无标记结构和有标记结构，有表添加、选择等语义特征，并列标记来源于动词和副词的语法化。[②]

（二）形容词相关结构研究

研究苗语的专家关于“形+体词”结构，有过三种观点：中补结构、谓主结构、谓宾结构。如王辅世《苗语简志》（1985）、王春德《苗语名词修饰物量词和名词补足形容词浅释》（1986）、陈其光《汉藏语概论·苗瑶语篇》（1991）、向日征在《吉卫苗语语法》（1999）的“中补结构”说。唐巧娟、谢建红《论黔东苗语谓词性形后名结构》（2015）从该结构的句法语义特征及其类型学特征来看，二者应当是补充说明关系，将该结构分析为中补结构更符合苗语语法现实。[③]

罗安源的“谓主结构”说，他在多篇论文和论著里持这一观点，认为无论谓语在主语之前，还是在主语之后，主语总是被陈述的对象（或话题），谓语是对主语的陈述（或说明）。张永祥和曹翠云的“谓宾结构”说。见《黔东苗语的谓2-体结构》（1984）[④]、罗美珍《汉、傣、苗语“形后名”结构关系比较分析》（2013）[⑤]，余金枝在《湘西苗语述宾结构中的一种特殊类别——“形容词+名词”结构分析》（2009）[⑥] 中认为：“形+

---

① 张成：《黔东苗语的并列结构》，《三峡论坛（三峡文学·理论版）》，2020年第6期，第65—71页。

② 吴蕾：《西江苗语的并列结构》，《民族语文》，2021年第6期，第97—105页。

③ 唐巧娟、谢建红：《论黔东苗语谓词性形后名结构》，《凯里学院学报》，2015年第33卷第4期，第71—75页。

④ 张永祥、曹翠云：《黔东苗语的谓2-体结构》，《语言研究》，1984年第2期，第11页。

⑤ 罗美珍：《汉、傣、苗语“形后名”结构关系比较分析》，《龙岩学院学报》，2013年第31卷第3期，第17—19+72页。

⑥ 余金枝：《湘西苗语述宾结构中的一种特殊类别——“形容词+名词”结构分析》，《语言研究》，2009年第29卷第1期，第7页。

名”和“动+名”都处于SVO语序中的“V+O”位置，应该属于述宾结构，是述宾结构中的一种特殊类别。

关于形名语序研究的文章只有余金枝的《矮寨苗语形容词修饰名词语序的类型学特征》(2004)对“名+形”和“形+名”两种语序进行对比，指出这两种语序的差别，矮寨苗语形容词修饰名词有“名+形”和“形+名”两种语序。“名+形”的语义焦点是名词，“形+名”的语义焦点是形容词。[①] 赵静《文山苗语同汉语形修名语序的比较》(2016)，指出文山苗语当中形修名语序表现了不同于汉语的特点，一般有“名+形”式和“形+名”式两种不同形式，并且在语法、语义、语用等方面有各自的特点。[②] 唐贤清、吴秉承的《湘西山江苗语特殊“形名”结构的语序类型及产生动因》(2020)认为苗语是典型的SVO型语言，其蕴含形名结构的语序应为“修饰语位于中心语后”，但是湘西山江苗语“形名”结构存在NA、AN两种语序形式，两种语序具有多种表义功能。文章从语序类型的角度分析两种语序的不同用法，并讨论以上语序特征的产生动因。[③]

(三)量名结构研究

大多数学者认为是量词或数量词修饰名词，量词或数量词是前定语，名词是中心语。但研究黔东苗语的学者大多认为量词是中心语，名词是修饰语。如王春德认为是量词或数量词受名词修饰，量词或数量词是中心语，名词是后定语。他在《苗语名词修饰物量词和名词补足形容词浅释》(1986)[④] 和《苗语语法·黔东方言》(1986)[⑤] 中认为：“‘量名结构’中名

① 余金枝:《矮寨苗语形容词修饰名词语序的类型学特征》,《中央民族大学学报》,2004年第1期，第106—109页。

② 赵静:《文山苗语同汉语形修名语序的比较》,《文山学院学报》,2016年第29卷第2期，第62—64页。

③ 唐贤清、吴秉承:《湘西山江苗语特殊“形名”结构的语序类型及产生动因》,《华中学术》,2020年第12卷第1期，第179—188页。

④ 中国民族语言学会:《中国民族语言论文集》，四川民族出版社，1986。

⑤ 王春德:《苗语语法·黔东方言》，光明日报出版社，1986年。

词是修饰语。‘数量名结构’也是名词修饰数量词组。用来做度、量、衡计量单位的物量词和名词连用，也是受名词修饰的。”张永祥、曹翠云的《黔东苗语的量名结构》（1996）[①]也认为，苗语的量词较多地保留了名词的特征，同时又兼有量词的特征，因此，量名结构中的量词是中心语。

李一如《类型学视野下的黔东苗语量名结构》（2015）指出，从语言类型学的蕴含共性看，苗瑶、侗台及藏缅各语族的量名结构在语序和类型上表现出极大的相异性，但各语族的语言之间在参数和类型上存在共性，证明汉藏语系各语言存在量名结构的共同特点。[②]姜礼立《广西资源（车田）苗话指量名结构的语序类型及其来源》（2020）广西资源（车田）苗话表示近指的指量名结构的语序类型同汉语相同，只有“近指词+量词+名词”这一种形式。但表示远指的指量名结构的语序类型则有“近指词+量词+名词+远指词”“远指词+近指词+量词+名词+远指词”“远指词+近指词+量词+名词”“声调屈折”四种形式。认为这一现象的产生是广西资源（车田）苗话与汉语接触引发的演变所致。[③]姜礼立（2020）指出伟江苗话的量名结构前既可受人称代词、专有名词、名词短语、方位短语、状态形容词、动词短语、关系从句等修饰构成偏正结构；也可以用于同位语结构中；还可独立使用，在句中充当主语、话题、宾语、定语、谓语以及作非主谓句。量名结构独立使用时，其名词性中心语在一些语境中可省略，量词单独使用，在句中充当主语、定语和宾语等。量名结构具有定指、不定指、无指等多种指称功能，还可用于表达情景直指、示踪指、关联回指、认同指和大情景指。[④]杨潇潇（2021）认为黔东苗语数量结构

① 张永祥、曹翠云：《黔东苗语的量名结构》，《中央民族大学学报》，1996年第2期，第68—73页。

② 李一如：《类型学视野下的黔东苗语量名结构》，《中央民族大学学报》（哲学社会科学版），2015年第42卷第5期，第156—165页。

③ 姜礼立：《广西资源（车田）苗话指量名结构的语序类型及其来源》，《湖南师范大学社会科学学报》，2020年第49卷第4期，第148—156页。

④ 姜礼立：《伟江苗话的量名结构》，《民族语文》，2020年第5期，第46—57页。

中，含度量衡词的组合以名词为中心语，含类别词的组合以类别词为中心语；量名结构中的量词为类别词，也是结构的中心语。①

（四）致使处置研究

苗语的致使结构研究较少，余金枝《矮寨苗语处置句研究》（2016）一文指出矮寨苗语的处置标记kə⁴⁴兼具实义动词和工具介词的多功能性，在不同的句式中，语法功能不同。kə⁴⁴分布的不同句法结构和所表示的不同句式意义形成了以kə⁴⁴为中心的句法语义系统，体现了kə⁴⁴句法地位逐渐弱化和语义逐渐虚化的演变链矮寨苗语的处置句不发达，是后起的，产生原因与其SVO型、前置词型语言等结构特点有关。② 黄光荣、唐巧娟《黔东苗语致使范畴的语形表达》（2022）认为黔东苗语的致使表达可分为词汇型致使表达、动词结构致使表达和标志型使役动词致使表达三种类型。其中，词汇型致使表达包括形容词表致使和不及物动词表致使，这类词汇本身带有致使语义功能；动词结构致使表达主要有联动式致使和动结式致使，这类句法结构主要凭借词组或句子内部结构之间的深层语义逻辑关系表达致使；标志型使役动词致使表达中的动词本身带有致使义。③

（五）语序类型研究

李云兵（2005，2018）归纳的苗瑶语名词性短语的语序类型：名词中心语与名词修饰语（N（head）+N/N+N（head））、领属定语与名词中心语（G+N）、名词中心语与形容词修饰语（N+Adj/Adj+N）、名词与量词、数量短语、量指短语、数量指短语（CL+N、Num+CL+N、CL+N+Dem、Num+CL+N+Dem）、名词中心语与关系从句（N+ Rel/Rel+N）。其中，名词与名词、名词与形容词、名词与关系从句构成的名词性短语具有双重

---

① 杨潇潇：《黔东苗语数量结构和量名结构的中心语》，《黔南民族师范学院学报》，2021年第41卷第4期，第60—66页。

② 余金枝：《矮寨苗语处置句研究》，《民族语文》，2016年第5期，第47—58页。

③ 黄光荣、唐巧娟：《黔东苗语致使范畴的语形表达》，《凯里学院学报》，2022年第40卷第4期，第58—66页。

语序，并以N（head）+N、N+Adj、N+Rel 为优势语序，N+N（head）、Adj+N、Rel+N 是语言影响的结果。朱莎《关岭歪梳苗苗语名词性短语的语序据》（2021）[①] 总结并在此基础上考察歪梳苗苗语名词性短语的语序类型。通过测试和验证，发现除 N（head）+N、N+Adj 等符合 SVO 型语言蕴含共性外，G+N、Num+CL+N、Rel+N 等与SVO 型语言蕴含共性相悖的情况是语言影响导致的。吴秀菊《湘西勾良苗语名词短语的语序类型学特征》（2015）[②] 通过对湘西勾良苗语名词短语的语序类型进行考察，发现其基本语序不完全符合语言类型学中的普遍性原则和蕴含性原则，多层定语语序符合“语义靠近原则”和“可别度领前原理”。语序不是固定不变的，而是受到语义、语法、信息结构、语言接触等因素的影响。周清芳的毕业论文《苗语下寨话名词短语语序研究》（2022）[③] 以贵州毕节下寨苗话为研究对象，描写分析了下寨苗话的名词性修饰短语的语序、名词性并列短语的语序、同位短语的语序、方位短语的语序。

杨悦《 湘西矮寨苗语的类型学描写》（2019）[④] 以Dryer等类型学模型的142条参项为框架，对矮寨苗语从类型学角度进行全面的描写，同时注意将矮寨苗语跟汉语、英语进行一定的比较。

张成《论绕家话指示词的语义功能及语序类型》（2020）[⑤] 认为绕家话指示词在语序类型上，距离指示词置于中心词之后，是后置型；方位指示词与中心成分组合时，有两种语序类型，一种为“Dem+N”，是绕家话固有的语序类型；另一种为“N+Dem”，属于弱势语序。

---

① 朱莎：《关岭歪梳苗苗语名词性短语的语序》：《民族语文》，2021年第1期，第23—34页。

② 吴秀菊：《湘西勾良苗语名词短语的语序类型学特征》，《怀化学院学报》，2015年第34卷第7期，第94—97页。

③ 周清芳：《苗语下寨话名词短语语序研究》，云南师范大学，2022年硕士论文。

④ 杨悦：《湘西矮寨苗语的类型学描写》，三峡大学，2019年硕士论文。

⑤ 张成：《论绕家话指示词的语义功能及语序类型》，《凯里学院学报》，2020年第38卷第5期，第60—65页。

吴秀菊《论湘西苗语的领属结构》（2020）[①] 中指出湘西苗语的领属结构根据标记的有无及标记的类型，有Pr+Pd、Pd+Pr、Pr+“的”+Pd、Pr+“家”+Pd、Pr+量词+Pd、Pr+指量短语+Pd、Pr+“人家”+Pd等7种基本格式。其中，Pd+Pr为领事后置，其余皆为领事前置。湘西苗语领事前置占绝对优势的语序格局是由语言接触、认知、信息结构、生命度等级等多种因素共同作用的结果。

（六）句式研究

胡晓东的《白午苗话的反复问句》（2008）[②] 认为黔东方言白午苗话的反复问句“打打”是由“打不打”演变而来的。熊朝兰《浅析文山苗语绿苗话的存在句》（2019）把文山绿苗话存在句分为典型存在句和非典型存在句。存在句的否定形式和疑问形式需要在动词前加上否定副词和疑问副词。[③]

余金枝的《湘西苗语被动句研究》（2009）[④] 认为湘西苗语用to22“着”来表示被动意义则是受汉语的影响而平行产生的。杨廷友的《文山苗语被动句研究》（2020）硕士论文描写文山苗语的被动句的句子成分、标记、语义和句式等，其中被动标记有苗语固有实词和汉借词两类。[⑤]

余金枝《矮寨苗语的差比句》（2012）指出矮寨苗语差比句的典型语序有“结果 +ŋəŋ^{22}（和）+基准”和“pi^{44}（比）+基准+结果”两类。前者是本语演变的结果，后者是借自汉语的。矮寨苗语之所以能够借用汉语的“pi^{44}比+基准+结果”语序，语言接触只是外因，内因是矮寨苗语

---

① 吴秀菊:《论湘西苗语的领属结构》,《民族语文》，2020年第3期，第81—90页。

② 胡晓东:《白午苗话的反复问句》,《民族语文》, 2008年第2期，第4页。

③ 熊朝兰:《浅析文山苗语绿苗话的存在句》,《学园》，2019年第12卷第10期，第134—135页。

④ 余金枝:《湘西苗语被动句研究》,《中央民族大学学报》（哲学社会科学版），2009年第1期，第7页。

⑤ 杨廷友:《文山苗语被动句研究》，云南师范大学，2020年硕士论文。

语言系统具有与之相似的语序。[①] 冀芳《黔东苗语差比范畴研究》（2013）对黔东苗语差比句的结构类型进行了详尽的描述和划分，结合功能语法语义理论和比较范畴理论，初步建立起黔东苗语的差比范畴，并确立范畴内的核心和非核心成员。[②] 李一如《黔东苗语的比较结构》（2021）把黔东苗语的比较结构分为差比、等比、极比3种类型。差比结构的比较标记有固有词fhə^{35} / ɕaŋ^{44}“过”和汉语西南官话借词pi^{55}“比”。在黔东苗语自然的言语交际中，不用比较结构或者使用无标记比较结构较为普遍，年轻人话语交际中倾向于使用pi^{55}“比”。[③]

吴秀菊《勾良苗语前置和后置两种关系从句》（2013）[④] 把勾良苗语关系从句分为前置、后置两种类型。前置型的使用频率比后置型高，是优势语序，从来源上看，后置型是固有的，前置型是后来适应语用的需要新增的。

娄朦朦的毕业论文《文山苗语话题结构研究》（2015）[⑤] 指出文山苗语属于话题优先型语言，其话题结构是“话题+述题”，缺乏显性的话题标记，归纳出文山苗语话题结构的总体特征有三个：话题优先、没有专门的话题标记、三个话题化手段。吴秀菊《湘西苗语勾良话的话题结构》（2017）分析湘西苗语勾良话具有话题结构，该结构通过语序、话题标记、韵律三种手段实现话题化。话题标记是非强制性使用的，但类型丰富，各标记分工明确、各司其职，表现出明显的差异。话题和主语分属两个不同的系统，二者在语法形式和语法意义上各有特点。勾良话的话题虽然倾向于已知信息，但也可以是新引入的信息。话题可以是有定成分，也可以是

---

① 余金枝：《矮寨苗语的差比句》，《中央民族大学学报》（哲学社会科学版），2012年第39卷第2期，第130—136页。

② 冀芳：《黔东苗语差比范畴研究》，《贵州民族研究》，2013年第34卷第2期，第210—214页。

③ 李一如：《黔东苗语的比较结构》，《民族语文》，2021年第2期，第15—24页。

④ 吴秀菊：《勾良苗语前置和后置两种关系从句》，《汉藏语学报》，2013（00）：118-136.

⑤ 娄朦朦：《文山苗语话题结构研究》，云南民族大学，2015年硕士论文。

无定成分。①

牟飘飘《安顺苗语的判断句》(2022)以判断系词为依据，把安顺苗语判断句可以分隐性判断句和显性判断句两种，判断句的语义关系有等同、类属、性状、存现、方式、原因和比喻等。判断系词可以用在句首，有表示语气的加重和不确定的情态意义的两种特殊用法。②

李一如《黔东苗语连动结构》(2016)以苗族古歌语料及苗语自然口语材料为语言事实，采用语言描写和语法分析的理论与方法对黔东苗语的连动结构进行深入描写与研究，并从语义结构的逻辑分析进行比较，以此对黔东苗语的连动结构的语法性质、语义结构及语法化趋向等作出判断和认识，探析连动结构的语法变化发展动向。③ 余金枝《湘西苗语的连动结构》(2017)从连动结构与域内论元的制约关系、语义原则、语法化等视角对湘西苗语的连动结构进行分析，揭示了湘西苗语连动结构的几个特点：连动结构不受动词及物性的制约；域内论元共享；连动结构是体现事件时间顺序的句法语义构式；连动结构是动词语法化的重要句法环境。认为湘西苗语连动结构发达与形态不发达、分析性强相关，连动结构发达与形态缺乏存在倾向性的蕴含共性。④ 王薇阳《养蒿苗语连动结构研究》(2018)以养蒿苗语（黔东方言北部土语标准音点）连动结构为研究对象，描写养蒿苗语连动结构三种类型、句法特征和语义类型，句法方面有相似性、单述谓性、单小句性、共享语法范畴性与论元、语义相关性以及韵律连贯性，语义关系可分为：时序、方式—行为、行为—目的、行为—

---

① 吴秀菊：《湘西苗语勾良话的话题结构》，《广西民族师范学院学报》，2017年第34卷第2期，第56—62页。

② 牟飘飘：《安顺苗语的判断句》，《贵州师范学院学报》，2022年第38卷第11期，第1—9页。

③ 李一如：《黔东苗语的连动结构》，《贵州大学学报》(社会科学版)，2016年第34卷第5期，第156—164页。

④ 余金枝：《湘西苗语的连动结构》，《云南师范大学学报》(哲学社会科学版)，2017年第49卷第5期，第9—17页。

结果、互补、因果、表能愿、表前提和表假设九种语义关系。①

（七）苗语和古汉语句法对比研究

曹翠云在《苗语与古汉语特殊语句比较研究》（2005）一书中，把苗语的“动名状格式”“形名状格式”和《诗经》《楚辞》的相关格式进行了比较，从苗语角度上对这两类格式做了新的译解。② 吴秀菊《汉语和苗语关系从句的语序对比》（2015）从动词的语法特征来进行分析，认为汉苗语言的后置关系从句存在局限性，前置关系从句更能满足其动词的句法特征。③ 龙正海《苗语中的“谓主”结构及其历史流变》（2016）研究发现，苗汉中的“谓主”结构存有诸如谓语大都由性质形容词充当、主语多由名词充当且“谓主”句都带有描述性、对人和事物的描述带有一定的夸饰性的共性，苗汉中的“谓主”结构系同源关系。④

（八）苗语调查描写研究

苗瑶语的调查成果和未来的方向，可见李云兵《20世纪以来的苗瑶语调查》（2011）⑤，苗语个案描写研究如：余金枝《矮寨苗语参考语法》（2010）、《龙胜伟江苗话研究》（2010）、陈宏《贵州松桃大兴镇苗语研究》（2010）⑥ 等。

四、词类研究

苗语词类的研究，主要热点有状词、量词、方位词、指示词、形容

① 王薇阳：《养蒿苗语连动结构研究》，中央民族大学，2018年硕士论文。

② 曹翠云：《苗语与古汉语特殊语句比较研究》，中央民族大学出版社，2005年。

③ 吴秀菊：《汉语和苗语关系从句的语序对比》，《现代语文》（语言研究版），2015年第9期，第140—154页。

④ 龙正海：《苗语中的“谓主”结构及其历史流变》，《广西民族师范学院学报》，2016年第33卷第2期，第69—72页。

⑤ 李云兵：《20世纪以来的苗瑶语调查》，《民族翻译》，2011年第1期，第72—80页。

⑥ 陈宏：《贵州松桃大兴镇苗语研究》，南开大学，2009年博士学位论文。

词、名词、动词等研究。苗语名词、动词的研究代表性成果，可见《中国少数民族语言研究60年》(2009)[①]，下面主要回顾状词、量词、方位词和指示词、虚词的研究情况。国外学者早期对苗语词汇的研究有Lyman的*Dictionary of Mong Njua*(1974)[②]。

(一)状词研究

苗语状词是特殊的类型，最早对状词做系统研究的是曹翠云。她的《黔东苗语状词初探》(1961)[③]认为状词是独立的词类。王辅世的《我对苗语语法上几个问题的看法》(1982)[④]也认为状词应该是独立的一类词。王辅世、王德光的《贵州威宁苗语的状词》(1983)[⑤]从语音、语义、形态、分类等四个方面研究了威宁苗语的状词。李云兵的《苗语川黔滇次方言的状词》(1995)[⑥]从音节结构、语义特征、元音和谐、组合关系等多个方面分析了川黔滇次方言苗语状词的特征。之后的研究多以描写为主，如王丹《中部方言苗语状词研究》(2016)[⑦]描写和分析了苗语中部方言状词的特点和语义，并用历史比较法将中部方言状词分别与东、西部两大方言状词进行比较分析，探讨三大方言状词的异同。王仁芝《福泉市陆坪苗语状词的地域性特点》(2019)[⑧]比较陆坪和养蒿状词，认为状词在同一个方

① 戴庆厦:《中国少数民族语言研究60年》，中央民族大学出版社，2009年，第296—300页。

② Lyman T A . c : *Dictionary of Mong Njua A Miao (Meo) Language of Southeast Asia*. 1974.

③ 曹翠云:《黔东苗语状词初探》,《中国语文》，1961年第4期。

④ 王辅世:《我对苗语语法上几个问题的看法》,《民族语文研究文集》，青海民族出版，1982年。

⑤ 王辅世、王德光:《贵州威宁苗语的状词》,《语言研究》，1983年第2期，第192—211页。

⑥ 李云兵:《苗语川黔滇次方言的状词》,《民族语文》，1995年第4期，第63—68页。

⑦ 王丹:《中部方言苗语状词研究》,《贵州民族大学学报》，2016年。

⑧ 王仁芝.福泉市陆坪苗语状词的地域性特点[J].黔南民族师范学院学报，2019，39(02)：41-45.

言内部有语音、语用的地域性差异。梁佳雪（2020）[①] 认为状词放在其修饰词之后，使说话的语境具有强化意义的作用，一般有表示人或事物动作行为、性质形状、颜色气味、声音状态等几类。杨雪《川黔滇次方言苗语状词研究》（2020）[②] 结合苗语西部方言川黔滇次方言中的一百六十一个状词语料作为分析对象，从语音和构词等方面进一步揭示这些状词所具有的构式语法特点，且在构词中属于修饰成分。主状词可以独立使用，辅状词需要搭配主状词使用。吴金标《文山苗语状词研究》（2020）[③] 采用描写法，从语音、语义和语法三个方面对文山苗语状词进行全面、深入地描写分析和系统研究，展示文山苗语状词的总体特征。

（二）量词研究

苗语量词的研究关注其起源和发展问题。吴平《苗语的情状量词初探》（1986）认为苗语的名量词是从名词演变而来，在语法上还保留许多与名词相同的特点，苗语中的情状量词还表示情感或状态[④]。罗美珍《汉、侗 — 泰、苗 — 瑶语声调和量词产生与发展的相同过程》（1996）认为侗一泰、苗一瑶诸语言中还有一类量词是来自名词的性状标志成分。[⑤] 进一步指出现代汉语和侗泰、苗瑶两个语族语言的量词都很发达，有着共同的来源渠道和演变途径。杨再彪（2005）以吉卫苗语为对象，认为le³⁵在苗语中有共同来源，但表示“个”是扩散造成的。[⑥] 吴安其（2005）认为量词形成的动因是名词在形态类型变化过程中需要信息的补充。分析型语言

---

① 梁佳雪：《黔东方言苗语状词的区域性特点》，《凯里学院学报》，2020年第38卷第1期，第64 — 69页。

② 杨雪：《川黔滇次方言苗语状词研究》，三峡大学，2020年。

③ 吴金标：《文山苗语状词研究》，云南师范大学，2020年硕士论文。

④ 吴平：《苗语的情状量词初探》，《贵州民族研究》，1983年第3期，第9页。

⑤ 罗美珍：《汉、侗 — 泰、苗 — 瑶语声调和量词产生与发展的相同过程》，《语言科学》，2007年第6卷第6期，第36 — 43页。

⑥ 杨再彪：《湘西苗语与汉语个体量词“个”用法比较》，引自：李锦芳、胡素华：《汉藏语系量词研究》，中央民族大学出版社，2005年，第334页。

中量词可进一步演变为名词其他形式的标记。[①] 蒋颖（2009）对苗瑶语量名结构中的量词进行探讨，包括共性类型、特征、特殊功能，并认为非标准度量衡量词和一部分集体量词产生的时间最早，个体量词产生的时间略晚，标准度量衡量词通常最后产生，而且多为汉语借词[②]。时兵（2009）认为汉藏等语言中称量动物的量词分别来源于表身体部位的“身体”和“头”，是语义转移的结果，藏缅语、侗台语、高棉语等都有各自的同形形式，苗瑶语中，黔东苗语的$tɛ^4$和川黔滇苗语的$tɛ^4$是与表“身体”义相关的词$qa^1tɕi^3$和$tɕie^3$对应[③]。

量词的语法功能研究成果丰富。王辅世（1957）指出威宁苗语的名量词具有类似印欧冠词的作用[④]。张永祥、曹翠云（1996）也认为苗语的名量词较多地保留了名词的特征，同时又兼有名量词的特征，因此“量名结构”中的“名量词”是中心语[⑤]。但王春德（1984）认为是名量词或数量词受名词修饰，名量词或数量词是中心语，名词是后定语[⑥]。陈其光（1984）关于名量词的地位有两个推测，一是名词定语语序，演变规律是：共同苗瑶语的量 — 指结构和量 — 名 — 指结构，名量词是中心词，第一次分化时，共同苗 — 布努语保持了原来的后置语序（布努语炯奈方言和优诺方言的名词定语、巴哼方言和炯奈方言的指示词定语已前移，这是后来发展的），共同勉 - 畲语则一律前移，变得与汉语相同；二是关于名量词功能，因为苗语黔东方言、苗语川黔滇方言和布努语的名量词可以单独与名词组合，苗语湘西方言、勉语和畲语的名量词则必须先与数词组合以

---

① 吴安其：《分析型语言的名量词》，引自：李锦芳、胡素华：《汉藏语系量词研究》，中央民族大学出版社，2005年，第1页。

② 蒋颖：《汉藏语系语言名量词比较研究》，民族出版社，2009年，第134 — 137页。

③ 时兵：《汉藏等语言中的量词“头”》，《民族语文》，2009年第5期，第28 — 31页。

④ 王辅世：《贵州威宁苗语量词》，《语言研究》，1957年第2期，第75 — 121页。

⑤ 张永祥、曹翠云：《黔东苗语的量名结构》，《中央民族大学学报》，1996年第2期，第68 — 73页。

⑥ 王春德：《关于苗语名词修饰物量词和名词补足形容词的问题》，中国社会科学院民族研究所，1984年。

后才能修饰名词，据此推测，共同苗 — 瑶语的名量词可以单独与名词组合，第一次分化时，共同苗 — 布努语保持了这种功能，共同勉 — 畲语却失去了，第二次分化时，苗语湘西方言也失去了。① 罗安源（1987）指出名量词与数词组成数量结构，既可以作定语，也可居于被定的位置，如一个碗 a^{44} le^{35} $ȶe^{54}$ 与 $ȶe^{54}a^{44}$ le。②

苗语的量词有表示情态的功能。王德光（1987）提出威宁苗语，名量词有定指和不定指，指人名量词有性的差异，表女性 $lɯ^{55}$，表男性用 tsi^{55}，并在此基础上产生ai/a变形，前者是普通称，后者是指小称，这种变化来源于音节减缩，$lɯ^{55}$+a^{55} $ȵ̥ie^{53}$（大）→lai^{55}；$lɯ^{55}$+$ŋa^{55}$（小）→la^{55} 指小。男女口语中的名量词差异，男性多用壮美称、普通称和指小，女性一般不用壮美称（情绪升级）。③ 罗兴贵（1990）认为川黔滇苗语中的名量词有情态功能。一般情况下，男性和女性对表情态的量词使用有所不同，在特殊情况下，对于不壮实、美好的事物男人也使用壮美称的量词，女人一般不用壮美称，但有时也有使用壮美称。汉语量词“个”是个体物量词里用途最广泛的一个，几乎所有的个体名词都可以用“个”修饰，小峭苗语中的 lo^{43}（个）和 to^{11}（个），在不同的语言环境中所修饰的对象各不一样，lo^{43}（个）一般加在表圆形的、坨形的或圆而中空的物体名词前面，to^{11}（个）一般加在表动、植物名词前面④。

苗语名量词做为类别词的研究。拜桑（Bisang 1993）⑤ 认为数量的分类系统（Numeral classifier systems）是典型的语言特征之一，苗语也不例外。苗语名量词除了有指称功能，Bisang认为另外还有一种重要的功能

---

① 陈其光：《畲语在苗瑶语族中的地位》，《语言研究》，1984年第1期，第15页。

② 罗安源：《苗语句法成分的可移动性》，《民族语文》，1987年第3期，第4页。

③ 王德光：《贵州威宁苗语量词拾遗》，《民族语文》，1987年第5期，第36—38页。

④ 罗兴贵：《谈苗语川黔滇方言小哨口语中的量词》，《贵州民族研究》，1990年第2期，第4页。

⑤ Bisang · W.*Classifiers. Quantifiers and Class Nouns in Hmong.Studies in Language*，1993，17（1）：1–51.

就是关联化（relationalization）。此外，文中还解释了分类词的语法化路径，大致为N（名词）>CN（类名词）>Q（量词）> intrQ >CL（分类词）。同时区分分类词（classifier）和量化词（quantifier）。贺又宁（1994）区分苗语“名量词”与汉语“名量词”之间的搭配差异，苗语量词能单独放在名词前，对名词起分类作用[①]。张永祥、曹翠云（1996）根据苗语的“量名结构”的内部关系以及修饰词组的语序，提出苗语名量词和名词的关系是名词修饰前面的量词，这更切合苗语的实际；苗语的名量词，可能最早是由名词发展演变而来的；同时，苗语中还有具有褒贬作用的特殊量词[②]。

李云兵（2003）考察了苗语名量词语音形态的变化及其语义语法范畴，也考察了“名量词”附加前加成分的形态形式及其语义语法范畴，认为汉营苗语量词的语义语法范畴是“指称范畴”，苗语的大多数方言的量词都有附加前加成分的形态变化，这些附加前加成分使量词名词化，其语义语法范畴可称之为“类化范畴”。[③] 李云兵（2005）介绍了苗瑶语量词的类别词功能、形态类型，量词短语的语序类型。形态上有重叠、语音屈折、附加前缀等类型，量指结构、领属定语、关系小句中的量词短语具有双重语序，名词对量词的选择非强制性，但具有标记功能。[④] 他进一步指出苗瑶语量词、前缀是名词范畴化手段的两种类型，苗瑶语量词属数词分类词，具有类别词的功能，与前缀有区别，前缀属词汇性分类成分，具有类名词的特征。数词分类词对名词起分类和量化作用，在句法结构中对名词的分类不具强制性，只有数词分类词范畴化为定指标记或被饰代词时，

① 贺又宁：《汉、苗语言里几类词的语法特点比较》，《贵州民族学院学报》（哲学社会科学版），1994年第3期，第63—69页。

② 张永祥、曹翠云：《黔东苗语的量名结构》，《中央民族大学学报》，1996年第2期，第68—73页。

③ 李云兵：《苗语的形态及其语义语法范畴》，《民族语文》，2003年第3期，第10页。

④ 李云兵：《苗瑶语量词的类型学特征》，见李锦芳主编：《汉藏语系量词研究》，北京：中央民族大学出版社，2005年，第309页。

才有强制性，它也是苗瑶语名词范畴化的一种类型[①]。蒋颖（2009）认为汉藏语名量词有发达型，如汉语；不发达型，如藏缅诸语，而不发达类型中，量词一般通过拷贝获得。[②] 马嘉思、拜桑（Matthias，Bisang 2010）从语音、语用、语义、句法结构角度等分析威宁苗语的分类词系统，该文指出：不同于苗语其他方言，威宁苗语分类词是屈折型的，每个分类词有十二种屈折变化形式。[③] 步连增（2011）根据量词在语法中的地位，指出苗瑶语族、壮侗语族、藏缅语族中一部分个体量词，它们在类型学上具有名词分类词和数词分类词的功能特征，经过比较，文中认为南方民族语言存在分类词的强度有差异，总体上是壮侗语族为中心，向苗瑶语族和藏缅语族递减扩散，形成同心圈[④]。洪波（2012）认为汉藏语系类名词的功能呈现出强烈的区域差异，壮侗语族是这个区域的核心，各种功能都很强劲，苗语的类别词与壮侗语族的类别词的功能整体上相似[⑤]。

罗利曼（2020）分析尖坡苗语量词“nau^{33}（个）”可与果蔬、器具、身体器官和处所等类名词组配，表示“个、只、颗、根、座、把、栋”等语义形式。基于凸显认知理论，发现具有[+圆][+容器][+可食]语义特征的物体是“nau^{33}（个）”的范畴中心，范畴化过程为：母体物 > 近似物 > 整体物 > 时间物 > 抽象物。在量词“nau^{33}（个）”的范畴化过程中，隐喻和转喻是主要动因。[⑥]

---

① 李云兵：《论苗瑶语名词范畴化手段的类型》，《民族语文》，2007年第1期，第18—30页。

② 蒋颖：《汉藏语系语言名量词比较研究》，民族出版社，2009年，第25页。

③ Matthias Gerner，Walter Bisang. *Classifier Declinations in an Isolating Language*：*On a Rarity in Weining Ahmao*，LANGUAGE AND LINGUISTICS，2010：579.

④ 步连增：《汉语名量词起源再探》，《暨南学报》（哲学社会科学版），2011年第33卷第1期，第8页。

⑤ 洪波：《汉藏系语言类别词的比较研究》，《民族语文》，2012年第3期，第13页。

⑥ 罗利曼：《尖坡苗语量词“nau^{33}（个）”范畴化过程及动因》，《南开语言学刊》，2020年，第2期，第122—128页。

（三）方位词和指示词研究

苗语的方位词和指示词的归类不尽相同。石德富的《苗语定指指示词和汉语指示代词比较》（2006）① 和《黔东苗语的指示词系统》（2007）②，对黔东苗语指示词做了深入研究。李云兵的《花苗苗语的方位结构的语义、句法及语序类型特征》（2004）③ 对花苗苗语的方位词及其组合关系、方位结构的语义特征、句法关系和语序类型特征进行了描写。

史庆贺《苗语方位词的认知语义学研究》（2019）④ 苗语方位词按语义有着不同的意象图式。通过和汉语方位词在语法、词性和意象图式三个方面的对比，发现苗语和汉语方位词非常相似，证明了苗语和汉语同属一种语系。谢关艳《论大营苗语的指示词》（2020）⑤ 描写了大营苗语有五个指示词，认为指示词属距离定位三分层级嵌套系统，都能修饰量词和量词短语，表定指；还能单独修饰名词，充当主语、宾语；有的还能充当话语标记和关联词语。表明大营苗语的指示词不仅具有指示限定词的功能，还具有指示代词的功能，也说明大营苗语已经出现指示词语法化为代词的现象。

（四）虚词研究

罗安源《现代湘西苗语语法》（1990）⑥ 里提到“ghaob是一个独立的虚词”。王大江《大南山苗语虚词研究》（2016）⑦ 借鉴现代汉语关于词类划分的思想将大南山苗语中介词、连词、助词和语气词划归为虚词，运用三个平面理论，以比较法为基本方法，从句类、词类、位置等角度来对大

① 石德富：《苗语定指指示词和汉语指示代词比较》，见：戴庆厦主编，《汉语和少数民族语语法比较》，北京：民族出版社，2006年。

② 石德富：《黔东苗语指示词系统》，《语言研究》，2007年第27卷第1期，第5页。

③ 李云兵：《花苗苗语方位结构的语义、句法及语序类型特征》，《语言科学》，2004年第3卷第4期，第19页。

④ 史庆贺：《苗语方位词的认知语义学研究》，湖南大学，2019年硕士论文。

⑤ 谢关艳：《论大营苗语的指示词》，《民族语文》，2020年第4期，第102—108页。

⑥ 罗安源：《现代湘西苗语语法》，北京：中央民族学院出版社，1990年。

⑦ 王大江：《大南山苗语虚词研究》，贵州大学，2016年硕士论文。

南山苗语虚词进行研究。马桂馨《大浪苗语介词研究》（2021）[①] 主要考察黔东苗语南部土语的大浪苗语虚词中的介词，从三个平面理论出发，系统考察大浪苗语介词的语义、句法和语用功能。大浪苗语存在20个典型的介词，大部分介词都是由动词语法化而来，但语法化的程度存在差异。

五、对国外苗语的研究

中国学者或者学术对国外苗语研究的成果还不多。代表有：熊玉有《跨国苗语比较研究 —— 川黔滇苗语国内与国外比较》（1993）用云南文山和红河一带的部分"青苗"苗族的语言材料和国外老挝、泰国及西方国家"青苗"的语言材料进行比较，指出国外苗语是受老挝语、英语、泰语等影响大。余金枝《中泰苗语的差异分析》（2016）对中泰苗语的语音、词汇、语法的主要差异进行对比分析，指出语音的主要差异是声母系统和声调系统出现了不同程度的简化。从核心词同源词的比例上看，泰国苗语与文山苗语最为亲近。[②] 她的《泰国苗语调查的几个要点》（2017）介绍了泰国苗语调查的主要内容：泰国苗族的支系差异及其分布，迁徙的时间和路线，语言使用现状，泰国苗语的本体特点，泰国苗族的文化特征及民族认同和国家认同。泰国苗语调查应抓住"共同性"和"差异性"的矛盾、"稳固性"与"适应性"的矛盾。她的《中泰跨境苗语对比研究》（2019）是首部中外苗语对比研究的论著，通过对多个视角对泰国难府苗语与中国云南文山苗语、贵州黔东台江苗语、湖南湘西矮寨苗语进行了深入系统的比较，探索了中泰跨境苗语的共性和个性。[③]

---

① 马桂馨：《大浪苗语介词研究》，中央民族大学，2021年硕士论文。

② 余金枝：《中泰苗语的差异分析》，《当代语言学》，2016年第18卷2期，第244—258页。

③ 余金枝：《泰国苗语调查的几个要点》，《百色学院学报》，2017年第30卷第4期，第38—54页。

杨光明（2022）[①] 以老挝赛颂本苗语的语音系统为研究对象。我们对老挝赛颂本苗语语音进行了描写，特别是对老挝赛颂本苗语的声母、韵母、声调进行分析描写，又描写了老挝赛颂本苗语连读变调。连读变调主要包括音节连读变调和数字“一”+量词的变调。具体包括前音节为“b”声调的连读变调、前音节为“m”声调的连读变调、前音节为“j”声调的连读变调、前音节为“v”声调的连读变调、前音节为“s”声调的连读变调和“一”+“m”“j”“v”“s”的连读变调。通过老挝赛颂本苗语与中国大南山苗语的语音系统对比，发现老挝赛颂本苗语的[d]、[dh]与中国大南山苗语[tl]、[tlh]成对应关系。如：词义为“水”分别为[de31]和[t1e31]，词义“跳”分别为[dia55]和[t1a55]。从声调对比来看，老挝赛颂本苗语的声调“b”调值为高平调，调值[55]，中国大南山苗语的“b”声调调值为中降调，调值为[54]。

---

① 杨光明：《老挝赛颂本苗语语音研究》，山东师范大学，2022年硕士论文。

第二章　音位系统

彝良大花苗苗语语音的特点是：（1）辅音声母多，韵母少。（2）有浊声母，鼻冠声母丰富，成系统。（3）元音没有长短、松紧。（4）没有塞音韵尾，除舌根鼻韵尾外，没有别的鼻音韵尾。（5）受汉语影响增加了一些新韵母。（6）声调有8类，但调值只有6个。

第一节　辅音与声母

彝良大话苗语的辅音类型丰富，从发音部位看，从双唇音到小舌音都有分布；从发音方式来看，发音方式丰富，有塞音、擦音、塞擦音、鼻音、边音等，清浊特征、送气不送气特征典型。辅音与辅音的组合能力强，有复辅音声母。

一、声母类型

彝良大花苗苗语共有76个声母。其中单辅音声母46个，复辅音声母29个，零声母1个。

（一）单辅音声母

彝良大花苗苗语辅音声母有75个，其中单辅音有46个，见表2-1。

表2-1　彝良大花苗苗语辅音声母表

发音方法＼发音部位 音标			双唇	唇齿	舌尖前	舌尖中	舌尖后		舌面	舌根	小舌音	喉音
塞音	清	不送气	p			t	ʈ			k	q	
		送气	ph			th	ʈh			kh	qh	
	浊		b			d	ɖ			g	G /Gh	
塞擦音	清	不送气			ts		tʂ		tɕ			
		送气			tsh		tʂ		tɕh			
	浊				dz		dʐ		dʑ			
鼻音	清		m̥			n̥			ȵ̊	ŋ̊		
	浊		m			n			ȵ	ŋ		
鼻冠音	浊	不送气	mp		nts	nt	ɳʈ	ɳtʂ	ȵtɕ	ŋk	Nq	
		送气	mph		ntsh	nth	ɳʈh	ɳtʂh	ȵtɕh	ŋkh	Nqh	
			mb		ndz	nd	ɳɖ	ɳdʐ	ȵdʑ	ŋg	NG	
边音	清					l̥						
	浊					l						
擦音	清			f	s		ʂ		ɕ	x		h
	浊			v	z				ʑ	ɣ		
复辅音						tl̥ thl̥ dl ntl ndl						

表2-1包括复辅音声母，鼻冠音复辅音声母的核心是同部位的塞音或塞擦音，所以排在塞音塞擦音之后。复合塞音及其鼻冠复合声母因为其特殊性，所以置于声母表最后。

（二）复辅音声母

辅音和辅音在一个音节里可以结合组成复合辅音，就是在一个音节里面几个辅音相连而成的辅音。在苗语的音节结构中出现大量的复合辅音声母，彝良大花苗苗语组合辅音有两类，一类是由鼻音加塞音或者塞擦音组合成的鼻冠音辅音，另一类是两类辅音组合在一起的复辅音。目前关于“鼻冠音”的准确定义还有争论。例如，罗安源教授认为，鼻音的位置在复辅音前面可称为“鼻冠音”① 。陈其光教授认为，现代苗瑶语房源中mp、mpʰ、nt、ntʰ、ŋk、ndl声母前面的鼻音可称为鼻冠音② 。戴庆厦教授在《彝缅语带鼻冠音辅音声母的来源及发展》的论文里指出：“所谓带鼻冠音辅音声母，就是在塞音、塞擦音前冠以鼻音，组成复辅音声母，与不冠鼻音的单辅音声母形成对立，如mb、nd、ndʑ、ȵdʑ、ŋg等。”③ 简单地讲，鼻冠音辅音由至少两部分硬件组成，一是复辅音前有鼻音成分，二是鼻音后必有非鼻音辅音存在，而且非鼻音辅音多由塞音或塞擦音组成，两者按鼻音在前非鼻音在后的顺序组合而成。

彝良大花苗苗语的复辅音声母有三类

1.塞音复合：tl̥、thl̥、dl

2.鼻音加塞音：

mp nʦ	nt	ɳʈ	ɳʈʂ	ȵtɕ	ŋk	Nq	
mph	ntsh	nth	ɳʈh	ɳʈʂh	ȵtɕh	ŋkh	Nqh
mb ndz	nd	ɳɖ	ɳɖʐ	ȵdʑ	ŋg	NG	

① 罗安源：《发音语音学》，中央民族大学出版社，2005年，第111页。

② 陈其光：《古苗瑶语鼻冠闭塞音声母在现代方言中反映形式的类型》，《民族语文》，1984年，第5期。

③ 戴庆厦：《彝缅语带鼻冠音辅音声母的来源及发展》，《民族语文》，1992年第1期，第42页。

3.鼻音加复合塞音：

另外苗语中的存在一部分鼻音加塞音再加边音组合成的带鼻冠音辅音，彝良大花苗苗语中的这类辅音有ntl、ndl两个。

二、声母例词

声母或辅音	例词1音标	例词1意译	例词2音标	例词2意译
p	pa^{33}	铺	pe^{54}	分出来
ph	phai^{33}	破	phai^{35}	碰
b	ba^{31}	抱	bau^{54}	脓
mp	mpa^{33}	猪	mpe^{55}	躲
mph	mpho^{54}	蔫	mphu^{54}	雪
mb	mba^{35}	拍	mbai^{54}	气
m	ma^{54}	给	mu^{55}	糖
m̥	m̥o^{33}	晚饭	m̥au^{54}	去
f	fai^{33}	快	fai^{55}	宽
v	vai^{33}	藏	ve^{55}	盖
t	ta^{33}	杀	to^{33}	深
th	tha^{55}	掀	they^{33}	木炭
d	da^{31}	死	dey^{33}	顶
nt	nta^{55}	吐	ntai^{55}	横
nth	nthaɯ^{54}	楼	ntha^{55}	分开
nd	ndo^{35}	顺	ndau^{54}	打
n	naɯ^{33}	老鼠	nau^{31}	听
n̥	n̥aɯ^{55}	穿	n̥a^{31}	看
l	li^{31}	晚	la^{55}	兔子
l̥	l̥i^{33}	月亮	l̥ai^{54}	躺

tl̥	tl̥i^{55}	狗	tl̥iey^{33}	白色
thl̥	thl̥ie^{33}	进	thl̥i^{33}	变
dl	dla^{31}	顿	dliey	涂抹
ntl	ntlo^{33}	里面	ntlau^{35}	叶子
ndl	ndlo^{31}	滴	ndla^{33}	溢出来
ts	tso^{54}	放	tsa^{33}	接
tsh	tsho^{33}	吹	tshe^{55}	提
dz	dzɯ^{31}	刚	dzu^{54}	相遇
nts	ntsi^{31}	刺	ntsa^{55}	洗
ntsh	ntshi^{31}	撕	ntshiey^{54}	想
ndz	ndzie^{13}	编	ndza^{54}	嚼
s	si^{54}	棕树	sie^{54}	高
z	zie^{54}	晾	zi^{55}	姐姐
ʈ	ʈau^{54}	山	ʈa^{33}	悬崖
ʈh	ʈhai^{33}	插	ʈha^{54}	吹
ɖ	ɖaɯ^{31}	跑	ɖe^{55}	捉弄
ɳʈ	ɳʈo^{54}	丁	ɳʈau^{31}	无力
ɳʈh	ɳʈhey^{55}	找	ɳʈhi^{54}	吼
ɳɖ	ɳɖo^{31}	向	ɳɖa^{54}	步子
tʂ	tʂo^{55}	老虎	tʂau^{54}	锤
tʂh	tʂho^{33}	上衣	tʂhui^{54}	堵
dʐ	dʐo^{31}	少	dʐey^{31}	贼
ɳtʂ	ntʂə^{55}	盐	ɳtʂa^{54}	绿色
ɳtʂh	ntʂhaɯ^{54}	陡	ɳtʂha^{54}	穗子
ɳdʐ	ndʐa^{35}	鼓	ɳdʐey^{31}	摔
ʂ	ʂau^{33}	收拾	ʂəu^{33}	下午饭
k	ku^{54}	角儿	kai^{54}	缝儿

kh	khu³³	结	khau⁵⁴	鞋子
g	gau³¹	十	ga³¹	干
ŋk	ŋkə³¹	撬	ŋkau³¹	帽子
ŋkh	ŋkhau⁵⁵	行 一～字	ŋkhə⁵⁴	串 一～
ŋg	ŋga³⁵	房子	ŋgau³⁵	歌
ŋ	ŋu³³	小孩	ŋa³³	小
ŋ̊	ŋ̊u⁵⁴	坛子	ŋ̊ə³¹	割
x	xauɯ³⁵	山谷	xai³³	拖
ɣ	ɣau³⁵	发疯	ɣu³³	搅
tɕ	tɕa³³	风	tɕiey⁵⁵	酒
tɕh	tɕha³³	拉	tɕhu³³	捅
dʑ	dʑi³¹	你	dʑai⁵⁵	背箩
ȵtɕ	ȵtɕi³³	爬	ȵtɕie⁵⁴	年 过～
ȵtɕh	ȵtɕha⁵⁵	泼	ȵtɕhauɯ⁵⁴	响
ȵdʑ	ȵdʑey³³	双	ȵdʑia³³	感谢
ɕ	ɕey⁵⁵	海	ɕai³³	伸
ʑ	ʑai³¹	舔	ʑia	瘦
ȵ	ȵi¹³	他	ȵie¹³	薄
ȵ̊	ȵ̊e⁵⁵	牙齿	ȵ̊aŋ⁵⁵	重
q	qai⁵⁴	背后	qo³¹	蛋
qh	qhai⁵⁴	拴	qho⁵⁵	洞
ɢ	ɢɯ³³	闭	ɢui¹³	棍子
ɢh	ɢhɯ¹³	矮	ɢhui¹³	锅
ɴq	ɴqɯ⁵⁴	草	ɴqa³³	叫 鸡～
ɴqh	ɴqha⁵⁴	干	ɴqhau¹³	渴
ɴɢ	ɴɢa³¹	喜欢	ɴɢə³¹	下降
ɴɢh	ɴɢhəu³³	纺	ɴɢha	干 衣服～了

h	ha^{33}	霸占	he^{55}	哪里
ø	o^{33}	鸭	a^{33}	做

三、声母特点

1.鼻音、边音成系统的清浊对立。在发音部位上鼻音与后面的塞音或塞擦音相同，而且数量也相等，并能成对出现。鼻冠音不能分离，同部位的塞音或者塞擦音是带鼻冠音辅音声母的主要构成部分。

2.浊声母有送气和不送气两套，本书归为1类。不送气出现在4a、6、8a等调字中，送气的出现在2、4b、8b等调字中。但是ɢh组声母可以出现在跨调字中，所以单独列为对立音位。

3.有零声母音节，音位单列，但记录中不作标记。

4.卷舌音有塞擦化趋势。

5.ntl未发现对立送气声母nthl。

第二节　元音和韵母

一、韵母类型

有21个韵母，分单元音韵母、复元音韵母和带鼻辅韵尾韵母三套。鼻韵尾有2个。复合元音有8个。韵母表如下：

（一）元音韵母

单元音韵母：a i y o u ɯ ə

复元音韵母：ai au aɯ ie ey əu ua ui

（二）带辅音韵母

彝良大花苗苗语的鼻音韵尾有两个：n和ŋ。和元音组合后有以下几个韵母：

an　　en　　ian　　aŋ　　eŋ　　iŋ

带鼻音的韵母中，这ian、aŋ、eŋ、iŋ多用于汉语借词的拼读。

二、韵母例词

韵母或元音	例词1音标	例词1意译	例词2音标	例词2意译
a	ta^{33}	杀	ka^{33}	汤
i	ti^{33}	翅膀	tsi^{33}	山羊
y	ty^{33}	埋	nty^{11}	想
o	to^{54}	深	ko^{54}	把儿
u	tu^{54}	太阳	pu^{55}	射
ɯ	thɯ^{33}	炭	dɯ^{33}	栓住
ə	tə^{33}	发愁	qə^{33}	卵
ai	tai^{33}	夹	dʐai^{54}	拉
au	zau^{33}	好	thau^{54}	桶
aɯ	taɯ^{33}	戴	naɯ^{33}	雨
ie	tie^{33}	痣	thie^{33}	加
ey	tey^{33}	脚	tɕhiey^{33}	地方
əu	ləu^{33}	话	təu^{54}	儿子
ua	ʐaŋ^{31}tʂua^{31}	铁锹	kua^{31}	刮
ui	thui^{55}	刨	dui^{33}	逗
an	xe^{31}pan^{54}	黑板	lau^{54}pan^{54}	老板
en	xen^{35} tsi^{31}	杏子	ɕen^{54}	醒 ~面粉
ian	tian^{13}teŋ^{55}	电灯	tian^{54}ɕian^{54}	电线

aŋ	ȵaŋ55	骑	tshaŋ31tɕaŋ55	长江
eŋ	tian13teŋ55	电灯	deŋ33deŋ33	墩子
iŋ	ʑy31piŋ54	月饼	lan33tɕiŋ55	南京三、韵母特点

1./i/ 音位在 /ts/ 和 /t/ʂ 后又 /ʅ/、/ʮ/ 两个变体，一致用 /i/ 表示。

2./u/ 音位发音过程中有唇齿化现象。

3./a/ 在部分词中有央化现象。

4.复合元音韵母和鼻韵尾韵母多数用于拼汉语借词。

5.tɕ 组后面的接元音 a、e 时，有伴随音 i 现象。

第三节　声调

一、声调类型

彝良大花苗苗语声调的调类（与古苗语调类对应）、调值有典型的特征。共有6个调值。具体调值如下：

54　35　55　33　13　31

二、声调例词

调值	调类	例词1音标	例词1意译	例词2音标	例词2意译
54	1	qai54	鸡	ta54	厚
35	2	ɢhai35	斜	dɦa35	来
55	3	qa55	屎	ntsa55	洗
33	4a	naɯ33	老鼠	di33	答应

13	4b	mau^{13}	去	$dɦie^{13}$	真
33	5	$ntshai^{33}$	怕	$ʈai^{33}$	借
54	6a	nau^{54}	鸟	pu^{54}	喂
31	6b	nau^{31}	听	da^{31}	死
33	7	tai^{33}	夹	$thie^{33}$	加
54	8a	dau^{54}	豆子	tau^{33}	得到
31	8b	do^{31}	咬	zo^{31}	嚼

三、声调特点

1. 昭通彝良滇东北苗语次方言的声调有6种调值类型，分属8个调类。其中4、6、8调类的单音节词因词性不同，各分为两类，4a、6a、8a调值分别为33、53、53，4b、6b、8b调值分别为13、31、31。

2.4a调值为33，但是在部分浊音后变为35调。

3.4b调为低升调，记为13。

第四节　音节结构

音节是语言最容易被感知的自然语音单位，彝良大花苗苗语的yinj可以划分出声母、韵母和声调三个部分。声母主要由辅音充当，可用C（consonant）表示；韵母主要由元单元音（vowel）、双元音（diphthong）、三合元音（triphthong），及带辅音韵尾的韵母构成。韵母中的元音可用V（vowel）表示，辅音韵尾有鼻音韵尾，可以用C（consonant）。声调作为超音段音位，不仅紧紧依附于，且贯穿于整个音节，是彝良大花苗苗语音节中不可或缺的组成部分，可用T（tone）来表示。根据声韵调的组合规律，可以把彝良大花苗苗语的音节结构划分为以下7种类型（见表2-2）：

表2-2　彝良大花苗苗语结构类型

序号	结构类型	结构要素	例词音标	汉语
1	VT	元音+声调	o33	鸭
2	CVT	辅音+元音+声调	po55	射
3	CVVT	辅音+元音+元音+声调	tey33	脚
4	CVCT	辅音+元音+鼻辅音+声调	ȵaŋ55	重
5	CVVCT	辅音+元音+元音+鼻辅音+声调	tian13teŋ55	电灯
6	CCVT	复辅音+元音+声调	ŋkhau55	弯
7	CCVVT	复辅音+元音+元音+声调	ntsau55	挡

在以上7种类型中，第二种类型出现频率较高。

第五节　语流音变

音位与音位组合的时候，由于受说话时快慢、高低、强弱的不同和邻音的影响，可能发生不同的临时性变化。这种变化，我们叫作语流音变[①]。彝良大花苗苗语中最典型的语流音变是变调。

彝良大花苗苗语的声调系统复杂，与标准语音标准语点贵州威宁石门坎苗语声调一致[②]，但是在变调类型上，缺少量词声调变调一类。因为在调查过程中，彝良大花苗苗口语中量词没有出现通过变调表达语义差异的例子。

① 叶蜚声、徐通锵：《语言学纲要修订版》，北京大学出版社，2010年，第75页。

② 王辅世：《王辅世语言研究文集》，社会科学文献出版社，2014年，第540—562页。

1.4a调值为33，但是在部分浊音后变为35调，见词汇手、鱼、肩膀等条目。

2.数词“一”i33有自由变体，变为i31。

3.55调字，为浊送气字时，变为33调。

4.53+53调，变为53+35，见洛、知道等。

5.低降调，在高平调后可变调为高平，如是ʑo31→不是hey55ʑo55。

第六节 文字符号

文字符号是记录语言的视觉符号体系，苗族没有传承下来的传统文字，现在能见到的文字都是20世纪以来逐步创制和改进的。属苗语西部方言滇东北次方言的大花苗苗语有两种类型的文字。

一、大花苗苗语拉丁字母表

大花苗苗语的文字符号有两种，一套是传教士创制文字。这套文字是19世纪初英国传教士伯格理和杨雅各等人创制的拼音文字，包括24个辅音字母和15个元音字母，主要通行于石门坎标准语音地区。另一套是拉丁字母文字。这套文字是新中国成立后，创改的少数民族文字之一。1956年10月在贵阳召开苗族语言文字问题科学讨论会，会议决定分别为苗语湘西方言、黔东方言、川黔滇方言各创造一种拉丁字母文字，并把滇东北的伯格理字母文字也改为拉丁字母文字（见表2–3）。

表2-3　滇东北苗语次方言文字表

部位 文字	双唇	唇齿	舌尖前	舌尖中	舌尖后	舌尖后	舌面	舌根	小舌音	喉音
国际音标	p			t	ʈ			k	q	
苗文	b			d	dr			g	gh	
国际音标	ph			th	ʈh			kh	qh	
苗文	p			t	tr			k	kh	
国际音标	b			d	ɖ			g	G /ɢh	
苗文										
国际音标			ʦ			tʂ	ʨ			
苗文			z			zh	j			
国际音标			tsh			tʂ	ʨh			
苗文			z			ch	q			
国际音标			dz			dʐ	ʥ			
苗文										
国际音标	m̥			n̥				ŋ̊		
苗文	hm			hn				hng		
国际音标	m			n				ŋ		
苗文	m			n				ngg		
国际音标	mp		nʦ	nt	ɳʈ	ɳtʂ	ȵʨ	ŋk	Nq	
苗文			nz	nd	ndr	nzh	nj	ng	ngh	
国际音标	mph		ntsh	nth	ɳʈh	ɳtʂh	ȵʨh	ŋkh	Nqh	
苗文			nc	nt	ntr	nch	nq	nk	nkh	
国际音标	mb		ndz	nd	ɳɖ	ɳdʐ	ȵʥ	ŋg	NG	
苗文										

续表

部位 文字	双唇	唇齿	舌尖前	舌尖中	舌尖后	舌尖后	舌面	舌根	小舌音	喉音
国际音标				l̥						
苗文				hl						
国际音标				l						
苗文				l						
国际音标		f	s			ʂ	ɕ	x		h
苗文		f	s			sh	x	hx		
国际音标		v	z				ʑ	ɣ		
苗文		v	r				y			
国际音标				tl						
苗文										

从表2–3可知，伯格理文字系统没有带鼻音的声母，这种情况同样见于韵母文字系统中（见表2–4）。

表2–4　大花苗苗语拉丁字母元音韵母表

单元音韵母国际音标：a i y o u ɯ ə
单元音韵母苗文：a i o u
复元音韵母国际音标：ai au aɯ ie ey əu ua ui
复元音韵母苗文：ai ao ang eu ua ui
带辅音韵母国际音标：an en ian aŋ eŋ iŋ
带辅音韵母苗文：ang

声调三各方言的标记都一样，八个调类分别是：b、x、d、l、t、s、k、f。调值在各个方言的表现差异很大。

二、文字使用示例

词义	伯格里苗文	新创拉丁字母文
太阳	ʼCᵘ	hnub
月亮	Fₙ	hlik
星星	ʼCᵘWᵘ	hnub ghub
云	H̊Pₒ	hangd bok
风	Ꞓⁿ	jiat
台风	ꞒⁿF̂MₙKɕ	jiat hlid mis geul
闪电	S°PₙꞒₙc	sob bis jiel
雷	S°	sob
雨	Cᵟ	nangb
下雨	LₒCᵟ	lol nangb
淋	NTᵘ	ndub
晒	Ʒⁿᶜ	rieb
雪	NPᵘ	nbut
冰	A"	dlaok
冰雹	CᵟAˁ	nangb dleub
霜	Tⁿ	dit
雾	H̊Pₒ	hangd bok
露	PⁿLᵓ	bib lyub
虹	Zᵟ	rangx
日食	(ꓶ"ʼCᵘT̄ʼꓶ"NṪ	ngaox hnub tad gaok ndeud

……

比较两种文字的特点，从易学易用的角度看，新创拉丁字母文字更适合用来记录大花苗苗语。另外，新创文字和汉语拼音具有同质性，更有利于普通话的学习和提高。

第三章　词汇

词汇是一种语言（方言、土语）里所有的（或特定范围的）词和固定短语的总和，又被称为语汇。除了词以外，还有一些词与词组合而成的短语，这些词由于长期组合在一起，形成了固定的结构，表达相对完整的意义，其功能相当于一个词。词汇是一个立体交叉的复杂系统，本章讨论大花苗苗语词汇的特点、构词法和词汇来源等内容。

第一节　词汇特点

一、词的音节特点

在彝良大花苗词汇系统中，双音节词数量最多，其次为单音节词，其他多音节词占比数量较少。据统计，在目前我们调查出的2824个词中，双音节词共 1052个，占总数的37.25%；单音节词 1015个，占比35.94%；三音节及以上的词共757个，占总数的26.80%。

单音节词举例如下：

n̥ɯ^{54}	太阳	ney^{55}	雨

l̥i^{33}	月亮	ntɯ^{54}	淋
tɕa^{33}	风	zie^{54}	晒
səu^{54}	雷	mpu^{54}	雪

双音节词举例如下：

a^{31} kaɯ^{54}	缝	pu^{55}li^{31}	露
a^{31} və^{54}	石头	bo^{31}tɕi^{55}	天亮
haɯ^{55}po^{33}	雾	khau^{33}nɯ4^{3}	乖

多音节词举例如下：

au^{54}l̥o^{54}tsi^{55}tl̥a^{31}ma^{31}	洪水	səu^{54} pɯ^{33} tɕie^{13}	闪电
a^{33}l̥y^{33}pa^{33}	棉絮	phe^{54}mpaɯ^{33}pa^{33}	床单

二、词的构成单位

语素是语言中最小的音义结合，又称词素，是构成词语的基本材料。语素的意义可以分成两类，一类是表示具体事物或者某种现象的意义，称为词汇意义，彝良大花苗苗语中的“tʂaɯ^{33}”表示“饱”的感觉，“ɖey^{31}”表示“着急”等，具有这类意义的语素又被称为实语素；另一类指语素实现语法功能的语法意义，又被称为虚语素或者词缀语素，彝良大花苗苗语中的“pɯ^{33}”可以表示昆虫的分类，见：pɯ^{33}kaɯ^{54}thəu^{33}“蛀虫”、pɯ^{33}kaɯ^{54}la^{31}əu^{54}“瓢虫”、pɯ^{33}kaɯ^{54}khau^{33}“蜈蚣”等。

根据语素构词能力可以把语素分为成词语素和不成词语素，前者能够独立成词，后者必须跟别的语素组合才能组合成词。例如，dlo^{31}“肥”、tl̥əu^{54}“黑”、tl̥ey^{54}“白”都能单独成词，也能和别的语素组合。不成词语素在彝良大花苗苗语中多以前缀的形式出现，如“tɯ^{54}”从“儿子”的意义虚化为一种角色：

tɯ^{54}ley^{55}ɴqai^{35}	猎人	tɯ^{54}tʂaɯ^{35}və^{33}	石匠
儿子 追 肉		儿子 敲 石头	

tɯ^{54}tɕy^{55}ŋgo^{35}	船夫	tɯ^{54}ntaɯ^{33}l̥aɯ^{33}	铁匠
儿子 渡 船		儿子 打 石头	
tɯ^{54}tshi^{55}za^{33}	泥瓦匠	tɯ^{54}ntaɯ^{33}ȵ̥ie^{35}	银匠
儿子 烧 瓦		儿子 打 银=	

这些不能单独成词或者回答问题的语素又被称为黏着语素，彝良大花苗苗语中位于名词之前的表示类别的大多数语素，一般不能单独使用，都可以归入黏着语素，如 pɯ^{33} “表示昆虫类”、tɯ^{54} “表示人的角色”、fei^{33} “表示树的分类” 等。

第二节　构词法

词是由语素构成的，根据语素结构形式，彝良大花苗苗语的词汇主要分为单纯词和合成词两大类。其中，单音节或双音节词多为单纯词，即只由一个语素构成的词；合成词由两个或两个以上的音节构成，且至少要有一个音节具有意义。总体来看，彝良大花苗苗语里包含两个或两个以上音节的词汇中，合成词占了绝大部分，前缀尤其丰富。根据音节间的意义联系，合成词又可以分为附加式、重叠式和复合式三类。其中，复合式合成词占优势，尤其是在近期构成新词的过程中，合成是最主要的构成方式。

一、单纯词

从音节数量来看，单纯词包括单音节词、双音节词和多音节词。其中单音节词占绝大多数，多音节的单纯词很少。

（一）单音节单纯词

单音节词分布于各个词类中，大多是最基本的词汇。如：

n̥ɯ^{54}太阳　　tɕa^{33}风　　səu^{54}雷　　ney^{55}雨

i^{31}一　　a^{31}二　　tsi^{54}三　　tl̥au^{54}四

（二）多音节单纯词

大花苗苗语的多音节单纯词以双音节的为多，有少量的多音节单纯词。如：

bo^{31}tɕi^{55}天亮　　kɯ^{33}po^{54}烟（烧火形成的）　　thau^{54}nty^{54}什么时候

pɯ^{55}tl̥a^{55}tl̥i^{33}ʑai^{31}n̥ɯ^{55}　　日食

鬼　狗　舔　太阳

pɯ^{55}tl̥ai^{55}tl̥i^{33}ʑai^{31}l̥i^{33}　　月食

鬼　狗　舔　月亮

二、合成词

合成词由一个成分加上另一个成分组成，可以分为复合式合成词和附加式合成词两类。

（一）复合式合成词

由两个或两个以上不同的词根结合在一起构成，可分为联合式、修饰式、述宾式和补充式四类。

1.联合式

由两个意义相同、相近、相关或相反的成词语素组合而成。如：

tɕy^{55} di^{13} 兄弟　　bo^{13} qai^{35} 妓女

弟 兄　　女人 鸡

tɕy^{55}zi^{55} 姊妹　　ntəu^{35}tɕy^{43} 天河/银河

弟 姐　　天　河

2.修饰式

修饰式合成词的修饰语素多数都在中心语素的后面，少数在前面，修饰语素有名词语素、形容词语素、动词语素等。汉语借来的修饰性语素多数在名词中心语素之前。

中心语素与修饰语素结合有两种语序：一种是“中心语素+修饰语素”，这是苗语的固有语序。如：

au^{54} tsie^{35} 凉水	au^{55} mpau^{33} 开水
水 凉	水 开
vai^{33}tɕhey^{33} 继父	ɳ̥ie^{33}tɕhey^{33} 继母
父亲 新的	母亲 新的
təu^{55} ʑau^{31} 土地	fə^{55}ɳ̥tɕau^{33} 枕头
儿子 学	袋子 靠

另一种是“修饰语素+中心语素”或“中心语素+修饰语素”两种语序共现。如“鸡”qai^{54}、“小狗”tl̥i^{55}等语素组成词的结构中，它们的位置可前可后。

tl̥i^{55}ɣau^{33} 狗 疯	ɳ̥a^{33} tl̥i^{55} 小 狗
狗 疯子	小 狗
və^{35} qai^{54} 窝 鸡	ɳ̥a^{33} qai^{54} 小 鸡
窝 鸡	小 鸡

修饰语素在中心语素之前，主要出现在借用词或者结构中。如：

pa^{33}tɕey^{55} tʂha^{31} 办酒席	（N）ɳ̥tɕi^{33} dlaɯ^{35} 入赘
办 酒 茶	上 门

3. 述宾式

表示动作、行为的语素加上与其支配关涉的语素构成词，又叫支配式。基本语序为“动词语素+名词语素”。如：

tɕhy^{31} tɕie 吵 v?	ntau^{54} phai^{31} 打扑克
去 集	打 牌
ntau^{54} ma^{33}tɕaŋ^{35} 打麻将	lo^{35} naɯ^{54} 下雨
打 麻将	下 雨

4.补充式

tsi^{55}ŋ̥o^{54}难受	so^{55}ve3闷热
难 在	热 闷

除了上述的合成词外，重叠式合成词也比较少，在本次调查中，只收集到有少数AA式、ABAB式词，如：

fɯ^{33} fɯ^{33}甩	thl̥ie^{33} mau^{13} thl̥ie^{33} lo^{13}蹦蹦跳跳
甩 甩	跳 去 跳 来

（二）附加式合成词

附加式合成词由词根加前缀构成，前缀类型丰富，但是在各方言、土语中分布不平衡。李云兵（2002）① 指出苗语声调越发达前缀构词功能越弱；声调越不发达前缀构词功能越强。前缀有限制名词语义的功能。数词、量词、动词、形容词加前缀可以名词化。句子中名词语义不明确时前缀对其作出限制，名词语义在有参照对比而使语义明确化时前缀可有可无（见图3-1）。

苗语的名词常由词根和前缀构成，方言、次方言和土语里名词的这种前缀的数目、种类和出现的频率不一样。苗语方言、次方言中常见的前缀如：

腊乙平	qɔ^{35}	ɑ^{55}	tɑ^{35}	pɑ^{55}			mɑ^{31}
养蒿	qa^{33}	a^{33}					
大南山	qa^{43}	a^{43}					
石门坎		a^{55}/a^{33}	ti^{55}	pi^{55}/pi^{33}	ki^{55}/ki^{33}	li^{55}/li^{33}	hi^{55}/hi^{33}
摆托	qa^{43}		ti^{43}				noŋ^{55}
枫香	qa^{33}/qa^{31}	a^{33}/a^{31}		pou^{55}/pou^{33}	ka^{33}		noŋ^{33}
野鸡坡		a^{55}/a^{31}/ə^{0}/a^{0}	ti^{31}/te^{31}/ta^{31}/ti^{0}/te^{0}/ta^{0}				
甲定	qv^{13}/qv^{31}		tv^{13}/tv^{31}	pv^{31}	kv^{13}/kv^{55}		

图 3-1 苗语前缀类型②

① 李云兵：《论苗语名词前缀的功能》，《民族语文》，2002年第3期，第32—42页。

② 李云兵：《论苗语名词前缀的功能》，《民族语文》，2002年第3期，第32—42页。

彝良大花苗附加式构词法前缀丰富，后缀相对少，有以下几种类型：

1. 加前缀

彝良大花苗苗语的前缀丰富，可以加在名词、动词、形容词、量词上。其中，以名词的前缀最为丰富。

kie^{54}tl̥a^{35} 桃子　　kie^{54}za^{35} 梨子　　kie^{54}tɕhey^{54} 李子

tɯ^{54}tʂaɯ^{35}və^{33} 石匠　　tɯ^{54}ntaɯ^{33}l̥aɯ^{33} 铁匠　　tɯ^{54}ntaɯ^{33}ȵ̥ie^{35} 银匠

大花苗苗语的前缀具有范畴化功能，起到对其后的语素进行分类的作用，因此，在借词前加上前缀，就表明了借词的类属。指明该借词属于非动物名词范畴：

2. 加后缀

彝良大花苗苗语的后缀中，借用汉语的后缀比例高。例如：

la^{55}l̥i^{33} 冬月　　xen^{35} tsi^{31} 杏子

第三节　词的来源

苗族与其他民族深度接触，苗语词汇除了固有词，还有会从其他语言里吸收借词。本节主要讨论彝良大花苗苗语的汉语借词。

一、借用汉语词时间

苗族长期与汉族杂居，苗汉居民在交流的过程中，苗族居民借用了大量的汉语借词，根据借用时间可以分为早期借词和现代借词。借词产生的时间不同，其特点也不同。

（一）早期借词及特点

早期借词主要指五四以前的汉语借词。这类借词在语音特点、构词能力、语法功能等方面与本族固有词基本一致。早期汉语借词内容广泛，涉及社会生活的方方面面。例如，表示度量衡的tshie^{54}“千”、vaɯ^{35}“万”，表示生产工具的mei^{31}təu^{54}“墨斗”等。

（二）现代借词

现代借词多与政治、经济、文化中出现的新事物有关，如：

fe^{55}tɕi^{55} 飞机	tɕi^{55}dzʅ^{35} 轿子	po^{55} li^{31} 玻璃
tɕhiu^{31}hai^{31} 球鞋	ʂəu^{54}paɯ^{54} 手表	ta^{54}tu^{31} 打 赌

二、借用汉语词的方式

彝良大花苗苗语借用汉语词的方式主要有音译、意译、和半音译半意译等三种方式。

（一）音译

把当地汉语借词直接音译过来，只根据苗语的音韵系统稍做调整。新借词多采用这种方式。如：

fe^{55}tɕi^{55} 飞机　　tɕi^{55}dzʅ^{35} 轿子

（二）意译

把借词的语素逐一意译为本语。如：

dlo^{13} mpa^{33} 猪油	dlo^{13}zau^{54} 香油
油　猪	油　菜

（三）半音译半意译

其中一个语素为音译，另外一个语素为意译。如：

tɕey^{55}mu^{55} 米酒	n̥u^{33}mi^{31} 牛奶
酒　糖	牛 奶水

三、借词对大花苗苗语的影响

汉语尤其是官话方言和普通话的音系系统比大花苗苗语简单，因此汉语词借入苗语后，对大花苗苗语的影响丰富了大花苗苗语的词汇系统，但也使大花苗苗语的词汇系统出现了变化。

（一）丰富了大花苗苗语的词汇系统

1.近年来，随着现代化建设的发展，以及文化教育程度的不断提高，大批新词术语都不断地进入，填补了大花苗苗语的表义空白。

2.核心词中出现了大量的汉语借词。

3.汉语借词完全适应了大花苗苗语词汇体系的规则和特点。

（二）汉语借词推动大花苗苗语词汇精确化

1.精细化

汉语借词使大花苗苗族对客观事物的分类更为精细，词义表达更为明确。

2.准确化

有的汉语复合词所表达的概念，在大花苗苗语里没有相应的词，只有大致上意义对应的短语。这样的短语往往表义比较模糊，概念也表达得不够准确到位，而且音节数量过多。

（三）借词使大花苗苗语的语言系统出现变化

1.音位系统变化

大花苗苗语的声母和声调比当地汉语多，所以借词的声母和声调大多可以用本语的表达。大花苗苗语的韵母比当地汉语少，所以需要借用当地汉语的韵母来拼写汉语借词。

2.词汇系统变化

大量借用汉语词汇，使本语词与借词、老借词与新借词之间相互竞争，或一方被替代，或双方并存并用。

3. 语法系统变化

（1）构词法发生变化

大花苗苗语固有的合成词中，表示类称的中心语素在修饰语素的前面。

较早的借词也采用本语的构词方式。即使是已经含有汉语类称的词，借入苗语时仍加上苗语的类称，于是一个名词内出现汉语和苗语两个类称。大花苗苗语固有的修饰式合成词中，修饰语素位于中心语素之后，但在汉语借词中出现了修饰语素前置。

（2）语序发生变化

大花苗苗语固有语序是“名词中心语+名词修饰语”，但由于受汉语的影响，出现“名词修饰语+名词中心语”。

第四章　分类词表

第一节 《中国语言资源调查手册·民族语言（苗瑶语族）》通用词

一、天文地理

ŋ̊ɯ^{54}	~下山了	太阳	ley^{33} khau^{55}	统称	瘸子
l̥i^{33}	~出来了	月亮	tey^{31} ɣau^{35}	统称	疯子
ŋ̊ɯ^{54} qɯ^{54}		星星	tey^{33} a^{33}ɖɑ^{31}	统称	傻子
tl̥a^{31} au^{54}		云	təu^{55} ty^{13}	蠢的人	笨蛋
tɕa^{33}		风	a^{33}ʑey^{31}	呼称	爷爷
tɕa^{33} tshey^{33}		台风	a^{33} bo^{54}	呼称	奶奶
səu^{54} pɯ^{33} tɕie^{13}	名词	闪电	a^{33}ʑey^{31}	叙称	外祖父
səu^{54}		雷	a^{33}tai^{33}	叙称	外祖母
ney^{55}		雨	ŋ̊ie^{33}vai^{33}	合称	父母
lo^{35} naɯ^{54}		下雨	vai^{33}	叙称	父亲
ntɯ^{54}	衣服被雨~湿了	淋	ŋ̊ie^{33}	叙称	母亲
zie^{54}	~粮食	晒	vai^{33}	呼称	爸爸

mpu^{54}		雪	ȵ̥ie^{33}	呼称	妈妈
tl̥au^{55}		冰	vai^{33}tɕhey^{33}	叙称	继父
naɯ^{54} tl̥ey^{54}		冰雹	ȵ̥ie^{33}tɕhey^{33}	叙称	继母
ti^{54}		霜	a^{33}tai^{33}	叙称	岳母
haɯ^{55}po^{33}		雾	a^{33}ʑey^{31}	叙称	公公
pu^{55}li^{31}		露	a^{33}bo^{54}	叙称	婆婆
tsau^{35}	统称	虹	vai^{33} l̥o^{54}	呼称，统称	伯父
pɯ^{55}tl̥a^{55}tl̥i^{33} ʑai^{31}ȵ̥ɯ^{55}		日食	ȵ̥ie^{33} l̥o^{54}	呼称，统称	伯母
pɯ^{55}tl̥ai^{55}tl̥i^{33} ʑai^{31}l̥i^{33}		月食	a^{33}ʑey^{33} vai$^{33/31}$	呼称，统称	叔父
ntɯ^{35}		天气	a^{33}ʑey^{31} ntsɯ^{13}	呼称，如“幺叔”	排行最小的叔父
tsha^{55}ntɯ^{35}	天~	晴	la^{55}l̥a^{33}	呼称，统称	叔母
ba^{31} ntɯ^{35}	天~	阴	a^{33}ma^{33}	统称，呼称	姑
ntɯ^{35}ȵ̥tɕi^{31}	天~	旱	a^{33} ʑey^{31} l̥a^{33}	呼称，统称	姑父
ntɯ^{35}tai^{55}	天~	涝	a^{33} ʑey^{31} ȵ̥ie^{33} ȵ̥əu^{33}	呼称	舅舅
bo^{31}tɕi^{55}		天亮	a^{33}tai^{33}l̥a^{33}	呼称	舅妈
l̥ie^{35}		水田	la^{55}l̥a^{33}	统称，呼称	姨

ti^{54}ɴqha^{54}	浇不上水的耕地	旱地	tsa^{54}ʑey^{33}	呼称，统称	姨父
a^{33}tʂau^{54}l̥ie^{35}		田埂	tɕy^{55} di^{13}	合称	弟兄
tɕi^{55}	野外的	路	tɕy^{55}zi^{55}	合称，包括男性	姊妹
ʈau^{54}		山	tsi^{55}maɯ^{31}	呼称，统称	哥哥
xaɯ^{35}		山谷	a^{33}ŋ̊aɯ^{33}	呼称，统称	嫂子
tl̥i^{35}	大的河	江	tsie^{54}tʂi^{13}	叙称	弟弟
ŋ̊a^{31}tɕy^{54} au^{54}	小的河	溪	la^{55}l̥a^{33}	叙称	弟媳
ŋa^{33}tɕy^{54}au^{54}	较小的水道	水沟儿	ley^{33}zi^{33}	呼称，统称	姐姐
ɕie^{55}		湖	a^{33}vau^{33}	呼称	姐夫
bau^{35}au^{54}		池塘	la^{55}ma^{31}	叙称	妹妹
tɕhie^{33}tey^{55}au^{54}	地面上有积水的小洼儿	水坑儿	a^{33}vau^{33}	叙称	妹夫
au^{54}l̥o^{54}tsi^{55}tl̥a^{31}ma^{31}		洪水	tɕi^{55} ti^{13} tɕhey^{33}	叙称，统称	堂兄弟
au^{54}tshɯ^{31}	被水～了	淹	tɕy^{55}mpeɯ^{31}	叙称，统称	表兄弟
la^{54}ntɯ^{31}tɕy^{33}		河岸	tɕy^{55}zi^{55}	弟兄妻子的合称	妯娌
tɯ^{35}au^{54}	拦河修筑拦水的	坝	tɕy^{55}ti^{13}	姊妹丈夫的关系，叙称	连襟
pu^{33}tl̥a^{54}tɕo^{33}tɕo^{33}ti^{33}		地震	tsie^{33}təu^{54}	叙称：我的～	儿子

ɴqho^{55}	小的	窟窿
a^{31} kaɯ^{54}	统称	缝儿
a^{31} və^{54}	统称	石头
a^{31}l̥a^{35}	统称	土
aɯ^{55}	湿的	泥
maɯ^{55}və^{31}	旧称	水泥
a^{31} tɯ^{31}və^{54}		沙子
ŋ̥ie^{13}thai^{33}	整块的	砖
va^{31}	整块的	瓦
a^{31} l̥a^{35} tɯ^{54}		煤
tl̥o^{33}l̥a^{35}tɯ^{33}		煤油
thɯ^{33}	木炭	炭
tʂhau^{55}	烧成的	灰
tʂhau^{55} tl̥a^{33}	桌面上的	灰尘
tɯ^{35}		火
kɯ^{33}po^{54}	烧火形成的	烟
l̥e^{55}ŋka^{35}		失火
au^{54}		水
au^{54} tsie^{35}		凉水
au^{54}so^{55}	不是指喝的开水	热水
au^{55}mpau^{33}	喝的	开水

la^{55}ŋ̥aɯ^{54}	叙称：我的~	儿媳妇
la^{55}ntshai^{33}	叙称：我的~	女儿
tsa^{55}vau^{55}	叙称：我的~	女婿
tɕy^{55}	儿子之子	孙子
tɕy^{55}l̥a^{55}	儿子之孙	重孙子
təu^{54}nty^{31}	弟兄之子	侄子
tsie^{33}tshəu^{54}	姐妹之子	外甥
tɕy^{55}	女儿之子	外孙
ŋ̥ie^{54}vai^{31}	合称	夫妻
e^{31} vai^{31}	叙称，非贬称	丈夫
ŋ̥aɯ^{54}	叙称，非贬称	妻子
ntsi^{33}		名字

十、农工商文

a^{33}nəu^{54}	统称	干活儿
nəu^{54}sɯ^{33}	一件~	事情
ʈhai^{33}ʑiu^{54}tl̥i^{54}		插秧
ŋə^{31}tl̥i^{55}		割稻
ŋ̥tɕo^{31}zau^{54}		种菜
lə^{55} vau^{31}	名词	犁
l̥au^{33}		锄头
tie^{33}lie^{54}		镰刀

l̥au^{33}ntsai^{33}		磁铁

二、时间方位

a^{33}thau^{31} i^{33}	吃饭的～	时候
thau^{54}nty^{54}		什么时候
nai^{55}ni^{55}		现在
a^{33}ntəu^{31}nti^{33}	十年～	以前
lə^{35}gɯ^{33}	十年～	以后
i^{33}tshi^{31}nə^{35}		一辈子
ɕau^{33}n̥a^{54}		今年
mpa^{31}ɕau^{33}		明年
n̥au^{35}ɕau^{33}		后年
a^{33}mpu^{55}na^{33}		去年
a^{33}mpu^{55} ɯ^{54}		前年
tsha^{33}ɕau^{33}	过去的年份	往年
qhɯ^{33}tɕie^{54}		年初
qaɯ^{54}tɕie^{54}		年底
mu^{33}na^{33}		今天
mpə^{33}dʑi^{31}		明天
a^{33}n̥ɯ^{54}dʑi^{35}		后天
a^{33}n̥ɯ^{54}tɕi^{35}o^{35}		大后天
a^{33}naɯ^{31}		昨天

tey^{33} a^{33} ko^{33}	刀～	把儿
pe^{33}ntai^{55}		扁担
tɕai^{55}tɕey^{31}		箩筐
vaɯ^{55}tshau^{33}	统称	筛子
fa^{55}n̥tɕi^{31}	农具，有梁的	簸箕
zo^{31}tshəu^{55}	簸米用	簸箕
i^{33}tshi^{33}pə^{33}lo^{33} ɴqəu^{35}		独轮车
pə^{33}lo^{33}	旧式的，如独轮车上的	轮子
a^{33}və^{35}n̥tɕo^{35}	整体	碓
la^{33}n̥tɕo^{35}		臼
və^{54}ɴqəu^{35} qə^{55}	名词	磨
nie^{35}ɕau^{33}		年成
sa^{33} n̥e^{35} ti^{54}	统称	走江湖
nthey^{33}nəu^{54}a^{33}		打工
a^{33} tau^{33}		斧子
kie^{55}nie^{31}		钳子
tɕhi^{54}tsi^{54}		螺丝刀
tey^{33}ʈʂa^{33}vaɯ^{54}		锤子
so^{55}l̥au^{33}		钉子
l̥a^{33}		绳子
a^{55}təu^{13}ɴqey^{33}		棍子

a^{33}tshəu^{54}n̥ɯ^{54}		前天	a^{33}vau^{54}la^{31}		做买卖
a^{33}tshəu^{54}n̥ɯ^{54} nie^{31} ie^{55}		大前天	ŋga^{35}vau^{54}la^{31}		商店
i^{33}n̥ɯ^{54}mu^{54} ntəu^{33}		整天	tɕhey^{54}tai^{31}va^{55}		饭馆
tsha^{54}n̥ɯ^{54}		每天	ŋga^{35}so^{33}qha^{33}	旧称	旅馆
sie^{55}ntso^{55}		早晨	ɴqə^{33}ta^{55}		贵
ta^{31}n̥ɯ^{54}		上午	ɴqə^{33}si^{31}		便宜
n̥ɯ^{54}ntsie^{31}		中午	ndzi^{31}		合算
n̥əu^{54}ɴqa^{35}		下午	lo^{55}a^{33}ko^{33}		亏本
n̥ɯ^{54}ntsie^{55}		傍晚	ȵ̥ie^{35} tʂe^{54}	统称	钱
ɳʈa^{35}n̥ɯ^{54}		白天	li^{31} ȵ̥ie^{35}		零钱
m̥o^{33}ntəu^{35}	与白天相对，统称	夜晚	təu^{33}tshi^{55}		硬币
taɯ^{31} mo^{33}		半夜	a^{33}ko^{54}ȵ̥ie^{35}		本钱
naɯ^{54}l̥i^{33}	农历	正月	ɴqə^{33} tl̥au^{55}zo^{13}		工钱
naɯ^{54}l̥i^{33}sie^{54}i^{54}	农历	大年初一	ɴqe^{33}tɕi^{55}		路费
a^{33}ʑi^{54}ɣau^{35}		端午	səu^{54}	~钱	花
a^{33}laɯ^{35}tɕie^{54}	农历，节日名	七月十五	ȵ̥tɕhey^{55}	卖一斤能~一毛钱	赚
nu^{54}lə^{31} sau^{55}		冬至	nthə^{55}ȵ̥ə^{35}	打工~了一千块钱	挣
sau^{35}l̥i^{54}	农历十二月	腊月	tsi^{33}	~他十块钱	欠

a^{33}tɕie^{54}	农历	除夕	ley^{33} ku^{33} suæ^{31} tsi^{33}		算盘
nte^{55}n̥a^{31} n̥ɯ^{54} ŋ̊au^{35}		历书	tɕi^{33}	统称	秤
l̥i^{54}lau^{35}		阴历	l̥əu^{35}	用秆秤～	称
l̥i^{54}tɕhie^{54}		阳历	tɕhy^{31} tɕie^{33}		赶集
m̥ɯ^{55} so^{33}		星期天	ley^{33}tɕie^{13}		集市
ti^{33}tɕhey^{33}		地方	ŋga^{33}tɕey^{33}ntey^{55}		学校
ku^{54}ti^{54}		什么地方	ŋga^{35}təu^{54}tɕey^{31} ntey^{55}		教室
li^{55}ntl̥o^{31} ŋga^{35}		家里	m̥aɯ^{33} ^{3}tɕey^{33}ntey^{55}		上学
li^{55}ntl̥o^{31} lau^{31}		城里	dzo^{33}təu^{543}tɕey^{33} ntey^{55}		放学
zo^{33}ti^{54}zo^{33} tɕhey^{33}		乡下	ndʐ̥a^{33}dzey^{35}		考试
pie^{31}sa^{54}	从～滚下来	上面	n̥aɯ^{54}tʂ̥i^{33}ntey^{55}		书包
pɯ^{33}ti^{33}	从～爬上去	下面	dla^{13}ntey^{55} sau^{33}		本子
saɯ^{55}fə^{33}		左边	kaŋ^{33}pi^{31}		铅笔
saɯ^{55}ʂ̥i^{33}		右边	pi^{31}tau^{35}		钢笔
mpə^{33}ntaɯ^{54}	排队排在～	中间	pi^{31}lo^{54}sau^{33}		圆珠笔
a^{33} tha^{33}	排队排在～	前面	tl̥au^{55}sau^{33}		毛笔
a^{33}qə^{31}	排队排在～	后面	ka^{54}və^{54}tl̥əu^{31}		墨
saɯ^{33}	排队排在～	末尾	ɴqo^{33}və^{54}tl̥əu^{31}		砚台
saɯ^{33} pɯ^{33}nti^{35}		对面	mau^{33}	一封～	信

xe^{31}nti^{35}		面前
ŋkhe^{54}Gɯ^{31}		背后
ntl̥o^{33}	躲在～	里面
ntu^{31}zau^{55}	衣服晒在～	外面
a^{33}ntu^{31}		旁边
a^{33}sa^{54}	碗在桌子～	上
a^{33}qai^{54}pɯ^{33}ti^{55}	凳子在桌子～	下
a^{33}ntu^{31}	桌子的～	边儿
ku^{54}	桌子的～	角儿
ɳ̥tɕi^{33}maɯ^{13}	他～了	上去
thl̥au^{54} lo^{35}	他～了	下来
mpe^{31} mau^{35}	他～了	进去
de^{31} da^{35}	他～了	出来
de^{31}mau^{35}	他～了	出去
tʂho^{55}qə^{31} lo^{35}	他～了	回来
sey^{55} lo^{35}	天冷～了	起来

三、植物

və^{55}ntau^{33}		树
a^{33}dɯ^{31} ntau^{33}		木头

ŋe^{55}ʑau^{33}ntey^{55}		连环画
mpɯ^{33} thl̥ai^{31}thl̥ey^{33}		捉迷藏
thl̥ey^{33} l̥a^{33}fə^{31} fə^{31}		跳绳
tsau^{33}qai^{54}		毽子
dlaɯ^{33}ntey^{55} ʑaɯ^{33}		风筝
səu^{55}tey^{31}	统称	鞭炮
xu^{31}ŋgau^{35}		唱歌
a^{33}ntsaɯ^{33} a^{33}zaɯ^{31}		演戏
ɳʈa^{33}la^{35} ɳʈa^{33}qhey^{31}	统称	锣鼓
ʁhɯ^{35}pɯ^{54}naɯ^{54}		二胡
ʁhɯ^{35}sie^{54}ɖaɯ^{55}		笛子
xu^{31}a^{55} tshi^{33}		划拳
ntau^{54}phai^{31}		打扑克
ntau^{54}ma^{33}tɕaŋ^{35}		打麻将
xe^{54}pɯ^{55}tau^{31}		讲故事
thy^{54}pɯ^{55}tau^{31}		猜谜语
a^{33}fɯ^{33}	游玩：到城里～	玩儿
tɕa^{55}zo^{33}		串门儿
m̥au^{13} ta^{33} qha^{33}		走亲戚

fei^{33}səu^{33}	统称	松树
fei^{33} ta^{31} tɕie^{54}	统称	柏树
tɕie^{54}		杉树
ly^{54} zau^{35}		柳树
kie^{54} tl̥o^{54}	统称	竹子
ngaɯ^{33}		笋
ndau^{35}		叶子
bau^{35}		花
ku^{33}bau^{35}	花骨朵	花蕾
bau^{35}qaɯ^{31}ntɯ^{35}		牡丹
ɴqɯ^{54}		草
m̥aɯ^{54}		藤
khau^{31}bo^{35}	名词	刺
zaɯ^{54}tsi^{33}		水果
tsi^{55} xaɯ^{31}n̥u^{33}		苹果
kie^{54}tl̥a^{35}		桃子
kie^{54}za^{35}		梨
kie^{54}tɕhey^{54}		李子
xen^{35} tsi^{31}		杏
tsi^{55} pa^{33} ɴqɯ^{33}		橘子

十一、动作行为

na^{31}	~电视	看
nau^{31}	用耳朵~	听
n̥aɯ^{54}	嗅：用鼻子~	闻
l̥y^{33}	~气	吸
qhə^{31}	~眼	睁
ɢɯ^{33}	~眼	闭
ntsai^{33} a^{33} ma^{33}	~眼	眨
qhɯ^{33}	~嘴	张
qo^{33}	~嘴	闭
do^{31}	狗~人	咬
zo^{31}	把肉~碎	嚼
ɴɢo^{13}	~下去	咽
ʑai^{31}	人用舌头~	舔
mpa^{55}	~在嘴里	含
ntshe^{54} ɳtɕhau^{33}		亲嘴
ɳʈʂai^{33}		吮吸
nti^{31}	把果核儿~掉	吐
nta^{55}	喝酒喝~了	吐
tshau^{54}n̥aɯ^{33}	用手把苹果~过来	打喷嚏

tsi^{55} kie^{54}ȵ̥ie^{31}		柿子
tsi^{55} ly^{33}mphy^{55}		石榴
tsi^{55}mɯ^{33}tsɯ^{55}		栗子
kie^{54}tl̥ey^{33}		核桃
ntau^{54}tsa^{33}		甘蔗
ȵ̥tɕi^{54}mpɯ^{54} mby^{54}		木耳
ȵ̥tɕi^{54}	野生的	蘑菇
ȵ̥tɕi^{54}ɴqhai^{33}		香菇
mphi^{35}	指植物	稻子
a^{33} ntshi^{31} thl̥i^{35}	指子实（脱粒后是大米）	稻谷
a^{33}ntau^{54} thl̥i^{35}	脱粒后的	稻草
mo^{31}	指植物	大麦
sau^{31}	指植物	小麦
a^{33}ntaɯ^{54}sau^{54}	脱粒后的	麦秸
tshi^{55} thl̥i$^{35/54}$	指植物（子实脱粒后是小米）	谷子
a^{33} ntsa^{33}	指植物	高粱

tɕo^{35}		拿
ma^{54}	他～我一个苹果	给
si^{33}sa^{33}	～头	摸
ɕaɯ^{54}	～手	伸
vai^{35}	～痒痒	挠
sai^{33}	用拇指和食指的指甲～皮肉	掐
xe^{54}mpy^{35}	～螺丝	拧
xe^{54}mpy^{35}	～毛巾	拧
nai^{33}m̥au^{13}	用拇指和食指来回～碎	捻
mpai^{33}	把橘子～开，把馒头～开	掰
ti^{55}	～花生	剥
ntshi^{31}	把纸～了	撕
lo^{33}	把树枝～断	折
ʈho^{54}	～萝卜	拔
tl̥i^{31}	～花	摘
ʂey^{55}	站立：～起来	站

fɯ^{33} tsie^{54}qə^{31}	指成株的植物	玉米	ȵtɕau^{33}	斜靠：～在墙上	倚
mpaɯ^{35} ʂi^{35} lɯ^{33}	指植物	棉花	zau^{31}tʂɯ^{55}dʐey^{13}	～下	蹲
zau^{54}tl̥o^{54}	油料作物，不是蔬菜	油菜	zau^{31}	～下	坐
naɯ^{33}n̥aɯ^{55}		芝麻	thl̥e^{54}	青蛙～起来	跳
mpaɯ^{35} tɯ^{54} nɯ^{54}	指植物	向日葵	tɕhai^{31}	跨过高物：从门槛上～过去	迈
dau^{31} tsha^{33}		蚕豆	dʐəu^{35}	脚～在牛粪上	踩
dau^{31}mo^{31}		豌豆	tʂaɯ^{54}	～腿	翘
dau^{31}qho^{55}la^{35}	指果实，注意婉称	花生	ŋkhau^{55}	～腰	弯
dau^{31} pau^{35}		黄豆	tʂə^{31}	～胸	挺
dau^{31} ti^{33}		绿豆	kie^{55}ʈʮ^{54}	～着睡	趴
dau^{31} vau^{31}	长条形的	豇豆	ŋgaɯ^{31}	小孩在地上～	爬
zau^{54}tl̥e^{54}	东北～	大白菜	mau^{13}	慢慢儿～	走
zau^{54}qhey^{33}	卷心菜，圆白菜，球形的	包心菜	ɖ ɑ ɯ^{31}	慢慢儿走，别～	跑
kie^{54}ʈha^{33}		韭菜	ntl̥ai^{31}tɕi^{55}	逃跑：小偷～走了	逃
zau^{54}tsu^{33}xaɯ^{33}	芫荽	香菜	ley^{55}	追赶：～小偷	追
ɢhu^{35}dlo^{13}		葱	ma^{54}	～小偷	抓

ɢhɯ^{35}		蒜	ba^{31}	把小孩～在怀里	抱
qhɯ^{33}		姜	tʂi^{31}	～孩子	背
ɢhɯ^{3543}dlo^{13}		洋葱	tɕau^{54}	～老人	搀
kie^{54}sa^{33}	统称	辣椒	they^{54}	几个人一起～汽车	推
sa^{33}ŋkau^{33}	统称	茄子	qau^{31}	跌：小孩～倒了	摔
tsi^{55} kie^{54} sa^{33}		西红柿	they^{55}	人～到电线杆上	撞
fə^{55}zaɯ^{54}	统称	萝卜	ntsau^{55}	你～住我了，我看不见	挡
a^{33} fə^{55}zaɯ^{54}təu^{33}		胡萝卜	ntl̥ai^{31}	躲藏：他～在床底下	躲
kie^{54}tl̥e^{54}		黄瓜	vai^{33}	藏放，收藏：钱～在枕头下面	藏
kie^{54}mpa^{54}zaɯ^{33}	无棱的	丝瓜	tʂo^{33}	把碗～在桌子上	放
kie^{54}mpa^{54} tl̥au^{33}	扁圆形或梨形，成熟时赤褐色	南瓜	tʂɯ^{55}	把砖～起来	摞
a^{33}mu^{31}	统称	红薯	ty^{33}	～在地下	埋
ʑø^{33} ʑø^{31}		马铃薯	qo^{33}	把茶杯～上	盖
və^{33} ntsa^{54}		芋头	dzai^{13}	用石头～住	压

va^{13}	圆柱形的	山药
və^{31}tl̥au^{33}		藕
tʂo^{55}		老虎

四、动物

lie^{54}		猴子
mu^{33}naɯ^{33}	统称	蛇
naɯ^{33}	家里的	老鼠
kie^{54}pa^{33}		蝙蝠
nau^{54}	飞鸟，统称	鸟儿
mpə^{31}tɕho^{55}		麻雀
kie^{54}ntsa^{33}		喜鹊
lə^{31}a^{31}		乌鸦
ɴqa^{54}		鸽子
ti^{33}	鸟的，统称	翅膀
kie^{54}tʂau^{33}	鸟的，统称	爪子
tey^{33} a^{33}ɳtʂaɯ^{13}		尾巴
və^{13}	鸟的	窝

nai^{33}	用手指按：～图钉	摁
tho^{33}	用棍子～鸟窝	捅
ʈhai^{33}	把香～到香炉里	插
tɕho^{54}	～个洞	戳
mpha^{31}	～树	砍
xi^{33}nto^{31}	把肉～碎做馅儿	剁
tshəu^{55}	～苹果	削
tɯ^{33}tl̥i^{31}	木板～开了	裂
ŋgau^{31}	皮～起来	皱
ʐy^{35}	死鱼～了	腐烂
so^{31}	用毛巾～手	擦
l̥i^{55}	把碗里的剩饭～掉	倒
la^{35}	这个东西坏了，～了它	扔
la^{35}	比一比谁～得远	扔
pau^{54}	树上～下一个梨	掉
dlo^{31}	水～下来	滴
la^{35}	钥匙～了	丢

pɯ^{33}kaɯ^{54}	统称	虫子	ɳʈhey^{55}	钥匙～到	找
pɯ^{33} ntsi^{33}	统称	蝴蝶	tɕhey^{33}	～到十块钱	捡
ntsi^{33}xau^{55}	统称	蜻蜓	tshə^{55}	用手把篮子～起来	提
mu^{55}		蜜蜂	tɕy^{55}	～担	挑
mu^{55}mpey^{33}		蜂蜜	tɕy^{55}	把锄头～在肩上	扛
lau^{31} lə^{33}mpey^{33}	统称	知了	tɕy^{55}	～轿	抬
kie^{54}ndzau^{31}		蚂蚁	tɕy^{55}	～旗子	举
pɯ^{33} tɕaɯ^{31}		蚯蚓	tɕy^{55}	～伞	撑
pɯ^{33}kaɯ^{33}lø^{33}		蚕	ŋau^{31}	把门～开	撬
pɯ^{33}kaɯ^{33} ʑə^{33} sa^{55}	会结网的	蜘蛛	sai^{55}	你自己～一个	挑
kie^{54}l̥i^{33}	统称	蚊子	sau^{33}	～东西	收拾
mu^{55}mo^{35}	统称	苍蝇	qə^{55}	～袖子	挽
tl̥i^{55}mo^{54}	咬人的	跳蚤	ʑau^{31}	把杯子～一下	涮
ɳʈʂhau^{55}		虱子	ntsa^{55}	～衣服	洗
mbə^{33}		鱼	lau^{31}	～鱼	捞
a^{33}dəu^{31}	鱼的	鳞	qhai^{54}	～牛	拴
pɯ^{33}kaɯ^{33} au^{54}	统称	虾	ntɯ^{35}	～起来	捆
pɯ^{33}kaɯ^{33} tey^{33} zai^{35}	统称	螃蟹	tl̥ey^{31}	～绳子	解
pu^{55}tɕa^{31}	统称	青蛙	xe^{31}ly^{54}	～桌子	挪

tɕey^{31}lu^{33} li^{35}	表皮多疙瘩	癞蛤蟆	tshɯ^{33}	~碗	端
nɯ^{13}		马	tʂau^{31}	碗~碎了	摔
nɯ^{13}la^{55}		驴	tʂə^{31}	~水	掺
nɯ^{13}tʂai^{33}		骡	tl̥au^{55}	~柴	烧
ɳ̥ɯ^{13}		牛	tʂha^{33}	~房子	拆
lɯ^{33}qəu^{55}ɳ̥ɯ^{13}	统称	公牛	xe^{31} ti^{33} kɯ^{33} ləu^{31}	~圈儿	转
ɳ̥ie^{31}ɳ̥ɯ^{13}	统称	母牛	ntau^{54}	用拳头~	捶
tʂo^{33}ɳ̥ɯ^{13}		放牛	ntəu^{35}	统称：他~了我一下	打
tʂɦi^{33}		羊	ntəu^{35}tɕa^{31}	动手：两个人在~	打架
mpa^{33}		猪	so^{31}		休息
tʂaŋ^{55} mpa^{33}	配种用的公猪	种猪	xa^{33}qai^{54}		打哈欠
a^{33}mpey^{33}mpa^{33} sie^{33}	成年的，已阉的	公猪	ŋo^{54}ŋo^{35}		打瞌睡
ɳ̥ie^{31}mpa^{33}	成年的，未阉的	母猪	mpy^{33}	他已经~了	睡
ɳ̥aŋ^{33}mpa^{33}		猪崽	a^{33}mpy^{33}ɴqha^{35}		打呼噜
ŋga^{35}mpa^{33}		猪圈	mpu^{33}sa^{55}		做梦
ʐɯ^{31}mpa^{33}		养猪	sey^{55}		起床
tʂi^{33}		猫	ntsa^{55}ɳ̥e^{55}		刷牙
qa^{54}tshu^{33}		公猫	ntsa^{55}tɕi^{55}		洗澡
ɳ̥ie^{31}tshu^{33}		母猫	nty^{31}	思索：让我~一下	想

tl̥i^{55}	统称	狗	ntshey^{33}	想念：我很～他	想
tsi^{55}tl̥i^{55}		公狗	ki^{54}tʂe^{33}	我～开个店	打算
ȵ̥ie^{31}tl̥i^{55}		母狗	ȵ̥tɕo^{54}tɕie^{54}		记得
nto^{31}	狗～	叫	xi^{33}ȵ̥tɕo^{33}		忘记
la^{55}		兔子	ntshai^{33}	害怕：你别～	怕
qai^{54}		鸡	ȵ̥tʂə^{31}	我～你	相信
lau^{33}qai^{54}	成年的，未阉的	公鸡	tə^{33}		发愁
ȵ̥ie^{31}qai^{54}	已下过蛋的	母鸡	ta^{55}lie^{31}	过马路要～	小心
qa^{33}	公鸡～（即打鸣儿）	叫	ɴɢa^{31}	～看电视	喜欢
nti^{54}	鸡～蛋	下	səu^{54}	～这个人	讨厌
ba^{31}	～小鸡	孵	lo^{13}ɕie^{55}	凉风吹来很～	舒服
o^{33}		鸭	tsi^{55}ȵ̥o^{54}	生理的	难受
ŋu^{33}		鹅	mo^{54}sie^{54}	心理的	难过
sey^{33}	～公的猪	阉	la^{31}		高兴
tshi^{33}	～母的猪	阉	o^{33}sie^{54}		生气
sey^{33}	～鸡	阉	ʑy^{31}		责怪
pu^{54}	～猪	喂	thie^{31}dzaɯ^{35}		害羞
ta^{33} mpa^{33}	统称，注意婉称	杀猪	la^{35}thl̥əu^{31}		丢脸
ta^{33}	～鱼	杀	dɕi^{33}		欺负

五、房舍器具

ley^{54}zo^{35}	一个~	村庄
a^{33}tɕai^{54}tɕi^{35}	统称：一条~	胡同
tɕi^{35}		街道
mbu^{31}ŋga^{35}		盖房子
ŋga^{35}	整座的，不包括院子	房子
tɕhaɯ^{31}ŋga^{35}	房子里分隔而成的，统称	屋子
tɕhaɯ^{31}ŋga^{35} mby^{33}		卧室
ŋga^{35}qə^{54}	茅草等盖的	茅屋
ŋga^{35}qho^{55}tʂo^{33}		厨房
lə^{33}tʂo^{33}	统称	灶
phau^{33}	统称	锅
qhey^{33} a^{33} va^{54}	煮饭的	饭锅
phau^{31}tɕi^{31}zau^{54}	炒菜的	菜锅
qho^{55}tɕhi^{55}	旧式的，统称	厕所
tʂə^{31}	左右方向的	檩
a^{33}ȵtɕi^{54}		柱子
lai^{33}ȵie^{31}dlau^{35}		大门

ntau^{54}khə^{33} khaɯ^{55}	~病	装
ʈau^{54}	~小孩儿	疼
ʑa^{55}	我~这个	要
ma^{35}	我~一个孩子	有
hey$^{55/33}$ma^{35}	他~孩子	没有
ku^{55}	我~老师	是
hey^{33} ʑo^{31}	他~老师	不是
ȵo^{54}	他~家	在
hey^{33} ȵo^{31}	他~家	不在
pau^{54}	我~这件事	知道
hey^{33}pau^{54}	我~这件事	不知道
pau^{54}	我~英语	懂
hey^{33} pau^{54}	我~英语	不懂
dzey^{35}	我~开车	会
hey^{33} dzey^{35}	我~开车	不会
zɯ^{33}dau^{33}	我~他	认识
zɯ^{33}hey^{33}dau^{33}	我~他	不认识
zau^{33}	应答语	行

pa^{33}dlau^{35}		门槛儿	hey^{33}zau^{33}	应答语	不行
mpu^{31}tɕhi^{55}	旧式的	窗	ɴqa^{31}	~来	肯
thai^{55}	可移动的	梯子	ti^{31}tɕi^{55}	~去	应该
kie^{54}ʈa^{54}	统称	扫帚	ʑa^{55}tsi^{54}	~去	可以
tɕhi^{54}ŋga^{35}		扫地	hie^{33}	~话	说
zəu^{33}	统称	家具	ləu^{33}	说~	话
dlai^{31}nɯ^{31}	我的~	东西	ha^{55}la^{35}		聊天儿
tɕhey^{33}	木制的，睡觉用	床	hu^{33}	~他一声儿	叫
fə^{55}ɳ̥tɕau^{33}		枕头	ntl̥a^{55}	大声喊	吆喝
l̥y^{33}pa^{33}		被子	ɳ̥ie^{55}	小孩~	哭
a^{33}l̥y^{33}pa^{33}		棉絮	la^{33}	当面~人	骂
phe^{54}mpaɯ^{33}pa^{33}		床单	hey^{33}ta^{33}	动嘴：两个人在~	吵架
ɕi^{33}tho^{54}		褥子	tshu^{55}	~人	骗
ɕi^{33}tho^{54}ɴqɯ^{54}		席子	tshu^{55}	~小孩	哄
ŋga^{35}ntau^{54}		蚊帐	ha^{55}la^{35}tsey^{33}		撒谎
kie^{54}ɖau^{35}	统称	桌子	tsha^{33}ɳ̥u^{35}		吹牛
zəu^{31}	统称	柜子	xe$^{55/33}$la^{54} tl̥o^{33}		开玩笑
kie^{54}ɖau^{35} ɳ̥tɕaɯ^{35}	统称	椅子	xe^{33}qhə^{54}	~他	告诉
kie^{54}ɖau^{35}zaɯ^{31}	统称	凳子	tsha^{33}ɳ̥tɕa^{35}	致谢语	谢谢
tɦe^{35} tshau^{55} zau^{31}		菜刀	hey^{33}zau^{33}fu^{54}	致歉语	对不起
dai^{13}au^{54}	舀水的	瓢	a^{33}qə^{55}bu^{31}	告别语	再见

thau^{54}they^{31}		缸
ŋu^{54}	装酒的～	坛子
ly^{31}phy^{55}	装酒的～	瓶子
fau^{55}	杯子的～	盖子
kho^{54}	统称	碗
səu^{54}		筷子
ŋa^{33}tl̥ie^{55}		汤匙
dey^{13}	统称	柴火
fa^{33}dʐu^{54}		火柴
ɳʈʂe^{33}dlau^{35}		锁
qhɯ^{55}ɳʈʂie^{33} dlau^{35}		钥匙
tai^{13}ntsa^{55}thl̥əu^{35}		脸盆
au^{54}ntsa^{55}thl̥əu^{35}		洗脸水

六、服饰饮食

kie^{54}tl̥a^{13}ntsa^{55} thl̥əu^{35}	洗脸用	毛巾
kie^{54}tl̥a^{13}so^{33} mby^{54}		手绢
a^{33}tsa^{33}l̥ey^{54}kau^{55}	洗衣服用	肥皂
za^{31}	旧式的，不是篦子	梳子
kau^{54}		缝衣针
tshə^{33}		剪子

十二、性质状态

l̥o^{54}	苹果～	大
sau^{33}	苹果～	小
ntəu^{31}	绳子～	粗
sa^{33}sai^{33}	绳子～	细
nti^{55}	线～	长
ləu^{55}	线～	短
nti^{55}	时间～	长
ləu^{55}	时间～	短
faɯ^{55}	路～	宽
tau^{31}tɕha^{54}	房子～	宽敞
ɴqai^{31}	路～	窄
sie^{54}	飞机飞得～	高
ɢhɯ^{13}	鸟飞得～	低
sie^{54}	他比我～	高
ɢhɯ^{13}	他比我～	矮
tl̥i^{54}	路～	远
və^{33}	路～	近
to^{54}	水～	深
ntl̥ie^{55}	水～	浅

tʂau^{33} dlo^{35}tɕie^{33}		蜡烛	ɳ̊tɕhie^{54}	水～	清
tʂau^{33} tɕo^{35} ti^{31}		手电筒	ntl̥o^{55}	水～	浑
kau^{31} ntey^{55}	挡雨的，统称	雨伞	qo^{33}lo^{31}		圆
po^{54} zo^{54} tɕəu^{13}		自行车	tsa^{33}la^{54}		扁
tsho^{31}ɳ̊aɯ^{55}	统称	衣服	ɳ̊tʂə^{33}		尖
ɳ̊aɯ^{33}	～衣服	穿	tie^{35}		平
tl̥ey^{33}	～衣服	脱	dlo^{31}	～肉	肥
qhai^{33}	～鞋带	系	ʑa^{31}	～肉	瘦
tsho^{33}pi^{33}ti^{33}		衬衫	dlo^{31}	形容猪等动物	肥
tsho^{33}tl̥o^{33}	带两条杠的，内衣	背心	dlo^{31}mə^{33}	形容人	胖
tsho^{33}tl̥au^{54}ʑaɯ^{54}		毛衣	ʑa^{31}pɯ^{33}tɕhaɯ^{33}	形容人、动物	瘦
tsho^{33} mpau^{13} si^{33} lu^{31}		棉衣	tl̥əu^{54}	黑板的颜色	黑
tə^{54} di^{13} tsho^{33}		袖子	tl̥ey^{54}	雪的颜色	白
ɳ̊aɯ^{33}tsho^{33}	衣服上的	口袋	lie^{54}	国旗的主颜色，统称	红
a^{33}tʂi^{31}		裤子	vaɯ^{35}	国旗上五星的颜色	黄
la^{33}tʂi^{31} ləu^{55}	外穿的	短裤	ntsa^{54}	蓝天的颜色	蓝
tey^{33} tʂi^{31}		裤腿	ndlaɯ^{35}ntsa^{54}	绿叶的颜色	绿

ley^{55} kau^{31}	统称	帽子	lie$^{54/33}$tʂaɯ^{31}	紫药水的颜色	紫
khau^{33}		鞋子	pi^{33}tshaɯ^{33}	草木灰的颜色	灰
tɕey^{33}qhey^{55}tey^{13}		袜子	tɕau^{54}	东西～	多
mu^{31} tl̥ie^{54}		围裙	dʑey^{31}	东西～	少
kie^{54}dla^{35} tie^{31}və^{33}		尿布	ŋ̥aŋ^{55}	担子～	重
fai^{55}		扣子	si^{54}	担子～	轻
fai^{55}	～扣子	扣	n̥tɕaɯ^{54}	线～	直
pəu^{31}		戒指	n̥tʂhaɯ^{54}	坡～，楼梯～	陡
pəu^{31} tsaŋ^{31}bau^{54}		手镯	li^{33}ŋkhau^{33}	弯曲：这条路 是～的	弯
tshey^{33}tl̥au^{55}fau^{33}		理发	lɯ^{54}və^{54}	帽子 戴～了	歪
ntsi^{33}tl̥au^{55}fau^{33}		梳头	ta^{54}	木板～	厚
væ^{54} kie^{35}		米饭	n̥ie^{13}	木板～	薄
ka^{33}tl̥i^{33}	用米熬的，统称	稀饭	ntl̥au^{31}	稀饭～	稠
a^{33}təu^{31}sau^{54}	麦子磨的，统称	面粉	n̥tɕhie^{54}	稀饭～	稀
a^{33}təu^{31}sau^{54}	统称	面条	ta^{33}	菜种得～	密
a^{33}təu^{31}qaɯ^{54}	玉米～，辣椒～	面儿	fə^{54}	稀疏：菜种得～	稀
mæ^{31}thəu^{31}	无馅的，统称	馒头	tɕi^{31}	指光线，明亮	亮

pau^{55}tsi^{54}		包子	tl̥əu^{54}li^{33}ɳ̥tɕie^{54}	指光线，完全看不见	黑
tɕau^{31}tsi^{54}		饺子	so^{55}	天气	热
tshau^{55}səu^{54}		馄饨	so^{55}so^{31}	天气	暖和
qhə^{35}		馅儿	dzie^{13}	天气	凉
ʑəu^{31}thau^{31}	长条形的，旧称	油条	no^{55}no^{55}	天气	冷
ka^{54}dau^{31}		豆浆	so^{55}	水	热
dau^{31} ɕy^{55} ly^{33}		豆腐脑	dzie^{13}	水	凉
qa^{33} lo^{33}	食品	元宵	ɴqha^{54}	干燥：衣服晒~了	干
tsoŋ^{13}tsi^{54}		粽子	ntəu^{54}	潮湿：衣服淋~了	湿
pɯ^{33} pa^{33} ndli^{33}	用黏性大的米或米粉做的	年糕	hu^{55}tɕa^{35}	衣服~	干净
mu^{55} ɕe^{33} qaɯ^{31}	统称	点心	hey^{33}qə^{33}	肮脏，不干净，统称：衣服~	脏
qa^{33}zau^{54}	吃饭时吃的，统称	菜	ɳtʂə^{33}	锋利：刀子~	快
zau^{54}ɳ̥tɕhi^{13}	统称	干菜	py^{33}ly^{31}	刀~	钝
dau^{31} mpau^{35}		豆腐	fai^{33}	坐车比走路~	快
tshaŋ^{55} mpa^{33}	当菜的	猪血	ty^{13}	走路比坐车~	慢
tey^{33}mpa^{33}	当菜的	猪蹄	ntso^{55}	来得~	早

a^{33}ndlai^{13}mpa^{33}	当菜的，注意婉称	猪舌头	li^{31}	来～了	晚
sey^{55} mpa^{33}	当菜的，注意婉称	猪肝	li^{31}	天色～	晚
sey^{55} mpy^{33} tl̥a^{54} n̥u^{35}	猪牛羊的内脏	下水	dau^{31}	捆得～	松
qo^{31}qai^{54}		鸡蛋	kho^{55}	捆得～	紧
dlo^{13}mpa^{33}		猪油	li^{31}gau^{35}	这道题～	容易
dlo^{13}zau^{54}		香油	tsi^{55}a^{33}	这道题～	难
dlo^{13} ntau^{54}		酱油	tɕhe^{54}	衣服～	新
ɳʈʂə^{55}	名词	盐	khau^{54}	衣服～	旧
dlo^{13} qaɯ^{54}	注意婉称	醋	lau^{13}	人～	老
ʑi^{54}		香烟	l̥a^{33}	人～	年轻
ʑi^{54}tə^{33}		旱烟	tau^{54}ma^{33}	糖～	软
tɕey^{55}tl̥e^{54}		白酒	za^{31}	骨头～	硬
tɕey^{55} vau^{35}		黄酒	ly^{33} a^{55} l̥a^{33}	肉煮得～	烂
tɕey^{55} mu^{55}	酒酿，醪糟	江米酒	khɯ^{33} n̥e^{54}	饭烧～了	糊
tl̥au^{13} ntsi^{31} ndau^{33}		茶叶	da^{35}	家具～	结实
tai^{55}	～茶	沏	ntl̥a^{54}	衣服～	破
mu^{55}tl̥au^{33}		冰棍儿	ma^{35}tau^{33}	他家很～	富
a^{33}va^{33}	统称	做饭	sau^{31}qə^{55}	他家很～	穷
tɕi^{54}ka^{33}zau^{54}	统称，和做饭相对	炒菜	dʑey^{31}	最近很～	忙
xau^{33}	～带壳的鸡蛋	煮	hey^{55}dʑey^{31}	最近比较～	闲

tɕi^{54}	~鸡蛋	煎
tsa^{31}	~油条	炸
tɕəu^{54}	~鱼	蒸
m̥au^{33}	~面做馒头等	揉
ka^{31}	~面，~皮儿	擀
ŋ̊aɯ^{35}tshai^{33}		吃早饭
ŋ̊aɯ^{35}səu^{33}		吃午饭
ŋ̊aɯ^{35}mo^{33}		吃晚饭
ŋ̊aɯ^{35}	~饭	吃
hau^{33}	~酒	喝
hau^{33}	~茶	喝
hau^{33}	~烟	抽
thie^{54}	~饭	盛
dai^{33}	用筷子~菜	夹
l̥i^{55}	~酒	斟
qha^{33} qə^{33}	口~	渴
tshai^{54}	肚子~	饿
xe^{33}tɕie^{55}	吃饭~着了	噎

七、身体医疗

ley^{33}fau^{33}	人的，统称	头
tl̥au^{55}fau^{33}		头发
tʂe^{13}ntsie^{33}		辫子

thl̥a^{33}	走路走得很~	累
mo^{54}	摔~了	疼
khɯ^{33}khau^{33}	皮肤~	痒
ntso^{55}so^{55}	看戏的地方很~	热闹
ɕie^{55}ku^{33}	这个地方我很~	熟悉
hey^{55} læ^{31} ȵ̊tɕau^{33}	这个地方我很~	陌生
ntshey^{55}paɯ^{33}	闻闻~	气味
tl̥ey^{54}	菜~	咸
dʐ̥a^{31}	菜~	淡
hey^{33}qau^{55}		酸
qi^{33}mu^{55}		甜
ʑe^{54}		苦
mbɯ^{31}		辣
ɕie^{55}ɕie^{54}	鱼汤~	鲜
tʂu^{33}haɯ^{54}		香
tʂu^{33}ta^{55}		臭
hey^{33}qau^{55}	饭~	馊
tʂi^{33}ŋ̊au^{33}	鱼~	腥
zau^{33}	人~	好
tsi^{55}	人~	坏
hey^{33}zau^{33}	东西质量~	差
ʑo^{31}	账算~了	对

kə^{31}və^{13}tsho^{55}		旋
ley^{33}fau^{33}ȵie^{55}		额头
tʂhəu^{33} zau^{55}za^{13}		相貌
tʂhəu^{33}	洗～	脸
a^{33} ma^{31}		眼睛
a^{33}ləu^{55}ma$^{31/13}$	统称	眼珠
qa^{54} ma^{31}	哭的时候流出来的	眼泪
tl̥au^{55} ma^{31}		眉毛
a^{33} mbə^{35}		耳朵
a^{33} mby^{54}		鼻子
mby^{54}l̥y^{33}l̥i^{33}	统称	鼻涕
ɕi^{33}	～鼻涕	擤
ndʑau^{35}	人的，统称	嘴巴
pɯ^{33}tey^{33} ndʑau^{35}		嘴唇
au^{54}ndʑau^{54}	～流出来	口水
a^{33}ndlai^{13}		舌头
ȵe^{55}		牙齿
a^{33}dʐai^{13}		下巴
tl̥au^{54}ndʑau^{35}	嘴周围的	胡子
ko^{31}tl̥au^{35}		脖子
ley^{33} a^{55}qə^{33}		喉咙

ʑa^{31}	账算～了	错
zau^{33}ŋgau^{55}	她很～	漂亮
si^{54}tl̥aɯ^{54}	猪八戒很～	丑
l̥aɯ^{33}ɴɢa^{35}		勤快
ɴɢhɯ^{35}		懒
khau^{33}nɯ^{54}		乖
kə^{54}kə^{54}		顽皮
ȵtɕi^{31}ŋgai^{31}		老实
qa^{33}ɖa^{31}	痴呆	傻
ty^{13}	蠢	笨
naɯ^{33}ley^{35}	不吝啬	大方
qə^{33}	吝啬	小气
naɯ^{33}ley^{35}	性格～	直爽
ku^{54}	脾气～	犟

十三、数量

i^{31}	～二三四五……，下同	一
a^{31}		二
tsi^{54}		三
tl̥au^{54}		四
pɯ^{54}		五
tl̥au^{33}		六

li^{54}by^{35}		肩膀	ɕaɯ^{33}		七
tshey^{31}mpaɯ^{55}		胳膊	ʑi^{31}		八
di^{13}	方言指（打√）：只指手；包括臂：他的～摔断了	手	dʑa^{35}		九
di^{33} lə^{33} fə^{33}		左手	gau^{31}		十
di^{33} lə^{33} si^{33}		右手	ni^{33}gau^{31}	有无合音	二十
ŋ̥a^{33} tshu^{31}		拳头	tsi^{54}dʑau^{35}	有无合音	三十
ntsi^{55}ti^{13}		手指	i^{31}mpa^{33}		一百
tshey^{33}ŋ̥ie^{31}ti^{13}		大拇指	i^{31}tɕhie^{54}		一千
ntsi^{55}ti^{13}qɯ^{55}		食指	i^{31}vau^{35}		一万
ntsi^{55}ti^{13}mu^{33}		中指	i^{31}mpa^{33}ley^{31}		一百
ntsaɯ^{54}			pɯ^{54}		零五
ntsi^{55}ti^{13}pau^{54}		无名指	i^{31}mpa^{33}pɯ^{54}		一百
			tɕau^{35}		五十
pɯ^{33}qa^{33}ntsi^{55} ti^{13}		小拇指	ti^{33}i^{31}	～，第二	第一
kə^{31}tʂau^{54} ti^{13}		指甲	a^{33}ŋ̥i^{31}	重量	二两
a^{33}tɕi^{54}		腿	pu^{55}zau^{55}təu^{13}	你有～孩子？	几个
tey^{33}	他的～压断了	脚	a^{31}	你们～	俩
fɯ^{55}tɕau^{31}	指部位	膝盖	tsi^{54}lɯ^{33}	你们～	仨
te^{55}ɢhau^{35}	名词	背	i^{33}təu^{31}pa^{54}		个把
lə^{33}ŋa^{54}dlaɯ^{54}	腹部	肚子	lɯ^{54}	一～人	个

ȵ̥iu^{55}tʂəu^{13}		肚脐	dəu^{31}	一～马	匹
mi^{33}	女性的	乳房	dəu^{31}	一～牛	头
mɯ^{33}tɕi^{54}qaɯ^{54}		屁股	dəu^{31}	一～猪	头
ȵ̥iu^{55}qo^{55}qa^{55}		肛门	dəu^{31}	一～狗	只
pau^{33}	成人的	阴茎	dəu^{31}	一～鸡	只
pai^{33}	成人的	女阴	dəu^{31}	一～蚊子	只
l̥ai^{35}	动词	肏	dəu^{31}	一～鱼	条
pau^{33}kə^{33}ka^{33}		精液	dəu^{31}	一～蛇	条
lo^{13}ntsha^{33}	注意婉称	来月经	dəu^{31}	一～嘴	张
tʂo^{33}qa^{55}		拉屎	dzi^{35}	一～桌子	张
tʂo^{33}və^{54}		撒尿	pho^{55}	一～被子	床
tʂo^{33}tsu^{31}		放屁	pho^{55}	一～席子	领
ni^{33} ȵ̥e^{31} ley^{33}		相当于“他妈的”的口头禅	ndʑey^{35}	一～鞋	双
ntau^{31}mo^{55}		病了	dəu^{31}	一～刀	把
ntsau^{31}tsie^{33}		着凉	lu^{54}	一～锁	把
ȵ̥au^{33}		咳嗽	dʐo^{31}	一～绳子	根
a^{33}tɕi^{55}ku^{54}		发烧	ntəu^{31}	一～毛笔	支
tshey^{33}tshey^{33}		发抖	i^{31}gau^{13}	一～眼镜	副

mo^{54}tl̥aɯ^{54}		肚子疼	lɯ^{33}	一～镜子	面
mo^{54}tl̥aɯ^{54}kie^{33} ntshey^{54}		拉肚子	tɕo^{33}	一～香皂	块
mo^{54}mpə^{33}		患疟疾	lɯ^{33}	一～车	辆
qau^{31}tsha^{33}		中暑	lɯ^{33}	一～房子	座
o^{33}		肿	tʂo^{35}	一～桥	座
vəu^{13}		化脓	tʂo^{35}	一～河	条
ȵ̥tɕi^{31}	好了的	疤	tʂo^{35}	一～路	条
pɯ^{33}tl̥aɯ^{54} tl̥i^{33}ʑai^{31}		癣	faɯ^{54}	一～树	棵
tie^{33}	凸起的	痣	tʂə^{33}	一～花	朵
sey^{55}ləu^{31}ləu^{31}	蚊子咬后形成的	疙瘩	tl̥i^{54}	一～珠子	颗
tʂu^{33}pɯ^{33}tʂo^{33}		狐臭	tl̥i^{54}	一～米	粒
na^{31}mo^{55}		看病	dla^{31}	一～饭	顿
naɯ^{31}sey^{55}		诊脉	fu^{13}	一～中药	剂
ntau^{31}kau^{33} ɴqha^{33}		针灸	qai^{55}	一～香味	股
ntau^{31}kau^{33}		打针	ŋkhə^{31}	一～字	行
tʂaɯ^{33}kau^{33}dza^{31}		打吊针	tl̥i^{54}	一～钱	块
naɯ^{33}a^{33}dza^{31}	统称	吃药	tey^{33}	角：一～钱	毛
qa^{54}dza^{31}ndza^{55}		汤药	zaɯ^{54}	一～事情	件

mo^{54}ʂi^{33}tə^{31}		病轻了

八、婚丧信仰

tsi^{55}tsi^{33}qau^{33}		说媒
a^{33}tsi^{33}qau^{33}		媒人
nəu^{31}ɳauɯ^{54}		相亲
ɳa^{31}tɕie^{13}		订婚
a^{33}ɳauɯ^{33}ɳtʂau^{33}		嫁妆
pa^{33}tɕey^{55}tʂha^{33}	统称	结婚
tʂai^{54}nauɯ^{54}	男子～，动宾	娶妻子
a^{33}ɳauɯ^{54}	女子～	出嫁
qhai^{54}mpauɯ^{13}		拜堂
vauɯ^{55}tɕhie^{54}		新郎
ɳauɯ^{54}tɕhie^{54}		新娘子
bo^{33}xai^{31}təu^{54}		孕妇
xai^{31}təu^{54}ntshai^{33}		怀孕
ŋe^{31}təu^{54}	妊娠反应	害喜
ma^{31}təu^{54}		分娩
ɭe^{33} a^{33} tɕhi^{55}		流产
ɳtɕhi^{31}a^{33} ntsai^{33}		双胞胎

ntsa^{33}ɳa^{33}	一～东西	点儿
tɕhie^{33}	一～东西	些
i^{31}lauɯ^{31}	坐了一～	会儿
dla^{31}	打一～	顿
zo^{31}	下了一～雨	阵
ŋgə^{31}	去了一～	趟

十四、代副介连词

ku^{55}	～姓王	我
dʑi^{31}	～也姓王	你
dʑi^{31}	尊称	您
ɳi^{13}	～姓张	他
pi^{54}dzau^{35}	不包括听话人	我们
pi^{54}dzau^{35}	包括听话人	咱们
mi^{31}dzau^{35}	～去	你们
ɳa^{35}dzau^{35}	～去	他们
xu^{55}mpɯ^{54}	～一起干	大家
ʑu^{35}	我～做的	自己
a^{33}la^{54}	这是～的	别人
ku^{55}vai^{54}	～今年八十岁	我爸

zau^{31}a^{33} l̥i^{33}		坐月子	dʑi^{31}vai^{33}	～在家吗？	你爸
nau^{33}a^{33} mi^{33}		吃奶	ni^{31}vai^{33}	～去世了	他爸
tɕai^{33}mi^{33}		断奶	ə^{33}ni^{55}	我要～，不要那个	这个
pu^{55}l̥i^{33}		满月	tey^{33}ve^{35}	我要这个，不要～	那个
n̥əu^{33}ku^{33}tɕie^{33}	统称	生日	tey^{33}na^{55}	你要～杯子？	哪个
a^{33}sen^{35}		做寿	qə^{33}nty^{35}	你找～？	谁
da^{31}	统称	死	qhey^{33}ni^{55}	在～，不在那里	这里
fai^{33}tl̥ie^{13}ti^{54}	婉称：他～了	死	qhey^{33}ve^{35}	在这里，不在～	那里
sau^{33}da^{31}		自杀	qhey^{33}nty^{54}	你到～去？	哪里
təu^{33}mpaɯ^{33}		咽气	a^{33}ni^{55}	事情是～的，不是那样的	这样
tʂo^{33}tsa^{33}lə^{33} ntau^{33}		入殓	a^{33}və^{35}	事情是这样的，不是～的	那样
ley^{33}ntau^{33}		棺材	a^{33}tɕaɯ^{33}	什么样：你要～的？	怎样
ɳ̊tɕi^{33}tɕi^{55}		出殡	ley^{33}ni^{55}	～贵啊	这么
ley^{33}ntsaɯ^{33}	单个的，老人的	坟墓	a^{33}tɕaɯ^{33}	这个字～写？	怎么

kho^{54}lau^{54}ŋga^{35} tɕhey^{33}		上坟
ntey^{35}ɳ̥e^{54}		纸钱
ntəu^{33}vai^{33}		老天爷
mpə^{33}	统称	菩萨
mpə^{33}tl̥aɯ^{54}tso^{31}		灶神
ŋga^{35}mpə^{31}		寺庙
ŋga^{35}ntsi^{33}		祠堂
təu^{54}tʂo^{35}mpə^{33}		和尚
ŋgau^{35}tʂo^{35}mpə^{33}		尼姑
a^{33}vaɯ^{54}tsi^{55} mo^{31}		道士
so^{31}ɕie^{55}	统称	算命
kie^{54}lau^{35}		运气
va^{35}ʑəu^{13}		保佑

九、人品称谓

tə^{54}nə^{54}	一个～	人

qə^{55}si^{33}	这个是～字?	什么
qə^{55}si^{33}	你找～?	什么
a^{33}tɕaɯ^{333}na^{55}	你～不去?	为什么
a^{33}qə^{55}si^{33}	你在～?	干什么
pɯ^{55}dʐau^{54}	这个村有～人?	多少
ta^{54}tie^{31}	今天～热	很
ta^{54}tie^{31}	比上条程度深：今天～热	非常
a^{33}təu^{55}	今天比昨天～热	更
thai^{54}	这个东西～贵，买不起	太
tsui^{13}	弟兄三个中他～高	最
pɯ^{33}lie^{35}	大家～来了	都
xə^{55}mpɯ^{54}	～多少钱?	一共
i^{33}tʂau^{31}	我和你～去	一起
tsa^{33}	我～去过一趟	只
dzɯ^{31}	这双鞋我穿着～好	刚

a^{33}ʑey^{54}	成年的，统称	男人	qha^{33}nie^{54}	我～到	刚
a^{33}bo^{35}	三四十岁已婚的，统称	女人	qha^{55}nie^{31}	你怎么～来啊？	才
xi^{54}ma^{13}ȵ̥aɯ^{33}		单身汉	tɕəu^{31}	我吃了饭～去	就
ŋghau^{35}lau^{31} ŋghau^{35}lɯ^{13}		老姑娘	tsha^{33}gau^{55}	我～去	经常
ȵ̥a^{55} ȵ̥a^{31}		婴儿	ʑiu^{13}ʈai^{33}	他～来了	又
ȵ̥a^{55} ʑau^{33}	三四岁的，统称	小孩	ȵ̥i^{13}nie^{35}	他～没回家	还
ȵ̥a^{55} təu^{55}	统称，外面有个～在哭	男孩	ʑiu^{13}ʈai^{33}	你明天～来	再
ȵ̥a^{55} ntsnai^{33}	统称，外面有个～在哭	女孩	la^{33}	我～去；我～是老师	也
a^{33} au^{33}	七八十岁的，统称	老人	a^{54}ni^{55}tɕo^{33}	不用急，～还来得及	反正
ȵ̥əu^{31}tʂau^{33}	统称	亲戚	hey^{55}bo^{31}	昨天我～去	没有
ʑi^{31} la^{31}	统称	朋友	hey^{33}	明天我～去	不
zi^{13} zo^{33}	统称	邻居	ɕa^{35}	你～去	别
tl̥aɯ^{55} qha^{33}		客人	hey^{55}mu^{31}	不用，不必，你～客气	甭
təu^{55} a^{33} qau^{33}		农民	fai^{33}	天～亮了	快

təu^{55} a^{33} vaɯ^{33}la^{31}		商人	qa^{31}hey^{55}tɕau^{54}	~摔倒了	差点儿
lie^{55} tɕy^{33}	统称	手艺人	ku^{55}khə^{31}	~买贵的	宁可
təu^{55} ɕy^{31} au^{55}		泥水匠	tsəu^{55}	~打破的	故意
təu^{55} mu^{31}tsa^{33}		木匠	dʐa^{33}	~弄一下	随便
təu^{55}sey^{33} tsho^{33}		裁缝	tl̥ey^{54}	~跑一趟	白
təu^{55}tshey^{33} ley^{33}fau^{33}		理发师	die^{31}ta^{54}die^{31}	~是他干的	肯定
təu^{55} a^{3} ^{3}qə^{55} ŋ̊aɯ^{33}		厨师	dəu^{31}ku^{33}	~是他干的	可能
lie^{55} tɕy^{33}		师傅	laɯ^{55}	~走，~说	一边
təu^{55}ʑau^{31}		徒弟	thie^{54}	我~他都姓王	和
təu^{55} sau^{31} qə^{55}	统称，非贬称	乞丐	thie^{54}	我昨天~他去城里了	和
bo^{13} qai^{35}		妓女	tui^{31}	他~我很好	对
xe^{31}ley^{55}tɕi^{55}		流氓	thau^{33}	~东走	往
tʂɯ^{54}		贼	ɳɖo^{31}	~他借一本书	向
mba^{31} ma^{54}	统称，非贬称	瞎子	tʂo^{35}	~他的要求做	按
a^{33} laɯ^{54}	统称，非贬称	聋子	ɳɖo^{31}	~他写信	替
ləu^{33}mu^{31}	统称，非贬称	哑巴	tsa^{55}ku^{33}	~忙你就别来了	如果

n̥tɕu^{13} tl̥a^{55}	统称，非贬称	驼子	hey^{33}kə^{55}	～怎么劝他都不听	不管

一、天文地理

n̥ɯ^{54}	～下山了	太阳	ley^{33} khau^{55}	统称	瘸子
l̥i^{33}	～出来了	月亮	tey^{31} ɣau^{35}	统称	疯子
n̥ɯ^{54} qɯ^{54}		星星	tey^{33} a^{33}ɖɑ^{31}	统称	傻子
tl̥a^{31} au^{54}		云	təu^{55} ty^{13}	蠢的人	笨蛋
tɕa^{33}		风	a^{33}ʑey^{31}	呼称，最通用的	爷爷
tɕa^{33} tshey^{33}		台风	a^{33} bo^{54}	呼称，最通用的	奶奶
səu^{54} pɯ^{33} tɕie^{13}	名词	闪电	a^{33}ʑey^{31}	叙称	外祖父
səu^{54}		雷	a^{33}tai^{33}	叙称	外祖母
ney^{55}		雨	n̥ie^{33}vai^{33}	合称	父母
lo^{35} naɯ^{54}		下雨	vai^{33}	叙称	父亲
ntɯ^{54}	衣服被雨～湿了	淋	n̥ie^{33}	叙称	母亲
zie^{54}	～粮食	晒	vai^{33}	呼称，最通用的	爸爸
mpu^{54}		雪	n̥ie^{33}	呼称，最通用的	妈妈
tl̥au^{55}		冰	vai^{33}tɕhey^{33}	叙称	继父
naɯ^{54} tl̥ey^{54}		冰雹	n̥ie^{33}tɕhey^{33}	叙称	继母
ti^{54}		霜	a^{33}tai^{33}	叙称	岳母
haɯ^{55}po^{33}		雾	a^{33}ʑey^{31}	叙称	公公
pu^{55}li^{31}		露	a^{33}bo^{54}	叙称	婆婆

tsau^{35}	统称	虹	vai^{33} l̥o^{54}	呼称，统称	伯父
pɯ^{55}tl̥a^{55}tl̥i^{33} ʑai^{31}n̥ɯ^{55}		日食	ŋ̥ie^{33} l̥o^{54}	呼称，统称	伯母
pɯ^{55}tl̥ai^{55}tl̥i^{33} ʑai^{31}l̥i^{33}		月食	a^{33}ʑey^{33} vai$^{33/31}$	呼称，统称	叔父
ntɯ^{35}		天气	a^{33}ʑey^{31} ntsɯ^{13}	呼称，如“幺叔”	排行最小的叔父
tsha^{55}ntɯ^{35}	天～	晴	la^{55}l̥a^{33}	呼称，统称	叔母
ba^{31} ntɯ^{35}	天～	阴	a^{33}ma^{33}	统称，呼称	姑
ntɯ^{35}ŋ̥tɕi^{31}	天～	旱	a^{33} ʑey^{31} l̥a^{33}	呼称，统称	姑父
ntɯ^{35}tai^{55}	天～	涝	a^{33} ʑey^{31} ŋ̥ie^{33} n̥əu^{33}	呼称	舅舅
bo^{31}tɕi^{55}		天亮	a^{33}tai^{33}l̥a^{33}	呼称	舅妈
l̥ie^{35}		水田	la^{55}l̥a^{33}	统称，呼称	姨
ti^{54}ɴqha^{54}	浇不上水的耕地	旱地	tsa^{54}ʑey^{33}	呼称，统称	姨父
a^{33}tʂau^{54}l̥ie^{35}		田埂	tɕy^{55} di^{13}	合称	弟兄
tɕi^{55}	野外的	路	tɕy^{55}zi^{55}	合称，包括男性	姊妹
ʈau^{54}		山	tsi^{55}maɯ^{31}	呼称，统称	哥哥

xaɯ^{35}		山谷	a^{33}ŋ̊aɯ^{33}	呼称，统称	嫂子
tl̥i^{35}	大的河	江	tsie^{54}tʂ̥i^{13}	叙称	弟弟
ŋ̊a^{31}tɕy^{54} au^{54}	小的河	溪	la^{55}l̥a^{33}	叙称	弟媳
ŋa^{33}tɕy^{54}au^{54}	较小的水道	水沟儿	ley^{33}zi^{33}	呼称，统称	姐姐
ɕie^{55}		湖	a^{33}vau^{33}	呼称	姐夫
bau^{35}au^{54}		池塘	la^{55}ma^{31}	叙称	妹妹
tɕhie^{33}tey^{55}au^{54}	地面上有积水的小洼儿	水坑儿	a^{33}vau^{33}	叙称	妹夫
au^{54}l̥o^{54}tsi^{55} tl̥a^{31}ma^{31}		洪水	tɕi^{55} ti^{13} tɕhey^{33}	叙称，统称	堂兄弟
au^{54}tshɯ^{31}	被水～了	淹	tɕy^{55}mpeɯ^{31}	叙称，统称	表兄弟
la^{54}ntɯ^{31}tɕy^{33}		河岸	tɕy^{55}zi^{55}	弟兄妻子的合称	妯娌
tɯ^{35}au^{54}	拦河修筑拦水的	坝	tɕy^{55}ti^{13}	姊妹丈夫的关系，叙称	连襟
pu^{33}tl̥a^{54}tɕo^{33} tɕo^{33}ti^{33}		地震	tsie^{33}təu^{54}	叙称，我的～	儿子
ɴqho^{55}	小的	窟窿	la^{55}ŋ̊aɯ^{54}	叙称，我的～	儿媳妇
a^{31} kaɯ^{54}	统称	缝儿	la^{55}ntshai^{33}	叙称，我的～	女儿
a^{31} və^{54}	统称	石头	tsa^{55}vau^{55}	叙称，我的～	女婿
a^{31}l̥a^{35}	统称	土	tɕy^{55}	儿子之子	孙子

aɯ^{55}	湿的	泥
maɯ^{55}və^{31}	旧称	水泥
a^{31} tɯ^{31}və^{54}		沙子
ŋ̥ie^{13}thai^{33}	整块的	砖
va^{31}	整块的	瓦
a^{31} l̥a^{35} tɯ^{54}		煤
tl̥o^{33}l̥a^{35}tɯ^{33}		煤油
thɯ^{33}	木炭	炭
tʂ̥hau^{55}	烧成的	灰
tʂ̥hau^{55} tl̥a^{33}	桌面上的	灰尘
tɯ^{35}		火
kɯ^{33}po^{54}	烧火形成的	烟
l̥e^{55}ŋka^{35}		失火
au^{54}		水
au^{54} tsie^{35}		凉水
au^{54}so^{55}	不是指喝的开水	热水
au^{55}mpau^{33}	喝的	开水
l̥au^{33}ntsai^{33}		磁铁

二、时间方位

a^{33}thau^{31} i^{33}	吃饭的～	时候
thau^{54}nty^{54}		什么时候
nai^{55}ni^{55}		现在

tɕy^{55}l̥a^{55}	儿子之孙	重孙子
təu^{54}nty^{31}	弟兄之子	侄子
tsie^{33}tshəu^{54}	姐妹之子	外甥
tɕy^{55}	女儿之子	外孙
ŋ̥ie^{54}vai^{31}	合称	夫妻
e^{31} vai^{31}	叙称，非贬称	丈夫
ŋ̥aɯ^{54}	叙称，非贬称	妻子
ntsi^{33}		名字

十、农工商文

a^{33}nəu^{54}	统称	干活儿
nəu^{54}sɯ^{33}	一件～	事情
ʈhai^{33}ʑiu^{54}tl̥i^{54}		插秧
ŋə^{31}tl̥i^{55}		割稻
ŋ̥tɕo^{31}zau^{54}		种菜
lə^{55} vau^{31}	名词	犁
l̥au^{33}		锄头
tie^{33}lie^{54}		镰刀
tey^{33} a^{33} ko^{33}	刀～	把儿
pe^{33}ntai^{55}		扁担
tɕai^{55}tɕey^{31}		箩筐
vaɯ^{55}tshau^{33}	统称	筛子
fa^{55}ŋ̥tɕi^{31}	农具，有梁的～	簸箕

a^{33}ntəu^{31}nti^{33}	十年～	以前	zo^{31}tshəu^{55}	簸米用～	簸箕
lə^{35}gɯ^{33}	十年～	以后	i^{33}tshi^{33}pə^{33} lo^{33}ɴqəu^{35}		独轮车
i^{33}tshi^{31}nə^{35}		一辈子	pə^{33}lo^{33}	旧式的，如独轮车上的～	轮子
ɕau^{33}ɳ̊a^{54}		今年	a^{33}və^{35}ɳ̊tɕo^{35}	整体	碓
mpa^{31}ɕau^{33}		明年	la^{33}ɳ̊tɕo^{35}		臼
ɳ̊au^{35}ɕau^{33}		后年	və^{54}ɴqəu^{35} qə^{55}	名词	磨
a^{33}mpu^{55}na^{33}		去年	nie^{35}ɕau^{33}		年成
a^{33}mpu^{55} ɯ^{54}		前年	sa^{33} ŋe^{35} ti^{54}	统称	走江湖
tsha^{33}ɕau^{33}	过去的年份	往年	nthey^{33}nəu^{54}a^{33}		打工
qhɯ^{33}tɕie^{54}		年初	a^{33} tau^{33}		斧子
qaɯ^{54}tɕie^{54}		年底	kie^{55}nie^{31}		钳子
mu^{33}na^{33}		今天	tɕhi^{54}tsi^{54}		螺丝刀
mpə^{33}dʑi^{31}		明天	tey^{33}ʈʂa^{33}vaɯ^{54}		锤子
a^{33}ɳ̊ɯ^{54}dʑi^{35}		后天	so^{55}ɭ̊au^{33}		钉子
a^{33}ɳ̊ɯ^{54}tɕi^{35}o^{35}		大后天	ɭ̊a^{33}		绳子
a^{33}naɯ^{31}		昨天	a^{55}təu^{13}ɴqey^{33}		棍子
a^{33}tshəu^{54}ɳ̊ɯ^{54}		前天	a^{33}vau^{54}la^{31}		做买卖
a^{33}tshəu^{54}ɳ̊ɯ^{54} nie^{31} ie^{55}		大前天	ŋga^{35}vau^{54}la^{31}		商店
i^{33}ɳ̊ɯ^{54}mu^{54} ntəu^{33}		整天	tɕhey^{54}tai^{31}va^{55}		饭馆
tsha^{54}ɳ̊ɯ^{54}		每天	ŋga^{35}so^{33}qha^{33}	旧称	旅馆

sie^{55}ntso^{55}		早晨
ta^{31}n̥ɯ^{54}		上午
n̥ɯ^{54}ntsie^{31}		中午
n̥əu^{54}ɴqa^{35}		下午
n̥ɯ^{54}ntsie^{55}		傍晚
ɳʈa^{35}n̥ɯ^{54}		白天
m̥o^{33}ntəu^{35}	与白天相对，统称	夜晚
taɯ^{31} mo^{33}		半夜
naɯ^{54}l̥i^{33}	农历	正月
naɯ^{54}l̥i^{33}sie^{54}i^{54}	农历	大年初一
a^{33}ʑi^{54}ɣau^{35}		端午
a^{33}laɯ^{35}tɕie^{54}	农历，节日名	七月十五
nu^{54}lə^{31} sau^{55}		冬至
sau^{35}l̥i^{54}	农历十二月	腊月
a^{33}tɕie^{54}	农历	除夕
nte^{55}n̥a^{31} n̥ɯ^{54} n̥au^{35}		历书
l̥i^{54}lau^{35}		阴历
l̥i^{54}tɕhie^{54}		阳历
ɴqə^{33}ta^{55}		贵
ɴqə^{33}si^{31}		便宜
ndzi^{31}		合算
lo^{55}a^{33}ko^{33}		亏本
n̥ie^{35} tʂe^{54}	统称	钱
li^{31} n̥ie^{35}		零钱
təu^{33}tshi^{55}		硬币
a^{33}ko^{54}n̥ie^{35}		本钱
ɴqə^{33} tl̥au^{55}zo^{13}		工钱
ɴqe^{33}tɕi^{55}		路费
səu^{54}	~钱	花
ɳtɕhey^{55}	卖一斤能~一毛钱	赚
nthə^{55}n̥ə^{35}	打工~了一千块钱	挣
tsi^{33}	~他十块钱	欠
ley^{33} ku^{33} suæ^{31} tsi^{33}		算盘
tɕi^{33}	统称	秤
l̥əu^{35}	用秆秤~	称
tɕhy^{31} tɕie^{33}		赶集

m̥ɯ^{55} so^{33}		星期天
ti^{33}tɕhey^{33}		地方
ku^{54}ti^{54}		什么地方
li^{55}ntl̥o^{31} ŋga^{35}		家里
li^{55}ntl̥o^{31} lau^{31}		城里
zo^{33}ti^{54}zo^{33} tɕhey^{33}		乡下
pie^{31}sa^{54}	从～滚下来	上面
pɯ^{33}ti^{33}	从～爬上去	下面
saɯ^{55}fə^{33}		左边
saɯ^{55}ʂi^{33}		右边
mpə^{33}ntaɯ^{54}	排队排在～	中间
a^{33} tha^{33}	排队排在～	前面
a^{33}qə^{31}	排队排在～	后面
saɯ^{33}	排队排在～	末尾
saɯ^{33} pɯ^{33}nti^{35}		对面
xe^{31}nti^{35}		面前
ŋkhe^{54}Gɯ^{31}		背后
ntl̥o^{33}	躲在～	里面
ntu^{31}zau^{55}	衣服晒在～	外面

ley^{33}tɕie^{13}		集市
ŋga^{33}tɕey^{33}ntey^{55}		学校
ŋga^{35}təu^{54} tɕey^{31}ntey^{55}		教室
m̥aɯ^{33} ^{3}tɕey^{33}ntey^{55}		上学
dzo^{33}təu^{543} tɕey^{33}ntey^{55}		放学
ndʐa^{33}dzey^{35}		考试
ŋ̊aɯ^{54}tʂi^{33}ntey^{55}		书包
dla^{13}ntey^{55} sau^{33}		本子
kaŋ^{33}pi^{31}		铅笔
pi^{31}tau^{35}		钢笔
pi^{31}lo^{54}sau^{33}		圆珠笔
tl̥au^{55}sau^{33}		毛笔
ka^{54}və^{54}tl̥əu^{31}		墨
ɴqo^{33}və^{54}tl̥əu^{31}		砚台
mau^{33}	一封～	信
ŋe^{55}ʑau^{33}ntey^{55}		连环画
mpɯ^{33} thl̥ai^{31}thl̥ey^{33}		捉迷藏
thl̥ey^{33} l̥a^{33}fə^{31} fə^{31}		跳绳
tsau^{33}qai^{54}		毽子

a^{33}ntu^{31}		旁边
a^{33}sa^{54}	碗在桌子～	上
a^{33}qai^{54}pɯ^{33}ti^{55}	凳子在桌子～	下
a^{33}ntu^{31}	桌子的～	边儿
ku^{54}	桌子的～	角儿
ɳʈɕi^{33}maɯ^{13}	他～了	上去
thl̥au^{54} lo^{35}	他～了	下来
mpe^{31} mau^{35}	他～了	进去
de^{31} da^{35}	他～了	出来
de^{31}mau^{35}	他～了	出去
ʈʂho^{55}qə^{31} lo^{35}	他～了	回来
sey^{55} lo^{35}	天冷～了	起来

三、植物

və^{55}ntau^{33}		树
a^{33}dɯ^{31} ntau^{33}		木头
fei^{33}səu^{33}	统称	松树
fei^{33} ta^{31} tɕie^{54}	统称	柏树
tɕie^{54}		杉树
ly^{54} zau^{35}		柳树

dlaɯ^{33}ntey^{55} ʑaɯ^{33}		风筝
səu^{55}tey^{31}	统称	鞭炮
xu^{31}ŋgau^{35}		唱歌
a^{33}ntsaɯ^{33} a^{33}zaɯ^{31}		演戏
ɳʈa^{33}la^{35} ɳʈa^{33}qhey^{31}	统称	锣鼓
ɢhɯ^{35}pɯ^{54}naɯ^{54}		二胡
ɢhɯ^{35}sie^{54}ɖaɯ^{55}		笛子
xu^{31}a^{55} tshi^{33}		划拳
ntau^{54}phai^{31}		打扑克
ntau^{54}ma^{33}tɕaŋ^{35}		打麻将
xe^{54}pɯ^{55}tau^{31}		讲故事
thy^{54}pɯ^{55}tau^{31}		猜谜语
a^{33}fɯ^{33}	游玩，到城里～	玩儿
tɕa^{55}zo^{33}		串门儿
m̥au^{13} ta^{33} qha^{33}		走亲戚

十一、动作行为

na^{31}	～电视	看
nau^{31}	用耳朵～	听
n̥aɯ^{54}	嗅：用鼻子～	闻

kie54 tl̥o54	统称	竹子	l̥y33	~气	吸
ngaɯ33		笋	qhə31	~眼	睁
ndau35		叶子	ɢɯ33	~眼	闭
bau35		花	ntsai33 a33 ma33	~眼	眨
ku33bau35	花骨朵	花蕾	qhɯ33	~嘴	张
bau35qaɯ31ntɯ35		牡丹	qo33	~嘴	闭
ɴqɯ54		草	do31	狗~人	咬
m̥aɯ54		藤	zo31	把肉~碎	嚼
khau31bo35	名词	刺	ɴɢo13	~下去	咽
zaɯ54tsi33		水果	ʑai31	人用舌头~	舔
tsi55 xaɯ31ɳ̥u33		苹果	mpa55	~在嘴里	含
kie54tl̥a35		桃子	ntshe54 ɳ̥tɕhau33		亲嘴
kie54za35		梨	ɳʈʂai33		吮吸
kie54tɕhey54		李子	nti31	把果核儿~掉	吐
xen35 tsi31		杏	nta55	喝酒喝~了	吐
tsi55 pa33 ɴqɯ33		橘子	tshau54n̥aɯ33		打喷嚏
tsi55 kie54ɳ̥ie31		柿子	tɕo35	用手把苹果~过来	拿
tsi55 ly33mphy55		石榴	ma54	他~我一个苹果	给
tsi55mɯ33tsɯ55		栗子	si33sa33	~头	摸
kie54tl̥ey33		核桃	ɕaɯ54	~手	伸
ntau54tsa33		甘蔗	vai35	~痒痒	挠

ȵ̥tɕi^{54}mpɯ^{54} mby^{54}		木耳	sai^{33}	用拇指和食指的指甲～皮肉	掐
ȵ̥tɕi^{54}	野生的	蘑菇	xe^{54}mpy^{35}	～螺丝	拧
ȵ̥tɕi^{54}ɴqhai^{33}		香菇	xe^{54}mpy^{35}	～毛巾	拧
mphi^{35}	指植物	稻子	nai^{33}m̥au^{13}	用拇指和食指来回～碎	捻
a^{33} ntshi^{31} thl̥i^{35}	指子实（脱粒后是大米）	稻谷	mpai^{33}	把橘子～开，把馒头～开	掰
a^{33}ntau^{54} thl̥i^{35}	脱粒后的	稻草	ti^{55}	～花生	剥
mo^{31}	指植物	大麦	ntshi^{31}	把纸～了	撕
sau^{31}	指植物	小麦	lo^{33}	把树枝～断	折
a^{33}ntaɯ^{54}sau^{54}	脱粒后的	麦秸	t̪ho^{54}	～萝卜	拔
tshi^{55} thl̥i$^{35/54}$	指植物（子实脱粒后是小米）	谷子	tl̥i^{31}	～花	摘
a^{33} ntsa^{33}	指植物	高粱	ʂey^{55}	站立：～起来	站
fɯ^{33} tsie^{54}qə^{31}	指成株的植物	玉米	ȵ̥tɕau^{33}	斜靠：～在墙上	倚
mpaɯ^{35} ʂi^{35} lɯ^{33}	指植物	棉花	zau^{31}tʂɯ^{55}dʐey^{13}	～下	蹲
zau^{54}tl̥o^{54}	油料作物，不是蔬菜	油菜	zau^{31}	～下	坐
naɯ^{33}n̥aɯ^{55}		芝麻	thl̥e^{54}	青蛙～起来	跳

mpaɯ^{35} tɯ^{54} nɯ^{54}	指植物	向日葵	tɕhai^{31}	跨过高物：从门槛上～过去	迈
dau^{31} tsha^{33}		蚕豆	dʑ̥əu^{35}	脚～在牛粪上	踩
dau^{31}mo^{31}		豌豆	tʂaɯ^{54}	～腿	翘
dau^{31}qho^{55}la^{35}	指果实，注意婉称	花生	ŋkhau^{55}	～腰	弯
dau^{31} pau^{35}		黄豆	tʂə^{31}	～胸	挺
dau^{31} ti^{33}		绿豆	kie^{55}ʈɥ^{54}	～着睡	趴
dau^{31} vau^{31}	长条形的	豇豆	ŋgaɯ^{31}	小孩在地上～	爬
zau^{54}tl̥e^{54}	东北～	大白菜	mau^{13}	慢慢儿～	走
zau^{54}qhey^{33}	卷心菜，圆白菜，球形的	包心菜	ɖ ɑ ɯ^{31}	慢慢儿走，别～	跑
kie^{54}ʈha^{33}		韭菜	ntl̥ai^{31}tɕi^{55}	逃跑：小偷～走了	逃
zau^{54}tsu^{33}xaɯ^{33}	芫荽	香菜	ley^{55}	追赶：～小偷	追
ɢhu^{35}dlo^{13}		葱	ma^{54}	～小偷	抓
ɢhɯ^{35}		蒜	ba^{31}	把小孩～在怀里	抱
qhɯ^{33}		姜	tʂi^{31}	～孩子	背
ɢhɯ^{3543}dlo^{13}		洋葱	tɕau^{54}	～老人	搀
kie^{54}sa^{33}	统称	辣椒	they^{54}	几个人一起～汽车	推

$sa^{33}ŋkau^{33}$	统称	茄子	qau^{31}	跌：小孩～倒了	摔
tsi^{55} kie^{54} sa^{33}		西红柿	$they^{55}$	人～到电线杆上	撞
$fə^{55}zauɯ^{54}$	统称	萝卜	$ntsau^{55}$	你～住我了，我看不见	挡
a^{33} $fə^{55}zauɯ^{54}təu^{33}$		胡萝卜	$ntl̥ai^{31}$	躲藏：他～在床底下	躲
$kie^{54}tl̥e^{54}$		黄瓜	vai^{33}	藏放，收藏：钱～在枕头下面	藏
$kie^{54}mpa^{54}zauɯ^{33}$	无棱的	丝瓜	$tʂo^{33}$	把碗～在桌子上	放
$kie^{54}mpa^{54}$ $tl̥au^{33}$	扁圆形或梨形，成熟时赤褐色	南瓜	$tʂɯ^{55}$	把砖～起来	摞
$a^{33}mu^{31}$	统称	红薯	ty^{33}	～在地下	埋
$ʑø^{33}$ $ʑø^{31}$		马铃薯	qo^{33}	把茶杯～上	盖
$və^{33}$ $ntsa^{54}$		芋头	$dzai^{13}$	用石头～住	压
va^{13}	圆柱形的	山药	nai^{33}	用手指按：～图钉	摁
$və^{31}tl̥au^{33}$		藕	tho^{33}	用棍子～鸟窝	捅
$tʂo^{55}$		老虎	$ʈhai^{33}$	把香～到香炉里	插
四、动物			$tɕho^{54}$	～个洞	戳

lie^{54}		猴子	mpha^{31}	~树	砍
mu^{33}naɯ^{33}	统称	蛇	xi^{33}nto^{31}	把肉~碎做馅儿	剁
naɯ^{33}	家里的	老鼠	tshəu^{55}	~苹果	削
kie^{54}pa^{33}		蝙蝠	tɯ^{33}tl̥i^{31}	木板~开了	裂
nau^{54}	飞鸟，统称	鸟儿	ŋgau^{31}	皮~起来	皱
mpə^{31}tɕho^{55}		麻雀	ʑy^{35}	死鱼~了	腐烂
kie^{54}ntsa^{33}		喜鹊	so^{31}	用毛巾~手	擦
lə^{31}a^{31}		乌鸦	l̥i^{55}	把碗里的剩饭~掉	倒
ɴqa^{54}		鸽子	la^{35}	这个东西坏了，~了它	扔
ti^{33}	鸟的，统称	翅膀	la^{35}	比一比谁~得远	扔
kie^{54}tʂau^{33}	鸟的，统称	爪子	pau^{54}	树上~下一个梨	掉
tey^{33} a^{33}ɳʈʂaɯ^{13}		尾巴	dlo^{31}	水~下来	滴
və^{13}	鸟的	窝	la^{35}	钥匙~了	丢
pɯ^{33}kaɯ^{54}	统称	虫子	ɳʈhey^{55}	钥匙~到	找
pɯ^{33} ntsi^{33}	统称	蝴蝶	tɕhey^{33}	~到十块钱	捡
ntsi^{33}xau^{55}	统称	蜻蜓	tshə^{55}	用手把篮子~起来	提
mu^{55}		蜜蜂	tɕy^{55}	~担	挑

mu^{55}mpey^{33}		蜂蜜	tɕy^{55}	把锄头～在肩上	扛
lau^{31} lə^{33}mpey^{33}	统称	知了	tɕy^{55}	～轿	抬
kie^{54}ndzau^{31}		蚂蚁	tɕy^{55}	～旗子	举
pɯ^{33} tɕaɯ^{31}		蚯蚓	tɕy^{55}	～伞	撑
pɯ^{33}kaɯ^{33}lø^{33}		蚕	ŋau^{31}	把门～开	撬
pɯ^{33}kaɯ^{33} ʑə^{33} sa^{55}	会结网的	蜘蛛	sai^{55}	你自己～一个	挑
kie^{54}l̥i^{33}	统称	蚊子	sau^{33}	～东西	收拾
mu^{55}mo^{35}	统称	苍蝇	qə^{55}	～袖子	挽
tl̥i^{55}mo^{54}	咬人的	跳蚤	ʑau^{31}	把杯子～一下	涮
ɳʈʂhau^{55}		虱子	ntsa^{55}	～衣服	洗
mbə^{33}		鱼	lau^{31}	～鱼	捞
a^{33}dəu^{31}	鱼的	鳞	qhai^{54}	～牛	拴
pɯ^{33}kaɯ^{33} au^{54}	统称	虾	ntɯ^{35}	～起来	捆
pɯ^{33}kaɯ^{33} tey^{33} zai^{35}	统称	螃蟹	tl̥ey^{31}	～绳子	解
pu^{55}tɕa^{31}	统称	青蛙	xe^{31}ly^{54}	～桌子	挪
tɕey^{31}lu^{33} li^{35}	表皮多疙瘩	癞蛤蟆	tshɯ^{33}	～碗	端
nɯ^{13}		马	tʂau^{31}	碗～碎了	摔
nɯ^{13}la^{55}		驴	tʂə^{31}	～水	掺
nɯ^{13}tʂai^{33}		骡	tl̥au^{55}	～柴	烧
ɳ̥ɯ^{13}		牛	tʂha^{33}	～房子	拆

lɯ33qəu55ȵɯ13	统称	公牛	xe31 ti33 kɯ33 ləu31	~圈儿	转
ȵie31ȵɯ13	统称	母牛	ntau54	用拳头~	捶
tʂo33ȵɯ13		放牛	ntəu35	统称：他~了我一下	打
tʂɦi33		羊	ntəu35tɕa31	动手：两个人在~	打架
mpa33		猪	so31		休息
tʂaŋ55 mpa33	配种用的公猪	种猪	xa33qai54		打哈欠
a33mpey33 mpa33sie33	成年的，已阉的	公猪	ŋo54ŋo35		打瞌睡
ȵie31mpa33	成年的，未阉的	母猪	mpy33	他已经~了	睡
ȵaŋ33mpa33		猪崽	a33mpy33ɴqha35		打呼噜
ŋga35mpa33		猪圈	mpu33sa55		做梦
ʑɯ31mpa33		养猪	sey55		起床
tʂi33		猫	ntsa55ȵe55		刷牙
qa54tshu33		公猫	ntsa55tɕi55		洗澡
ȵie31tshu33		母猫	nty31	思索：让我~一下	想
tl̥i55	统称	狗	ntshey33	想念：我很~他	想
tsi55tl̥i55		公狗	ki54tʂe33	我~开个店	打算
ȵie31tl̥i55		母狗	ȵtɕo54tɕie54		记得

nto^{31}	狗～	叫	xi^{33}ɳ̊tɕo^{33}		忘记
la^{55}		兔子	ntshai^{33}	害怕：你别～	怕
qai^{54}		鸡	ɳ̊tʂə^{31}	我～你	相信
lau^{33}qai^{54}	成年的，未阉的	公鸡	tə^{33}		发愁
ɳ̊ie^{31}qai^{54}	已下过蛋的	母鸡	ta^{55}lie^{31}	过马路要～	小心
qa^{33}	公鸡～（即打鸣儿）	叫	ɴɢa^{31}	～看电视	喜欢
nti^{54}	鸡～蛋	下	səu^{54}	～这个人	讨厌
ba^{31}	～小鸡	孵	lo^{13}ɕie^{55}	凉风吹来很～	舒服
o^{33}		鸭	tsi^{55}ɳ̊o^{54}	生理的	难受
ŋu^{33}		鹅	mo^{54}sie^{54}	心理的	难过
sey^{33}	～公的猪	阉	la^{31}		高兴
tshi^{33}	～母的猪	阉	o^{33}sie^{54}		生气
sey^{33}	～鸡	阉	ʑy^{31}		责怪
pu^{54}	～猪	喂	thie^{31}dzauɯ^{35}		害羞
ta^{33} mpa^{33}	统称，注意婉称	杀猪	la^{35}thl̥əu^{31}		丢脸
ta^{33}	～鱼	杀	dɕi^{33}		欺负
五、房舍器具			ntau^{54}khə^{33} khauɯ^{55}	～病	装
ley^{54}zo^{35}	一个～	村庄	ʈau^{54}	～小孩儿	疼
a^{33}tɕai^{54}tɕi^{35}	统称：一条～	胡同	ʑa^{55}	我～这个	要

tɕi^{35}		街道	ma^{35}	我～一个孩子	有
mbu^{31}ŋga^{35}		盖房子	hey$^{55/33}$ma^{35}	他～孩子	没有
ŋga^{35}	整座的，不包括院子	房子	ku^{55}	我～老师	是
tɕhaɯ^{31}ŋga^{35}	房子里分隔而成的，统称	屋子	hey^{33} ʑo^{31}	他～老师	不是
tɕhaɯ^{31}ŋga^{35} mby^{33}		卧室	ɳo^{54}	他～家	在
ŋga^{35}qə^{54}	茅草等盖的	茅屋	hey^{33} ɳo^{31}	他～家	不在
ŋga^{35}qho^{55}tʂo^{33}		厨房	pau^{54}	我～这件事	知道
lə^{33}tʂo^{33}	统称	灶	hey^{33}pau^{54}	我～这件事	不知道
phau^{33}	统称	锅	pau^{54}	我～英语	懂
qhey^{33} a^{33} va^{54}	煮饭的	饭锅	hey^{33} pau^{54}	我～英语	不懂
phau^{31}tɕi^{31}zau^{54}	炒菜的	菜锅	dzey^{35}	我～开车	会
qho^{55}tɕhi^{55}	旧式的，统称	厕所	hey^{33} dzey^{35}	我～开车	不会
tʂə^{31}	左右方向的	檩	zɯ^{33}dau^{33}	我～他	认识
a^{33}ɳtɕi^{54}		柱子	zɯ^{33}hey^{33}dau^{33}	我～他	不认识
lai^{33}ɳie^{31}dlau^{35}		大门	zau^{33}	应答语	行
pa^{33}dlau^{35}		门槛儿	hey^{33}zau^{33}	应答语	不行
mpu^{31}tɕhi^{55}	旧式的	窗	ɴqa^{31}	～来	肯
thai^{55}	可移动的	梯子	ti^{31}tɕi^{55}	～去	应该
kie^{54}ʈa^{54}	统称	扫帚	ʑa^{55}tsi^{54}	～去	可以
tɕhi^{54}ŋga^{35}		扫地	hie^{33}	～话	说

zəu^{33}	统称	家具
dlai^{31}nɯ^{31}	我的～	东西
tɕhey^{33}	木制的，睡觉用	床
fə^{55}ȵtɕau^{33}		枕头
l̥y^{33}pa^{33}		被子
a^{33}l̥y^{33}pa^{33}		棉絮
phe^{54}mpaɯ^{33}pa^{33}		床单
ɕi^{33}tho^{54}		褥子
ɕi^{33}tho^{54}ɴqɯ^{54}		席子
ŋga^{35}ntau^{54}		蚊帐
kie^{54}ɖau^{35}	统称	桌子
zəu^{31}	统称	柜子
kie^{54}ɖau^{35} ȵtɕaɯ^{35}	统称	椅子
kie^{54}ɖau^{35}zaɯ^{31}	统称	凳子
tɦe^{35} tshau^{55} zau^{31}		菜刀
dai^{13}au^{54}	舀水的	瓢
thau^{54}they^{31}		缸
ȵu^{54}	装酒的～	坛子
ly^{31}phy^{55}	装酒的～	瓶子
fau^{55}	杯子的～	盖子
kho^{54}	统称	碗
səu^{54}		筷子

ləu^{33}	说～	话
ha^{55}la^{35}		聊天儿
hu^{33}	～他一声儿	叫
ntl̥a^{55}	大声喊	吆喝
ȵie^{55}	小孩～	哭
la^{33}	当面～人	骂
hey^{33}ta^{33}	动嘴：两个人在～	吵架
tshu^{55}	～人	骗
tshu^{55}	～小孩	哄
ha^{55}la^{35}tsey^{33}		撒谎
tsha^{33}ȵu^{35}		吹牛
xe$^{55/33}$la^{54} tl̥o^{33}		开玩笑
xe^{33}qhə^{54}	～他	告诉
tsha^{33}ȵtɕa^{35}	致谢语	谢谢
hey^{33}zau^{33}fu^{54}	致歉语	对不起
a^{33}qə^{55}bu^{31}	告别语	再见

十二、性质状态

l̥o^{54}	苹果～	大
sau^{33}	苹果～	小
ntəu^{31}	绳子～	粗
sa^{33}sai^{33}	绳子～	细
nti^{55}	线～	长

ŋa^{33}tl̥ie^{55}		汤匙
dey^{13}	统称	柴火
fa^{33}dʐu^{54}		火柴
ɳʈʂe^{33}dlau^{35}		锁
qhɯ^{55}ɳʈʂie^{33} dlau^{35}		钥匙
tai^{13}ntsa^{55}thl̥əu^{35}		脸盆
au^{54}ntsa^{55}thl̥əu^{35}		洗脸水

六、服饰饮食

kie^{54}tl̥a^{13}ntsa^{55} thl̥əu^{35}	洗脸用	毛巾
kie^{54}tl̥a^{13}so^{33} mby^{54}		手绢
a^{33}tsa^{33}l̥ey^{54}kau^{55}	洗衣服用	肥皂
za^{31}	旧式的，不是篦子	梳子
kau^{54}		缝衣针
tshə^{33}		剪子
tʂau^{33} dlo^{35}tɕie^{33}		蜡烛
tʂau^{33} tɕo^{35} ti^{31}		手电筒
kau^{31} ntey^{55}	挡雨的，统称	雨伞
po^{54} zo^{54} tɕəu^{13}		自行车
tsho^{31}ɳaɯ^{55}	统称	衣服
ɳaɯ^{33}	~衣服	穿

ləu^{55}	线~	短
nti^{55}	时间~	长
ləu^{55}	时间~	短
faɯ^{55}	路~	宽
tau^{31}tɕha^{54}	房子~	宽敞
ɴqai^{31}	路~	窄
sie^{54}	飞机飞得~	高
ɢhɯ^{13}	鸟飞得~	低
sie^{54}	他比我~	高
ɢhɯ^{13}	他比我~	矮
tl̥i^{54}	路~	远
və^{33}	路~	近
to^{54}	水~	深
ntl̥ie^{55}	水~	浅
ɳtɕhie^{54}	水~	清
ntl̥o^{55}	水~	浑
qo^{33}lo^{31}		圆
tsa^{33}la^{54}		扁
ɳʈʂə^{33}		尖
tie^{35}		平

tl̥ey^{33}	~衣服	脱	dlo^{31}	~肉	肥
qhai^{33}	~鞋带	系	ʑa^{31}	~肉	瘦
tsho^{33}pi^{33}ti^{33}		衬衫	dlo^{31}	形容猪等动物	肥
tsho^{33}tl̥o^{33}	带两条杠的，内衣	背心	dlo^{31}mə^{33}	形容人	胖
tsho^{33}tl̥au^{54}ʑaɯ^{54}		毛衣	ʑa^{31}pɯ^{33}tɕhaɯ^{33}	形容人、动物	瘦
tsho^{33} mpau^{13} si^{33} lu^{31}		棉衣	tl̥əu^{54}	黑板的颜色	黑
tə^{54} di^{13} tsho^{33}		袖子	tl̥ey^{54}	雪的颜色	白
n̥aɯ^{33}tsho^{33}	衣服上的	口袋	lie^{54}	国旗的主颜色，统称	红
a^{33}tʂi^{31}		裤子	vaɯ^{35}	国旗上五星的颜色	黄
la^{33}tʂi^{31} ləu^{55}	外穿的	短裤	ntsa^{54}	蓝天的颜色	蓝
tey^{33} tʂi^{31}		裤腿	ndlaɯ^{35}ntsa^{54}	绿叶的颜色	绿
ley^{55} kau^{31}	统称	帽子	lie$^{54/33}$tʂaɯ^{31}	紫药水的颜色	紫
khau^{33}		鞋子	pi^{33}tshaɯ^{33}	草木灰的颜色	灰
tɕey^{33}qhey^{55}tey^{13}		袜子	tɕau^{54}	东西~	多
mu^{31} tl̥ie^{54}		围裙	dʑey^{31}	东西~	少
kie^{54}dla^{35} tie^{31}və^{33}		尿布	ɳ̥aŋ^{55}	担子~	重
fai^{55}		扣子	si^{54}	担子~	轻

fai^{55}	~扣子	扣	ȵ̥tɕaɯ^{54}	线~	直
pəu^{31}		戒指	ȵ̥tʂhaɯ^{54}	坡~，楼梯~	陡
pəu^{31} tsaŋ^{31}bau^{54}		手镯	li^{33}ŋkhau^{33}	弯曲：这条路是~的	弯
tshey^{33}tl̥au^{55}fau^{33}		理发	lɯ^{54}və^{54}	帽子戴~了	歪
ntsi^{33}tl̥au^{55}fau^{33}		梳头	ta^{54}	木板~	厚
væ^{54} kie^{35}		米饭	ȵ̥ie^{13}	木板~	薄
ka^{33}tl̥i^{33}	用米熬的，统称	稀饭	ntl̥au^{31}	稀饭~	稠
a^{33}təu^{31}sau^{54}	麦子磨的，统称	面粉	ȵ̥tɕhie^{54}	稀饭~	稀
a^{33}təu^{31}sau^{54}	统称	面条	ta^{33}	菜种得~	密
a^{33}təu^{31}qaɯ^{54}	玉米~，辣椒~	面儿	fə^{54}	稀疏：菜种得~	稀
mæ^{31}thəu^{31}	无馅的，统称	馒头	tɕi^{31}	指光线：明亮	亮
pau^{55}tsi^{54}		包子	tl̥əu^{54}li^{33}ȵ̥tɕie^{54}	指光线：完全看不见	黑
tɕau^{31}tsi^{54}		饺子	so^{55}	天气	热
tshau^{55}səu^{54}		馄饨	so^{55}so^{31}	天气	暖和
qhə^{35}		馅儿	dzie^{13}	天气	凉
ʑəu^{31}thau^{31}	长条形的，旧称	油条	no^{55}no^{55}	天气	冷
ka^{54}dau^{31}		豆浆	so^{55}	水	热

dau^{31} ɕy^{55} ly^{33}		豆腐脑	dzie^{13}	水	凉
qa^{33} lo^{33}	食品	元宵	ɴqha^{54}	干燥：衣服晒～了	干
tsoŋ^{13}tsi^{54}		粽子	ntəu^{54}	潮湿：衣服淋～了	湿
pɯ^{33} pa^{33} ndli^{33}	用黏性大的米或米粉做的	年糕	hu^{55}tɕa^{35}	衣服～	干净
mu^{55} ɕe^{33} qaɯ^{31}	统称	点心	hey^{33}qə^{33}	肮脏，不干净，统称：衣服～	脏
qa^{33}zau^{54}	吃饭时吃的，统称	菜	ɳtʂə^{33}	锋利：刀子～	快
zau^{54}ɳtɕhi^{13}	统称	干菜	py^{33}ly^{31}	刀～	钝
dau^{31} mpau^{35}		豆腐	fai^{33}	坐车比走路～	快
tshaŋ^{55} mpa^{33}	当菜的	猪血	ty^{13}	走路比坐车～	慢
tey^{33}mpa^{33}	当菜的	猪蹄	ntso^{55}	来得～	早
a^{33}ndlai^{13}mpa^{33}	当菜的，注意婉称	猪舌头	li^{31}	来～了	晚
sey^{55} mpa^{33}	当菜的，注意婉称	猪肝	li^{31}	天色～	晚
sey^{55} mpy^{33} tl̥a^{54} ɳ̥u^{35}	猪牛羊的内脏	下水	dau^{31}	捆得～	松
qo^{31}qai^{54}		鸡蛋	kho^{55}	捆得～	紧
dlo^{13}mpa^{33}		猪油	li^{31}gau^{35}	这道题～	容易
dlo^{13}zau^{54}		香油	tsi^{55}a^{33}	这道题～	难
dlo^{13} ntau^{54}		酱油	tɕhe^{54}	衣服～	新

ɳʈʂə^{55}	名词	盐	khau^{54}	衣服～	旧
dlo^{13} qaɯ^{54}	注意婉称	醋	lau^{13}	人～	老
ʑi^{54}		香烟	l̥a^{33}	人～	年轻
ʑi^{54}tə^{33}		旱烟	tau^{54}ma^{33}	糖～	软
tɕey^{55}tl̥e^{54}		白酒	za^{31}	骨头～	硬
tɕey^{55} vau^{35}		黄酒	ly^{33} a^{55} l̥a^{33}	肉煮得～	烂
tɕey^{55} mu^{55}	酒酿，醪糟	江米酒	khɯ^{33} ɳ̊e^{54}	饭烧～了	糊
tl̥au^{13} ntsi^{31}		茶叶	da^{35}	家具～	结实
ndau^{33}					
tai^{55}	～茶	沏	ntl̥a^{54}	衣服～	破
mu^{55}tl̥au^{33}		冰棍儿	ma^{35}tau^{33}	他家很～	富
a^{33}va^{33}	统称	做饭	sau^{31}qə^{55}	他家很～	穷
tɕi^{54}ka^{33}zau^{54}	统称，和做饭相对	炒菜	dʑey^{31}	最近很～	忙
xau^{33}	～带壳的鸡蛋	煮	hey^{55}dzey^{31}	最近比较～	闲
tɕi^{54}	～鸡蛋	煎	thl̥a^{33}	走路走得很～	累
tsa^{31}	～油条	炸	mo^{54}	摔～了	疼
tɕəu^{54}	～鱼	蒸	khɯ^{33}khau^{33}	皮肤～	痒
m̥au^{33}	～面做馒头等	揉	ntso^{55}so^{55}	看戏的地方很～	热闹
ka^{31}	～面，～皮儿	擀	ɕie^{55}ku^{33}	这个地方我很～	熟悉
n̥aɯ^{35}tshai^{33}		吃早饭	hey^{55} læ^{31} ɳ̊tɕau^{33}	这个地方我很～	陌生
n̥aɯ^{35}səu^{33}		吃午饭	ntshey^{55}paɯ^{33}	闻闻～	气味

ŋ̥auɯ^{35}mo^{33}		吃晚饭
ŋ̥auɯ^{35}	~饭	吃
hau^{33}	~酒	喝
hau^{33}	~茶	喝
hau^{33}	~烟	抽
thie^{54}	~饭	盛
ɗai^{33}	用筷子~菜	夹
l̥i^{55}	~酒	斟
qha^{33} qə^{33}	口~	渴
tshai^{54}	肚子~	饿
xe^{33}tɕie^{55}	吃饭~着了	噎

七、身体医疗

ley^{33}fau^{33}	人的，统称	头
tl̥au^{55}fau^{33}		头发
tʂe^{13}ntsie^{33}		辫子
kə^{31}və^{13}tsho^{55}		旋
ley^{33}fau^{33}ŋ̥ie^{55}		额头
tʂhəu^{33} zau^{55}za^{13}		相貌
tʂhəu^{33}	洗~	脸
a^{33} ma^{31}		眼睛
a^{33}ləu^{55}ma$^{31/13}$	统称	眼珠
qa^{54} ma^{31}	哭的时候流出来的	眼泪
tl̥au^{55} ma^{31}		眉毛

tl̥ey^{54}	菜~	咸
dʐa^{31}	菜~	淡
hey^{33}qau^{55}		酸
qi^{33}mu^{55}		甜
ʑe^{54}		苦
mbɯ^{31}		辣
ɕie^{55}ɕie^{54}	鱼汤~	鲜
tʂu^{33}hauɯ^{54}		香
tʂu^{33}ta^{55}		臭
hey^{33}qau^{55}	饭~	馊
tʂi^{33}ŋ̥au^{33}	鱼~	腥
zau^{33}	人~	好
tsi^{55}	人~	坏
hey^{33}zau^{33}	东西质量~	差
ʑo^{31}	账算~了	对
ʑa^{31}	账算~了	错
zau^{33}ŋgau^{55}	她很~	漂亮
si^{54}tl̥auɯ^{54}	猪八戒很~	丑
l̥auɯ^{33}ɴɢa^{35}		勤快
ɴɢhɯ^{35}		懒
khau^{33}nɯ^{54}		乖
kə^{54}kə^{54}		顽皮
ŋ̥tɕi^{31}ŋgai^{31}		老实

a^{33} mbə^{35}		耳朵
a^{33} mby^{54}		鼻子
mby^{54}l̥y^{33}l̥i^{33}	统称	鼻涕
ɕi^{33}	~鼻涕	擤
ndʑau^{35}	人的，统称	嘴巴
pɯ^{33}tey^{33} ndʑau^{35}		嘴唇
au^{54}ndʑau^{54}	~流出来	口水
a^{33}ndlai^{13}		舌头
ŋ̥e^{55}		牙齿
a^{33}dʐai^{13}		下巴
tl̥au^{54}ndʑau^{35}	嘴周围的	胡子
ko^{31}tl̥au^{35}		脖子
ley^{33} a^{55}qə^{33}		喉咙
li^{54}by^{35}		肩膀
tshey^{31}mpaɯ^{55}		胳膊
di^{13}	方言指（打√）：只指手；包括臂：他的~摔断了	手
di^{33} lə^{33} fə^{33}		左手
di^{33} lə^{33} si^{33}		右手
ŋ̥a^{33} tshu^{31}		拳头
qa^{33}ɖa^{31}	痴呆	傻
ty^{13}	蠢	笨
naɯ^{33}ley^{35}	不吝啬	大方
qə^{33}	吝啬	小气
naɯ^{33}ley^{35}	性格~	直爽
ku^{54}	脾气~	犟

十三、数量

i^{31}	~二三四五……，下同	一
a^{31}		二
tsi^{54}		三
tl̥au^{54}		四
pɯ^{54}		五
tl̥au^{33}		六
ɕaɯ^{33}		七
ʑi^{31}		八
dʑa^{35}		九
gau^{31}		十
ni^{33}gau^{31}	有无合音	二十
tsi^{54}dʑau^{35}	有无合音	三十

ntsi^{55}ti^{13}		手指	i^{31}mpa^{33}		一百
tshey^{33}ɳie^{31}ti^{13}		大拇指	i^{31}tɕhie^{54}		一千
ntsi^{55}ti^{13}qɯ^{55}		食指	i^{31}vau^{35}		一万
ntsi^{55}ti^{13}mu^{33}		中指	i^{31}mpa^{33}		一百
ntsaɯ^{54}			ley^{31}pɯ^{54}		零五
ntsi^{55}ti^{13}pau^{54}		无名指	i^{31}mpa^{33}pɯ^{54} tɕau^{35}		一百五十
pɯ^{33}qa^{33}ntsi^{55} ti^{13}		小拇指	ti^{33}i^{31}	～，第二	第一
kə^{31}tʂau^{54} ti^{13}		指甲	a^{33}ɳi^{31}	重量	二两
a^{33}tɕi^{54}		腿	pu^{55}zau^{55}təu^{13}	你有～孩子？	几个
tey^{33}	他的～压断了	脚	a^{31}	你们～	俩
fɯ^{55}tɕau^{31}	指部位	膝盖	tsi^{54}lɯ^{33}	你们～	仨
te^{55}ɢhau^{35}	名词	背	i^{33}təu^{31}pa^{54}		个把
lə^{33}ŋa^{54}dlaɯ^{54}	腹部	肚子	lɯ^{54}	一～人	个
ȵ̥iu^{55}tʂəu^{13}		肚脐	dəu^{31}	一～马	匹
mi^{33}	女性的	乳房	dəu^{31}	一～牛	头
mɯ^{33}tɕi^{54}qaɯ^{54}		屁股	dəu^{31}	一～猪	头
ȵ̥iu^{55}qo^{55}qa^{55}		肛门	dəu^{31}	一～狗	只
pau^{33}	成人的	阴茎	dəu^{31}	一～鸡	只
pai^{33}	成人的	女阴	dəu^{31}	一～蚊子	只
l̥ai^{35}	动词	肏	dəu^{31}	一～鱼	条
pau^{33}kə^{33}ka^{33}		精液	dəu^{31}	一～蛇	条
lo^{13}ntsha^{33}	注意婉称	来月经	dəu^{31}	一～嘴	张

tʂo^{33}qa^{55}		拉屎	dzi^{35}	一～桌子	张
tʂo^{33}və^{54}		撒尿	pho^{55}	一～被子	床
tʂo^{33}tsu^{31}		放屁	pho^{55}	一～席子	领
ni^{33} ɳe^{31} ley^{33}		相当于“他妈的”的口头禅	ndʑey^{35}	一～鞋	双
ntau^{31}mo^{55}		病了	dəu^{31}	一～刀	把
ntsau^{31}tsie^{33}		着凉	lu^{54}	一～锁	把
ɳ̥au^{33}		咳嗽	dʐo^{31}	一～绳子	根
a^{33}tɕi^{55}ku^{54}		发烧	ntəu^{31}	一～毛笔	支
tshey^{33}tshey^{33}		发抖	i^{31}gau^{13}	一～眼镜	副
mo^{54}tl̥aɯ^{54}		肚子疼	lɯ^{33}	一～镜子	面
mo^{54}tl̥aɯ^{54}kie^{33} ntshey^{54}		拉肚子	tɕo^{33}	一～香皂	块
mo^{54}mpə^{33}		患疟疾	lɯ^{33}	一～车	辆
qau^{31}tsha^{33}		中暑	lɯ^{33}	一～房子	座
o^{33}		肿	tʂo^{35}	一～桥	座
vəu^{13}		化脓	tʂo^{35}	一～河	条
ɳ̥tɕi^{31}	好了的	疤	tʂo^{35}	一～路	条
pɯ^{33}tl̥aɯ^{54} tl̥i^{33}ʑai^{31}		癣	faɯ^{54}	一～树	棵
tie^{33}	凸起的	痣	tʂə^{33}	一～花	朵
sey^{55}ləu^{31}ləu^{31}	蚊子咬后形成的	疙瘩	tl̥i^{54}	一～珠子	颗
tʂu^{33}pɯ^{33}tʂo^{33}		狐臭	tl̥i^{54}	一～米	粒

na^{31}mo^{55}		看病
naɯ^{31}sey^{55}		诊脉
ntau^{31}kau^{33} ɴqha^{33}		针灸
ntau^{31}kau^{33}		打针
tʂaɯ^{33}kau^{33}dza^{31}		打吊针
naɯ^{33}a^{33}dza^{31}	统称	吃药
qa^{54}dza^{31}ndza^{55}		汤药
mo^{54}ʂi^{33}tə^{31}		病轻了

八、婚丧信仰

tsi^{55}tsi^{33}qau^{33}		说媒
a^{33}tsi^{33}qau^{33}		媒人
nəu^{31}ɳ̥aɯ^{54}		相亲
ɳ̥a^{31}tɕie^{13}		订婚
a^{33}ɳ̥aɯ^{33}ɳtʂau^{33}		嫁妆
pa^{33}tɕey^{55}tʂha^{33}	统称	结婚
tʂai^{54}naɯ^{54}	男子～，动宾	娶妻子
a^{33}ɳ̥aɯ^{54}	女子～	出嫁
qhai^{54}mpaɯ^{13}		拜堂
vaɯ^{55}tɕhie^{54}		新郎
ɳ̥aɯ^{54}tɕhie^{54}		新娘子
bo^{33}xai^{31}təu^{54}		孕妇
xai^{31}təu^{54}ntshai^{33}		怀孕

dla^{31}	一～饭	顿
fu^{13}	一～中药	剂
qai^{55}	一～香味	股
ŋkhə^{31}	一～字	行
tl̥i^{54}	一～钱	块
tey^{33}	角：一～钱	毛
zaɯ^{54}	一～事情	件
ntsa^{33}ɳ̥a^{33}	一～东西	点儿
tɕhie^{33}	一～东西	些
i^{31}laɯ^{31}	坐了一～	会儿
dla^{31}	打一～	顿
zo^{31}	下了一～雨	阵
ŋgə^{31}	去了一～	趟

十四、代副介连词

ku^{55}	～姓王	我
dʑi^{31}	～也姓王	你
dʑi^{31}	尊称	您
ɳ̥i^{13}	～姓张	他
pi^{54}dzau^{35}	不包括听话人	我们
pi^{54}dzau^{35}	包括听话人	咱们
mi^{31}dzau^{35}	～去	你们
ɳ̥a^{35}dzau^{35}	～去	他们

ŋe^{31}təu^{54}	妊娠反应	害喜	xu^{55}mpɯ^{54}	~一起干	大家
ma^{31}təu^{54}		分娩	ʑu^{35}	我~做的	自己
l̥e^{33} a^{33} tɕhi^{55}		流产	a^{33}la^{54}	这是~的	别人
n̥tɕhi^{31}a^{33} ntsai^{33}		双胞胎	ku^{55}vai^{54}	~今年八十岁	我爸
zau^{31}a^{33} l̥i^{33}		坐月子	dʑi^{31}vai^{33}	~在家吗?	你爸
nau^{33}a^{33} mi^{33}		吃奶	ni^{31}vai^{33}	~去世了	他爸
tɕai^{33}mi^{33}		断奶	ə^{33}ni^{55}	我要~，不要那个	这个
pu^{55}l̥i^{33}		满月	tey^{33}ve^{35}	我要这个，不要~	那个
n̥əu^{33}ku^{33}tɕie^{33}	统称	生日	tey^{33}na^{55}	你要~杯子?	哪个
a^{33}sen^{35}		做寿	qə^{33}nty^{35}	你找~?	谁
da^{31}	统称	死	qhey^{33}ni^{55}	在~，不在那里	这里
fai^{33}tl̥ie^{13}ti^{54}	婉称：他~了	死	qhey^{33}ve^{35}	在这里，不在~	那里
sau^{33}da^{31}		自杀	qhey^{33}nty^{54}	你到~去?	哪里
təu^{33}mpaɯ^{33}		咽气	a^{33}ni^{55}	事情是~的，不是那样的	这样
tʂo^{33}tsa^{33}lə^{33} ntau^{33}		入殓	a^{33}və^{35}	事情是这样的，不是~的	那样
ley^{33}ntau^{33}		棺材	a^{33}tɕaɯ^{33}	什么样：你要~的?	怎样

ŋ̥tɕi^{33}tɕi^{55}		出殡	ley^{33}ni^{55}	～贵啊	这么
ley^{33}ntsaɯ^{33}	单个的，老人的	坟墓	a^{33}tɕaɯ^{33}	这个字～写？	怎么
kho^{54}lau^{54}ŋga^{35} tɕhey^{33}		上坟	qə^{55}si^{33}	这个是～字？	什么
ntey^{35}ŋ̥e^{54}		纸钱	qə^{55}si^{33}	你找～？	什么
ntəu^{33}vai^{33}		老天爷	a^{33}tɕaɯ^{333}na^{55}	你～不去？	为什么
mpə^{33}	统称	菩萨	a^{33}qə^{55}si^{33}	你在～？	干什么
mpə^{33}tl̥aɯ^{54}tso^{31}		灶神	pɯ^{55}dʐau^{54}	这个村有～人？	多少
ŋga^{35}mpə^{31}		寺庙	ta^{54}tie^{31}	今天～热	很
ŋga^{35}ntsi^{33}		祠堂	ta^{54}tie^{31}	比上条程度深：今天～热	非常
təu^{54}tʂo^{35}mpə^{33}		和尚	a^{33}təu^{55}	今天比昨天～热	更
ŋgau^{35}tʂo^{35}mpə^{33}		尼姑	thai^{54}	这个东西～贵，买不起	太
a^{33}vaɯ^{54}tsi^{55} mo^{31}		道士	tsui^{13}	弟兄三个中他～高	最
so^{31}ɕie^{55}	统称	算命	pɯ^{33}lie^{35}	大家～来了	都
kie^{54}lau^{35}		运气	xə^{55}mpɯ^{54}	～多少钱？	一共
va^{35}ʑəu^{13}		保佑	i^{33}tʂau^{31}	我和你～去	一起

九、人品称谓

tə^{54}nə^{54}	一个～	人
a^{33}ʑey^{54}	成年的，统称	男人
a^{33}bo^{35}	三四十岁已婚的，统称	女人
xi^{54}ma^{13}ŋ̊aɯ^{33}		单身汉
ŋghau^{35}lau^{31} ŋghau^{35}lɯ^{13}		老姑娘
ŋ̊a^{55} ŋ̊a^{31}		婴儿
ŋ̊a^{55} ʑau^{33}	三四岁的，统称	小孩
ŋ̊a^{55} təu^{55}	统称：外面有个～在哭	男孩
ŋ̊a^{55} ntsnai^{33}	统称：外面有个～在哭	女孩
a^{33} au^{33}	七八十岁的，统称	老人
ŋ̊əu^{31}tʂau^{33}	统称	亲戚
ʑi^{31} la^{31}	统称	朋友
zi^{13} zo^{33}	统称	邻居

tsa^{33}	我～去过一趟	只
dzɯ^{31}	这双鞋我穿着～好	刚
qha^{33}nie^{54}	我～到	刚
qha^{55}nie^{31}	你怎么～来啊？	才
tɕəu^{31}	我吃了饭～去	就
tsha^{33}gau^{55}	我～去	经常
ʑiu^{13}ʈai^{33}	他～来了	又
n̥i^{13}nie^{35}	他～没回家	还
ʑiu^{13}ʈai^{33}	你明天～来	再
la^{33}	我～去；我～是老师	也
a^{54}ni^{55}tɕo^{33}	不用急，～还来得及	反正
hey^{55}bo^{31}	昨天我～去	没有
hey^{33}	明天我～去	不
ɕa^{35}	你～去	别

tl̥aɯ^{55} qha^{33}		客人	hey^{55}mu^{31}	不用，不必：你～客气	甭
təu^{55} a^{33} qau^{33}		农民	fai^{33}	天～亮了	快
təu^{55} a^{33} vaɯ^{33}la^{31}		商人	qa^{31}hey^{55}tɕau^{54}	～摔倒了	差点儿
lie^{55} tɕy^{33}	统称	手艺人	ku^{55}khə^{31}	～买贵的	宁可
təu^{55} ɕy^{31} au^{55}		泥水匠	tsəu^{55}	～打破的	故意
təu^{55} mu^{31}tsa^{33}		木匠	dʐa^{33}	～弄一下	随便
təu^{55}sey^{33} tsho^{33}		裁缝	tl̥ey^{54}	～跑一趟	白
təu^{55}tshey^{33} ley^{33}fau^{33}		理发师	die^{31}ta^{54}die^{31}	～是他干的	肯定
təu^{55} a^{3} ^{3}qə^{55} ŋ̥aɯ^{33}		厨师	dəu^{31}ku^{33}	～是他干的	可能
lie^{55} tɕy^{33}		师傅	laɯ^{55}	～走，～说	一边
təu^{55}ʑau^{31}		徒弟	thie^{54}	我～他都姓王	和
təu^{55} sau^{31} qə^{55}	统称，非贬称	乞丐	thie^{54}	我昨天～他去城里了	和
bo^{13} qai^{35}		妓女	tui^{31}	他～我很好	对
xe^{31}ley^{55}tɕi^{55}		流氓	thau^{33}	～东走	往
tʂɯ^{54}		贼	ɳɖo^{31}	～他借一本书	向
mba^{31} ma^{54}	统称，非贬称	瞎子	tʂo^{35}	～他的要求做	按

a^{33} laɯ^{54}	统称，非贬称	聋子	ɳɖo^{31}	～他写信	替
ləu^{33}mu^{31}	统称，非贬称	哑巴	tsa^{55}ku^{33}	～忙你就别来了	如果
ɳtɕu^{13} tl̥a^{55}	统称，非贬称	驼子	hey^{33}kə^{55}	～怎么劝他都不听	不管

第二节　《中国语言资源调查手册·民族语言（苗瑶语族）》扩展词

一、天文地理

ntəu^{35}		天	a^{55}dza^{13}ntsi^{55}	补药
ntəu^{35}tɕy^{54}	银河	天河	a^{55}to^{54}dza^{13}	药末
ntəu^{35}a^{33}sa^{54}		天上	a^{55}lo^{55}dza^{13}	药丸
ntəu^{35}ntha^{54}		天崩	**八、婚丧信仰**	
ɳ̥ɯ^{54}qəu^{33} qhə^{33}tɕi^{55}		北斗星	pa^{33}tɕey^{55} tʂha^{31}	办酒席
ɳ̥ɯ^{54}qəu^{54}ntaɯ^{35}		流星	ɳtɕau^{13}	送亲的客人
xau^{55}po^{33}tl̥əu^{54}		乌云	təu^{55} tsai^{54} ɳaɯ^{55}	接亲的客人
a^{33}nie^{33}tɕa^{33}		狂风	ɳtɕaɯ^{13}	伴娘
tɕa^{33}tʂho^{55} lu^{33}vu^{35}		旋风	pu^{33}tshəu^{35}	伴郎

naɯ^{54}səu^{54} naɯ^{54}tɕa^{33}		暴风雨	xui^{31}mei^{31}	出嫁女子第一次回娘家	回门
tl̥aɯ^{54}ɳ̊aɯ^{13}		毛毛雨	ɴqhəu^{33} vaɯ^{55}	招女婿	招赘
a^{33}mpaɯ^{31}naɯ^{54}		阵雨	ɳ̊tɕi^{33}dlaɯ^{35}	上门女婿	入赘
səu^{55}nthi^{33}		打雷	li^{33}xaɯ^{55}		礼物
səu^{55}mpə^{55}dʑe^{13}		霹雷	li^{33}khaɯ^{54}tʂho^{33}	胎盘	胞衣
qaɯ^{33}ntəu^{55} nto^{33}nto^{33}		打闪	laɯ^{33}ntey^{33}		脐带
tsha^{54}	～风	刮	saɯ^{33}	～孩子	生
saɯ^{35}ŋgaɯ^{31} ɳ̊ɯ^{54}		日晕	təu^{55}	～奶	喂
zaɯ^{35}ŋgaɯ^{31}l̥i^{33}		月晕	ɳ̊u^{55}ɳ̊a^{31}tɕhey^{54} mpy^{33}		摇篮
sey^{55}	～大水	涨	a^{33}nie^{31}tɕhie^{54}		改嫁
ti^{33}	与“天”相对的	地	ʈaɯ^{54}təu^{55}ta^{31} maɯ^{33}		报丧
ti^{54}	田～	地	tʂho^{33}a^{33}laɯ^{33}		寿衣
ti^{54}ntəu^{33}kaɯ^{54}		地裂	ntaɯ^{55}a^{33}laɯ^{33}		寿布
kie^{33}tshi^{55}ti^{33}		洼地	ɳ̊au^{55}tʂə^{54}		戴孝
qa^{55}bo^{31}	未开垦过的地	荒地	təu^{33}		孝男
ti^{54}ɴqha^{54}		旱田	ntshai^{33}		孝女
a^{54}və^{31}lie^{35}		梯田	pu^{33}la^{35} a^{33} tɕi^{55}		尸体
lie^{35}ʑiu^{54}ntl̥i^{33}		秧田	təu^{54}tɕy^{55} qaɯ^{55}ta^{54}		抬棺材的人

ɳʈaɯ^{33}ldie^{35}		平坝子	ty^{33}		埋葬
ti^{54}tie^{54}		平地	qhə^{33}tɕi^{55}		超度
a^{33}nie^{54}tɕi^{55}		大路	a^{33}və^{54}ɳ̥tɕo^{33}		碑
ɳ̥a^{33}tɕi^{55}		小路	l̥aɯ^{55}	～菩萨	拜
tɕi^{55}ɳ̥tɕaɯ^{33}		岔路口	nɯ^{55}ɣai^{35}		法术
ʈaɯ^{54}ɣə^{35}		岭	pu^{33} tl̥aɯ^{54}		鬼
ʈaɯ^{54}	土～、石～	山	a^{33}tl̥ey^{33} a^{33} dlo^{13}		魂魄
qa^{33}xaɯ^{31}		山坳	a^{33}ʑey^{13}phy^{31}		家先
a^{33}ntsi^{33}ʈaɯ^{54}		山顶	ʑey^{35}səɯ^{33}		雷公
qho^{55}baɯ^{35}		山洞	zaɯ^{33}		龙
nie^{31}ntsi^{33}ʈau^{54}		山峰	ʑey^{31}zaɯ^{33}		龙王
qo^{54}ʈau^{54}		山脚	ntəu^{35}ki^{33}mi^{33}		玉帝
a^{33}zaɯ^{31}		山坡	ntəu^{35}ki^{33}mi^{33} ɳ̥ie^{31}		王母娘娘
tey^{33}zaɯ^{54}		山下	ɳ̥ie^{33}po^{33}qha^{54}	苗瑶神话故事的人物	人熊婆
dla^{55}zaɯ^{31}		山腰	a^{33} ʑey^{31} nɯ^{54}		巫师
sey^{55}ʈaɯ^{54}		山脉	po^{33} a^{33} si^{55}		巫婆
qa^{55}bo^{33}		荒山	so^{31} ɕie^{55}		算命先生
qho^{55}au^{54}		水源	ɕie^{55}		命
au^{54}qa^{33}ti^{33}ŋga^{35}		屋檐水	mə^{33} a^{33}		福气
au^{54}ntl̥o^{55}		浑水	tey^{33} n̥ɯ^{55}		脚印
dli^{35}tsi^{54}		河口	a^{33}ntsaɯ^{33}		影子
a^{33}tɕy^{31}au^{54}		山涧	ʑy^{31}	～经	念

baɯ^{13}		潭
ley^{33}baɯ^{13} mbə^{35}		鱼塘
ley^{33}baɯ^{13} au^{54}		水塘
ɕey^{33}		海
a^{31}la^{35}	干～	土
və^{33}tsa^{33}		悬崖
kie^{33}tʂə^{35}		沙滩
a^{33}və^{33}tsa^{33}		岩石
a^{33}və^{33}qo^{33}lo^{31}		鹅卵石
a^{33}və^{33}tl̥ey^{54}		白石头
ŋ̥a^{33}və^{33}tl̥i^{54}		小石子
a^{33}la^{13}mi^{31}mi^{31}		泥沙
aɯ^{35}so^{33}		烂泥
la^{13}lɯ^{33}vaɯ^{54}		黄土
qhai^{35}la^{13}tl̥o^{31}		沃土
a^{33}və^{33}fɯ^{33}		石灰
ku^{54}		金子
l̥au^{33}		铁

pu^{33}tshe^{54} pu^{33} tʂaɯ^{35}		祭品
tha^{55} pi^{33} ntai^{33}		卜卦
pi^{33} ntai^{33}	用竹片等制成的占卜工具	筶
ntey^{35}kaɯ^{54} tɕi^{33}		经书
ʑa^{31}		罪
hey^{33}qə^{33}	迷信者认为不洁	秽
a^{33} pɯ^{54} tl̥aɯ^{54} qhə^{33} tɕhi^{55}		做道场
ley^{55}pɯ^{33}tl̥aɯ^{54}		驱鬼
tshaɯ^{33}mo^{54}		放蛊
ho^{33} a^{33} tl̥i^{55} a^{33} dlo^{35}		招魂
khɯ^{55}ɖa^{35}		祈福
tɯ^{55} nɯ^{55} ɕaɯ^{33}		人丁兴旺
qaɯ^{55}laɯ^{33}zaɯ^{33}		五谷丰登
ɕie^{55} ndʐ̥i^{31}		合命
na^{31}n̥əu^{55} ŋ̊aɯ^{35}		看日子

九、人品称谓

nto^{33}a^{33} ntsi^{33}		名声
tʂi^{55} tə^{33} nɯ^{54}		坏人

dau^{35}		铜	i^{33} tshi^{33}laɯ^{33}		长辈
be^{33}l̥au^{33}		钢	i^{33} tshi^{33} saɯ^{55}		晚辈
tsha^{31}		锡	tə^{33} nɯ^{55}l̥o^{55}		大人
ɕau^{55}	~石	硝	a^{33} tai^{33} laɯ^{33}		老太太
a^{33}və^{33}ɳ̥ie^{54}	水银	汞	a^{33} ʑey^{35} laɯ^{33}		老头儿
a^{33}və^{33}tʂu^{33}ta^{55}		硫磺	tɯ^{54} a^{33}l̥a^{54}	小伙子	青年男子
və^{33}ɕi^{55}		铅	ntshai^{33} tɯ^{54} ŋgaɯ^{55}	姑娘	青年女子
tɕi^{33}		光	təu^{54}tɕy^{55}		子孙
bɯ^{55}ley^{31}dey^{13}	火苗	火焰	i^{33}lɯ^{33}ta^{55}təu^{54}		独子
pɯ^{33}dʑai^{33}dey^{13}		火星子	ti^{33}ndza^{35}		孤儿
pɯ^{33}tl̥aɯ^{55}tey^{33} tʂau^{54}		鬼火	po^{35} ti^{33} ndza^{35}		寡妇
tshau^{55}tl̥a^{33}		热火灰	a^{33} laɯ^{33} ti^{33}ndza^{35}	老而无妻的人	鳏夫
khu^{33}	~冰	结	kie^{33}mi^{33}		皇帝
paŋ^{31}ntəu^{35}		空气	vaɯ^{55} tsaɯ^{33}		官
kai^{33}a^{33}və^{33}ntau^{33}		年轮	tɯ^{54} tsi^{33} tɯ^{54}tʂo^{35}		兵
mpaɯ^{55}mpa^{35}	成团的，如肥皂~等	泡沫	sɯ^{35}	寨老	头人
aɯ^{54} ntl̥aɯ^{33}		波浪	a^{33}m̥au^{55}		民族自称
kie^{55}ly^{13}aɯ^{33}		漩涡	a^{33}vaɯ^{31}		汉族

a^{33}ɳ̥^{31}tsa^{33}aɯ^{33} 瀑布

aɯ^{33} tshey^{55} ～水 泉

mpaɯ^{33}aɯ^{33} 蒸气

kau^{55} 污垢

qho^{55}mpu^{31} 陷阱

a^{33}kai^{33} tɕy^{35} 裂纹

dzi^{33}naɯ^{35} 锈

a^{33} tʂo^{33} a^{33} tsa^{13} 渣滓

ɳ̥aɯ^{13}phau^{33} 锅底灰

二、时间方位

a^{33}thau^{33}li^{33} 从前

ɳɖə^{35}qɯ^{33} 将来

a^{33}qɯ^{55}sau^{33} 最后

a^{33}thaɯ^{54}tsi^{33} li^{33}i^{55} 古时候

naɯ^{35} 鼠 子

ɳ̥ɯ^{13} 牛 丑

tʂo^{55} 虎 寅

la^{55} 兔 卯

saɯ^{35} 龙 辰

naɯ^{54} 蛇 巳

nə^{33} 马 午

tɯ^{54}ʑu^{31}ɳ̥ɯ^{35} 牧童

tɯ^{54} saɯ^{33} 穷人

tɯ^{54}ma^{54} 富人

tɯ^{54} ɴqə^{31} 懒汉

ti^{33}tʂu^{33} 地主

tʂu^{55}ŋga^{35} 主人

tɯ^{54} kho^{33}ntshaɯ^{35} 医生

qha^{55}ntey^{33} 老师

tɯ^{54}ley^{55}ɴqai^{35} 猎人

tɯ^{54}tɕy^{55}ŋgo^{35} 船夫

tɯ^{54}tshi^{55}za^{33} 泥瓦匠

tɯ^{54}tʂaɯ^{35}və^{33} 石匠

tɯ^{54}ntaɯ^{33}l̥aɯ^{33} 铁匠

tɯ^{54}ntaɯ^{33}ɳ̥ie^{35} 银匠

tɯ^{54}tʂhu^{55} tey^{33}nɯ^{54} 骗子

sie^{54}və^{54}sie^{54} tʂɯ^{35} 强盗

tsɯ^{54}dʐo^{35} 土匪

tɯ^{54}nɯ^{54}a^{33}ɳ̥au^{35} 生人

tɯ^{54}nɯ^{54}ɕie^{55} 熟人

ʑie^{55}la^{31} 同伴

qa^{33}ti^{54}tɯ^{54} nɯ^{54} 老乡

ʑaɯ^{35}	羊	未	a^{33} ɳʈaɯ^{33} laɯ^{31} tɯ^{54}nɯ^{33}	外国人
lie^{54}	猴	申	a^{33}la^{33}ti^{54} tɯ^{54}nɯ^{54}	异乡人
qai^{54}	鸡	酉	tɯ^{54}nɯ^{54}sie^{33}	高个
tl̥i^{55}	狗	戌	tɯ^{54}nɯ^{54}ɢhɯ^{13}	矮子
mpa^{33}	猪	亥	laɯ^{33}fə^{33}	左撇子
ntəu^{35}tɕhie^{54}		春	ma^{31}tsi^{54}	麻子
ntəu^{35}so^{55}		夏	i^{33}tshai^{54}ma^{31}	独眼龙
ntəu^{35}tɕie^{31}		秋	tsie^{55} tshu^{33}	结巴
ntəu^{35}tʂaɯ^{54}		冬	tsie^{55} tl̥o^{33} lɯ^{33} faɯ^{33}	秃子
zey^{31}ɕau^{33}		闰年	nɯ^{33} si^{33}	斜眼子
pɯ^{33}tʂaɯ^{55}ɕau^{54} təu^{31}nti^{35}		前几年	lɯ^{33} və^{54} ndʑaɯ^{35}	歪嘴子
lu^{55}i^{31}l̥i^{33}		一月	bɯ^{54} pu^{33} tey^{33} ndʑaɯ^{35}	豁嘴子
lu^{55}a^{31}l̥i^{33}		二月	mo^{33}khaɯ^{55}	瘫子
lu^{55}tsi^{33}l̥i^{33}		三月	a^{33}laɯ^{54}ɳ̥ie^{33}tsi^{55}	祖宗
lu^{55}tl̥au^{54}l̥i^{33}		四月	a^{33}ʑey^{35} phy^{33}	曾外祖父
lu^{55}mpə^{54}l̥i^{33}		五月	a^{33}tai^{54}phy^{33}	曾外祖母
lu^{55}tl̥au^{33}l̥i^{33}		六月	a^{33}ʑey^{35}laɯ^{33}	曾祖父
lu^{55}ɕaɯ^{33}l̥i^{33}		七月	a^{33}po^{33}laɯ^{33}	曾祖母

lu^{55}ʑi^{31}l̥i^{33}		八月	tɕi^{55}zi^{55}		姐妹
lu^{55}gaɯ^{31}l̥i^{33}		十月	tsa^{55}tsha^{33}	夫之兄	大伯子
la^{55}l̥i^{33}	冬月	十一月	tsie^{55}ʑi^{33}	夫之弟	小叔子
l̥i^{33}sie^{55}		月初	la^{55}ma^{33}	夫之妹	小姑子
ɴɢaɯ^{33}l̥i^{33}		月底	tsa^{55}nɯ^{33}	妻之兄	内兄
l̥i^{33}mpə^{54}ntaɯ^{54}		月中	tsa^{55} nɯ^{33}tʂey^{33}	妻之弟	内弟
zey^{33}l̥i^{33}		闰月	tsa^{55}maɯ^{31} tɕhey^{33}		堂哥
sie^{54}i^{31}		初一	tsa^{55}tsi^{31}tɕhey^{33}		堂弟
sie^{54}a^{31}		初二	lɯ^{55}zi^{31}tɕhey^{33}		堂姐
sie^{54}tsi^{33}		初三	la^{55}ma^{31}tɕhey^{33}		堂妹
sie^{54}tl̥au^{33}		初四	tsie^{55}tɯ^{54}a^{33}l̥o^{33}	长子	大儿子
sie^{54}pɯ^{54}		初五	tsie^{55}tɯ^{54}a^{33} tshey^{33}		小儿子
sie^{54}gaɯ^{31}		初十	lɯ^{55}ntsai^{54}l̥o^{33}		大女儿
sai^{55}ntəu^{35}		黎明	lɯ^{55}ntsai^{54} ɳtʂey^{35}		小女儿
mu^{33}ɳ̥a^{55}		今晚	tɯ^{54}mpa^{31}		养子
pɯ^{54}tɕi^{31}mo^{33}		明晚	ntshai^{54}mpa^{31}		养女
a^{33}naɯ^{33}mo^{33}		昨晚	tɯ^{54}tl̥aɯ^{33}		私生子
i^{33}nɯ^{33}i^{33}mo^{33}		一昼夜	ntshai^{54}nty^{31}		侄女儿
a^{33}nɯ^{33}a^{33}qə^{54}		两天以后	la^{55}tɕy^{55}		孙女儿
tsi^{54}ɕau^{54}təu^{33} nti^{31}		三年以前	ley^{33} ɳa^{31} laɯ^{35}		前妻

hey^{33}ma^{35}nəɯ^{35}		空闲
tɕhaɯ^{54}	~了两年	过
hey^{33}nti^{54}		方向
saɯ^{55}nɯ^{33}ta^{54}		东
saɯ^{55}nɯ^{33}tʂə^{33}		西
saɯ^{55}tɕa^{54} tshaɯ^{35}		南
saɯ^{55}tɕa^{55}mpa^{13}		北
lə^{33}ɢau^{31}ga^{35}		房子后
lə^{33}ɢau^{31}ga^{54}		房子前
ga^{35}lu^{33}zau^{55}		房子外边
qa^{33}tl̥au^{13}		门口
qa^{54}nga^{54}qa^{33}ga^{35}		周围
ŋkau^{13} tsi^{31}		附近
a^{33}təu^{31}ŋga^{35}		隔壁
le^{54}ntəu^{54}tl̥i^{13} aɯ^{54}		河边
ku^{54}ŋga^{54}		角落
qaɯ^{31} thau^{54}		桶底
hɯ^{31}nti^{35}	布、纸等的~	正面
ɯ^{55}ɢau^{31}	布、纸等的~	背面
mu^{55}ntaɯ^{55}tɕi^{33}		半路

ley^{33} ɳ̥a^{31} a^{33} tɕhie^{54}		后妻
ɳ̥a^{31} laɯ^{35} ɲ̥ie^{31}		大老婆
la^{55}ɳ̥a^{31} ɲ̥ie^{31}		小老婆
tsie^{55} la^{31}laɯ^{35}		男情人
ley^{33} la^{31} laɯ^{35}		女情人
i^{33}tshaɯ^{54}		亲家
ʑey^{35} tshaɯ^{54}		亲家公
po^{33} tshaɯ^{54}		亲家母
vai^{31} ɴqha^{55}		干爹
ɲ̥ie^{31} ɴqha^{55}		干妈

十、农工商文

vaɯ^{35}	菜地	园子
qɯ^{55} naɯ^{35}		粮食
qau^{55}laɯ^{33}		庄稼
tsaɯ^{55}qau^{55}		种子
a^{33}gaɯ^{33}		芽儿
ʑiu^{54}		秧
ʑiu^{54}ntl̥i^{54}		禾苗
ŋgha^{55}ntso^{35}		谷仓
ŋgha^{35}mu^{55}		蜜蜂房

三、植物

a^{33}ko^{33}ntau^{33}		树干
a^{33}tɕaɯ^{33}tey^{31}		树根
a^{33}tɕi^{35}ntau^{33}		树蔸
a^{33}tɕi^{31}ntau^{33}		树梢
pu^{33}tey^{54}ntau^{33}		树皮
a^{33}dlau^{33}ntau^{33}		树叶
qa^{54}mi^{33}ntau^{33}		树汁
a^{33}tɕi^{55}ntau^{33}		树枝
a^{33}tɕie^{33} ntau^{33}		树丫
a^{33} tɕhy^{33} ntau^{33}	砍伐后剩下的树桩	树墩
ko^{33}a^{33}zau^{33}		树林
zo^{55}ʈau^{54}na^{31} ntau^{33}	看护树林	护林
tl̥au^{33} thɯ^{55}		松针
tl̥o^{33}thɯ^{55}		松香
ntau^{33}kie^{33} sa^{35}		梨树
ntau^{33} kie^{33}tɕhey^{54}		李树
ntau^{33}kie^{33}tl̥a^{35}		桃树
fei^{55}tshai^{33}		漆树

thaɯ^{54}mu^{33}		蜂箱
kie^{33}tɕa^{55}		耙
ɳe^{54}kie^{33}tɕa^{55}		耙齿
li^{33}fai^{55}		犁铧
ʑaŋ^{31}tʂua^{31}		铁锹
lɯ^{33}qa^{54}		牛轭
tʂe^{33}l̥a^{54}mby^{31}	穿过牛鼻子的绳索	牛鼻拳
tɕhi^{55}faŋ^{55}tɕi^{31}		粪箕
faŋ^{55}tɕi^{31}		谷箕
tɕai^{55}dʐey^{31}		背篓
l̥aɯ^{33}tshəu^{35}	刮草用	薅锄
kie^{33}tɕa^{55}	一般用于抓取猪牛粪	钉耙
thaɯ^{54} ti^{13}tl̥i^{13}	打稻谷用	谷桶
a^{33}phɯ^{35}	囤积稻谷用，比一般筐篓大	谷篓
e^{33}ntsie^{55} ntsha^{35}	扬谷糠用	风车
dzi^{33}zie^{54}qaɯ^{54}		晒谷台
tie^{33}zie^{54}qaɯ^{54}		晒谷坪
thaɯ^{31}ly^{33}		棒槌
tshaɯ^{54}ɴqɯ^{54}		稻草人

thɯ^{33}ʑiu^{31}		桐油树	tɕhi^{55}		粪
tsi^{55}mu^{33}səu^{55}		樟树	tɕhi^{55}a^{33}dʐa^{33}		肥料
si^{54}		棕树	sai^{55}	~种子	选
a^{33}tsi^{13}si^{54}		棕皮	ɣaɯ^{55}	~田	耙
zau^{54}ʑiu^{33}		椿树	mpə^{31}	~种子	撒
ntau^{33}pɯ^{33} kaɯ^{33}zau^{33}		桑树	lo^{33}	~田埂	糊
a^{33}dzi^{31} tl̥o^{54}		竹壳	phə^{33}ʑiu^{54}		抽条
a^{33}ʑaɯ^{55} tl̥o^{54}		竹节	tshey^{55}a^{54}mpə^{54}		抽薹
a^{33}tɕo^{54}kie^{3} ^{3}tl̥o^{54}		竹丛	tɯ^{55}ʑiu^{54} ntl̥i^{54}aɯ^{33}	~苗	保
tə^{54}	也称“箬竹”。叶子用于包粽子或做斗笠	箭秆竹	zo^{55}	~庄稼	守
kie^{33} tl̥o^{5} ^{3}ntl̥hau^{35}	斑竹	金竹	ʂau^{33}	~稻子	收
a^{33}ntsa^{31}dʐau^{55}		冬笋	tʂaɯ^{55}	~麦子	扬
a^{33}ntsa^{31}ɴqha^{54}	生长到一定的时候，自己死了的笋	夭笋	tsi^{33}	~果子	结
sie^{55}ndlau^{35}		叶脉	tey^{31}	这儿~水果	出
a^{33}tʂe^{54}bau^{35}		花瓣	ley^{55}	~米	碾
a^{33}qə^{54}bau^{35}		花蒂	tʂhaɯ^{33}	~米	筛
bau^{35}qau^{31}nty^{31}	野生	百合	tl̥aɯ^{55}nɯ^{55}tai^{31}		货
ko^{33}tl̥a^{54}ɴqɯ^{33}		草丛	tʂu^{54}		租

ɴqɯ^{31}tl̥ai^{33}		茅草	tsaɯ^{55}zo^{54}		雇佣
ɴqɯ^{31}səu^{35}		艾草	ŋga^{35}tɕie^{54}ȵ̥ie^{35}		银行
ɴqɯ^{31}ntaɯ^{54}		巴芒草	a^{33}ntsi^{33}		利息
ɴqɯ^{31}tʂaɯ^{13}tl̥i^{55}	莠	狗尾草	ma^{54}	~钱	交
zau^{54}kie^{33}tʂau^{31}	折耳根，可凉拌吃	鱼腥草	ma^{13}	~鱼	买
ȵ̥e^{33}sa^{54}		蕨	dai^{31}	~菜	卖
tɕaɯ^{31}ȵ̥e^{33}sa^{54}		蕨根	baɯ^{35}		赔偿
ko^{54}khau^{31}bo^{35}		刺丛	ȵ̥ie^{35}tʂe^{54}	铜洋	银元
tʂe^{54}		芭蕉	ȵ̥ie^{35}		银子
bau^{35}tʂe^{33}		芭蕉花	a^{33}ntaɯ^{54}tɕi^{33}		秤杆
tsi^{55}ŋo^{35}		杨梅	a^{33}lɯ^{55}tɕi^{33}		秤砣
tsi^{55}kie^{3333}tl̥au^{54}		山楂	a^{33} ma^{31}tɕi^{33}		秤星
tsi^{55}ma^{33}niu^{13}		野生	qha^{54}	~书	教
ma^{33}nɯ^{33}		葡萄			
phi^{33}pa^{55}		枇杷	ntsa^{35}ntey^{55}	~学校	考
tsi^{55}mpa^{35}ɴqɯ^{33}	俗名“广柑”	橙子	xe^{31}pan^{54}		黑板
a^{33}tshaɯ^{33}tsi^{55}		果核	ma^{33}ntey^{55}		字
a^{33}sie^{54}tsi^{55}		仁儿	ntey^{55}tl̥ey^{54}		纸
khey^{33}lau^{55}		壳	ntey^{55}dʐey^{31}		书本
ntaɯ^{31}ɴqɯ^{54}		芦苇	pi^{31}		笔
qa^{55}ntsha^{54}		青苔	ka^{33}tl̥i^{33}lo^{33}		浆糊
ȵ̥tɕi^{54}qai^{54}		松菌	ntsi^{33}saɯ^{33}		图章
zau^{55}tsi^{31}vaɯ^{31}		薄荷	phə^{55}		旗
tsi^{33}zie^{35}	大料	八角	kaɯ^{33}tɕi^{33}		风俗
ndli^{35}		水稻	ŋgaɯ^{35}		歌

ndli^{35}qha^{54}	泛指旱地上种的稻	旱稻	sa^{54}ŋgaɯ^{35}	唱的～	调子
ndli^{35}ntso^{55}		早稻	ŋga^{35}hu^{31}ŋgaɯ^{35}		歌堂
ndli^{35}li^{31}		晚稻	təu^{54}ha^{33}ŋgaɯ^{35}		歌师
ndli^{35}ȵ̥tɕa^{33}		糯稻	ntey^{55}ŋgaɯ^{35}		歌书
ndli^{35}va^{31}		籼稻	a^{33}za^{54} a^{33} zie^{55}		戏
a^{33}mpə^{54}		穗儿	ndʐa^{35}		鼓
ndli^{35}		米	ndʐa^{35}kie^{33} nti^{55}		长鼓
a^{33}ntshi^{35}ndli^{35}		糙米	ndʐa^{35}		锣
ni^{31}ntsie^{55}ndli^{35}	旧时用碓等加工冲得较好的米	白米	ndʐa^{35} la^{35}		钹
a^{33}mpaɯ^{33}		糠	ly^{55}la^{33}		唢呐
pɯ^{33}lau^{54}	谷壳	粗糠	ɢhɯ^{33} zi^{35} to^{33}		芦笙
ə^{33}mpaɯ^{54}		细糠	e^{55}l̥ey^{54}		铃
pɯ^{33}lau^{54}ntl̥i^{35}		秕谷	tsi^{55}ly^{55}		哨子
pi^{31}ntshau^{55}		稗子	tɕhiu^{31}		球
sau^{54}mo^{31}		麦子	tey^{33}lo^{55}		陀螺
si^{33}si^{55}		荞麦	phi^{31}ȵ̥tɕhaɯ^{55}		弹弓
ntsha^{55}tsi^{33}qɯ^{54}		玉米须	te^{35} tɕie^{33} a^{33} ntsaɯ^{33}		相片
ntau^{54}tsi^{33}qɯ^{35}	苞谷杆	玉米秸	pu^{55}taɯ^{33}thy^{54}		谜语
tshaɯ^{31}tsi^{33}qɯ^{35}		玉米芯	hey^{33}ntsie^{55} tey^{33}ti^{33}		翻筋斗
a^{33}ta^{55}		苎麻	zaɯ^{31}zi^{55}zie^{35}		荡秋千

dau^{54}		豆子
ŋghau^{33}dau^{31}		豆芽
dau^{31}vaɯ^{31} ɴqha^{54}		干豇豆
zaɯ^{54}ntsa^{54}		青菜
zaɯ^{54}tl̥ey^{54}		白菜
a^{33}ntau^{54}zaɯ^{54}		菜帮子
a^{33}ndli^{35}tʂaɯ^{55} zau^{54}		菜籽儿
a^{33}mu^{33}ɢhɯ^{33}		蒜薹
kie^{54}mpa^{54}		瓜
a^{33}ɳ̥u^{55}kie^{54} mpa^{54}		瓜瓤
kie^{54}tau^{54}		葫芦
kie^{54}tau^{54}mpa^{54}		葫芦瓜
kie^{54}mpa^{54}dzau^{13}		冬瓜
kie^{54}tl̥i^{54}ʑie^{54}		苦瓜
kie^{54}mpa^{54}zau^{54}	有棱的	丝瓜
kie^{54}mpa^{54}tsi^{55}		西瓜
au^{54}ʑau^{35}		魔芋
m̥a^{54}mu^{31}		红薯藤
kie^{54}sie^{55}		花椒
kie^{54}sie^{55}tl̥əu^{54}		胡椒

dʐɯ^{55}qey^{33} maɯ^{35}		高跷

十一、动作行为

ntau^{31}	~球	打
ta^{31}	~球	踢
ntsi^{55}	~琴	弹
tl̥ie^{33}	~舞	跳
lo^{33}	~标语	贴
l̥a^{35}	~球	投
sau^{33}		写
ʑaɯ^{31}		学
la^{31}aɯ^{54}		游泳
tl̥aɯ^{33}	~墨水	蘸
ni^{33}hey^{33}ku^{33}	名词	传说
ʂaɯ^{54}		声音
a^{33}vaɯ^{54}ləu^{33}		汉话
ley^{33}kie^{33}sie^{33}		名堂
vaɯ^{31}ɕie^{35}		国家
vaɯ^{31}tʂaɯ^{54}ti^{54}		县
tsho^{33}	把东西~起来	竖
tʂau^{33}	专指禽类羽毛立起	竖

ʑe^{33}tʂe^{55}		烟叶	mpau^{33}	水～了，可以吃药了	开
四、动物			l̥ey^{54}	～色	褪
ɴqhai^{35}ko^{33}dʐa^{35}		野兽	zie^{33}ti^{33}		靠拢
ntshi^{33}	大～	象	dʑaɯ^{31}	～火了	着
tʂo^{55}ntsha^{54}		狮子	dey^{31}	～烟	冒
fə^{33}ntl̥au^{54}		豹子	la^{33}	～篾	破
tl̥ai^{33}		熊	ntaɯ^{33}	～在水上	浮
ȵ̥u^{13}ʑe^{54}		猿猴	tʂaɯ^{33}	～起肚子	鼓
lɯ^{33}kau^{33}		麂	qhə^{33}		凹下
faɯ^{55}tshai^{33}		鹿	kə^{33}vɯ^{33}	把辫子～在头上	盘
tey^{33}dʐau^{54}		豪猪	tɕi^{54}	把谷子～干	焙
fə^{31}phə^{55}		狼	tsa^{33}	把两根绳子～起来	接
ta^{54}ty^{35}		狐狸	tso^{54}	把鸟～了	放
tey^{33}ləu^{35}		黄鼠狼	tso^{54}tsa^{33}	桌上～着许多东西	摆
tey^{33}tɕhiu^{33}m̥aɯ^{33}		果子狸	lo^{54}	把信～好	封
a^{55}khə^{33}		松鼠	ntsə^{55}	把衣服～过来穿	翻
naɯ^{33}ko^{33}		竹鼠	tshi^{33}laɯ^{33}	房子～雨	漏
və^{33}naɯ^{13}		鼠窝	ba^{31}	给婴儿～屎	把

ntsha^{55}		水獭	ndzo^{31}	孩子～着妈妈	跟
tey^{33}zaɯ^{31}		穿山甲	ʑai^{33}	红旗～	飘
ta^{55}mu^{31}dʐau^{31}		刺猬	zie^{54}	人～太阳	晒
mpa^{54}zau^{55}	山猪	野猪	pɯ^{33}ɖa^{54}	人都～了	散
a^{33}tʂey^{54}	雉	野鸡	zey^{35}	山～了	崩
nau^{54}tsi^{33}pi^{35}		野鸭	khə^{33}və^{13}	蛇～树	缠
ki^{33}tl̥i^{33}		野猫	l̥y^{55}	蛇～皮	蜕
pɯ^{33}naɯ^{54}aɯ^{33}		水蛇	tsə^{55}	太阳～山	下
pɯ^{33}naɯ^{54}tɕhi^{33} tɕhie^{55}	蜥蜴	四脚蛇	tʂaɯ^{33}	碗～破了	砸
pɯ^{33}naɯ^{54}zaɯ^{35}	蚺蛇	蟒	do^{31}	蚊子～人	叮
pɯ^{33}naɯ^{54}l̥y^{33} pɯ^{33}tey^{33}		蛇蜕	tɕo^{35}	我～铅笔	用
qho^{55}pɯ^{33}naɯ^{54}		蛇穴	laɯ^{31}	小孩～	闹
tl̥aɯ^{55}		老鹰	la^{31}	鸭子在河里～	游
l̥ie^{35}		鹞鹰	tai^{33}	腋下～着一本书	夹
laɯ^{55}l̥y^{33}		猫头鹰	tʂaɯ^{33}	用锤～石头	砸
a^{55}qey^{31}	天鹅	大雁	tɕi^{33}	用灯～	照
kau^{55}ky^{54}		布谷鸟	tɕi^{33}	专指光线照眼	映射
ɴqa^{54}		斑鸠	khə^{33}	用尖刀～	剜
tl̥a^{55}mpɯ^{35}		鹭鸶	tey^{33}	用木头～住	撑
kə^{33}ləu^{35}		燕子	dzai^{35}	用手～住	按

kə^{55}		啄木鸟	ʑey^{31}	用手~起来	捧
tl̥au^{54}nau^{31}		羽毛	ley^{55}	用水~	冲
mpə^{54}kaɯ^{54} ndʐ̩i^{33}		毛虫	tshaɯ^{33}	用钻子~洞	钻
kaɯ^{54}no^{54}		萤火虫	phy^{54}	猪~土	拱
tsi^{33}gau^{35}	蝗虫	蚱蜢	dʐaɯ^{31}	~打	挨
pɯ^{33}kaɯ^{54} ly^{33}sa^{55}		蜘蛛网	xaɯ^{33}ti^{33}	~近	挨
pɯ^{33}kaɯ^{54}thəu^{33}	啮蚀木头、衣服等的小虫	蛀虫	tɕai^{33}	~抽水机	安
pɯ^{33}kaɯ^{54} la^{31}əu^{54}	半球形，背上有花纹	瓢虫	ha^{33}		霸占
pɯ^{33}kaɯ^{54} khau^{33}		蜈蚣	tɕu^{33}tɕo^{33}	动物摇尾	摆
pɯ^{33}kaɯ^{54} tɕy^{33}ly^{33}		蟋蟀	tʂau^{55}	~米	簸
ko^{31}ŋai^{54}		螳螂	ntsai^{31}	~凳子	搬
pɯ^{33}kaɯ^{54} tʂo^{33}tʂu^{31}	臭屁虫	臭大姐	pə^{55}	~家	搬
pɯ^{33}kaɯ^{54} qa^{33}mpa^{33}	屎壳郎	蜣螂	ɕey^{33}	~农药	拌
tsi^{33}gau^{35}		蝗虫	mbaɯ^{35}		帮助
a^{33}tl̥a^{54}pɯ^{33} tɕaɯ^{54}		蛔虫	qhey^{55}	~药	包

ɳʈʂhau^{55}	头上的	头虱	tʂi^{33}	~书	背
tɕhi^{33}tɕhie^{55}ɳ̥iu^{13}		牛虱	dɯ^{54}ɳ̥ie^{31}	~他交出来	逼
qai^{54}mu^{54}		鸡虱	ndzie^{13}	~辫子	编
qai^{54}ɳʈʂhau^{55}	虱子的卵	虮子	ɕie^{54}	~篮子	编
qə^{33}		卵	qhie^{33}		变
kə^{55}kaɯ^{31}	蝇类的幼虫	蛆	ley^{33}	~牛皮	剥
tsi^{33}qey^{35}		蜗牛	ntsi^{55}	~锅	补
kie^{54}ntsau^{31}tl̥ey^{33}		白蚁	ntsi^{55}	~衣服	补
phau^{55}me^{33}ntsi^{33}		蛾子	mbai^{31}	~了口子	缺
qho^{55}kie^{54}ntsau^{31}		蚂蚁洞	tʂhey^{33}	~衣服	裁
ɳ̥tɕey^{33}vaɯ^{33}	黄色细腰	黄蜂	sai^{55}na^{31}	~账	查
ntsi^{31}	蜜蜂的	刺	saɯ^{31}	~味道	尝
tie^{33}ɳ̥ie^{31}mu^{55}		蜂王	tɕi^{54}		炒
mu^{55}tɕie^{54}		蜂蜡	ɴɢɯ^{35}	~水	车
a^{54}mby^{54} mbə^{13}		鳃	l̥aɯ^{55}		沉
pu^{55}bu^{35}mbə^{13}		鱼鳔	tʂhey^{55}	~米	舂
a^{55}ti^{33}mbə^{13}		鱼鳍	ɢhəu^{35}	~出刀来	抽
qə^{54}mbə^{13}	鱼卵	鱼子	dey^{31}	~汗	出
a^{55}tshaɯ^{54}mbə^{13}		鱼刺	tshu^{55}	~草	锄
mbə^{13}pɯ^{33}naɯ^{54}	黄鳝	鳝鱼	tʂaɯ^{31}	~鞋	穿
mbə^{13}pɯ^{33} tɕaɯ^{54}		泥鳅	tɕho^{54}	~针	穿
a^{33}ntl̥a^{55}		蚂蝗	tsho^{55}	~喇叭	吹
pu^{55}tɕa^{31}	田里的蛙类	田鸡	ntaɯ^{33}	~衣服	捶

a^{33}nto^{33}	生活在山溪里，味美	石蛙
a^{33}nto^{33}ntsa^{55}	长腿的	青蛙
ɳ̥a^{33}qə^{55}		蝌蚪
pɯ^{33}kaɯ^{54} tey^{54}zaɯ^{33}	螃蟹～	螯
tshey^{33}	～老鼠洞	塞
tɕhey^{35}mpa^{33}		畜牲
mu^{33}tə^{33}nɯ^{33}		公马
tey^{33} a^{33}ɳ̥a^{33}ɳ̥ie^{31}nɯ^{33}	未下子的	母马
ɳ̥ie^{55}ɳ̥a^{31}nɯ^{33}		马驹
tʂau^{55}nɯ^{31}		马鬃
ɳ̥ɯ^{13}a^{33}dy^{35}		水牛
ɳ̥ɯ^{13}vaɯ^{31}		黄牛
ley^{33}mpy^{31}ɳ̥ɯ^{13}	阉过的	公牛
a^{33} ɳ̥ie^{31} ɳ̥ɯ^{13}	未下子的	母牛
ɳ̥a^{31}ɳ̥ɯ^{13}		牛犊
ku^{54}ɳ̥ɯ^{54}		牛角
pɯ^{33}tey^{54}ɳ̥ɯ^{13}		牛皮
kie^{54}ʈau^{33}ɳ̥ɯ^{13}		牛蹄
ŋga^{35}ɳ̥ɯ^{13}	牛栏	牛圈
tshi^{33}		山羊
ʑaɯ^{35}bɯ^{33}		羔羊

sa^{54}	～绳子	搓
tl̥ai^{31}ntsaɯ^{55}		乘凉
zaɯ^{31}	～车	搭
tsho^{33}	～棚子	搭
po^{55}	～枪	打
kho^{54}nta^{31}		打扮
ntau^{31}qaɯ^{31}		打倒
ta^{54}tu^{31}		打赌
ley^{55}ɴqai^{35}		打猎
ntau^{31} tʂi^{33}		打仗
ntau^{31}a^{33}ɳ̥i^{33} ʑaɯ^{33}		打胎
xə$^{33/31}$	～孩子	带
tɕo^{35}	～钱	带
ntaɯ^{33}	～帽子	戴
taɯ^{33}	～手镯	戴
thl̥o^{33}	～项圈	戴
pu^{55}	～棉花	弹
a^{33}	～兵	当
ntsə^{13}	～风	挡
zey^{35}	墙～了	倒
l̥i^{55}	把水～掉	倒

tshu^{33}mpa^{33}	未下子的	母猪	di^{54}	~过来	倒
mpa^{33}zaɯ^{33}		猪菜	ŋ̥tɕaɯ^{33}	~了家	到
mpa^{33}qə^{55}		猪食	do^{13}	~人	等
ka^{33}qə^{55}		泔水	tl̥aɯ^{55}	~头	低
ɕaɯ^{33}	母猪~小猪	下	ŋ̥tɕey^{33}	~头	点
tey^{33}	未下子的	母狗	die^{31}	~桌子	垫
a^{33}ŋ̥a^{33}ŋ̥ie^{31}tl̥i^{55}					
ŋ̥a^{33}tl̥i^{55}		小狗	hey^{33}tsi^{33} a^{33}tɕi^{31}	一坐下来就~	颠腿
tl̥i^{55}ley^{55}ɴqhai^{35}		猎狗	tai^{33}	狗~肉	叼
tl̥i^{55}ɣau^{33}		疯狗	tʂaɯ^{33}	~在梁上	吊
tl̥i^{55}və^{35}		狗窝	naɯ^{54}	~鱼	钓
mpey^{33}ŋkau^{31}	未下蛋的	母鸡	ɢaɯ^{31}		跌倒
qai^{54}					
ŋ̥a^{33}qai^{54}		小鸡	qə^{55}	~被子	叠
qai^{54}sie^{33}	阉鸡	骟鸡	ndzie^{33}	~钉子	钉
za^{33}qai^{54}		鸡冠	a^{33}zo^{55}		动
ley^{33} a^{55}		鸡嗉子	tɕu^{33}tɕo^{33}		震动
tʂe^{33}qai^{54}					
a^{54}ndzaɯ^{13}qai^{54}		鸡尾	dʑey^{31}	~书	读
və^{35}qai^{54}		鸡窝	tshey^{33}	~漏洞	堵
tl̥a^{55}ma^{54}mpə^{31}	家养，用来捕鱼	路神	tu^{54}	~钱	赌
五、房舍器具			təu^{33}	专用于线绳之类	断
tɕi^{33}lau^{31}		城市	lo^{55}	专用于长条硬物	断

pɯ33qa33ŋgha35		地基	hey33tʂə55	~稻草	堆
a33ȵie33ŋgha35		堂屋	ntsa33	~笔迹	对
ŋgha35ntsa55tɕi55		洗澡房	dʐey13	~鸡	炖
ŋgha35də33		木房	xa33		夺
ŋgha35va33		瓦房	tʂaɯ35	~脚	跺
ŋgha35ni31thai55		砖房	sai33	~信	发
ŋgha35pɯ33	木皮盖的	杉皮房	ta35 kaɯ33		发芽
tl̥au54ndau33					
ŋgha35tɕy33ly54		草棚	o31sie33		发脾气
tey33		房脊	fa31tɯ31tshi55		罚款
a33tʂəu54ŋgha35					
tey33 a33tʂəu54		房顶	hey33ntsə55	~身	翻
ŋgha35sa33					
qa54ti31ŋgha35		房檐	tsa31	~野猪	防
ntha54dzie33		楼板	ɴɢhəu33	~棉花	纺
thai55		楼梯	tʂo55	~田水	放
ʈə33ŋga54		椽子	tʂaɯ33	~盐	放
naɯ31ŋga35		梁	ʑaɯ55		飞
nthaɯ54	暗~子	楼	fai54	~粮食	分
qho55mpaɯ54		烟囱	sey33	~衣服	缝
ȵtɕho33					
qho55dey31		火塘	tl̥ɯ55	~药	敷
a33dlau35		门	kə55tʂi54	~在桌子上	伏
tʂəu55dlau35		门扣	tʂaɯ33	~起来	扶

tey^{33}pa^{54}dlau^{35}		门框	va^{33}	~着栏杆走	扶
tie^{33}ȵ̊tɕi^{33}dlau^{35}	闩	门柱子	ley^{55}	~鸟	赶
a^{33}də^{33}		墙壁	ntsəu^{35}	~肉	割
a^{33}ntsaɯ^{33}		板壁	ɴqey^{55}		钩
a^{33}dzie^{333}	板子	木板	kaɯ^{33}	~掉毛	刮
a^{33}tshi^{35}ȵ̊tɕau^{33}		篾条	tsaɯ^{33}	~在墙上	挂
qa^{55}ȵ̊tɕau^{33}		篾白	qo^{33}	~门	关
tl̥o^{35}ȵ̊tɕau^{33}		篾青	nti^{31}	~水	灌
so^{55}vaɯ^{35}		篱笆	tʂ̥ho^{54}tɕaɯ^{54}		跪
a^{33}thai^{33}və^{35}		台阶	ndlai^{31}		埋伏
qho^{55}au^{54}		井	hey^{33}ntl̥o^{31}		滚
l̥a^{54}		桥	di^{31}	~河	过
tey^{33}l̥a^{54}		桥墩	ləu^{33}	~脚	硌
l̥ie^{33}ku^{33}		石桥	bau^{35}	~账	还
l̥a^{54}təu^{33}ntau^{54}		独木桥	sa^{31} ti^{33}		还手
ŋga^{35}mpa^{33}	监狱	牢	hu^{33}	~人开会	喊
qho^{55}va^{33}		窑	qhaɯ^{33}	~衣服	烘
qho^{55}mu^{31}		薯窖	tɕy^{31}	~船	划
ŋgha^{35}dlai^{31} ntʂau^{55}		凉亭	l̥ɯ^{55}		换
tə^{33}nɯ^{54}ʑi^{33}	住家	人家	tʂo^{55}	~家	回
ntau^{55}lie^{55}l̥y^{33} mpa^{33}		被面	si^{54}	~头	回
ntl̥o^{33}l̥y^{33}mpa^{33}	被单	被里	za^{55}a^{33} tsa^{33}		回音
tʂɯ^{55}tie^{31}		毯子	nai^{33}	~过去	挤

ɕi^{33}tho^{54}		篾席	tʂo^{33}	~奶	挤
kə^{33}ʈau^{35}ku^{33}		四方桌	thie^{54}		加
kə^{33}ʈau^{54}qo^{33}lo^{31}		圆桌	tshə^{33}		剪
ɕaŋ^{55}tsi^{31}		箱子	nto^{55}	~水	浇
ʈau^{54}		灯	ɣu^{13}		搅
a^{33}ɳ̊u^{55} ʈau^{54}		灯芯	qhey^{33}	~锅盖	揭
tɕhy^{54}ʈau^{54}		灯罩	tsai^{33}	~钱	借
tian^{13}teŋ^{55}		电灯	bai^{31}	~屋	进
kə^{33}ɖaɯ^{13}nti^{55}		长凳	tɕy^{55}	~酒	敬
a^{33}lo^{55}to^{31}ɴqɯ^{54}	用稻草编的坐具	草墩	tɕaɯ^{31}	~住	揪
tl̥aɯ^{54}nɯ^{33}		工具	hey^{33}tl̥o^{55}	~布	卷
a^{33}dʐe^{35}		刀	dey^{31}	~花	开
tə^{55}ɢhau^{35}dʐe^{35}		刀背	so^{33}	~灰	抹
n̥ie^{35}dʐe^{35}		刀刃	bo^{31}		看见
a^{33}ko^{33}dʐe^{35}		刀把儿	qhai^{54}	~干衣服	烤
ɳ̊a^{54}dʐe^{35}		刀架	nti^{33}	~火	烤
ɳ̊a^{54}dʐe^{35}		刀鞘	ɳtɕaɯ^{33}	~墙	靠
a^{33}ntsi^{33}ɖie^{35}		尖刀	kə^{33}	用刀~	刻
a^{33}tsa^{33}		柴刀	tɕey^{33}	~骨头	啃
a^{33}ɖie^{33}tʂhəu^{55}		剃头刀	kə^{54}	用手指挖	抠
a^{33}və^{55}xo^{33}		磨刀石	tɕhai^{33}	~一步	跨
thau^{54}	水桶	桶	tɕha^{33}	~绳子	拉
thau^{54}tshey^{33}	用于洗澡的大木桶	大桶	ta^{13}		来
ley^{33}xau^{54}	酒瓮	瓮	ntsə^{35}	~住	拦

thau^{54}nti^{31} au^{33}		水缸	lo^{33}	~住了	粘
tl̥aɯ^{33}tʂo^{33}au^{33}	蓄水用的木槽	水槽	sey^{55}tey^{33}		离开
tʂe^{33}l̥a^{54}ɕie^{33}ɳu^{54}	指泡菜坛子自带的贮水槽	贮水槽	ndʐa^{35}	~布	量
daɯ^{35}nti^{31}au^{33}	竹筒制成，供舀水用	水筒	zie^{54}	~衣服	晾
dau^{35}phu^{55}au^{33}	儿童玩具，用竹筒制成，能滋水，原理与打气筒同	射水筒	tsi^{54}	~种子	留
l̥au^{33}tl̥a^{55}		铲子	ndly^{33}	~水	流
qhey^{33}		罐子	mba^{31}	~在怀里	搂
tʂu^{54}		杯子	pau^{54}	~下来	落
tʂu^{54}nti^{31}tsha^{31}		茶杯	ɴqey^{33}	~眼	眯
tʂu^{54}nti^{31}tɕey^{55}		酒杯	tʂu^{55}	~准	瞄
ntl̥ie^{33}ntau^{35}		茶盘	sa^{33}	~鱼	摸
ley^{33}xau^{54}		壶	xo^{55}	~刀	磨
ley^{33}xau^{54}tsha^{31}		茶壶	qhə^{35}	~面	磨
ley^{33}xau^{54}tɕey^{55}		酒壶	tai^{33}	~一块糖	拈
tey^{33}ɳtʂey^{33}	瓶~	塞子	zey^{31}	~手	捏
tʂhey^{33}to^{35}		砧板	tai^{55}	~烂了	沤
phau^{33}l̥au^{33}		铁锅	ɳtɕi^{33}	~山	爬
phau^{33}tɕi^{33}zau^{54}		炒菜锅	ɳtɕi^{33}	~树	爬
tey^{33}tl̥a^{55}		锅铲	mba^{35}	~桌子	拍
tey^{33} ti^{13} phaɯ^{33}		锅耳	sey^{55}	~队	排

fau^{55}phaɯ^{33}		锅盖	thui^{55}	用刨子～光一点	刨
li^{55}ʈʂəu^{33}tɕey^{54}		蒸笼	vai^{13}	动物用前趾挖掘，如～土	刨
li^{55}tsəu^{33}		甑子	ɳʈɕie^{33}	～饭	泡
li^{55}tɕey^{33}qə^{33}		甑箅子	tai^{55}	～衣服	泡
kho^{54}		饭碗	ɳʈʂo^{31}ɳo^{54}	～客人	陪
tai^{31}		菜碗	tsa^{31}	～水	喷
kho^{54}tl̥o^{54}	竹制（也有用木制的），一般多为小孩使用	竹碗	nthy^{54}	～桌子	碰
zəu^{33}to^{33}kho^{54}		碗柜	la^{33}	～柴	劈
a^{33}ko^{33}səu^{54}	夹菜那个部位	筷子头	ɳʈɕha^{55}	～水	泼
daɯ^{33}səu^{33}		筷筒	phai^{33}	～肚子	破
li^{33}tl̥ie^{54}tau^{35}		盘子	pa^{33}	～被子	铺
li^{33}tl̥ie^{33}dai^{35}		碟子	tɕəu^{33}	～马	骑
kie^{54}zo^{31}		勺子	sey^{55}lo^{35}		起来
kie^{54}ɳʈɕiu^{33}	盛饭用	饭勺	tɕai^{31}	～牛	牵
kie^{54}ɳʈɕiu^{33}	盛饭用具，木制，形似铁锹	饭锹	ha^{33}		抢
la^{55}dzi^{31}ŋkha^{33}		漏斗	ntaɯ^{54}a^{33}tl̥au^{35}	～门	敲
daɯ^{13}tshey^{55} tɕey^{33}		酒提	tshaɯ^{55}	～菜	切

ley^{33}daɯ^{13}	竹筒制成，只有一个小洞出入	酒筒	qhau^{54}	~小孩	亲
ko^{55}si^{55}	丝瓜瓤	洗锅刷	mau^{13}		去
kə^{33}tl̥au^{35}tie^{31} phau^{33}		端锅布	khaɯ^{55}		劝
kə^{33}tl̥au^{35}so^{33}		抹布	tl̥au^{54}	~布	染
ley^{33}dai^{13}		盆	tsho^{55}	~弯儿	绕
ley^{33}dai^{13}ntsa^{55} tey^{33}		脚盆	tho^{31}	~一下再吃	热
a^{33}tʂo^{33}		炉子	hey^{33}nta^{31}	~水	洒
ley^{33}pu^{54}thau^{55}		风箱	ta^{33}	~人	杀
daɯ^{13} tsha^{33}tey^{33}		吹火筒	a^{33}ɕie^{33}		撒娇
tey^{33}tʂə^{35}		生柴	zie^{54}	~衣服	晒
tey^{33}qha^{55}		干柴	ntsa^{35}	~风	扇
a^{33}dəu^{31}tey^{33}	从长条柴火上截下的一段段柴火	棒棒柴	tʂe^{55}	~了手	伤
khau^{54}tey$^{33/31}$		枝椏柴	ɳ̊tɕi^{33}	~楼	上
la^{33}tey^{33}	名词，呈片状的柴	劈柴	tho^{54}	~茶	烧
pɯ^{54}qa^{54}l̥y^{55}tey^{33}	烧剩下的一段柴火	柴火头	tshi^{55}	~山	烧
a^{33}tl̥ai^{33}tey^{33}	砍树劈柴剩下的碎木块	木渣子	po^{55}	~箭	射
a^{33}dəu^{31}ntau^{33}		锯末	ɕaɯ^{54}	~懒腰	伸
a^{33}və^{54}ɳʈau^{33}tey^{33}		火石	sey^{55}	~疮	生

l̥e^{55}ʈau^{54}		火把	tsai^{33}	~信	收
ʈau^{54}tey^{33}tɕi^{55}		灯笼	ʂau^{33}	~房子	收拾
ʐe^{55}tey^{33}	烤火用	火笼	ʑy^{31}	~数目	数
ley^{33}dai^{13}tl̥au^{55} tey^{33}		火盆	ntsa^{55}	~口	漱
tey^{33}ki^{33}n̥i^{31}		火钳	la^{35}	~手榴弹	甩
qey^{33}tɕa^{55}tey^{33}		扒火棍	tʂəu^{55}	~门	闩
tey^{33}ti^{13} ko^{33}		三脚架	taɯ^{54}py^{31}		睡着
li^{55}tl̥aɯ^{54}		食槽	saɯ^{33}	~他回去	送
tey^{33}ti^{13} tshə^{55}		提手	daɯ^{31}	~山	搜
kie^{54}thl̥a^{54}tl̥o^{54}		竹扫帚	ntsie^{54}	~箱子	锁
qey^{33}ley^{55}qai^{54}	将竹竿的一端破成小条，摇动时能发出响声借以驱赶家禽	赶鸡棍	ɴɢo^{35}	~下去	塌
ta^{13}dəu^{13}ko^{54}tl̥o^{54}		竹竿	ɳtɕaɯ^{33}	~上一只脚	踏
daɯ^{13}ko^{54}tl̥o^{54}		竹筒	tl̥y^{33}	~眼泪	淌
l̥au^{54}vaɯ^{54}	钉在地上的木棍或石柱	桩子	l̥ə^{54}	~在床上	躺
ɴqɯ^{33}		钩子	tɕhey^{31}	~出来	掏
l̥a^{33}ɴqɯ^{54}		草绳	ntsa^{55}	~米	淘
l̥a^{33}m̥aɯ^{31}		麻绳	tl̥o^{33}	~上一件衣服	套
l̥a^{33}si^{54}		棕绳	tshəu^{55}	~头	剃
l̥a^{33}tey^{33}nə^{33}		缰绳	tie^{31}	~坑	填

l̥a^{33}l̥au^{33}		链子	tɯ^{54}		停
dlau^{35}ntəu^{35}	舂～	杵	tho^{33}		通
ŋ̊tɕa^{55}					
n̥aɯ^{33}tsi^{33}kie^{55}		包袱	n̥ie^{31}		偷
dla^{13}					
n̥aɯ^{54}ntau^{33}		麻袋	ni^{35}		退
m̥au^{54}					
ley^{33}kə^{33}na^{31}		钟	ŋgo^{55}		吞
tɕie^{54}n̥au^{35}					
po^{55}li^{31}		玻璃	hey^{33}la^{31}	～木头	拖
ley^{33}na^{33}thl̥əu^{33}		镜子	l̥y^{55}	～鞋	脱
za^{54}tɕhey^{33}		篦子	naɯ^{35}n̥ie^{35}		贪污
ntshau^{55}					
tey^{33}ndza^{35}		扇子	ŋ̊tɕey^{33}	～地	挖
tey^{33}dzie^{33}		楔子	tho^{54}	～红薯	煨
ʑau^{35}		漆	l̥aɯ^{35}	～敌人	围
ka^{33}tshai^{33}		颜料	nəu^{31}		问
ley^{33}ty^{55}	名词	斗	ta^{55}	～手	握
tey^{33}ku^{31}ndzha^{33}		尺子	bo^{33}	～着嘴	捂
nti^{55}					
qey^{33}naɯ^{54}mpə^{33}		钓竿	qo^{33}	～灯	熄
ley^{33}tʂo^{35}		网	ntsa^{55}	～碗	洗
tl̥y^{33}tɕau^{31}mbə^{33}	装鱼具	鱼篓	l̥aɯ^{33}	～楼	下

tl̥y33tɕa33mbə33	竹制的捕鱼具，口小且有倒须，鱼进去出不来	鱼笱	ŋ̊tɕey33		吓唬
ɢau55nau33mpə33		鱼钩	tha55	~开帘子	掀
l̥a33nau55mpə33		钓线	l̥aɯ55	~下去	陷
sau33		锯子	ntsi31		醒
tey33tʂau31		凿子	tl̥o33		笑
tey33ho55sau54		锉	tl̥o33qa33ntshi33		笑眯眯
tey33tɕhi54li31		锥子	kho33	~机器	修
tey33tshau54qho55		钻子	ɕi55	~花	绣
tey33 a33tl̥ai33m̥aɯ33		刨子	tshaɯ54	~死	淹
mei31təu54		墨斗	ʑiu31	~鱼	养
tey33nəu31ntau33		木马	tɕu33tɕo33	~头	摇
kie54tɕa55tɕa33 ɴqhai35	捕兽用的夹子	铁夹	tɕu33tɕo33sie31		摇摇晃晃
l̥a33tɕa33ɴqhai35	捕兽用的绳套	套索	dʑo31	~树	栽
a33və54tʂai54 naɯ33	将石板支撑起来的捕鼠工具	石板套子	tshəu31	~钱	攒
l̥a33tɕa33naɯ54		圈套	tsha54ŋ̊ɯ35		造谣
n̥ɯ55ntl̥au54		弓	ntsaɯ31		凿
n̥ɯ55tʂɯ55		弩	tɕho54	用针~	扎
sie55vu33		箭	ty31qa54aɯ54		扎猛子
a55tʂe33mu55		剑	tsai13	~棉花	轧

e^{55}tɕhy^{31}		枪	tɕi^{54}	~油	榨
e^{55}tɕhy^{31}pu^{33} nau^{54}		鸟枪	tl̥ey^{33}	~下帽子	摘
dzaɯ^{33}tɕhy^{31}		枪膛	fɯ^{33}fɯ^{33}	~手	招
e^{55}ɢau^{54}və^{55}dʐa^{35}	鸟枪上发火用的帽状物	铜帽	na^{31}	~镜子	照
tey^{33}qɯ^{54}	鸟枪上的	扳机	ntəu^{13}ha^{55}		争
a^{33}nie^{55}tɕhy^{31}		炮	nto^{33}	~布	织
a^{33}ləu^{54}l̥au^{33}		子弹	qhə^{33}	~方向	指
a^{33}dʐa^{35} tɕhy^{31}		火药	ndləu^{31}	~拐棍	拄
a^{33} dʐa^{35} l̥au^{33}		铁砂	hey^{33}ti^{55}	~动	转
tʂe^{33}tɕi^{55}o^{35}		鞍子	nti^{31}	~粮食	装
l̥a^{33}fə^{55}nɯ^{13}		马笼头	tɕaɯ^{31}	~鸡	捉
l̥a^{33}ndley^{31}		鞭子	ɳ̥tɕey^{33}	~洞	挖
a^{33}ɳ̥tɕi^{55}nto^{33}		织布机	da^{31}	火~了	灭
ʐe^{13}tsha^{33}		纺车	dʑi^{31}	火~了	燃
ley^{55}ɴɢo^{35}		梭子	ɳ̥tɕey^{33}	鸡~米	啄
la^{55}tey^{33}kau^{54}		顶针	tshey^{55}naɯ^{35}	扁嘴禽类动物在河塘里觅食	觅食
so^{55}		线	ma^{54}	老虎~羊	扑
tɕi^{55}dʐi^{35}		轿子	mbai^{31}	老鼠~洞	钻
pu^{33}zo^{54}		车	ntsi^{31}	马蜂~人	蛰
pu^{33}zo^{54}ɳ̥ɯ^{13}		牛车	tsai^{33}	你扔，我~	接
pu^{33}zo^{54}ntau^{54}		木车	hey^{33} qo^{35}	牛在树上~	蹭

ŋgo^{35}		船
tey^{33}la^{31}		船桨
qey^{33}tɕy^{54}ŋgo^{35}	撑船用的竹竿	篙子
ŋgo^{35}ntsai^{33}		木筏
fe^{55}tɕi^{55}		飞机
ka^{55}xau^{33}ʑi^{54}	旱～	烟斗
tey^{33}qey^{33}ntl̥ey^{31}		拐杖
tan^{13}tshi^{31}		电池

六、服饰饮食

ntau^{55}		布
ntau^{55}m̥aɯ^{33}		麻布
a^{33}pho^{55}ntau^{55}	专指布匹	幅面
dʐu^{35}		绸子
mpa^{33}		丝
so^{55}mpa^{33}		丝线
fə^{33}		纱
so^{55}dzie^{35}		头绳
tʂho^{33}		单衣
tʂho^{33}qaɯ^{55}nti^{33}		长衫
tʂho^{33}a^{33}vaɯ^{31}		大襟衣

kə^{33}po^{54}	烟～眼	熏
tshaɯ^{54}	辣椒味儿～鼻子	呛
tsie^{55}	脚～了	扭
do^{31}	～瓜子	嗑
tsha^{54}	～口哨	吹
a^{33} təu^{55} qo^{31}	连续不断地发出～声音	打嗝
thl̥y^{33} thl̥y^{33}	～孩子的头	抚摸
fɯ^{33} fɯ^{33}	把蔬菜上的水～掉	甩
ɕaɯ^{35}	雪～了	化
laɯ^{33}	肿～了	消
nti^{31}tɕey^{55}		祝酒
tɕhi^{33}	别～我	气
a^{55}	我～去北京	要
ntshey^{33}	～她	爱
thl̥ie^{33}	～出来了	迸
a^{33}təu^{55}		比
ntso^{55}	～嘴	馋
ley^{55}	～促	催
l̥əu^{55}		代替
taɯ^{31}		得到

tʂho^{33}fai^{55}ntl̥ie^{54}		对襟衣	xə^{33}	~路	带
tʂho^{33}		上衣	paɯ^{54}	~事	懂
tey^{33}ntl̥ie^{33}tʂho^{33}		衣襟	ʑa^{31}	~法	犯
tey^{33} a^{33}lau^{31}tʂho^{33}		衣领	fai^{33}	~家	分
qaɯ^{33}tʂho^{33}		衣边儿	tl̥ey^{33}		改
qaɯ^{33}tʂho^{33}thi^{35}		衣镶边儿	kə^{55}	~事情	管
a^{33} kau^{33}so^{33}	衣服的缝合处	衣筋	səu^{54}		恨
l̥a^{33}ɕie^{33}		腰带	qə^{31} la^{3}4		减
l̥a^{33}nto^{33}	绣花带、棉纱带	带子	tɕiu^{31}	~命	救
si^{33}si^{55}	装在衣服或头饰上的穗装饰物	穗儿	hey^{33} tsi^{31}	~会	开
tl̥a^{55}tsi^{31}		裤腰	by^{13}		开始
l̥a^{33}tsi^{31}		裤带	ʑy^{31}	~我	赖
qaɯ^{33}tsi^{31}		裤裆	tsai^{55}		理睬
tie^{33}		裙子	ɕi^{31}	~武艺	练
tie^{33}ntl̥au^{35}		花裙	tsen^{55}	~坏了	搞
l̥a^{33}ɕie^{33}tie^{33}	丝线织成	裙带	tshə^{55}		请
fai^{55}		纽子	tshey^{55}	~人帮忙	求
ley^{33}qho^{55}fai^{55}		扣眼儿	tʂəu^{35}	~不得	舍
tey^{33}qaɯ^{33}fau^{55}	男的	帕子	so^{31}	~下	剩
qhey^{55}ti^{33}		手套	la^{31} m̥ie^{33}		试试

tɕaɯ^{33}ʈhau^{54} tl̥au^{54}		裹腿	so^{31}	~账	算
qa^{33}khau^{33}		鞋底	saɯ^{33}qə^{55}		讨饭
khau^{33}ɴqɯ^{54}		草鞋	ɳ̊o^{55}		听见
a^{33}bə^{35}khau^{33} ɴqɯ^{54}		草鞋耳	ntsɯ^{31}	相~	信
khau^{33}thl̥o^{33}		木拖鞋	ʑiu^{35}		赢
khau^{33}vau^{31}		布鞋	ntsi^{54}		遇见
khau^{33}tey^{55}		皮鞋	l̥o^{54}	~大	长
tɕhiu^{31}hai^{31}		球鞋	ɴqə^{33}		值得
l̥a^{33}tsi^{33}təu^{54}	背小孩用	背带	ɳ̊o^{54}	~在哪儿	住
ntl̥ie^{13} e^{55}	背被，背小孩用	襁褓	a^{33}	~事情	做
tl̥a^{54}tie^{31}a^{33} ^{3}ɳ̊tɕau^{55}		围嘴儿	ka^{54}		敢
kau^{31} ntau^{54}sau^{33}		草帽	tsaɯ^{55}la^{31}		称赞
kau^{31} ɳ̊tɕau^{33}		斗笠	hey^{33}tl̥o^{33}		讽刺
phey^{55}si^{31}		蓑衣	ti^{54}		答应
tʂ̥ho^{33}tɕau^{55} tʂ̥ə^{31}naɯ^{54}	塑料制成的，遮风挡雨用	薄膜	kaɯ^{55}tɕi^{33}		道理
pe^{33}fei^{55}tl̥au^{54} fau^{33}		簪子	tl̥ey^{33}		告状
ɳ̊tɕi^{55}ɴɢɯ^{54}		耳环	ndzaɯ^{35}	呻吟	哼
l̥y^{33}qɯ^{55}ta^{33}		珠子	tɕa^{54}	~狗	唤
ʂ̥əu^{54}paɯ^{54}		手表	ɴqo^{55}	牛~、鸟~	叫

ŋkaɯ14 ma31		眼镜儿	qa33səu31qa33si55	狗向熟人摇尾乞怜的叫	叫
tɕy55tɕy33		发髻	qa33	公鸡啼叫	叫
tl̥aɯ33nɯ54		行李	dʐaɯ35	母鸡下蛋的叫	叫
a33m̥au35		民族	ləu33tsha33		谎话
kie54tl̥a33		服装			
a33vaɯ55 tsaɯ13		汉装	a33pu55tɕhi31		耳语
ŋ̥aɯ54tɕhie33 tʂau35		新娘装	ləu33tl̥o55		笑话
vaɯ55tɕhie54 tʂau35		新郎装	**十二、性质状态**		
va33		饭	zaɯ54na31	风景～	美
n̥au35su33		早饭	ŋ̥tɕaɯ54	不歪	正
tshai33		午饭	lɯ33vɯ33		偏
m̥o33		晚饭	ɴqhai35		斜
va33tsi55qə54		玉米饭	tai55		横
va33mu31		红薯饭	dʐaɯ31		弱
tau31ɕie55hey33 ɕie55ley33va33	半生不熟的	夹生饭	lo33		粘
ŋ̥tɕie33 va33		饭粒	lo35ɕie55		凉快
qa33tl̥i54ntl̥i35		米汤	ku54	～手	烫
go31phaɯ33		锅巴	ntsaɯ31	肚子～	胀
khə33nie54		糊味	zey31ndʐaɯ55		涩
a55təu33ntl̥i54		米粉	a33ŋ̥au33	瓜～的	生

pu^{55} tɕaɯ^{55} tau^{35} ti^{33}		粉条	ɕie^{55}	饭～	熟
pu^{55} mpa^{33} ntɕa^{55}		糍粑	mpho^{54}	晒～了	蔫
mu^{55}kau^{55}		糕	ɕie^{55}ɕie^{55}		新鲜
mu^{55}		糖	dʐe^{35}	相对于死	活
mu^{55}lie^{54}		红糖	tɕhi^{31}ʑaɯ^{31}	手～	麻
mu^{55}tl̥ey^{54}		白糖	tʂa^{31} ntəu^{35}		暗
pu^{33}mpa^{33}ɕie^{33} qa^{33}phaɯ^{33}		饼	paɯ^{54}		清楚
ʑy^{31}piŋ^{54}		月饼	tl̥aɯ^{31}	～衣服	花
zau^{55}tsi^{33}		果子	mo^{13}ɳ̥aɯ^{35}		嫩
a^{54}mu^{33}ɴqha^{55}		红薯干儿	tʂaɯ^{33}		饱
a^{54}mu^{33}ɕie^{55}ɳ̥au^{13}	半生不熟的	夹生红薯	tɕa^{33}mphu^{55}	形容词	脆
zau^{54}tsi^{54}		酸菜	ɳtʂaɯ^{31}	～茶	浓
tau^{31}ɕy^{55}ɴqha^{55}		豆腐干	ɳtɕhie^{54}	～茶	淡
tau^{31}ɕy^{55}mi^{33}		豆腐乳	mbɯ^{31}vɯ^{35}		臊
ɴɢhai^{35}	食用	肉	tʂu^{54}ɳ̥aɯ^{33}	羊～	膻
ɴɢhai^{35}ʑa^{31}		瘦肉	tsaɯ^{33}		够
ɴɢhai^{35} a^{33}lau^{33}		腊肉	zaɯ^{33}	竹竿～了	破
tey^{33}qai^{54}		鸡爪子	a^{33}tshaɯ^{55}	衣服～	霉
le^{54}a^{33}tl̥a^{33} qai^{54}	胃	鸡肫	ntshi^{54}	衣服太旧而变得不结实了	糟
mbə^{33}tai^{55}		咸鱼	a^{33}pɯ^{33}tl̥ha^{33}		腐朽

mbə^{33}ɳ̥tɕi^{31}		干鱼	tl̥aɯ^{55}ŋo^{33}	倦	困
qə^{33} qo^{31}		蛋	gu^{13}		空
qə^{33} qo^{31} o^{33}		鸭蛋	pu^{55}		满
qə^{33} qo^{31} nau^{54}		鸟蛋	tɕhy^{33}		烦闷
qə^{33} ŋgau^{33} qo^{31}		蛋黄	so^{55}ve^{35}		闷热
a^{33}ly^{33} qo^{31}		蛋清	hey^{33} tsi^{31}		齐
pu^{55}lau^{55}qo^{31}		蛋壳	ntsho^{55}		乱
qə^{33} qo^{31}ntsai^{54}		双黄蛋	pu^{33}l̥a^{33}pu^{33}l̥i^{33}		乱七八糟
qə^{33} qo^{31}qau^{35}	孵不出小鸡的蛋	寡蛋	tsho^{55}qaɯ^{54}	头发～	蓬乱
			tsho$^{55/33}$ nthy^{55}		
qə^{33} qo^{31}kie^{33}		软蛋	mpa^{33}saɯ^{33}		披头散发的
tɕhey^{54}			ti^{33}ŋo^{33}		
kie^{33}ka^{33}		汤	tl̥o^{33}		秃
dlo^{35}	动物的	油	ndo^{35}		顺
dlo^{35}zau^{54}	植物、矿物提炼的	油	taɯ^{54}		滑
dlo^{35}ntsi^{54}tey^{31}		茶油	də^{33}		慌
tɕi^{55}dlo^{35}		油渣	tʂhey^{33}qə^{33}		嘶哑
dlo^{35}dau^{33}		酱	tie^{31}		真
tɕie^{54}		碱水	tshu^{55}		假
ʑi^{54}ntey^{55}		烟卷儿	dy^{31}		输
ʑi^{54}sau^{55}		烟丝	ɢaɯ^{31}	～酒	醉
tɕey^{55}		酒	ntsi^{31}	衣服～身	合
tɕey^{55}mu^{55}		米酒	ntaɯ^{54}ma^{33}	～软	松
tɕey^{55}mu^{31}		红薯酒	zau^{33}na^{31}		好看

saɯ^{54}	酒药	酒曲
a^{33}pha^{54}tɕey^{55}		酒糟
ɳ̥u^{33}mi^{31}		牛奶
ɳ̥aɯ^{33}səu^{33}	到远处干活时，因不能回家吃午饭，而携带的打包的午饭	饭包
qhaɯ^{33}	~肉	熏
phau^{33}ntsə^{55}	~鱼	腌
hau^{33}	~肉	煮

七、身体医疗

ley^{33}tɕi^{55}		身体
te^{54}ntsie^{35}		花辫
tl̥au^{54}faɯ^{33}tl̥ey^{54}		白发
tie^{33}ley^{33}faɯ^{54}		头顶
a^{33}l̥y^{54}ley^{33}faɯ^{33}		脑髓
ku^{55}ley^{33}faɯ^{33}		太阳穴
ley^{33}faɯ^{33}ɳ̥je^{55}		囟门
ley^{33}təu^{33}təu^{33} a^{54}ma^{54}		瞳仁
tl̥au^{33} ma^{31}		睫毛
qa^{55}mɯ^{35}		眼屎
qa^{55}mpə^{35}		耳屎
qha^{55}mpə^{35}		耳穴

tsi^{55}na^{31}		难看
ɳʈʂo^{55}		响
ɳ̥o^{33}saɯ^{55}		安静
si^{33}	相~	像
dey^{31}	做~了	成
daɯ^{35}	好话说~	尽
tsha^{31}l̥əu^{55}		可怜
ʑe^{54} tl̥ey^{54}		辛苦
qa^{33}ɖa^{31}		蠢
paɯ^{54}taɯ^{54} paɯ^{54}gə^{31}		聪明
ndləu^{35}		恶
zaɯ^{31}sie^{33}		善
sie^{33}tl̥əu^{54}		狠毒
si^{54}l̥aɯ^{33}		机灵
ɖey^{31}		急
a^{33}tɕi^{55}		客气
tʂəu^{33}		习惯

十三、数量

gau^{31} i^{31}		十一
gau^{31} a^{31}		十二

ndlaɯ^{35} mbə^{35}		耳垂	gau^{31} tsi^{31}		十三
kə^{33}mby^{54}		鼻梁	gau^{31} tl̥aɯ^{54}		十四
ʈau^{54}mby^{54}		鼻尖	gau^{31} pɯ^{33}		十五
qho^{55}mby^{54}		鼻孔	gau^{31} tl̥au^{33}		十六
lɯ^{55}qa^{33}mby^{54}		人中	gau^{31} ɕaɯ^{33}		十七
tsha^{33}ko^{33}tl̥aɯ^{55}		颧骨	gau^{31} ʑi^{31}		十八
tey^{33}pa^{54}dzai^{13}		腮帮子	gau^{31} dʑa^{35}		十九
ta^{33}la^{55}ta^{13}dzi^{13}		酒窝儿	tl̥aɯ^{54} dʑau^{35}		四十
tie^{54}ntsi^{54}ndlai^{33}		舌尖	pɯ^{33} dʑau^{35}		五十
tie^{33}ko^{33}ndlai^{35}		舌根	tl̥au^{33} dʑau^{31}		六十
tie^{33}ɳʈu^{33}		小舌	ɕaɯ^{33} dʑau^{31}		七十
pu^{33}ntey^{33}ɳ̥e^{55}		牙龈	ʑi^{31} dʑau^{31}		八十
ɳ̥e^{55}gau^{13}		门齿	dʑa^{35} dʑau^{35}		九十
ɳ̥e^{55}pa^{54}		臼齿	tshie^{54}		千
tey^{33}gau^{13}		犬齿	vaɯ^{35}		万
tʂə^{31}ɳ̥e^{55}	暴牙	虎牙	lie^{31}	2-2=0	零
a^{33}tshaɯ^{33}sa^{33}		上颚	i^{33} pa^{33} ley^{31} i^{33}		一百零一
ly^{55}ləu^{33}lu^{33} a^{33}qə^{33}		喉结	tsi^{31} tshie^{33} ley^{31} pɯ^{33} dʑau^{35}		三千零五十
qho^{55}qa^{33}qey^{54}		后颈窝	ti^{33}a^{31}		第二
qho^{55}qa^{33}tʂo^{33}		胳肢窝	ti^{33}tsi^{31}		第三
ndlie^{35}di^{35}		手掌	gau^{31}		第十
a^{33}kaɯ^{54}di^{35}		手掌纹	gau^{31} i^{31}		第十一
ndlie^{35}di^{31}pu^{33} ntaɯ^{54}		手心	faɯ^{33}	天干第一	甲

ɢau^{13}di^{35}		手背	e^{33} tl̥aɯ^{54}	天干第二	乙
e^{33}tl̥aŋ^{54}mpaɯ^{54}		手腕子	by^{13}	天干第三	丙
tʂə^{31}sey^{55} mpaɯ^{33}		手脉	ɳʈo^{54}	天干第四	丁
ɳ̥tɕau^{33}ntsi^{55}di^{35}		六指	tl̥a^{55}	天干第五	戊
pu^{33}lo^{33}ntsi^{55}di^{35}		指纹	dʐai^{35}	天干第六	己
pu^{33}lo^{33}ntsi^{55}di^{35}	圆形指纹	斗	phy^{13}	天干第七	庚
a^{33}qai^{54}di^{35}	长形指纹	箕	ɳ̥tɕhaɯ^{33}	天干第八	辛
ley^{33}dley^{31}di^{35}	大拇指、食指间的手叉	虎口	l̥aɯ^{55}	天干第九	壬
qa^{33}laɯ^{31} mpaɯ^{54}		肘	tey^{33}	天干第十	癸
qo^{33}mi^{13}		奶头	ntshey^{13}		第末
ka^{33}mi^{33}		奶汁	ta^{54}	不成双	单
fə^{55}ɳʈo^{54}		胸脯	ɳ̥tɕey^{35}	成～成对	双
tl̥ey^{55}	心	心脏	ɳ̥ie^{33} bey^{35}	～个	大半
mby^{54}		肺	i^{33} tshai^{33}tɕi^{33}		半斤
tl̥aɯ^{54}		胃	lɯ^{54}	一～月	个
ley^{33}tl̥a^{33}		腰	tshai^{33}	专用于计量成对的东西之一，如一～鞋	只
a^{33}sie^{54}		肝	di^{31}	一～韭菜	把
ley^{33}tsi^{31}	苦～	胆	tɕhey^{33}	一～米	把
tey^{33}po^{33}		脾	dɯ^{31}	一～扫帚	把
ley^{33}tʂau^{31}	腰子	肾	qai^{33}	一～线	缕

tie^{33}ȵ̥u^{55}		肠子	qhey^{33}	一～东西	包
tie^{33}ȵ̥u^{55} tl̥o^{54} ko^{33}	岔肠	盲肠	ŋkhə^{33}	一～辣椒	串
ley^{33} pu^{33} vu^{35}	尿泡	膀胱	tshi^{33}	一～人	代
tey^{33} dʐi^{31} pa^{54}		大腿	tɕy^{33}	一～行李	担
tey^{33}təu^{54}lau^{54}		小腿	tl̥i^{54}	一～油	滴
qa^{33}səu^{55}tʂey^{13}		腿肚子	tɕhai^{35}	一～钟	点
ɴqhey^{35} tey^{33}		脚掌	tsaɯ^{33}	一～禾	蔸
tl̥a^{55}tey^{33}		脚心	ʑaɯ^{33}	一～路	段
qau^{31} tey^{33}		脚背	bey^{13}	一～粪	堆
a^{33}ntsi^{55}tey^{33}		脚指头	tl̥aɯ^{33}	一～草	丛
qa^{33}lau^{35} tey^{54}		脚后跟	ndʑey^{35}	一～兔子	对
pu^{33}tɕo^{54} tey^{54}	脚上两旁突起的骨头	脚踝	ndʑey^{35}	一～手	双
ley^{33} a^{55} qau^{31}		睾丸	mə^{31}	一～猪	窝
a^{33}tshaɯ^{33}		骨头	dla^{35}	一～信	封
e^{33} ʑa^{55} tshaɯ^{33}	关节	骨节	dɯ^{31}	一～扁担	根
a^{33}tshaɯ^{33} l̥y^{54}		骨髓	tɕhai^{33}	一～房	间
ley^{33} a^{33}tshaɯ^{33} ley^{33} faɯ^{33}		头盖骨	lu^{54}	一～衣	件
tie^{33}tshaɯ^{33} by^{35}		肩胛骨	tsaɯ^{31}	一～	丈
a^{33} tshaɯ^{33} kə^{33} tə^{33} ɢhau^{13}		脊椎骨	tshi^{31}	一～	尺
a^{33} tshaɯ^{33} ley^{33} taɯ^{55}		肋骨	tshey^{31}	一～	寸
a^{33} tshaɯ^{33} taɯ^{55} ma^{33}		软骨	fe^{55}	一～钱	分

sey^{55}		筋	tl̥aɯ^{54}	成人两臂左右平伸时两手之间的距离	庹
sey^{55}		脉搏	tl̥o^{33}	张开的大拇指和中指或小指两端间的距离	拃
ntshaɯ^{55}		血	ɳtɕa^{33}	一～	里
sey^{55}ntshaɯ^{55}		血管	tɕi^{33}	一～酒	斤
a^{33}thaɯ^{33} ley^{33} ɴqai^{54}		肌肉	ʑi^{35}	一～酒	两
pu^{33} tey^{33}		皮肤	tɕhie^{33}	一～银子	钱
tl̥au^{54}		毛	mə^{54}	一～	亩
tl̥au^{54}po^{31}	汗毛	寒毛	fen^{55}	一～地	分
ŋgau^{35} l̥aɯ^{33}		汗	lo^{33}	一～话	句
qai^{54}ləu^{33} li^{13}	人寒冷时皮肤上起的疙瘩	鸡皮疙瘩	dla^{35}	一～纸	张
qa^{55} nəu^{31} naɯ^{55}	皮肤上的黑色细点	雀斑	ʈə^{33}	一～树叶	片
vɯ^{33}		尿	ɳe^{33}	一～柑子，二～花瓣	瓣
qa^{55}		屎	tɕo^{33}	一～地	块
ɯ^{55} tʂi^{31}		屁	tɕo^{33}	一～石头	块
pu^{33} qə^{55} sau^{33}	婴儿臀部青印	印记	dla^{35}	一～旗	面
e^{33} tey^{33} ɳʈhəu^{33}		皱纹	ɕaɯ^{33}	一～	年

dlaɯ35 zo33		力气	ɕaɯ33	一～	岁
a33 tey33 tɕa33		裸体	n̥ɯ54	一～	天
dʑo35tey33tɕa33		赤脚	m̥o13	一～	夜
saɯ55		伤	baɯ33	一～风	阵
ȵ̥tɕhey54 və35	头～	晕	mpo54	一～羊	群
e33 qau54	腿～	酸	tʂaɯ35	一～米	筒
fa33	眼～了	花	si54	一～米	升
bai31	～眼睛	瞎	ty33	一～米	斗
tey31	～水痘	出	thau54	一～水	桶
a33tl̥aɯ33 ɖaɯ31	～肚子	泻	kho54	一～饭	碗
o33		浮肿	ʈaɯ54	一～酒	瓶
vau35		发炎	tso54	一～歌	首
mo55tl̥a55 fa33sa33		发痧	dla33	一～书	本
ŋgau31 sey55		抽筋	tʂə33	一～楼	层
lɯ33q haɯ55	～了	瘸	i33 ti33	软物的层次，如一～布	层
hey33 tɕi33		传染	thai33	一～台阶	级
a33ntsi55tey33 ndla35		脚癣	l̥aɯ54	一～灯	盏
tshaɯ54		疮	phaɯ31	一～尿	泡
lu33li31 e33 sa33		疥疮	zaɯ35	一～东西	样
sey55tʂi35		冻疮	ndʑi13	说一～	遍
pu33tɕo33 ti13ley33 ŋkhau33	痤疮	粉刺	ŋkə31	来一～	回

au^{55} ɳ̥tɕau^{55} mby^{35}		痰
bau^{54}		脓
au^{54}bau^{35}	伤口流～	黄水
tsi^{33} l̥y^{55}	皮肤因摩擦而起的泡	水泡
hey^{33} a^{33} tʂaɯ^{55} qau^{54}		麻疹
tey^{35} mpə^{55}		天花
naɯ^{54}		麻风
ti^{31} dlaɯ^{55}		癫痫
ko^{33} tl̥aɯ^{55} o^{33}		大脖子
sey^{55} qo^{33} ta^{55}	淋巴结	洋子
tʂə^{33} tʂəu^{35}		夜盲症
mo^{55} mby^{33}		肺病
mo^{55} a^{33} sau^{31}		哮喘病
mo^{55} a^{33} tɕhau^{33} ve^{33}		尿痛病
a^{55} vaɯ^{55} ləu^{55} li^{31}		梅毒
ɣau^{35}		发疯
ɣau^{35} tɕey^{55}		发酒疯
a^{33} kaɯ^{55} ndley^{31}		鞭痕
ndʑi^{13}	去一～	次
da^{35}	踢一～	脚
lo^{33}	咬一～	口

十四、代副介连词

a^{55} lɯ^{55}		我俩
mə^{31} lɯ^{55}		你俩
ɳ̊a^{35} lɯ^{55}		他俩
ni^{55}		这
saɯ^{55}ni^{55}		这边
ti^{31} a^{31} bə^{13} ni^{55}		这些
ni^{54}	较远指	那
di^{35}	最远指	那
pu^{31} di^{35}		那边
ti^{31} i^{55}		那些
lu^{33} mə^{33}	～说不行	光
xə^{55} bə^{54}	～是我们的	全
die^{31} ta^{33} die^{31}	～去	一定
die^{31}	～好	真

$ka\text{ɯ}^{54}$ $nthui^{33}$	用灯草、艾等灸后留下的痕迹	灼痕	$s\text{ə}u^{54}$	你～走	先
kho^{33}	～病	治	$l\text{ɯ}^{54}$	～猪卖了	把
tl̥ɯ⁵⁵ → $t\text{l̥ɯ}^{55}$	～药	抹	ɖə^{35}	～同志们挡住了	被
a^{55} dza^{13}		药	$a^{33}t\text{ə}u^{55}$	～月亮大	比
$a^{55}dza^{13}$ $ntsa^{54}$		草药	$\text{ɳɖ}o^{31}$	～他写信	给
$a^{55}dza^{13}tey^{33}$		毒药	ta^{35}		从
$a^{55}dza^{13}qhey^{55}$	治跌打损伤	损伤药	$\text{ɳ̊}o^{54}$		在

第五章　语法

狭义的语法指语言单位的结构特点和规律，也是语言三要素之一。语法也是划分语言类型重要的参数，如根据词法特征可以划分出：孤立语、屈折语、黏着语和混合语等语言类型。语法具有抽象性、概括性、相对稳固性和民族性等特征。语法单位主要有语素、词、短语和句子。

本章主要讨论彝良大花苗苗语词类、短语和句子的语法的特点和规律。

第一节　词类

词类是词在句子中呈现的语法性质的分类，主要的分类依据是语法功能、语法形态和语法意义。彝良大花苗苗语的词类可分为名词、动词、指示词、代名词、数词、量词、形容词、状词、副词、介词、连词、助词、叹词等14种类型。

一、名词

名词表示人、事物、时地的概念，名词进一步分为专有名词、表人名词、事物名词、时间名词和方位名词等。

（一）名词的类型

1. 专有名词

彝良大花苗苗语的常见的专有名词有固有词和借用汉语词两种，见例句。

tshu^{33} ku^{54}fə^{54} ma^{35} bo^{55}zo^{55} ku^{33} tsauɯ^{54}tsa^{54} tsha^{33}lu^{31} ɕiauɯ^{55}

从　彝良　有　车　是　跑到　各个　乡

从彝良有车跑到各个乡镇。例句中的专有词，ku^{54}fə^{54}“彝良”是固有词，ɕiauɯ^{55}“乡”是借词。

借词如：khun^{55} min^{31} 昆明 lau^{51} kau^{55} 老高

2. 普通名词

普通名词有个体名词和集合名词，例如：bo^{55}zo^{55}“车”、nɯ^{13}“马”、ʑauɯ^{55}tsɿ^{33}“山羊”等是个体名词，dlai^{31}nɯ^{31}“东西”、a^{33}mɦau^{54}“花苗”zəu^{33}“家具”等是集体名词。其他的普通名词还有抽象名词和物质名词，例如：kie^{54}lau^{35}“运气”、mə^{33} a^{33}“福气”、nto^{33}a^{33} ntsi^{33}“名声”等是抽象名词，kie^{54}ʈa^{54}“扫帚”、tɕhey^{33}“床”等是物质名词。

3. 时间名词

例如：

a^{33}n̥ɯ^{54}tɕi^{35}o^{35} 大后天	ta^{31}n̥ɯ^{54} 上午
a^{33}nauɯ^{31} 昨天	n̥ɯ^{54}ntsie^{31} 中午
a^{33}tshəu^{54}n̥ɯ^{54} 前天	n̥əu^{54}ɴqa^{35} 下午

4. 方位名词

例如：

zo^{33}ti^{54}zo^{33}tɕhey^{33} 乡下	a^{33} tha^{33} 前面
pie^{31}sa^{54} 上面	a^{33}qə^{3} 后面
pɯ^{33}ti^{33} 下面	sauɯ^{33} 末尾

（二）名词的主要语法特点

1.名词一般充当主语和宾语成分，在句法结构中，若名词词根表义完整、确定，则前缀省略。

2.单音节名词或不含前缀的名词不能重叠，含前缀的双音节名词重叠为ABAC式。例如：

qho^{55} qho^{55} 洞洞　　　　$ka\text{ɯ}^{54}$ $ka\text{ɯ}^{54}$ 缝缝

洞　洞　　　　　　　　缝　缝

$t\text{ɕ}y^{55}$ di^{13} $t\text{ɕ}y^{55}zi^{55}$ 兄弟姊妹

兄弟　　姊妹

3.名词修饰语有两种语序，固有结构一般在名词中心语之后，借用结构及其影响下的名词修饰语在中心语之前。

4.数词需要加上量词才能修饰名词。表示个体单位时，量词可以直接加名词做主语。

5.名词单数和复数没有形态区别，“$dzau^{35}$”加在代词后面，表示复数。例如：

$pi^{54}dzau^{35}$ 我们　　　$pi^{54}dzau^{35}$ 咱们

$mi^{31}dzau^{35}$ 你们　　　$\text{ɳ̥}a^{35}dzau^{35}$ 他们

6.大花苗苗语的名词大多有前缀，这些前缀不仅是名词的形态标志，而且限能够起到制约名词语义范畴作用。

二、动词

动词是表示动作行为、思想活动、发展变化、存在领有等意义的词。下面从动词的分类、语法特点和语法功能等三个方面，介绍彝良大花苗苗语的动词。

（一）动词分类

根据动词的功能以及所表示的意义可将彝良大花苗苗语中的动词分为

动作动词、心理动词、存在动词、判断动词、能愿动词、趋向动词等。

1. 动作动词

动作动词是表示动作行为的动词。例如：

ntau^{31} 打	ta^{31} 踢	ntsi^{55} 弹
tl̥ie^{33} 跳	lo^{33} 贴	sau^{33} 写

2. 心理动词

心理动词是指表示情感、意向、认知、感受等心理活动或心理状态的动词。根据语义特征可以把彝良大花苗苗语的心理动词分为认知类和情绪类。

（1）认知心理动词

认知心理动词是表示心理认知活动的动词。彝良大花苗苗语中该类动词的数量不多。例如：

pau^{54} 懂	hey^{55}pau^{54} 不懂
dzey^{35} 会	hey^{33} dzey^{35} 不会
zɯ^{33}dau^{33} 知道	zɯ^{33}hey^{33}dau^{33} 不知道

（2）情绪意愿心理动词

情绪意愿心理动词是表示人的心理状态和对事物心理反应的动词。此类动词的数量较多。例如：

ntshey^{33} 想	tə^{33} 发愁
ki^{54}tʂe^{33} 打算	ta^{55}lie^{31} 小心
ɳ̥tɕo^{54}tɕie^{54} 记得	ɴɢa^{31} 喜欢

3. 存在动词

从语义看，存在动词表示事物存在、变化或消失。例如：

ɳ̥o4 在	hey^{55} ɳ̥o^{31} 不在
ma^{35} 有	hey^{55} ma^{35} 没有
saɯ^{33} 出生	da^{31} 死亡

4. 判断动词

彝良大花苗苗语中，ku^{55}“是”为判断动词，它的否定形式为hey^{55} ʑo^{31}意为“不是”。例如：

tə^{33} nɯ^{54} ku^{33} ɳ̥i^{13} ntau^{33}。是他打的人。

人 是 他 打

dʑi^{31} ku^{33} kuaŋ^{31}ɕi^{55} tə^{33} nɯ^{54}。你是广西人。

你 是 广西 人。

ley^{55} tə^{33}nɯ^{54} ni^{55} pi^{31} di^{13} hey^{33} ʑo^{31} ku^{55} ley^{55}ze^{33}。这个人不是我姐姐。

个 人 这 必定 不是 我 姐姐。

ku^{55}“是”可以置于句末，表示加强肯定的语气。例如：

ɳ̥i^{13} he^{33} ley^{33} ləu^{33} ʑo^{31} ku^{33}。他说的话对得很。

他 说 的 话 对 是。

ɕi^{54} ʈa^{54} pɯ^{54}thau^{31} ku^{33}。讲故事。

讲 首 故事 是。

5. 能愿动词

能愿动词也叫助动词，是一种表示可能、必要、必然、意愿、估价等意义的动词。例如：

ɴqa^{31} 肯 ka^{54} 敢 ʑa^{55}tsi^{54} 可以 j ti^{31}tɕi^{55} 应该

6. 趋向动词

趋向动词是指表示位移变化意义的动词，趋向动词从音节结构上可以分为单音节趋向动词和双音节趋向动词两类，其中双音节趋向动词多。例如：

单音节趋向动词	双音节趋向动词
lo^{35} 来	ɳ̥tɕi^{33}maɯ^{13} 上去
mau^{35} 去	thl̥au^{54} lo^{35} 下来
mpe^{31} 进	mpe^{31} mau^{35} 进去
de^{31} 出	de^{31}mau^{35} 出去

（二）大花苗苗语动词的特点主要有

1.大花苗苗语的动词数量多、语法特点丰富。主要充当谓语、状语、补语，在一定的语义条件下，能充当定语、主语、宾语。

2.大花苗苗语的动词大部分是单音节的。这些单音节动词大多能加前缀。加上前缀后表示相向、致使、目的、强化等语法意义。

3.动词中除了一般动词外，还有趋向动词、存在动词、判断动词等，这些动词与其他动词相比，有自己的独特之处。

4.动词和形容词的部分特点相同；动词与介词的界限有的难以完全分清；部分动词和名词的词根同形。

大花苗苗语的动词大多能重叠，但重叠受到语音和语义条件的制约。动词重叠后，语义和语法功能都发生了变化。

三、指示词

苗语的指示词有近指、远指的区别，远指有距离远近的语义区别。

（一）指示词分类

大花苗苗语的典型的指示词有，ni^{55}（这）、i^{55}（那）。其他常见的还有

ə^{33}ni^{55}	这个	ti^{31} a^{31} bə^{13} ni^{55}	这些	
te^{33}ve^{35}	那个	ti^{31} i^{55}	那些	
qhey^{33}ni^{55}	这里	ni^{54}	那	（较远指）
qhey^{33}ve^{35}	那里	di^{35}	那	（最远指）

指示词可以表示地点，或者与量词结合表示方位。以说话人为中心，指示方位词可以有指示空间距离和时间距离的语义差别。

1.ni^{55}“这”表示距离与说话人所处位置最近的地方，也可以和时间名词组合指示时间。

ku^{55} dəu^{31}ŋ̊ɯ^{13}a^{33}dy^{35} ŋ̊o^{54} ni^{55}。我的牛在这里。

我 头 牛 在 这。

tey^{33}mpa^{33} ni^{55} dlo^{31} ku^{33}。这头猪很肥。

猪 这 肥 很。

la^{31} l̥i^{33} ni^{55} lo^{31} so^{55} ku^{33}。这两个月来很热。

二月 这 来 热 很。

2.远指可以表示在说话人视线内较远的地方，与近指形成对比。如：

dʑi^{31} tie^{13} ntey^{55} ŋ̊o^{54} qhe^{33}ni^{55}。你的书在这里。

你 的 书 在 这儿。

thu^{31} su^{55} kuan^{31} tie^{13} ntey^{55} ŋ̊o^{54} qhey^{33}pi^{31}di^{35}。图书馆的书在那里。

图 书 馆 的 书 在 那儿。

3.i^{55}“那”表示不在说话人的视线内，多用于描述过去的见闻或者故事叙事。

tə^{33} tl̥au^{54}ɴqɯ^{54} i^{55} ʑy^{54} m̥au^{33} ʑy^{54} to^{54}。那越走野草越密。

杂草 那 越 走 越 深/密实。

a^{54}ku^{4} ŋ̊o^{54} he^{54} i^{55}ntsau^{31} mpa^{54}zau^{35}。假装在那里割猪草。（故事）

装作 在 那里 割 猪 草。

（二）指示词的主要语法特点

1.指示词主要位于名词和名词性词组之后修饰名词。

2.指示词受带有量词的名词修饰时，量词在指示词之前。

3.指示词可以单独做补语。如：

ntɕie^{55} i^{55} tɦəu^{31} tsa^{55} ku^{55} le^{53} qo^{55}qa^{55} ni^{55} tɕie^{54}。

钉了 一 个 木塞子 我 的 屁股 这 着。

钉了一个木塞子在我的屁股上（故事）

四、代词

代词是具有称代功能的词。根据代词意义和功能，可以分为人称代词、指示代词和疑问代词三类。苗语代词最典型的是人称代词。

（一）代词分类

1. 人称代词

人称代词的主要功能是代替人和事物的名称。根据指代的对象，彝良大花苗苗语的人称代词可以分为以下几个类别：

类型	苗语	汉语
第一人称单数	ku^{55}	我
第二人称单数	dʑi^{31}	你、您
第三人称单数	ɳ̥i^{13}	他
第一人称复数（排除式）	pi^{54}dzau^{35}	我们
第一人称复数（包括式）	pi^{54}dzau^{35}	咱们
第二人称复数	mi^{31}dzau^{35}	你们
第三人称复数	ɳ̥a^{35}dzau^{35}	他们
反身代词	ʑu^{35}	自己
旁指代词	a^{33} la^{54}	被人
统称代词	xu^{55}mpɯ^{54}	大家

人称代词有“数”的语法范畴，分单数、双数、复数，有反身代词和统称代词。没有“性”“格”的区别，没有尊称。双数的后缀相同。

2. 方所指示代词

主要用于指代方所，方所指示代词功能与名词相同，在句中能充当主语、宾语、定语。

3. 疑问代词

疑问代词有问人、问物、问事、问时间、问性质状态等类别，大多是合成词，少数是单纯词。疑问代词具体可分为代人疑问代词、代物疑问代词、时间疑问代词、处所疑问代词、数量疑问代词、性状疑问代词以及原因疑问代词。具体举例如下：

类别	苗语	汉语
代人疑问代词	qə³³nty³⁵	谁
代物疑问代词	qə⁵⁵si³³	什么
时间疑问代词	thau⁵⁴nty⁵⁴	什么时候
处所疑问代词	qhey³³nty⁵⁴	哪、哪里
数量疑问代词	pu⁵⁵zau⁵⁵təu¹³、pɯ⁵⁵dʐau⁵⁴	几个、多少
性状疑问代词	a³³tɕaɯ³³、a³³tɕaɯ³³	怎样、怎么
原因疑问代词	a³³tɕaɯ³³ʒna⁵⁵	为什么

（二）代词主要的语法特点

1.代词的基本句法功能是在句中充当主语、宾语和定语、判断动词的宾语，有时，性状疑问代词还可以在句中充当状语。

2.彝良大花苗苗语的代词一般不能重叠。

3.代词修饰名词，一般在名词后面。

4.当名词同时拥有多个修饰词，比如数词、量词、形容词、指示词等，固有排列的语序是：数量短语>名词>形容词>指示代词，即指示代词总是排在最后。

5.部分表示处所、亲属的名词前可以用代词做修饰语，疑问代词 qə⁵⁵si³³ "什么"做名词修饰语时，既可以前置，也可以后置。

五、数词

彝良大花苗苗语的数词为十进位制，根据数词的表达方式和作用，可分为基数词、序数词、概数词、表示半数的数词等类型。

（一）数词分类

1.基数词

"一"到"十"的基数词有本语词和汉语借词两套。百、千、万借自汉语。

i^{31}	一	tl̥au^{33}	六	mpa^{33}	百
a^{31}	二	ɕaɯ^{33}	七	tɕhie^{54}	千
tsi^{54}	三	ʑi^{31}	八	vau^{35}	万
tl̥au^{54}	四	dʑa^{35}	九		
pɯ^{54}	五	gau^{31}	十		

表示“十”到“百”的数时，用基数词gau^{31}“十”和其他基数词构成，表示“二十”以上的概念时，基数词gau^{31}“十”会发生音变，读作“”

表示超过“百”的概念时，使用汉语借词mpa^{33}“百”tɕhie^{54}“千”vau^{35}“万”，语序结构为左边单位大，右边单位小。如：

ni^{33}gau^{31}	二十	i^{31}vau^{35}	一万
tsi^{54}dʑau^{35}	三十	i^{31}mpa^{33}ley^{31}pɯ^{54}	一百零五
i^{31}mpa^{33}	一百	i^{31}mpa^{33}pɯ^{54}tɕau^{35}	一百五十
i^{31}tɕhie^{54}	一千		

2. 序数词

序数词的ti“第”借用汉语词，数词用苗语固有词，例如：

ti^{33}i^{31}	第一	ti^{33}a^{31}	第二	ti^{33}tsi^{31}	第三

农历日期也要通过序数来表示，在基数词前加上前加成分sie^{54}，相当于汉语的“初”。如：

sie^{54}i^{31}	初一	sie^{54}tl̥au^{33}	初四
sie^{54}a^{31}	初二	sie^{54}pɯ^{54}	初五
sie^{54}tsi^{33}	初三	sie^{54}gaɯ^{31}	初十

3. 概数词

彝良大花苗苗语概数的表达方式较为丰富，但几乎也都借自汉语。

pu^{55}zau^{55}təu^{13}	几个	i^{33}təu^{31}pa^{54}	个把	ȵie^{33} bey^{35}	大半

4. 倍数

苗语倍数的表达比较简单，主要是通过在数词后加汉语借词mpey^{31}“倍”。例如：

gau^{31} pɯ^{33} ku^{33} pɯ^{33} ley^{55} tsi^{33} mpey^{31}

十 五 是 五 的 三 倍

5.半数及单双数

彝良大花苗苗语表示“半”的词不多，多用汉语借词pen^{33}“半”。例如：

pɯ^{33} ku^{33} gau^{31} ley^{55} i^{33} pen^{33} ɳʈaɯ^{55}。五是十的一半。

（二）大花苗苗语数词的特点

1.数词的主要功能是与量词连用置于名词之前作名词的修饰语。

2.基数词“十”有两套读音。

3.时间顺序中，农历的月份用本语的数词，语序是“月+本语数词”；阳历的月份用汉借数词，语序是“汉借数词+月”。

4.数词“一”在“（一）+量词+指示代词”指量短语中，有时可以省略。

六、量词

量词是表示人、事物或动作行为的计量单位的词。大花苗苗语的量词可分为名量词和动量词两类，名量词较多，动量词偏少。从词类来源上看，量词来自名词或动词。

（一）量词的类别

1.名量词

名量词可以从不同的角度来分类，有度量、货币、时间和类别的差别。从语义和表达功用角度，彝良大花苗苗语的名量词可分下表中的类别。

（1）个体名量词

表示人和事物单个量的量词，是与集合量词相对而言的。个体量词又可以分为类别量词、性状量词和通用量词等三类。下文主要讨论类别名量词和性状名量词。

①类别量词

苗语名量词对名词有分类的功能，在苗语名量词中，某种事物有无生命，可以通过与名词搭配的名量词表现出来。在苗语川黔滇方言滇东北次方言中，有、无生命的边界比较稳定。如滇东北次方言汉营苗语中的名量词生命等级度表

苗语	搭配名词	生命等级度
lɯ⁵⁴	表人名词	人
dəu³¹	动物名词	动物
faɯ⁵⁴	植物名词	植物
lu³³	普通名词	无生命

②性状名量词

维度（dimensional shape）根据事物形状特点之一，事实上，客观事物都是立体的，但是由于人们的视角不同，对事物的划分可以有不同的维度。事物的状态和性质是分类的重要标准，也是人类认知的重要手段，根据不同的角度不同的方式，有的量词有典型的外在特征，有的具有典型的分类边界。人们可以直接通过视觉、触觉就能直接感知世界，其结果就是获得形态，也最容易保持在记忆之中。形态状量词可以分为静态状和动态状两大类。

事物客观存在的形状，具有某些典型的特征，尽管千姿百态，但是有些典型特征只在某一类事物中固定下来，而其他事物则没有该特征。如圆形一定是没有折角的，火一定是有热量的。苗语量词的静态特点，有点、线、面、坨四种：

苗语	搭配名词	汉语	维度特点
tl̥i⁵⁴	一～沙/水	颗、粒、滴	颗粒性
dɯ³¹	一～扫帚	把	线条性
dəu³¹	一～鱼	条	线条性

tʂə^{33}	一～花	朵	线条性
faɯ^{54}	一～树	棵	线条性
dla^{35}	一～旗	面	片面性
ʈə^{33}	一～树叶	片	片面性
dla^{35}	一～纸	张	片面性
tɕo^{33}	一～地	块	片面性
ti^{33}	一～布	层	片面性
ŋ̊e^{33}	一～花瓣	瓣	片面性
tɕo^{33}	一～地	块	片面性
bey^{13}	一～粪	堆	不规则性
tl̥aɯ^{33}	一～草	丛	不规则性

比较上面的性状名量词，可知彝良大花苗苗语名量词能对事物维度的分类。一维（long or one-dimensional shape）有“条、把、根”等条形的事物，用于“棍子、绳子、毛发”等；二维（flat or two-dimensional shape）的名量词有“片、层”等，如“纸张、板块”等；三维（round or three-dimensional shape）有“块、团、粒”等，如“水果、球体”等。还有一类无法分出维度的，表“坑、洞、土堆、环体”等，一般都是集合事物，只能用集合名量词表示。

（2）集体名量词

集体名量词是相对于个体量词的概念。每种语言都有表示复数范畴的方法，一般采用数词加名词形式，屈折语还会采用复数形式。彝良大花苗苗语名量词在表示名词数量时不仅可以用大于“一”的数词加名词表示，还可以根据实际情况，用表示集体概念的名量词表示。集体名量词可以有可数定量和不可数的区别。

可数的名量词主要用于成双成对的复数名词，例如：

苗语	搭配	汉语
ndʑey^{35}	一～兔子	对

ndʑey^{35}	一～手	双
ŋ̥tɕey^{35}	成～成对	双
gau^{13}	一～眼镜	副

不可数集合名量词表不能用个体名量词描述的对象，不定量集合名量词的差异表现在数量、形状、序列、气味等方面。例如：

苗语	搭配	汉语
qai^{55}	一～香味	股
tɕhie^{33}	一～东西	些
tɕhey^{33}	一～米	把
qai^{33}	一～线	缕
qhey^{33}	一～东西	包
ŋkhə^{33}	一～辣椒	串
bey^{13}	一～粪	堆
tl̥aɯ^{33}	一～草	丛
mə^{31}	一～猪	窝

苗语度量衡量词中还有很多容器词，器量词是集合名量词中比较开放的一类，除了标准容量量词外，还有一些非标准的单位量词，如名词“包、车、船”等容器都可以充当集体名量词。

（3）度量衡名量词

彝良大花苗苗语度量衡名量词有两类，一类是汉语借词，如“丈、尺、亩、分”等，另一类是苗语固有词、如“里、庹、拃”等。如：

苗语	汉语	来源	苗语	汉语	来源
tsaɯ^{31}	丈	借词	tl̥aɯ^{54}	庹	固有词
tshi^{31}	尺	借词	tl̥o^{33}	拃	固有词
tshey^{31}	寸	借词	ŋ̥tɕa^{33}	里	固有词
fe^{55}	分	借词			
tɕi^{33}	斤	借词			

$ʑi^{35}$	两	借词
$tɕhie^{33}$	钱	借词
$mə^{54}$	亩	借词

彝良大花苗苗语度量衡名量词，可以分为标准度量和非标准度量。多数标准度量衡都是汉语的借词，如高低、面积、容积、轻重、货币等。尽管苗语借用了大量的度量衡量词，但还是保留了少数的非标准度量衡量词。苗语中的度量衡词，在长度、距离、容器等方面，保留了自己语言和文化的特色，这些固有的度量衡名量词于“人”的行为有关。

2. **动量词**

动量词是语言中表示动作行为的单位。苗语的动量词很少，从词源来看，彝良大花苗苗语的动量词主要来源于动词。常见的动量词如下：

苗语	搭配	汉语
$ndʑi^{13}$	说一～	遍
$ŋkə^{31}$	来一～	回
$ndʑi^{13}$	去一～	次
da^{35}	踢一～	脚
lo^{33}	咬一～	口

动量词用以计量动作的次数，但存在使用范围的差别：有的量词可以计量具体的动作行为，也可以计量抽象的思想行为。有的只能计量具体的动作。

（二）量词的语法功能

1. 名量词居于名词前修饰名词。动量词位于名词之后，补充说明动作行为的变化。

2. 名量词的组合功能。多数名量词可以构成“数词+量词”“数词+名量词+指示代词”结构充当句子的主语或者宾语。如果表示名词个体数量且后面又有指示词时，一般省去数词 i^{55} “一”。

3. 量词可与少部分性质形容词构成“数词+名量词+形容词”结构。

4.量词的重叠，个体量词、集合量词可以重叠独立充当句子成分。

5.苗语动量词一般组成“动+数+量”结构，充当不同的句子成分。动词和数量结构分离，在两者之间加上名词、代词、动态助词等。

大花苗苗语名量词是计量实体事物单位的词。与动量词相比，名量词在类别和语法功能上的特点更为丰富。

七、形容词

形容词是表示人、事物的性质状态或动作行为状态的词。

（一）形容词的分类

1.按照音节结构，可以把形容词分为单音节形容词和多音节形容词。彝良大花苗苗语形容词多数是单音节。例如：

l̥o^{54}	大	sie^{54}	高
sau^{33}	小	ɢhɯ^{13}	矮
ntəu^{31}	粗	tl̥i^{54}	远
faɯ^{55}	宽	və^{33}	近
nti^{55}	长	to^{54}	深
ləu^{55}	短	ntl̥ie^{55}	浅
nti^{55}	长	ɳ̊tɕhie^{54}	清
ləu^{55}	短	ntl̥o^{55}	浑

部分形容词是多音节单纯词，例如：

dlo^{31}mə^{33}	形容人胖	ndlaɯ^{35}ntsa^{54}	绿叶的颜色
ʑa^{31}pɯ^{33}tɕhaɯ^{33}	形容人、动物肉	lie$^{54/33}$tʂaɯ^{31}	紫药水的颜色
sa^{33}sai^{33}	绳子细	pi^{33}tshaɯ^{33}	草木灰的颜色

少数形容词是合成词，例如：

tʂu^{33} haɯ^{54} 香　　hey^{55} dzey^{31} 闲

闻　香　　不　忙

tʂu^{33} ta^{55} 臭　　　　　so^{55} ve^{35} 闷热

闻　臭　　　　　　　热 闷

2.按照形容词的语义特点，可以把形容词分为表示性质和表示状态的两种类型。例如：

苗语	汉语	类型
l̥o^{54}	大	性质
sau^{33}	小	性质
sie^{54}	高	性质
ɢhɯ^{13}	矮	性质
pu^{33}l̥a^{33}pu^{33}l̥i^{33}	乱七八糟	状态
tsho^{55}qaɯ^{54}tsho$^{55/33}$ nthy^{55}	蓬乱	状态
mpa^{33}saɯ^{33}ti^{33}ŋo^{33}	披头散发的	状态

状态形容词除了有性质的特点，同时在程度、数量等方面与单纯表示性质的形容词在语义上有区别。状态形容词有浓厚的主观色彩，体现生动的状态。例如：

ve^{54} ntau^{54} ntsau^{54} zau^{54} ku^{33}. 树木很翠绿。

树木　　绿　　好　　很

fai^{54} ntau^{54} ni^{55} sie^{54} ku^{33}. 这棵树很高。

棵　　树　这　高　很

（二）形容词的语法特点

1.彝良大花苗苗语形容词大多为单音节的单纯词。做谓语、定语、状语和补语等句法成分。

2.形容词可以接受程度副词、状词的修饰。

3.修饰名词是其重要的语法功能。单音节形容词大多可以带宾语。

4.部分形容词可以加上 hey^{55} “不” 表示反义。

5.形容词加上助词是重要的手段。

6.形容词的比较级，主要通过汉语借词“比较”和“最”来实现。

7.形容词的重叠。多数形容词都能重叠，尤其是单音节形容词，重叠后表示程度的加深。少部分形容词也可以按AABB式或ABAB式进行重叠，构成四音格词，重叠后同样表示程度的加深。

部分单音节形容词后面可以带一个重叠语素，也是用于表示程度的加深。例如：

dzie^{13} to^{31} to^{31} 凉嗖嗖　　tɕi^{31} lu^{31} lu^{31} 亮闪闪

凉　嘟 嘟　　　　亮　噜 噜

对于不能重叠的形容词，如果需要强调程度深，可以借助副词"很""非常、极"来表示。"很"位置的先后取决于其修饰的形容词词根是本族固有词，还是汉语借词。一般情况下，修饰本族固有词时遵循苗语顺序置于词后，修饰汉语借词时则按照汉语的规律置于词前。

八、状词

苗语状词主要用在动词和形容词之后，表示速度、响度、状态、颜色、味道的词类。状词的功能和副词有相同之处，但是在句法结构上有差异，副词前置而状词后置。大花苗苗语的状词很丰富，而且有形态变化。

详见王辅世、王德光[①]关于状词的研究，文章把威宁状词分为五类，第一类主要修饰形容词，修饰时不需要联系助词。第二、三两类主要修饰不及物动词，其中第二类修饰时不需要联系助词，第三类修饰时有时需要联系助词。第四类主要修饰及物动词，修饰时需要联系助词，出现在动词的宾语之后。第五类不修饰动词、形容词，本身表示一种动作的状态，在句子中充当表语，但必须有联系助词介于主语和表语之间。前四类都有形态变化。

① 王德光:《贵州威宁苗语量词拾遗》,《民族语文》，1987年第5期，第36—38页。

九、副词

副词表示动作、行为或性质、状态在程度、范围、时间、频率、语气、方式等方面的不同状况。副词的基本功能是充当谓词性结构中的修饰成分或补充成分，不能单独用来回答问题。

（一）副词的分类

副词可分为程度副词、范围副词、时间副词、否定副词、语气副词等五类。

1. 程度副词

程度副词的主要作用是修饰形容词，表示性质状态的程度。彝良大花苗苗语常见的程度副词有：

ku^{33} 很	ta^{54}tie^{31} 非常	tsui^{13} 最
a^{33}təu^{55} 更	thai^{54} 太	

上面的例子中，ku^{33}“很”ta^{54}tie^{31}“非常”a^{33}təu^{55}“更”是固有词，tsui^{13}“最”thai^{54}“太”是汉语借词。

2. 时间副词

时间副词主要用来修饰动词，表示动作、行为发生或进行的时间和频率。时间副词包括固有词、汉语借词两类。例如：

dzɯ^{31}	刚	tsha^{33}gau^{55}	经常
qha^{33}nie^{54}	刚	ʑiu^{13}ʈai^{33}	又
qha^{55}nie^{31}	才	ȵ̥i^{13}nie^{35}	还
tɕəu^{31}	就	ʑiu^{13}ʈai^{33}	再

彝良大花苗苗语时间副词以固有词为主，借词较少。上述例子中只有tɕəu^{31}“就”是汉语借词。

3. 范围副词

范围副词主要用来修饰动词，表示动作、行为的范围。有的范围副词也可以修饰形容词，表示性质、状态的范围。彝良大花苗苗语常见的范围副词有：

pɯ^{33}lie^{35} 都	lu^{33} mə^{33} 光	xə^{55}mpɯ^{54} 一共
la^{33} 也	xə^{55} bə^{54} 全	i^{33}tʂau^{31} 一起
tsa^{33} 只	a^{31}ma^{54} 只有	

范围副词主要修饰动词，在句中充当状语，使用时一般放在动词之前。

4. 否定副词

否定副词主要修饰动词或形容词，表示否定、阻止、劝阻等。彝良大花苗苗语的否定副词主要有祈使否定和一般否定两类。

表示祈使意义的否定主要由ɕa^{35}/qa^{54}“别”充当，其他否定副词主要通过hey^{33}“不”和它组成词合成词来表达。例如：

hey^{33}	不	hey^{33}ma^{35}	没有
hey^{33}mu^{31}	甭	hey^{33} ʑo^{31}	不是
hey^{33} bo^{31}	没有	hey^{33} ɳ̥o^{31}	不在

hey^{33}“不”在具体使用时，位置比较灵活，例如hey^{33}pau^{54}“不 知道”、ze^{31} hey^{33} dau^{33} “认 不 得”，hey^{33}可以在动词前，也可以在两个语素之间。否定副词hey^{33}“不”可以连接两个相同的动词或形容词，表示疑问。例如：

美不美？	zau^{33}hey^{33} zau^{33} 去不去？
丑不丑？	走不走

5. 语气副词

语气副词位于动词、形容词之前，表示不同的语气、感情和情态等。彝良大花苗苗语固有副词不多，借用汉语借词居多。例如：

die^{31} ta^{33} die^{31} 肯定	ntshai^{33} 恐怕	tl̥ey^{33} tl̥ey^{33} 白白
die^{31} 真	ku^{55}khə^{31} 宁可	tsəu^{55} 故意
qa^{31}hey^{55}tɕau^{54} 差点儿	səu^{54} 先	dʐa^{33} 随便

语气副词具体使用时，一般置于动词或形容词之后。

（二）副词主要的语法特点

1.副词内部成员在组合关系、语法意义、语用特点、篇章特征等方面都存在显著差别。

2.副词一般不能单说，少数否定意义的副词可以作为答句独立使用。

3.程度副词修饰形容词和心理动词有居前和居后两种语序。在使用频率上，后置的程度副词更具优势。

4.借用汉语的程度副词“最”，大花苗苗语则只能前置。

5.副词有固有词和借词。有的固有词是动词的兼类，有的是形容词的兼类。

十、介词

介词是把表示处所、时间、方向、原因、目的、施事、受事等意义的名词介引给动词或形容词的词。

（一）介词的分类

1.表示时间、处所和方向

使用该类介词所构成的介词词组在句中常置于动词或形容词之前，充当状语，用于说明动作行为发生及变化的时间和方位。常见的表示时间和处所、方向的的介词有：ɳ̥o^{54}“在”、tsa^{54}“在”、ta^{35}“从”、tshɯ^{33}“从”、thau^{33}“往”、ɳɖo^{31}“向”等。

（1）ɳ̥o^{54}和tsa^{54}

介词ɳ̥o^{54}“在”、tsa^{54}“在”都意为“在”，用于说明动作行为发生的地点。其中，ɳ̥o^{54}“在”是固有词，tsa^{54}“在”是汉语借词。例如：

a^{55} tsa^{54} pi^{31} ku^{31} tia^{54}tsi^{54} tɦey^{31} a^{54}sa^{54}。（小鸟）在树尖上做了一个窝。

做 在 上 是 尖 树木 上面。

dʑi^{31} tie^{13} ntey^{55} ɳ̥o^{54} qhey^{33}ni^{55}。

你 的 书 在 这儿。

（2）ta^{35}和tshu^{33}

ta^{35}和tshu^{33}意为“从”，前者是固有词，后者是汉语借词，用于强调动作发生的时间或者地点。例如：

la^{54}da^{35} tsa^{54} bi^{33} ti^{54}tɕhiey^{33} tshu^{33} a^{54}nie^{55}lau^{31} kho^{54}i^{54} zɦau^{31} bo^{55}zo^{55}

人家　来到　我们　地方　从　大城市　可以　坐车

da^{35}dʑia^{31} ku^{54} fə^{54}。

来到　彝良。

要来我们地方可以从昆明坐大巴直到彝良。

ta^{35} mau^{13} qho^{54}tɯ^{54} lo^{31}。（你）从哪里来？

从　去　哪里　来。

从话语材料看，使用借词tshu^{33}的频率更高。

（3）其他表示方向或者处所的还有：

pi^{54} dzau^{35} ta^{31} ntsa^{33} nga^{35}。我们进到屋里。

我们　进　到　屋。

tsa^{55}tɕi^{33} ta^{33} nto^{35} lia^{33}tɕy^{33} tɕi^{33} o^{35} tʂho^{55} ta^{31}。如果沿着河边走就更绕了。

如果　顺　沿　河　就　更　绕　了。

2. 表示工具方式

彝良大花苗苗语常用的表示工具方式的介词主要有tshau^{54}“用”、tʂo^{35}“按”等。例如：

la^{55} tshe^{54} qhey^{55}dɦi^{31} qhey^{55}tey^{33} tɕi^{54} la^{55} tshau^{54} ntau^{54}m̥au^{35} tshe^{54}。

要　剪　裹手　裹脚　就　要　用　布苗　剪。

要用苗族布料剪麻布来裹着老人的手脚。

3. 表示目的

该类介词是为了强调动作发出的目的。彝良大花苗苗语中常用的表示目的的介词主要有

tsa^{33}“给、为”等。例如：

a^{33} va^{35} tsa^{33} a^{54}lə^{33}khe^{54} n̥au^{35}。给两个人做饭难吃。

做 饭 给 两 个 人 吃。

4. 表示关涉

常用的表示对象和范围的介词有ndzo^{31}“和、跟”、tɕhey^{55}“把、拿”等。例如：

ku^{55} ndzo^{31} ku^{55} n̥e^{33} lo^{35} n̥tɕia^{31}nga^{35}。

我 跟 我 妈妈 到 屋。

我跟妈妈到家

ti^{13} ʑo^{31}ku^{33} dʑi^{31} tɕhey^{55} tey^{55}tsho^{33} ntsha^{33} ntsha^{33} tɕo^{31}? 是你把衣服洗了吗？

语气词 是不是 你 拿 衣服 洗洗 语气词？

口语中，也会使用汉语借词，例如：

n̥i^{13} pa^{31} qaɯ^{33}tɕey^{54} tɕhi^{31} ku^{33} hu^{55} tɕa^{13} kə^{33} sau^{33}。

他 把 地板 扫 是干净 放 着 了。

他把房间打扫得干干净净的。

5. 表示排除

表示排除的介词一般用tshu^{33}sai^{54}“除了”。使用时常置于句首，在句中起到强调把某人、某事或某物排除在外的作用。例如：

tshu^{33}sai^{54} ku^{33} pi^{54} a^{33} ɕɦɯ^{35}gɦau^{35} a^{54}qə^{54} tɕi^{54} ku^{55} tə^{54} tʂau^{33}ɕiaɯ^{31}。

除 了 是 我们 做 曲歌 后面 就 我 又 照 相。

除了吹芦笙唱歌，后面我又到处照相。

6. 表示被动

彝良大花苗苗语用介词lie^{55}“被”、ma^{33}“给”来表示被动。介词在句中主要是为了引出动作的施事者，相当于汉语中的“被动句”。例如：

a^{33}ʐa^{31}, tey^{33}mbə^{33} ma^{33} ley^{33} tie^{33}a^{33}tʂhi^{33} tai^{54} ley^{31} tə^{31}。

哎呀， 鱼儿 给 个 猫 叼走 了！

哎呀鱼儿被猫叼走了。

tie^{54}nie^{31} lie^{55} ʈaɯ^{55} ɖa^{31}。

母猴 被 吓 到。

老母猴被吓到了（故事）

7.表示比较

该类介词的主要作用是强调将主语表示的人或事物同另外某个人或事物进行比较，主语是被比较者，表示比较的介词后引出参照对象。彝良大花苗苗语中常见的比较介词有 $tәu^{55}$“比”。例如：

ley^{33} $ntәu^{35}tl̥i^{13}$ tey^{55} $mbә^{35}$ $qaɯ^{54}na^{55}$ $tәu^{55}$ ley^{33} $mpau^{13}au^{54}$ tey^{55} $mbә^{35}$。

个　河里　的 鱼　好吃　比 个　池塘　的　鱼。

河里的鱼比池塘里的鱼好吃。

i^{33} $ɕau^{33}$ zau^{33} la^{55} $tәu^{55}$ i^{33} $ɕau^{33}$。

一 年　好　要　比 一　年。

一年比一年好。

（二）大花苗苗语介词主要的语法特点

1.数量不多，有固有词和借词两种类型，固有词多用于书面语，借词多用于口语。

2.从来源看，介词大多通过动词虚化而来，并保留动词用法，兼用作介词和动词。

十一、连词

连词是具有连接功能的词。连词可以连接词、短语或句子，表示所连接的成分存在某种语法关系。

大花苗苗语连词的特点：（1）连词不多，使用频率不高。（2）连词的结构不一。

十二、助词

助词不能单独使用，附着在词、短语的后面或前面和句子的末尾，表示语法意义，不表示词汇意义。

（一）助词的分类

彝良大花苗苗语的助词相对比较简单，根据语法意义，可分为结构助词、动态助词、语气助词三类。

1.结构助词

彝良大花苗苗语的偏正结构中，除了领属结构、量名结构的修饰语前置外，其他的偏正结构的固有语序都是修饰词后置。修饰语和中心语之间的关系主要依靠语序来实现，通常不需要助词。

ku^{55}a^{33} tshai^{54}di^{13} hey^{33} hu^{55} ta^{31}

我　两 只　手　不　干净　了。

我的两只手都脏了。

只有当领属结构名物化位于句末时，有专用的标记pie^{54}“的”。例如：

la^{55}ni^{54} a^{55} ʈaɯ^{54} ku^{55} vai^{54} pie^{54}　　这个要放我爸爸的

la^{55}ni^{54} a^{55} ʈaɯ^{54} ku^{55} pie^{54}　　这个要放我的

la^{55}ni^{54} a^{55} ʈaɯ^{54} ku^{55} tsa^{54}tʂɦʅ^{31} pie^{54}　　这个要放我弟弟的

la^{55}ni^{54} la^{55} ʈaɯ^{54} ku^{55} la^{33}ma^{31} pie^{54}　　这个要放我妹妹的

受汉语的影响，现代彝良大花苗苗语口语中开始出现表示偏正关系的结构助词ley^{33}“的”tie^{13}“的”，前者来源于官话方言，后者来源汉语普通话。例如：

ku^{55} pau^{33} ku^{33} qə^{31}ŋ̥i^{13} ley^{33} nəu^{55} qə^{33}ŋ̥i^{13} a^{33}。

我　知道　是　自己　的　事情　自己　做。

我知道自己的事情自己做。

dʑi^{31} tie^{13} ntey^{55} ŋ̥o^{54} qhey^{33}ni^{55}。

你　的　书　在　这儿。

你的书在这里。

在述补结构中，述语和补语之间原本不需要借助结构助词来进行连接，补语可以直接放在述语之后，表示结果、可能、程度等。例如：

ȵ̥i^{13} he^{33} ley^{33} ləu^{33} ʑo^{31} ku^{33}。

他 说　的　话　对　很。

他说的话很对。

ȵ̥i^{13} ma^{35} i^{33} ȵ̥tɕey^{33} tie^{55} lie^{55} ku^{33} zau^{31} ku^{33}

她　有 一　条　　裙子　红　是　漂亮 很。

受汉语影响，大花苗苗语的述语和补语之间有使用结构助词tau^{33}“得、到”做标记的情况，例如：

ku^{55} m̥au^{35} a^{33} tau^{33} tl̥au^{33}ɕau^{54}。

我　去　做　得　六　年。

我去做（工作）得六年。

2. 动态助词

时态助词是指放在句末或动词之后表示时态关系的词语。彝良大花苗苗语中使用频率较高的时态助词主要有表示完成语义的ʑa^{54}“了”、ta^{54}“了”和表示过去的ku^{33}“过”等。其中“ku”是固有词，从表示肯定的语义虚化而来。例如：

ndʐaɯ^{31}ndʐɦa^{54} m̥au^{35} a^{33}fə^{54} ʑa^{54}。

孤儿　　　去　玩　了。

啁詹 去玩耍了。（故事）

ə^{54}tɕi^{54} sau^{35} ta^{54}

这样　收　了

（故事）这样就结束了。

ȵ̥i^{13} hey^{55} la^{33} zau^{31} fei^{55} tɕi^{55}。

他　没有 过　坐　飞机。

他没坐过飞机。

ku^{55} n̥o^{55} ku^{33} ɕau^{31}li^{33} tsha^{31} pɯ^{33}tʂaɯ^{33} ȵ̥tɕi^{31} ngau^{13}。

我　听　是　小李　唱　几次　　　歌。

我听过几次小李唱歌。

n̥au^{35} ku^{33} tl̥o^{31} ku^{33} la^{55}tl̥o^{54} la^{55}tl̥o^{54} la^{33}pə^{54}kau^{55} te^{54}tɕi^{54}。

吃 是 肥 是 快过 快过 针耳 时。

长到快盖过针耳时。(故事)

在口语中，还经常用tə^{54}tɕi^{54}/tɕi^{54}“就”表示动作完成。

tə^{54}lie^{54} dɦa^{35} tɕi^{54}。

猴子 来 就。 猴子来了。

tɕi^{54} tsi^{33} mau^{35} tɕia^{31} ŋgɦa^{35} tɕi^{54}。

就 背 去 到 家里 就。 就背到了家里了。

彝良大花苗苗语中有对应汉语中表示现在进行状态的时态助词“着”。例如：

tɕiey^{11} tiau^{55} ta^{55} tɕe^{33} ku^{55} ʈai^{54} ta^{55} tɕe^{33} ku^{55} ʈai^{54}。

癞 快 拉着 我 跑拉 着 我 跑。

小癞快拉着我跑，拉着我跑。(故事)

la^{55}ma^{31} naɯ^{31} nghau^{35} tɕe^{33} sau^{33} tʂo^{31} lie^{31}。

妹妹 听 歌 着 写 作 业。

妹妹听着歌写作业。

3. 语气助词

语气词是表示说话人各种语气的词语，用在句中表示整个句子的语气。彝良大花苗苗语的语气词一般位于句末，除少数有固定调值以外，大多数的语气词都是随着说话时的感情、语气等的变化而变化，调值不定。有鉴于此，本节在列举例词或例句介绍语气词时，不再标注具体调值。按照表示语气的不同，彝良大花苗苗语的语气词可以分为疑问语气词、祈使语气词、感叹语气词和陈述语气词等。

(1)疑问语气词

表示疑问的语气词常常位于句末，构成疑问句。彝良大花苗苗语中常见的疑问语气词主要是：na^{54}“呀”、e^{31}“吗”。例如：

dʑi^{31} ta^{31} tʂau^{33} tshi^{55} po^{55}li^{31} saɯ^{33} hey^{55} mpau^{35} e^{31} ?

你 砸 碎 块 玻璃 了 不 赔 吗?

你砸碎玻璃不赔吗?

tɕiey^{11} dʑi^{31} a^{35} tsa^{54} he^{54}tɦiey^{11} na^{54} ?

癞 你 要 去 哪里 啊?

小赖蛤蟆你要去你哪里呀?

（2）祈使语气词

表示祈使的语气词常常位于句末，表达命令语气。彝良大花苗苗语中常见的祈使语气词主要是 ha^{54} “啊、哈”、ma^{31} “嘛、吧”。例如：

tɦa^{31} a^{55} lə^{55} mau^{31} tɕhiey^{55} nau^{31} hau^{54} lo^{31} nti^{54} he^{54}nkhe^{33} ma^{31} !

来 两个 去 找 吃 喝 来 吐 告诉 嘛!

我们两一起去找吃的喝的吐出来比一下嘛!（故事）

zɦey^{33} tɕi^{54} l̥o^{55} tɕi^{54} tɕi^{31} səu^{55} nti^{33} ha^{54} !

爷 你 大 你 先 吐 啊!

大爷你先吐哈!

qa^{54} hə^{31} la^{55}tɕy^{55} mo^{13} a^{31}fɯ^{33} ʈau^{33} lɯ^{33}ntəu^{31}tl̥i^{13} ti^{55} !

别 带 妹妹 去 玩 在 河边 呀!

别带妹妹去河边玩呀!

（3）感叹语气词

表示感叹的语气词常位于句末，构成感叹句。彝良大花苗苗语中常见的感叹语气词主要是ai^{31}、i^{54}。例如：

a^{54} ku^{31} a^{33} le^{54} ve^{33} a^{54} ！ 原来是这样啊!

原来 是 那样 啊!

nty^{31} hey^{33} tau^{54} ku^{33} ŋ̥i^{13} tau^{54}ma^{54}sai^{33}tey^{54} ai^{54} ！ 想不到是他生病了啊!

想 不 到 是 他 得 病 了 啊!

zau n̥a^{31} ku^{33} i^{54} ！ 真好看啊!

好 看 很 啊!

sei^{54} ku^{33} i^{54}！高兴得很啊！

高 很 啊！

（4）陈述语气词

表示陈述的语气词一般也位于陈述句句末。彝良大花苗苗语中常见的陈述语气词主要有 ha^{54}/ma^{54}“啊”、ma^{31}“嘛、呀”、ɕi^{54}“呗”、le^{33}“呢”等。例如：

tɕi^{54} mpɦai^{31} ka^{54} ma^{54} tsi^{55}li^{55} ha^{54} nta^{55} ntiey^{11} a^{55} tsa^{33} ɴqe^{55} ta^{54}。

就 冒 眼泪 汪汪 啊 吐 出 两 棵 草 了。

（老虎）就冒着眼泪啊，才吐出两棵草。

tə^{54}tʂo^{55} tɕia^{55} ʑa^{55}qau^{35} ma^{31}。

老虎 说 可以 嘛。

老虎说：可以呀。

tɕhiey^{55} nau^{31} tɕhiey^{54} hau^{54} ntɕi^{33} ɕi^{54}。

找 吃 找 喝 散步 呗。

到处找吃的喝的呗。

（二）大花苗苗语助词的特点

1.有固有定语助词“的”，主要和代词一起使用，处于句末。

2.彝良大花苗苗语没有助词“地”。

3.表示动作范畴的助词，有固有词和汉语借词。

4.语气助词的借用多借自汉语。

5.助词有兼类现象。

十三、叹词

叹词是表示感叹、呼唤或应答声音的词。叹词是特殊的一类词，语义上，叹词不表示概念意义，只表示情感意义或呼唤应答。语法上，叹词独立运用，句法位置一般位于句首，既不充当句子成分，也不跟其他句子成分发生关系。例如：

i^{54} ku^{55} ɴqai^{31} ʑie^{31} tɕi^{54} pu^{31}tey^{11} tsi^{54} tl̥ai^{33} ʑie^{31}。

咦 我 肉 苦 得 好像 胆 熊 苦。

咦，我的肉和熊胆一样又苦又涩。

a^{33}ʑa^{31}, tey^{33}mbə^{33} ma^{33} ley^{33} tie^{33}a^{33} tʂhi^{33} tai^{54} ley^{31} tə^{31}。

哎呀， 鱼儿 给 个 猫 叼 走 了！

哎呀，鱼儿被猫叼走啦！

叹词的声调会受说话人实时情感的影响，个体化差异大，一般没有固定的调值。

十四、拟声词

拟声词是人模拟声音的词，拟声词的语音和意义之间基本上是一一对应，又称为“象声词”。例如：

ku^{55} tsi^{55}tɕu^{54} tsi^{55}tɕu^{54} tɕi^{33} dʑi^{31} ŋkaŋ^{55}ŋkaŋ^{55} le^{33} ni^{35} ho^{31}。

我 吱咀 吱咀 叫 你 吭吭 的 这 样。

我吱咀吱咀得叫你就吭吭得叫。

“tsi^{55}tɕu^{54} tsi^{55}tɕu^{54}”是鸟的叫声，“ŋkaŋ^{55}ŋkaŋ^{55}”是狐狸的声音。

no^{55} ku^{33} pu^{33}sai^{54} pu^{33}sai^{54} lə^{55} seŋ^{55}ʑin^{54}。

听见是 卟噻 卟噻 的 声音。

就听见了异常的声音。

tə^{54}tʂo^{55} mo^{33} te^{54}tso^{55} ɴqa^{11} ao^{55}mpə^{55} ao^{55}mpə^{55}。

老虎 疼 老虎 叫 嗷嗷 嗷嗷。

老虎 疼得 嗷嗷的叫着。

拟声词，可以作状语、定语等句法成分，也可以独立成句。例如：

tia^{54}nie^{31}tshi^{54} ku^{54}。

母羊 说。 母羊就回应。

pie^{31}ʑie^{55}ʑie^{55} tshey^{55}ka^{54} tia^{54}thɦɯ^{11} hau^{54}。

咩咩 想 汤 狐狸 喝。 咩咩咩，想喝狐狸肉汤。

调查发现，在讲述故事时，彝良大花苗苗语发音人会使用丰富的拟声词。拟声词句法位置灵活，可以独立成句，也可以充当独立语、定语等句子成分。

第二节 短语与语序

词按照一定的句法结构规则组合，并且语义能够搭配，这种结构单位被称为短语。考察短语的视角不同，可以分出不同的类别。根据词组内部、外部外系，可以划分出两种最重要的类型。一种是结构类，即从词组的内部考察短语中符号的组合关系。另一种是功能类，考察短语与词或者短语在句子中的功能，既作为整体的短语在句子中充当的成分、呈现出的词性特点等。从功能的角度看，短语和词在句法中的语法地位基本能相同，只是灵活性和位置不如词。下文将从短语的内部关系考察彝良大花苗苗语的特点。

短语结构与语素复合成词的内部规则有一致性，但是词的独立性超过语素，所以短语的结构类型更丰富。本文把大花苗苗语分为：主谓短语、联合短语、偏正短语、述宾短语、述补短语、量词短语、同位短语、方位短语、连动短语等九类。

一、主谓短语

主谓短语是由有陈述关系的主语和谓语构成的短语。主语是被谓语陈述的对象，谓语陈述和说明主语。两者之间是被陈述和陈述的关系，根据其内部的结构成分，可分为以下几种类型：

（一）体谓型

主谓结构短语的主语是体词性的，包括名词、代词、数量短语、定中短语等，谓语由动词、形容词和谓词性短语充当，形成主“体词性成分+谓词性成分”结构。例如：

pi^{54} tɦo^{33} na^{54} tɦo^{33} la^{54}ku^{33} ʑie^{54}la^{33}mi^{33} dɦa^{35} tl̥i^{54} 。

我们 等 看 等 欢乐 朋友们 来 远。

我们欢迎远方的朋友来。

上述例句中“pi^{54} tɦo^{33}na^{54}”是代词和动词组成主谓结构，“ʑie^{54}la^{33}mi^{33} dɦa^{35}”是名词和动词组合成主谓结构。其他名词短语和动词也可以组成主谓结构。

（二）体体型

主谓结构短语的主语通常是名词、代词或名词性短语，谓语也可以由名词、疑问代词、数词、量词短语等充当，构成“体词性成分+体词性成分”主谓结构。例如：

ɕau^{33}n̥a^{54} zey^{31}ɕau^{33}。

今年 闰年。

今年是闰年。

例子中的两个成分都是体词性成分，这种主谓结构的两个成分以表时间的体词性词或短语为主。

（三）谓谓型

主谓结构短语的主语和谓语都由动词、形容词和谓词性短语充当，形成主“谓词性成分+谓词性成分”结构。例如：

dʑi^{31} hu^{54} ŋghau^{35} hu^{54} zau^{54} lə^{33}ni^{55}。

你 唱 歌 唱 好 这样。

你唱歌唱的这样好。

“dʑi^{31} hu^{54} ŋghau^{35}”是主谓结构式的谓词性成分，“hu^{54} zau^{54} lə^{33}ni^{55}”

是述补式的谓词性成分。

主谓短语是苗语的基本语序短语，加上一定的语调或句末语气词就可以直接成为句子。主谓短语在句子中还可充当主语、谓语和定语，但受到一定的条件限制。一般不能充当状语、补语。

二、联合短语

联合短语是指两个或多个语法平等的成分构成的短语，又被称为“并列短语”。根据结构特点，大花苗苗语的联合短语可以分为紧式联合和松式联合，紧式结构不加连词，而松式结构要加连接成分。根据联合关系，可以分出并列、选择和递进等类型。

（一）紧式联合

紧式联合一般指内部不添加连接成分的短语，例如：

pi^{54} pu^{33} i^{33} dəu^{31} lo^{33} qai^{55} a^{33} dəu^{31} ȵ̥e^{31} qai^{55} 。

我们 投喂 一 只 公 鸡　两　只　母 鸡。

我们养了一只公鸡两只母鸡。

hai^{31} təu^{31} ma^{35} i^{33} dəu^{31} tsi^{55} tl̥i^{55} i^{33} dəu^{31} ȵ̥e^{31} tl̥i^{55}。

还　又　有　一　只　公 狗　一　只　母　狗。

还有一只公狗和一只母狗。

例句中两个数量短语构成联合结构，但是中间不加连接成分，这是比较常见的语序结构。紧式联合的特殊形式一般由四个音节组成，又被称为“四音格”。例如：

tse^{54} qə^{55} nkheu^{31} qə^{55}。 推磨打碓。

提　粮食 磨　粮食。

tl̥ie^{54} tsa^{55} tl̥ie^{54} tsa^{54} təu^{54} ɕi^{54} tsa^{55} ɕi^{54} tau^{54} ta^{54}。

跳　接　跳　接　都　不 接　不 到　了。

（人熊婆）怎么接都接不上（身体）。

tə^{31}tɕiey^{11} tɕi^{54} ta^{54} ə^{55}la^{54} ku^{55} tsəy^{31} mau^{31} tsey^{31} tʂo^{11}。

癞蛤蟆　就 说　反正 我 会　走　会　到。

癞蛤蟆就说我自己走自己会到的。

（二）松式联合

彝良大花苗苗语表示联合关系的连接成分不多。常见连接成分主要有表示并列的thie^{54}/ ha^{54}“和”。前者是固有词，后者是汉语借词。例如：

pi^{54} ku^{54}fə^{54} m̥a^{35} ɕiau^{54}tshau^{54}ba^{35} tɕin^{33}tɕhy^{54} thie^{54} m̥a^{35} ntsau^{54}ma^{31}ŋɡɦa^{35}。

我们 彝良　有　　小草坝　　　景区　　和　有　　大 黑山。

我们彝良有小草坝景区和大黑山景区。

tə^{54}tʂo^{54} thie^{54} tɕiey^{11}lo^{54}lɦi^{31}。

老虎　　和　　癞蛤蟆。

老虎 和 癞蛤蟆。

nkɦai^{33} tə^{54}qai^{55}tʂai^{54} ha^{54} tl̥i^{33} tia^{55}pə^{54} tsi^{55}ntl̥au^{11}ma^{11}。

爬　　　坎子　　和　摘　那些　　　草莓。

爬那些坎子摘那些草莓。

彝良大花苗苗语松式联合结构使用频率不高，主要使用紧式结构。

三、偏正短语

偏正短语由中心语和修饰语两种成分构成，两个成分之间是偏和正、修饰和被修饰、限制和被限制的关系。随着语法的发展演变，苗语的修饰语有前置和后置两种语序，因此偏正短语又称为“修饰短语”。彝良大花苗苗语的偏正结构分为定中短语和状中短语两类。

（一）定中短语

偏正结构以名词或名词性成分做中心语，其他成分做修饰语的是定中短语。彝良大花苗苗语修饰名词中心语的成分包括名词、方所词、代词、形容词、动词、数量短语、名物化短语等。例如：

ta^{54} nie^{54} po^{54} nkha^{55} ʈai^{31} tl̥i^{11} ley^{31}。 那人熊婆就跑了。

那 母 女人 客人 跑 脱 了。

例句中“nie^{54} po^{54} nkha^{55}”中的“nie^{54}“是中心语，它的修饰成分后置。这是彝良大花苗苗语定中结构的优势语序。修饰语如果表示领属、方所或者数量等语义关系时，一般前置于中心语。例如：

ku^{55} ɴqai^{31} ʑie^{31} tɕi^{54} pu^{31}tey^{11} tsi^{54} tl̥ai^{33} ʑie^{31}。我的肉和熊胆一样又苦又涩。

我 肉 苦 就 好像 胆 熊 苦。

dʑi^{31} ku^{33} kuaŋ^{31}ɕi^{55} tə^{33}nɯ^{54}。你是广西人。

你 是 广西 人。

ku^{55} ku^{33} kui^{33}tsəu^{55} tə^{33}nɯ^{54}。我是贵州人。

我 是 贵州 人。

ʑa^{35}niu^{35} xa^{33}。 八双鞋。

八 双 鞋。

tsi^{55} ntəu^{31} nau^{55}。 三只鸟。

三 只 鸟。

指量短语修饰名词中心语，语序是“数词+量词+名词+指示代词”。例如：

ntɕie^{55} i^{55} tɦəu^{31} tsa^{55} ku^{55} le^{53} qo^{55}qa^{55} ni^{55} tɕie^{54}。

钉了 一 个 木塞子 我 的 屁股 这 着。

钉了一个木塞子在我的屁股上（故事）。

定中结构中，无论修饰语前置还是后置，一般都没有标记。定中短语可以充当主语、宾语和定语等句子成分。

（二）状中短语

偏正短语中，以动词、形容词或者动词性成分、形容词性成分做中心语的是状中短语。状语主要由副词、形容词等来充当，介词短语、量词短语、主谓短语以及动词性、形容词性短语有时也能够充当状语。中心语居前或居后两种语序，副词做状语，则中心语多居后，其他词做状语，则以中心语居前的为多。例如：

ʔl̥ey^{33} tl̥ey^{33} khaɯ^{55} ŋ̥i^{13} 白白劝他

白　白　劝　他	tey^{55}lie^{13} mau^{13} 慢慢走
	慢　慢　走
ʑo^{31} ku^{33} 很对	sɯ^{55} ntau^{33} tian^{33}xua^{35}（你）先打电话
对　很	先　打　电话
tshɯ^{33} ku^{33} 很能干	naɯ^{13} va^{31} lɯ^{33}laɯ^{55} 正在吃饭
成器　很	吃饭　正在

上述例子呈现的特点可知，彝良大花苗苗语的状中结构有两种语序。状中短语在句中主要充当谓语、状语、补语和定语。

四、量词短语

量词短语是由量词加上数词或者指示词组成的短语。从位置来看，数词在量词之前，指示词在量词之后。表示单个体对象时，数词i^{31}“一”可以省略。

（一）数量短语

数量短语由数词加名量词或者动量词构成，例如：

i^{33}ni^{33} qa^{33}sɛ^{55}	na^{31} i^{31} ŋkə^{31} 看一回
一粒米	看　一　回
ʦa^{33} niaŋ^{33} sɛ^{55}	do^{31} i^{31} lo^{33} 咬一口
五船米	咬　一　口
i^{33}niu^{31} ka^{33}	hie^{33} i^{31} ndʑi^{13} 说一遍
一颗饭粒	说　一　遍

（二）指量短语

指量短语由量词和指示代词或疑问代词组合而成，量词可以单独出现或者组成数量短语后出现。例如：

tey^{33}mpa^{33} ni^{55} 这头猪　　i^{33} mbo^{54} ʑauɯ^{35} ni^{55} 这一群羊

头　猪　这　　一　群　羊　这

ley^{55} tə^{33}nɯ^{54} ni^{55} 这个人　　te^{33} na^{55} 哪个

个　人　这　　哪个

i^{54} tsai^{54} ni^{55} 这一件　　i^{54} tsai^{54} ndʑai^{33} 哪一件

一　种　这　　一　种　哪

tey^{54} ni^{55} 这个　　dʑio^{54} ve^{54} ku^{33} ȵo^{54} ni^{55}。石头在这里。

个　这（近指）　　块　石头　是　在　这

tey^{54} ve^{13} 那个　　dʑio^{54} ve^{54} ku^{33} ȵo^{54} mu^{54} ɳɖauɯ^{54} ve^{13}。石头在那里。

个　那（远指）　　块　石头　是　在　中间　那。

tey^{54} na^{33} 那个　　dʑio^{54} ve^{54} ku^{33} ȵo^{54} na^{33}。石头在那里。

个　那（最远指）　块　石头　是　在　那。

如果指量短语由数词、量词和指示词组合而成，那么量词在指示词和数词之间。基本语序为“数词+量词+指示词”。

（三）量词短语的主要功能

名量词构成的数量短语与动量词构成的数量短语，句法功能不同。名量词构成的连你歌词短语可以充当句子的主语、谓语、宾语、定语和补语。而动量词构成的动量短语是做补语。如：

ku^{33} mau^{54} tla^{54} pe^{31}tɕiŋ^{55} tsi^{54} ndʑi^{31}。

我　去　过　北京　三　次。

我去过北京三次。

ȵi^{13} tɕhiey^{54} zau^{54} ntsa^{55} sai^{54} tsi^{54} ɳɖʐɦi^{31}。

他　把　菜　洗　了　三　遍。

他把菜洗了三遍。

i^{54} ndʑi^{31} ni^{55} tsi^{55}mauɯ^{31} mau^{13} ma^{54} ntse^{54}。

一　次　这　哥哥　去　买　盐。

这一次哥哥去买盐。

dʑi^{31} n̥i^{54} ku^{33} i^{54} ndʑi^{31} le^{54}dʐaɯ^{54} ai^{54} ?
你 说 是 一 次 哪 啊?
你说的是哪一次?

五、述宾短语

述宾短语由述语和宾语组成。能做述语的有动词和少数的形容词。苗语的述宾结构中，述语在前宾语在后，述语表示动作行为和状态变化，宾语表示动作行为所关涉的事物、对象，述宾语之间是支配、关涉的关系。其中宾语可以是名词性成分、谓词性成分或者主谓短语。

pha^{33} tɕia^{54} və^{54} 砍石头	pu^{33} i^{33} dəu^{31} qai^{55} 喂一只鸡
砍 块 石头	喂 一 只 鸡
pha^{33} fai^{54}ntau^{54} 砍树	ntɕau^{11} tɕi^{55} 走路
砍 树	走 路
hau^{54} ka^{33}ka^{33} 喝汤	ɕai^{55} tshai^{54} tɦi^{11} 伸只手（出来）
喝 汤	伸 只 手
n̥au^{11} tɯ^{33}nə^{33} ɴqai^{35} 吃人肉（故事）	n̥o^{55} dʑi^{31} hu^{54} ŋghau^{35} 你唱歌
吃 人 肉	听 你 唱 歌
ɕie^{55} va^{54} te^{31} 饭熟了	ka^{54}za^{54} tley^{54} ntse^{54} 菜咸了
熟 饭 了	菜 咸 盐

上述形容词构成的短语结构，本文认为是“述宾”结构。但是不同的学者有不同的观点。张永祥（1982）、曹翠云（2001）认为苗语中部方言黔东苗语的“形名结构”是述宾结构。罗安源认为苗语东部方言的这种结构是谓主结构，后置名词是中心语。向日征认为是述补结构，后面的名词是补语，名词补充前面的形容词。

六、述补短语

述补短语由述语和补语组成。前一个成分表示动作或性质，是中心语。补语后置，表示动作或性质的结果或程度，能回答怎么样的问题。二者形成补充关系，其中，述语主要由动词、形容词等谓词性成分充当，充当补语的成分比较多样，既可以是动词、形容词、代词、副词等实词，也可以是短语。根据中心语词性和语义的差异，述补短语可以分成动补短语和形补短语两类。

（一）动补短语

补语补充说明动作行为的结果、趋向、时量。补语主要由动词、形容词或数量短语等充当。

ntɕiey^{54} nto^{33} 啄 破

pha^{33} tɦa^{31} 砍 死

ʈɦo^{35} i^{55} mpai^{54} ku^{54} 等一会儿

tl̥hie^{33} l̥au^{54} 跳下

动词后面加上形容词 zau^{54} “好” 所构成的动补结构，必须带宾语或者 zau^{54} “好” 补语。如：

ɳ̥i^{13} hu^{54} ŋghau^{35} hu^{54} zau^{54} lə^{33}ni^{55}。他的歌唱得好。

他 唱 歌 唱 好 这样。

ɳ̥i^{13} hu^{54} zau^{54} ŋghau^{35} hu^{54} zau^{54} ku^{33}。他擅长唱歌。

他 唱 好 歌 唱 好 是。（强调）

（二）形补短语

补语表示状态变化的趋势和可能性。做补语的有趋向动词、能愿动词等。

tl̥ha^{54} tɦa^{31} 累死　　so^{55} sey^{55}lo^{35}（天气）热起来

累 死　　起 来

彝良大花苗苗语的述补结构一般都没有标记，受汉语影响，大花苗苗语的述语和补语之间有使用结构助词tau^{33}“得、到”做标记的情况，例如：

a^{33} tau^{33} tl̥au^{33}ɕau^{54}。

做 得 六 年。

（工作）做六年。

七、连动短语

连动短语由两个或两个以上的动词、形容词或动词性、形容词性成分组合在一起，中间没有任何语法标记或语音停顿，不用任何关联词，表示按时间顺序先后连续发出的动作行为或动作方式。彝良大花苗苗语口语中的连动结构非常丰富。尽管连动短语可以表示无限的动作连接在一起，但日常语言中，大部分连动短语只包含两个连续的动作。例如：

mau^{13} thie^{55}去找　　　tey^{11} lo^{31}出来

也有三个或四个动词连用的现象。例如：

dʑi^{31} mau^{13} ma^{35} i^{33} ʈau^{31} tɕey^{55} lo^{35}。你去买一瓶酒回来。

你 去 买 一 瓶 酒 来。

dʑi^{31} sɯ^{55} ntau^{33} tian^{33}xua^{35} nɯ^{31} ku^{31} tɕhe^{55} sa^{33} hai^{55} tey^{33}xey^{33}。

你 先 打 电话 问 是 清楚 了 再 说。

你先打电话问清楚再说。

连动短语在语法功能上相当于动词，通常充当谓语、补语等句子成分。如果句中的谓语表示判断、疑问和描写等意义时，连动短语可以充当主语；当谓语是表示感觉、心理或者眼、鼻、口、耳的活动时，连动短语还可以充当宾语。例如：

n̥i^{13} dɦa^{13} tshe^{55}ku^{55} n̥au^{35} va^{54}。

他 来 请 我 吃 饭。

他来请我吃饭。

ɳi^{13} o^{33} sie^{54} ku^{33} ɳdɯ^{31} dey^{54} tse^{55}。

他　生气　得　跺　脚　不停。

他生气得不停跺脚。

mau^{13} tɕhy^{54} dʑi^{31} zau^{54} hey^{55} zau^{33}。

去　赶集　好　不　好。

去赶集好不好。

八、方位短语

方位短语是由方位词加上名词构成的短语，主要表示处所、范围和时间。方位词有在名词之前和之后两种语序，表示以某实体为参照的空间位置，具有名词性。

（一）前置型方位短语

方位词前置于中心语，构成方位短语。例如：

mau^{35} tʂo^{31} tia^{35}ko^{54} dɦey^{33} tɕi^{54}。到了喜鹊一家的树脚（故事）。

去　到　底下　树木　了。

tau^{54} a^{54} a^{55}ɭai^{33} na^{54} ɖa^{54} pɦi^{31} tia^{54}tsi^{54} dɦey^{33}。抬头看了看树上。

得到 做　抬头 看 到 上　顶尖　树木。

tsa^{55} ndʐau^{33}nʈa^{54} mau^{35} nio^{35} tɕia^{54} ntəu^{33} tɕɦi^{31} zo^{54}。

那　孤儿　去　在　块　边　荞地 守。

小伙子去荞地里守着猴子。

例句中，方位词“tia^{35}ko^{54}”“pɦi^{31} tia^{54}tsi^{54}”前置于中心语。

方位词分为单纯方位词和合成方位词两类，二者所构成的方位短语语序不同。

（二）后置型方位短语

方位词后置于中心语，构成方位短语。例如：

a³³ʑɦey³³ ʈu³¹mo³³ zaɰ⁵⁵ no⁵⁴。

爷祭师 山中 呢。

山林里的祭师呢。

ɑ⁵⁵ ho⁵⁴ a³³ʑɦey³³ tsi³¹mo³³ntsɦai³¹ ai⁵⁴。

要 喊 爷祭师 坝里 呢。

还是请坝里的祭师呢。

例句中“ ʈu³¹mo³³ zaɰ⁵⁵”“tsi³¹mo³³ntsɦai³¹”后置于中心语。

彝良大花苗苗语的方位短语类型分为前置性和后置型，从方位词的位置和结构看，其基本规律是单纯方位词构成的方位短语倾向于前置，合成方位词构成的方位短语倾向于后置。从使用频率看，单纯方位词构成的前置性方位短语使用频率较高。

彝良大花苗苗语方位短语能充当主语、定语和介词的宾语。

第三节 句子

一、句子成分

句子成分主要有主语、谓语、表语、宾语、定语、状语、补语，每种句子成分总是与另一句子成分发生一定的语法关系。其中，主语和谓语是句子的必要成分，在句中是不可缺少的，宾语、定语、状语、补语等是次要成分。

（一）主语

充当主语的成分一般是体词性的成分，如名词、代词、指示词或数量短语或带有名词化标记的动词和形容词。从语义角度来看，彝良大花苗苗语的主语可分为三类，即施事主语、受事主语和当事主语。

1. 施事主语

施事主语是动作、行为的发出者，主谓之间的语义关系及结构是“施动者+动作/行为”的关系。例如：

ȵi^{13} he^{33} ley^{33} ləu^{33} ʑo^{31} ku^{54}。他说的话很对。

他 说 的 话 对 很。

ȵi^{13}是施事主语。

2. 受事主语

受事主语表示主语是承受动作、行为的客体，主谓之间的语义关系及结构是“受动者+动作/行为”的关系。例如：

tɯ^{55}nɯ^{33} ku^{33} ȵi^{13} ntau^{33}。人是他打的。

人 是 他 打。

tɯ^{55}nɯ^{33}是受事主语。

3. 当事主语

当事主语表示非施事、非受事的人或其他。例如：

ŋgɦai^{31} tʂau^{54} ko^{54}dɦau^{54} ko^{54}ȵie^{31} ha^{54}。肉在金碗银碗里。

肉 在 碗金 碗银 里。

ŋgɦai^{31}是当事主语。

4. 有的句子可以通过ma^{33}引出施事，并把受事放在主语的位置。在语篇中，受事可以省略。例如：

tey^{33} mbə^{33} ma^{33} a^{33}tʂhi^{33} tai^{54} ley^{31} tə^{31}。鱼被猫叼走了。

条 鱼 被 猫 叼 走 了。

主语不省略。

ma^{33} tsa^{54} dʑi^{31} tʂhu^{55} i^{55} du^{31} ȵau^{31} sai^{54}。都被你骗了一个去吃了。

给 到 你 骗 一 个 吃 了。

这种结构，一般情况会在施事后面接一个动词，受事主语发生移位，做第二个动词的宾语。

5. 在日常口语交际中，还有很多句子的主语都是可以省略的。例如：

tɕhiɖ ntl̥i^{54} hauɯ^{54} tɕhiey^{54} ŋgɦai^{31} l̥o^{33}。把米和肉拿出来。

拿 米 和 拿 肉 来。

tau^{54} m̥au^{35} tsey^{54} te^{54}tl̥ai^{54} ley^{55} və^{31}。掉到了熊窝里。

得 去 到 熊 的 窝。

6.主语一般词充当，有时词组也可以充当句子主语。例如：

təu^{54}m̥au^{54} thie^{54} ki^{54}tl̥i^{33} fai^{54} ɴqai^{35}tl̥ai^{54}。苗家小伙和野猫分熊肉。

苗家小伙 和 野猫 分 肉熊。

təu^{54}m̥au^{54} thie^{54} ki^{54}tl̥i^{33}是联合结构词组做主语。

ku^{55} tsi^{54} təu^{31} a^{33}təu^{54} ma^{55} dʑi^{31} tʂhu^{54} a^{54} təu^{31} nau^{31}。

我 三 个 孩子 给 你 骗了 两 个 吃。

我的三个孩子被你骗了两个去吃了。

ku^{55} tsi^{54} təu^{31} a^{33}təu^{54}是领属结构词组做主语。

tey^{33} mpa^{33} ni^{55} dlo^{31} ku^{33}。这头猪很肥。

头 猪 这 肥 很。

tey^{33} mpa^{33} ni^{55}是指称结构做主语。

（二）谓语

谓语是对主语加以陈述的句子成分。彝良大花苗苗语的谓语主要由动词或动词性短语、形容词或形容词性短语、名词或名词性短语、数量短语等结构充当。例如：

pɯ^{33}tɕi^{31} ɕau^{54} va^{31} tha^{35}。明天小王来。

明天 小王 来。

动词tha^{35}作谓语。

a^{33}ʑey^{35} mau^{13} ɳaŋ^{55} tse^{33}ku^{33}。爷爷走得非常慢。

爷爷 走 慢 非常。

动词性短语mau^{13} ɳaŋ^{55}作谓语。

tey^{33} mpa^{33} ni^{55} dlo^{31} ku^{33}。这头猪很肥。

头 猪 这 肥 很。

形容词dlo^{31}是充当谓语。

a^{33} naɯ^{33} ɕin^{33}tɕhi^{55}thian^{55}。昨天星期天。

昨天　　　　星期天。

名词ɕin^{33} tɕhi^{55} thian^{55}作谓语。

（三）宾语

宾语表示人、事或物，是谓语动词所支配、关涉的对象。

1.宾语的分类

按照宾语的性质划分，可分名词性宾语和谓词性宾语；按照宾语的数量划分，可分单宾语和双宾语。

（1）名词性宾语。名词性宾语包括名词或名词性短语、代词或代词短语、数词、数量短语等。例如：

te^{54}la^{54} ma^{31} tia^{54}ndzɦaɯ^{31}。兔子有尾巴。

兔子　有　尾巴。

名词tia^{54}ndzɦaɯ^{31}作宾语。

ley^{55} tey^{33} nɯ^{54} ni^{55} ku^{33} ku^{55} ley^{55} ze^{33}。个人这是我姐姐。

个　人　这　是　我　姐姐。

代词短语ku^{55} ley^{55} ze^{33}做宾语。

pi^{54} ʑiau^{33}tau^{54} i^{54} tɕhe^{54} gɦau^{35}。我们也学会了一些歌。

我们　学到　一　些　歌。

数量短语i^{54} tɕhe^{54} gɦau^{35}作宾语。

（2）谓词性宾语。谓词性宾语包括形容词、动词等。例如：

pi^{54} ɴɢa^{31} a^{54}ŋgɦau^{35}。我们喜欢唱歌。

我们　喜欢　　　唱歌。

动词a^{54}ŋgɦau^{35}作宾语。

ɳ̥a^{35}dzau^{35} ntshai^{33} so^{55}。他们怕热。

他们　　　怕　　热。

形容词so^{55}作宾语。

（3）单宾语。谓语动词之后只有一个宾语的，称之为单宾语。上述名词性和谓词性宾语的例句都是单宾语的情况，此处不再单独举例。

（4）双宾语。谓语动词之后先后出现两个宾语，一个是直接宾语，与谓语动词的距离近；另一个为间接宾语，与谓语动词的距离远。例如：

ku^{55} sai^{33} ȵi^{13} i^{55} dɦi^{31} ʑi^{54}。我送他一把烟。

我 送 他 一 把 烟。

pi^{54} ntso^{31} a^{54}la^{54} mi^{31} i^{54}tie^{31} ȵie^{35} tʂe^{54}。我们给别人一些钱。

我们 给 别人 们 一点 钱。

2. 宾语的语义类型

（1）宾语是施事。表示动作或行为的发出者，多用于特殊句型，一般出现在被动句中。例如：

tey^{33}mbə^{33} ma^{33} ley^{33} tie^{33}a^{33}tʂhi^{33} nau^{31} tə^{31}。

鱼儿 给 个 猫 吃了。

鱼被猫吃了。

（2）宾语是动作的受事。表示动作或行为支配、关涉的人或物。通常充当受事的成分是名词或者代词。例如：

vai^{33} a^{33} qaɯ^{55}。

父亲 做 粮。

父亲种粮食。

（3）宾语是心理行为动词的对象。例如：

ȵi^{13} tshey^{33} ȵe^{33}vai^{31} tə^{31}。

他 想 母 父 了。

他想父母了。

tshey^{33}是心理行为动词，ȵe^{33}vai^{31}充当宾语。

（4）宾语表示处所。例如：

ʈai^{31} ku^{54} ʈai^{31} ku^{54} mau^{31} ntcia^{11} la^{54}zau^{54} tɕi^{54}。

跑 得 跑 得 去 到 林子 就。

跑着跑着跑到树林里去了。（la⁵⁴zau⁵⁴充当处所宾语）

（5）宾语表示数量。例如：

ku⁵⁵ pɦo³¹ i³³ sa³⁵ mu⁵⁵。

我 看到 一 窝 蜂蜜。

我看见一窝蜜蜂。

“i³³ sa³⁵ mu⁵⁵”充当数量宾语。

（6）宾语表示时间。例如：

niaɯ⁵⁵mi³³ lai⁵⁵ a⁵⁵so⁵⁴ i⁵⁴n̥o⁵⁴。

新娘们 要 休息 一 天。

送亲的人要休息一天。

i⁵⁴n̥o⁵⁴充当宾语。

（7）宾语表示领有或存在。例如：

tsha⁵⁴l̥u³⁵ zo⁵⁴i⁵⁴ du³³ ma³⁵ ɢɦɯ³⁵ɡɦau³⁵。

每个 村寨 都 有 曲歌。

每个苗寨都有芦笙歌曲。

ɢɦɯ³⁵ɡɦau³⁵充当存在宾语。

（8）宾语也可以由小句结构或者主谓结构充当。例如：

tsi³³ley³³ lau³⁵ n̥i⁵⁵ nɯ³³ ma³³ ku³³ fen⁵⁵ pi³¹ ku³³。

三 位 老人 生 日 分 别 是。

lu⁵⁵ a³³ l̥i³³ sie³³ ʑi³¹ lu⁵⁵ tsi³³ l̥i³³ sie³³ pɯ⁵⁵ lu⁵⁵ tl̥au³¹ l̥i³³ sie³³ i³¹

农历 二 月 初 八 农历 三 月 初 五 六 月 初 一。

三位老人的生日分别是：农历二月初八、三月初五、六月初一。

（四）定语

定语是名词性短语中心语的修饰或者限制成分，多由代词、形容词或形容词性短语、名词或名词性短语、数量短语充当，还有少量动词或动词性短语。例如：

m̥au^{35} lə^{54} tə^{54}nə^{55} a^{55}m̥au^{35} i^{55}lə^{54} a^{33}ʑɦey^{31}tɕhiey^{31}。

去 的 人 要 去 一个 爷 叔。

要一个男方的的叔叔或者伯伯去。

pi^{54} m̥au^{31} xə^{33}niaɯ^{55} a^{55} tsɿ^{33} i^{54} tɕi^{54} tɕiey^{54}。

我们 去 分 女孩 要 背 一 斤 酒。

我们去相亲时要背一斤酒去。

在彝良大花苗苗语中，中心词的定语可以有两种位置，定语可以在中心词前，叫作前定语，位于中心词后的，叫作后定语。其中后定语属于优势语序。例如：

kho^{54}nie^{31} kho^{54}ku^{54}银碗金碗。

碗银 碗金 。

tsho^{31}n̥aɯ^{55} tl̥aɯ^{31} 花衣服。

衣服 花。

n̥i^{13} ma^{35} i^{33} n̥tɕey^{33} tie^{55} lie^{55} ku^{33} zau^{33}ŋgau^{55} ku^{33}。

她 有 一 条 裙子 红 是 漂亮 是。

她有一条漂亮的红裙子。

当指示代词或数词+量词组合成指量短语做定语时，中心语则出现在量词之后、指示代词之前。例如：

i^{33} n̥tɕey^{33} tie^{55} 一条裙子。

一条裙子。

i^{55} dʑi^{31} mpa^{35} 一半截猪肉。

一 半边 猪。

le^{54} tl̥i^{33}lau^{31} ni^{55} ku^{33} n̥o^{54} ku^{33} a^{33}lau^{33}mi^{31} l̥o^{35} ɕi^{33}le^{54}ni^{55}。

个 花山节 这 听是 老人 们 回来 说 这样。

花山节听老人们说是这样的。

根据定语对中心语的作用，定语可以分为限制性定语和描写性定语两大类。

1. **限制性定语**

限制性定语主要从时间、位置、数量、领属、范围等对中心语进行解释和说明。例如：

tsu^{55}ŋgɦa^{35} a^{55}tsu^{54}ku^{33} tau^{54} ɕai^{54}lə^{54} tə^{54}ŋgɦau^{55} tə^{54}tɕhie^{54} tʂo^{35}

主人 房子 要 备好 七个 姑娘 儿郎 新 芦笙。

新郎家要准备七个姑娘照火把。

tɕia^{55} təu^{54} mau^{55} ntau^{54} po^{54} qha^{54}。两兄弟打熊人婆。

双 儿子 苗族 打 女 客。

2. **描写性定语**

描写性定语主要是描绘人或事物的性质、状态，突出人或事物的某一特性，使其特征更加明显，使语言更加生动形象。描写性定语多由形容词或形容词性短语充当。例如：

va^{54} ntl̥i^{33} ku^{33} ȵtɕi^{33} tshi^{33} lie^{35} qaɯ^{33} a^{33} ku^{33}。白花花的新米饭香喷喷的。

新的米饭白花花的香喷喷的。

当然，限制性和描写性的区分是相对的，有时要根据具体的语境才能做出正确的判断。

（五）状语

状语是谓语中心语的修饰成分，多由副词、形容词、时间词等词类和介词短语、形容词性短语、名词性短语和主谓短语等短语类充当。状语的位置比较灵活，可以位于谓语的前面，也可以放在谓语的后面。例如：

a^{33} po^{35} zau^{31} tɕi^{33} tl̥o^{33} tshi^{33} tɕe^{33} na^{31} ku^{33} tey^{55} tɕy^{55} ʑi^{54} thl̥ie^{33} mau^{13} thl̥ie^{33} lo^{13}。

奶奶 坐着 笑眯眯地 看 是 孙子 跳去 跳来。

奶奶笑眯眯的坐着看孙子蹦蹦跳跳。

ȵi^{13} he^{33} ley^{33} ləu^{33} ʐo^{31} ku^{33}。他说的话很对。

他 说 的 话 对 很。

上述 2 个例句中的状语 tl̥o^{33} tshi^{33}“笑眯眯”和 ku^{33}“是”，分别位于谓语前面和后面。

彝良大花苗苗语的状语有以下几种常见的功能。

状语对动作者作出动作时的表情、姿态及心理活动，对动作的方式、情况等进行描写，也可以从时间、位置、范围、依据、对象等方面对谓语或对句子进行陈述和说明。

1. 状语表示动作行为、事物形状的程度。例如：

lə^{54}tɕi^{54} tə^{54}tʂo^{54} ntshai^{55} ku^{33}。这样老虎就很怕。

这样　老虎　　怕　很。

ku^{33} 表示程度。

2. 状语表示动作行为、事物发展变化的范围。例如：

xu^{55}mpɯ^{54} pɯ^{33}lie^{35} mau^{13} ta^{54}。大家都走了。

大家　　　都　　走　了。

pɯ^{33}lie^{35} 表示范围。

3. 状语表示动作行为的重复、或将要重复、或正在进行。例如：

ŋ̥a^{35} lɯ^{55} ʑiu^{13}ʈai^{33} tʂho^{55}qə^{31} lo^{35} ta^{54}。他俩又回来了。

他　俩　　又　　　回来　　　了。

ʑiu^{13} 表示重复。

4. 状语表示时间、处所。例如：

ŋ̥a^{35} mu^{33}n̥a^{55} na^{31} a^{55}tl̥i^{54}lau^{31}. 他今晚看花山节。

他　今晚　　看　　花山节。

mu^{33}n̥a^{55} 表示时间。

5. 状语表示肯定或否定。例如：

ŋ̥i^{13} naɯ^{35} hey^{55} mpai^{31}mau^{13}。他听不进（劝）。

他　　听　不　　　进　　　去。

hey^{55} 表示否定。

（六）补语

补语位于动词、形容词谓语后面的补充成分，主要由动词、形容词、量词、名词、数量短语等词和词组充当。根据语义的内容不同，彝良大花苗苗语中的补语可以分为表结果、状态、趋向、数量、时间、处所或者说明性状的程度、说明事物的状态等。

1.结果补语

结果补语主要由动词或形容词充当，表示动作或状态产生的各种结果。例如：

tau^{33} ntʂo^{54} tə^{54}tʂo^{55} ta^{54}ɳʈai^{31} mo^{55} tɕi^{54}

就　　啃　　老虎　　尾巴　　疼 就。

就把老虎自己的尾巴给咬疼了。

mo^{55}表示结果。

从我们调查的材料来看，彝良大花苗苗语中充当结果补语的词基本上都是单音节的动词或形容词，双音节的动词或形容词充当结果补语的，主要都是汉语借词。

2.状态补语

状态补语表示动作、性状呈现出来的状态。例如：

a^{54}ʑa^{54} thɦɯ^{11} ku^{55} tɕi^{54} ku^{55} a^{31} ʈai^{31} tɕi^{54}tl̥ey^{35}tɕi^{54}tl̥a^{33}ha^{54}。

哎呀　狐狸　我　呀　我　跑 得　　上气不接下气。

哎呀 狐狸我跑得上气不接下气。

3.趋向补语

去向补语主要用来表示动作的方向或事物随动作而活动的方向，多由趋向动词充当。例如：

tə^{54}tʂo^{55} he^{54} nti^{11}lo^{54} na^{54} tɕi^{54}。

老虎　　转　　回来　看 就。

老虎转回来看。（故事）

nti^{11}lo^{54}表示方向变化，做趋向补语。

4.数量补语

数量补语是用在充当述语的动词或形容词后面表示动作、变化的数量的补充成分。例如：

ku^{55} tɕhiey^{55} dʑi^{31} tɕhiey^{55} xai^{54} i^{55} mo^{31} nie^{31}

我　把　你　把　驼　一晚　大。

我背了你一晚上。

i^{55} mo^{31} nie^{31}充当xai^{54}的时间补语。

量词短语可以充当比较数量补语，表示甲项与乙项在性质程度上的比较结果，只能有量词短语充当。例如：

ku^{55} sie^{33} dʑi^{31} i^{33} tl̥o^{33}。

我　高　你　一　拃。

我高过你一拃。

i^{33} tl̥o^{33}作补语。

比较数量补语出现的句子中，述语是由形容词充当的，且补语必须放在宾语的后面。

5. 时间、处所补语

时间和处所补语多用介词短语来表示动作发生的时间和处所。

ku^{55} do^{35} i^{33} naɯ^{33} ta^{31}。

我　等　一天　了。

我等一天了。

i^{33} naɯ^{33}充当补语。

二、句子类型

根据句子内部结构的差异和句子成分之间的关系，可以把句子分为单句和复句两大句型。按照语气的不同，可以把句子分为陈述句、疑问句、感叹句和祈使句四种句类。句型是句子的结构类，句类是句子的语气类。根据语态还可以把句子分为主动句和被动句。

（一）单句

单句是由短语或词充当的、有特定的句调和首尾停顿、能独立表达一个相对完整的意思的语言单位。根据句子主语和谓语部分是否完整，单句又可分为主谓句和非主谓句两类。根据谓语的特点又可分被动句、连动句、兼语句、比较句、处置句、判断句、疑问等句型。

1. 主谓句

主谓句是指由主语和谓语两个成分构成的单句。从谓语核心看，又可以分成名词谓语句、动词谓语句、形容词谓语句和主谓谓语句四个小类。

（1）动词谓语句

动词或动词性短语充当谓语的句子叫动词谓语句，主要用来叙述人或物的动作行为、发展变化等。例如：

pɯ^{33}tɕi^{31} ɕau^{54} va^{31} tha^{35}，ɕau^{54} li^{31} hey^{55} tha^{35}。

明天　小 王　来　小 李 不　来。

明天小王来小李不来。

动词 tha^{35} 作谓语。

dʑi^{31} tey^{31} naɯ^{35} i^{33} kho^{54} va^{54} thie^{54}。

你　又 吃　一 碗 饭　加上。

你再吃一碗饭。

动词短语 tey^{31} naɯ^{35} 作谓语。

（2）形容词谓语句

形容词或形容词性短语充当谓语的句子叫形容词谓语句，以形容词为核心，主要用来描写人或物的形状、性质、特征等，又叫“描写句”。一般没有宾语，例如：

tsi^{55}mo^{31} ʑa^{31} tse^{33}tʂi^{13} dlo^{31}。

哥哥　瘦 弟弟　胖。

哥哥瘦，弟弟胖。

tey^{33}mpa^{33} ni^{55} dlo^{31} ku^{33}。

猪　这 肥 很。

这头猪很肥。

形容词短语dlo^{31} ku^{33}作谓语。

但是，苗语的部分形容词可以做述语带宾语。彝良大花苗苗语就是这样的用法，主要描述人或事物的状态。例如

ɕie^{55} va^{54} te^{31}。饭熟了。

熟 饭 了。

ka^{54}za^{54} tley^{54} ntse^{54}。

菜 咸 盐。

（3）名词谓语句

名词、名词性词语或数量短语充当谓语的句子叫名词谓语句，主要用来判断或说明事物的种类数量、时间性质、特点、用途等。例如：

a^{33} nauɯ^{33} ɕin^{33} tɕhi^{55} thian^{55}。昨天星期天。

昨天 星期天。

名词ɕin^{33} tɕhi^{55} thian^{55}作谓语。

i^{33} tɕi^{33} ʑi^{31} tl̥i^{13} ɳ̥e^{35}。

一斤 八 块 钱。

数量短语ʑi^{31} tl̥i^{13} ɳ̥e^{35}作谓语。

名词性词语或短语一般不做谓语，一般在以下几种情况可以用名词充当谓语。一是用在肯定句，二是用在短句，三是多用于口语形式，四是用在表示时间、天气、年龄、籍贯等短句。

2. 非主谓句

非主谓句是指无法分出主语和谓语的单句。彝良大花苗苗语中的非主谓句主要是由主谓短语以外的短语或词构成。可以分为名词性非主谓句、动词性非主谓句、形容词性非主谓句、叹词句和拟声词句五个小类。

（1）名词性非主谓句

主要由名词或中定短语构成。例如：

nauɯ^{33}。耗子。（发现老鼠）

tɑu^{55} ty^{13}。笨蛋。

人　蠢。

（2）动词性非主谓句

主要由动词或动词性短语加语调构成，通常用来说明自然现象、生活情况、祈望，有的还是口号。例如：

ley^{55}！冲！

mba^{31} ma^{54}。瞎子。

瞎/爆　眼睛。

（3）形容词性非主谓句

由形容词或形容词性短语构成。例如：

ʑo^{31}。对。

zau^{33}ŋgau^{55}。漂亮。

（4）叹词句

主要由叹词构成。例如：

a^{33}ʑa^{31} 哎呀！

i^{54} 咦！

（5）拟声词句

主要由拟声词构成。例如：

tsi^{55}tɕu^{54} tsi^{55}tɕu^{54}。吱咀吱咀。

nkhaŋ^{55} nkhaŋ^{55}。吭 吭。

（二）几种常见句式

1. 连动句

连动句的谓语部分由连动短语充当。根据连动句前后谓词的语义关系，彝良大花苗苗语的连动句可分为以下三类：表示先后或连续发生的两个动作或情况。后一个动作发生时，前一个动作已经完成。后一个动词（短语）表示的动作行为是前一动词表示的动作行为的目的或结果。前一个动词（短语）表示后一个动作行为的方式、手段、工具等。例如：

dʑi^{31} mau^{13} ma^{35} i^{33} ʈau^{31} tɕey^{55} lo^{35}。你去买一瓶酒回来。

你 去 买 一 瓶 酒 来。

dʑi^{31} sɯ^{55} ntau^{33} tian^{33}xua^{35} nɯ^{31} ku^{31} tɕhe^{55} sa^{33} hai^{55} tey^{33}xey^{33}。

你 先 打 电话 问 是 清楚 了 再 说。

你先打电话问清楚再说。

2. 兼语句

由兼语短语充当谓语的句子叫兼语句。根据句中前一个动词的语义类型，彝良大花苗苗语的兼语句大致可分为三种情况：前一个动词有使令意，能引起一定的结果。后一动词是前一动词引起的目的或结果。前一动词表示赞许或责怪，且前一个动作由兼语后面的动作或性状而引发，前后常常存在因果关系。前一动词用表示领有或存在等。例如：

ȵi^{13} tshey^{33} ɣe^{35}ȵe^{33}vai^{31} mau^{13} ta^{33} pey^{31}tɕiŋ^{55} i^{33} kə^{31}。

他 想 带 父母 去 到 北京 一 次。

他想带父母去一次北京。

thu^{31} su^{55} kuan^{31} ma^{35} tə^{54}nə^{54} ley^{33} ləu^{33}。

图书馆 有 人 讲 话。

图书馆有人讲话。

3. 比较句

比较句是由相关比较参项构成一定的格式并表示“不及”“等同”和“超过”的语义范畴的句子。从语义角度出发，彝良大花苗苗语的比较句可分为等比句和差比句两大类。

（1）等比句

等比句主要表示“等同、相当”的语义范畴。例如：

tse^{55}lo^{33} thie^{33} tse^{55}a^{33} lɯ^{33}sie^{54} tɕi^{33} hey^{31} tsi^{33}。

老大 和 老二 个高 得 一样 子。

（2）差比句

差比句主要用来表示表示“超过”、“不及”或“不相似”的语义范畴。

例如：

i^{33} ɕau^{33} zau^{33} la^{55} təu^{55} i^{33} ɕau^{33}。

一年　好　要　比一年。

一年比一年要好。

ku^{55} sie^{54} la^{55} təu^{33} dʑi^{31}，ȵi^{13} sie^{54} la^{55} təu^{33} ku^{55}。

我　高　要比　你　他　高　要　比　我。

我比你高，他比我高。

4. 处置句

处置句是通过特定的动词或介词对谓语涉及的对象进行处置，并对整个句子描述的内容作出结果评价的一种句式。例如：

tə^{54}tʂo^{55} tie^{55} tia^{54}thɦɯ^{11} tɕhiey^{54} tia^{33}ntsai^{31} nkhai^{54} ɕi^{54}tie^{35} tɕie^{54} ha^{54}。

老虎　和　狐狸　把　尾巴　拴　在　一起　了。

5. 被动句

被动句中的主语是动作行为的受事成分，动作行为的施事或导致动作行为发生的成分则由特定介词引介。从句法上看，被动句都有一个表示被动的介词做标志。例如：

p tey^{33}mbə^{33} ma^{33} ley^{33} tie^{33}a^{33}tʂhi^{33} nau^{31} tə^{31}。

鱼儿　给　个　猫　吃了。

鱼被猫吃了。

6. 判断句

判断句是指由表示判断的动词与它的宾语组成动宾短语充当谓语的句子。彝良大花苗苗语中的判断动词主要是用ku^{33}。跟一般动词相比，判断句中的动词跟宾语不发生直接的语义关系，其作用就是把主语和宾语联结起来，表示主语和宾语之间具有某种同一关系。判断句的基本功能是表示确认或肯定，同时也可以表示特征、领属、等同、归类、说明等多种语义关系。从句法结构的角度看，彝良大花苗苗语的判断句可以分成如下几种类型。

vai^{33} ku^{33} təu^{33} ntau^{54} l̥au^{55}。

父亲 是 儿子 打　铁。

ɳ̥e^{33} ku^{33} təu^{33} a^{54} qau^{55}。

母亲是 儿子 做 农活。

ku^{55} ku^{33} təu^{33} dʑey^{13} ntey^{55}。

我　是 儿子　读 书。

父亲是铁匠，母亲是农民，我是学生。

7.疑问句

疑问句是指提出问题、具有疑问语气的句子。根据提问的手段和语义情况，彝良大花苗苗语的疑问句可以分为是非问、特指问、选择问、正反问四种类型。

（1）是非问

是非疑问句的结构和陈述句类似，但是具有疑问语调或者句末兼用语气词。这类疑问句一般是对整个命题的提问，语调多用升调。回答是非问，只能对整个命题作肯定或否定，多用“是、对”或“不是、没有”等回答，或用点头、摇头回答。例如：

ti^{13} ʑo^{31}ku^{33} dʑi^{31} tɕhey^{55} tey^{55}tsho^{33} tsha^{33} tsha^{33} tɕo^{31}? 语气词 是不是 你拿 衣服 洗 洗 语气词?

（2）特指问

特指疑问句用疑问代词或由它组成的短语来表明疑问点，说话者希望对方就疑问点作出答复。语调往往用升调。例如：

ley^{55}key^{33}ti^{13} tai^{31} tʂa^{55} tsi^{33}qə^{33} tsa^{54} mi^{31} tʂau^{35} ?

谁　卖　种子　玉米　给　你们　群?

是谁卖给你们的玉米种子。

（3）选择问

选择疑问句用复句的结构形式提出不止一种看法供对方选择。例如：

dʑi^{31} ɴɢa^{31} nau^{31} kə^{54}tɕhey^{54} nɯ^{33} ɴɢa^{31} nau^{31} kə^{54}tl̥a^{54}?

你 喜欢 吃 李子 还是 喜欢 吃 桃子?

需要注意的是，选择问句使用的问号只能出现在句末，句中不能使用，否则就会将选择问句变成疑问句群。

（4）正反问

正反疑问句由单句谓语中的肯定形式和否定形式并列的格式构成，又叫“反复问”。例如：

die^{35} dʑi^{31} ma^{35} tɕey^{55}di^{13} tɕo^{31}？你有兄弟吗?

语气词 你 有 兄弟 语气词?

tl̥ey^{35} mau^{35} ni^{55} ti^{13}ʑo^{31} dʑi^{31} sau^{33} tɕo^{31}？

封 信 这 是不是 你 写 的?

a. 这封信是不是你写的?

ʑo^{31}. hey^{33}ʑo^{55}。

是。 不是。

b. 是。不是。

根据疑问句所表达的不同语气，彝良大花苗苗语的疑问句还可以分成另外三类。

（1）表疑问

说话人对未知的事项发问，并希望听话者给出明确的答复。例如：

a^{33}na^{55} ʑi^{33} tɕo^{35} ŋkau^{31}?

怎么 不 拿 伞?

（2）表推测并求证

说话者对某一事情有一定的看法，但又不太肯定，希望对方对自己的看法加以证实。例如：

mpə^{33}dʑi^{31} ku^{33} ɕin^{33} tɕhi^{55} thian^{55} pa^{31}？

明天 是 星期天 吧?

明天是星期天吧?

（3）表反问

说话者已经有了比较肯定的看法，却用疑问句的形式对听话者发问，实际上是无疑而问，语调上扬，语气比较强烈。例如：

dʑi^{31} ta^{31} tʂau^{33} tshi^{55} po^{55}li^{31} saɯ^{33} hey^{55} mpau^{35} e^{31}？

你　砸碎　块　玻璃　了　不　赔　吗?

（三）复句

复句，是指由两个或两个以上意义上相关、结构上互不作句法成分的分句加上贯通全局的句调构成的句子。复句前后有隔离性停顿，书面用句号或问号、叹号表示。复句的各分句之间一般都有句中停顿，书面上用逗号、分号或冒号表示。彝良大花苗苗语较少用关联词语。受汉语的影响，现在也借用部分汉语的关联词语来表示复句之间的各种关系。根据复句中各分句之间的语义关系，复句主要可以分为联合复句和偏正复句两大类，两大类下面可再分若干小类。

1.联合复句

复句内各分句间意义上平等、无主从之分的叫联合复句。联合复句可以细分为并列、顺承、解说、选择、递进五个小类。

（1）并列复句

各分句分别叙述或描写相关的几件事或一件事的几个方面，各分句之间可以是平列关系或对举关系，有时用意合法，有时用关联词语。例如：

dʑi^{31} ku^{33} kuaŋ^{31}ɕi^{55} tə^{33} nɯ^{54}，ku^{55} ku^{33} kui^{33}tsəu^{55} tə^{33} nɯ^{54}。

你　是　广西　人，我　是　贵州　人。

ŋ̊i^{13} mau^{13} laɯ^{55} hu^{33} nghau^{35} laɯ^{55}。

他　走　边　唱歌　边。

（2）顺承复句

前后分句按时间、空间或逻辑事理上的顺序说出连续的动作或相关的情况，分句之间有先后相承的关系。可以用关联词tɕi^{54}“就”，或者直接通过语序表示顺承关系。例如：

mi^{33} ku^{54} mau^{55}dɦai^{31} tɕi^{54} mau^{54} tsa^{54} mau^{55}dɦai^{31} ɴqha^{31}

你们 是　王家　就　回　　王家　房子。

你们是王家人就回王家去。

dʑi^{31} hu^{54} ŋghau^{35} hu^{54} zau^{54} lə^{33}ni^{55}，tsai^{54} hu^{54} i^{33} tʂo^{55} tie^{31}。

你　唱　歌　唱　好　这样，再　唱 一 首 语气词。

你的歌唱得这么好，再来一首。

（3）解说复句

分句间有解释和总分两种关系。解释关系中的后一分句对前一分句进行解释，一般不用关联词语。例如：

tsa^{33}ni^{55} ɳ̥i^{13} a^{33} la^{31} ku^{33}，ku^{55} n̥o^{55} ku^{33} ɳ̥i^{13} la^{55} xə^{33}niaɯ^{55} ta^{31}。

最近 他 很 高兴 非常，我　听　是 他　要　结婚 了。

他最近很高兴，我听说他快结婚了。

总分关系的复句里总与分之间常用冒号。例如：

tsi^{33}ley^{33} lau^{35} ɳ̥i^{55} nɯ^{33} ma^{33} ku^{33} fen^{55} pi^{31} ku^{33} 。

三　位　老人　生　日　分　别　是。

lu^{55}　a^{33} l̥i^{33} sie^{33} ʑi^{31} lu^{55}　tsi^{33} l̥i^{33} sie^{33} pɯ^{55} lu^{55} tl̥au^{31} l̥i^{33} sie^{33} i^{31}

农历　二 月　初 八 农历 三 月 初　五　六 月　初　一。

三位老人的生日分别是：农历二月初八、三月初五、六月初一。

（4）选择复句

选择关系的各分句有的分别表示两种或几种可能的情况让人从中选择，是未定选择。有的表示已经选定其中的一种而舍弃另一种，是已定选择。选择关系的复句大多使用关联词，有的不使用关联词。例如

tɕhiey^{33} l̥au^{33} tl̥a^{55} l̥au^{33} ɳ̥tɕey^{33} ti^{33} təu^{33} ko^{33}ʑi^{33}。

拿　铲锄　挖锄　的　都　可以。

拿铲锄或挖锄都行。

在未定选择中，有的数者选一表示或此或彼的意思，说话人态度比较灵活。有的二者选一表示非此即彼，语气肯定。

ȵ̥dʑi^{54} tɕi^{55}zi^{55} tshɯ^{33} ku^{33}, hey^{33} ʑo^{54} ku^{33} nto^{54} nto^{33} tɕi^{33} təu^{13} si^{13} ɕi^{55} mpaɯ^{35}。

双 姐妹 成器 很, 不 是 布 织 就 又 是 绣 花。

两姐妹很能干，不是织布就是绣花。

已定选择包括先舍后取和先取后舍两种。先舍后取的关联词可以成对使用，也可以在后一分句单独使用。

（5）递进复句

递进复句后面分句表示的意思要比前面的分句更进一层，一般由少到多、由小到大、由轻到重、由易到难，也可采用相反的顺序。常用的关联词语主要有“不但 …… 而且 ”等。例如：

ȵ̥i^{13} ɖey^{35} tsho^{55} qhey^{13} ʈo^{54}，l̥eu^{13}tso^{33} ɖey^{33} hu^{33}ŋgau^{35} m̥au^{54}。

他 会 吹 芦笙， 又 会 唱 歌苗。

他不但会吹芦笙，而且又会唱苗歌。

ȵ̥i^{13} ɖey^{33} dʑio^{31} mpaɯ^{35}, l̥eu^{13}tso^{33} ɖey^{35} a^{54} mu^{54}ʦa^{54}。

他 会 种 花 又 会 做 木工。

他不但会种花，又会做木工。

2.偏正复句

偏正复句，是指各分句间在意义上有主有从，即有正句和偏句之分。正句是句子的正意所在，偏句的意义从属于正句。彝良大花苗苗语偏正复句可以细分为表条件、假设、因果、目的、转折五个小类。

（1）条件关系

偏句提出条件，正句表示在满足条件的情况下所产生的结果。表示条件关系的关联词可成套使用，也可单独使用。例如：

tsai^{55} ʑa^{55} ku^{33} ȵ̥tɕey^{33} l̥a^{35} tsi^{54}, tɕhiey^{33} l̥au^{33} tl̥a^{55} l̥au^{33} ȵ̥tɕey^{33} ti^{33} təu^{33} ko^{33}ʑi^{33}。

只 要 是 刨 土 能， 拿 铲锄 挖锄 的 都 可以。

只要能刨土，拿铲锄或挖锄都行。

（2）假设关系

偏句提出假设，正句表示假设实现后所产生的结果。例如：

ztsa⁵⁵tɕi³³ ta³³ nto³⁵ lia³³tɕy³³ tɕi³³ o³⁵ tʂho⁵⁵ ta³¹。

如果　顺 沿　河　就　更 绕　了。

如果沿着河边走就更绕了。

（3）因果关系

偏句说出原因或理由，正句表示结果。例如：

tɕi⁵⁵ thai³⁵ ɴqai³¹ hə³³ sau⁵⁴，na⁵⁵ku⁵⁴ zo³³　tey³¹ mau¹³ u³³ tau³¹。

路　太　窄 很/厉害 因为 所以　车子 都　去　不 能够。

因为路太窄，所以车过不去。

（4）目的关系

偏句表示行为，正句表示行为的目的，二者多为意合，一般不使用关联词。例如：

ley⁵⁵ tɕe³³ɳ̥au¹³，pi⁵⁴dzau³³ ti³¹ʈau³⁵ naɯ³⁵。

赶　时间　咱们　快　吃。

赶时间，我们快点吃。

（5）转折关系

前后分句的意思相反或相对，即后面分句不是顺着前面分句的意思说下去，而是突然转成跟前面分句相反或相对的意思，后面分句即是说话人要表达的正意。转折关系可用意合法表示，也可用关联词。例如：

tl̥ey³³ tl̥ey³³ khaɯ⁵⁵ ɳ̥i¹³ i³³ ta³¹ɳ̥ɯ¹¹，ɳ̥i¹³ naɯ³⁵ hey⁵⁵ mpai³¹mau¹³。

白　白 劝/留 他 一　下午，他　听　不　进　去。

白白劝他一下午，可是他根本听不进。

3. 多重复句和紧缩复句

除了上文提到的联合复句和偏正复句两大类复句之外，在日常口语交际中还存在多重复句和紧缩复句。

（1）多重复句

根据结构层次多少划分，复句可以分为一重复句和多重复句。只有一个层次的叫一重复句，上文列举的联合复句和偏正复句大都属于一重复句；有不止一个结构层次的叫多重复句。例如：

mi^{31} dzau^{35} zo^{55} ma^{35} pɯ^{33}tʂau^{55} ɳtɕau^{35} ʑi^{31} ？

你们 群 村子 有 几 十 多 家？

qa^{33} lau^{35} ma^{35} pɯ^{33}tʂau^{55} tl̥i^{55}? zau^{31} pɯ^{55}zo^{55} la^{55}ʑa^{55} pɯ^{55}zo^{55} tɕe^{35}n̥iau^{35}?

离 城市 有 多少 远？坐 车 要 车 时间？

a. 你们村子有几家人？从这里到城里有多远？坐车要多久？

pi^{55} zo^{33} ma^{35} pɯ^{55}dʑau^{13} tɕau^{55} ʑi^{35}，

我们 村 有 五十 多 家，

qa^{31} lau^{55} ma^{35} tsi^{55}dʑau^{13} tɕau^{55} ɳtɕa^{33} tɕi^{55}，

离 城 有 三十 里 多 路，

zau^{31} pɯ^{55}zo^{55} na^{55}ʑa^{55} i^{33}ntaɯ^{33} təu^{13} tɕe^{35}n̥iau^{35} tɕau^{55}。

坐 车 要 一半 个 小时 多。

b. 有五十多家，我们村到城里三十来里，坐车半个多小时就到了。

（2）紧缩复句

紧缩复句由复句紧缩而成，其分句之间没有语音上的停顿。紧缩复句内部可用关联词，常用的关联词有 tɕəu^{54}，也可直接采用意合法。例如：

ɳ̥i^{13} mau^{13} laɯ^{55} hu^{33} nghau^{35} laɯ^{55}。

他 走 边 唱 歌 边。

他边走边唱。

第六章　语料

彝良大花苗苗语的语料通过三种调查方式获取：一是结构式调查，既按照中国语言资源保护工程《调查手册》设计的语言调查条目开展调查和记录，一共获得例句100条。二是半结构式调查，既给定调查话题，发音人话题范围里自由讲述，一共获得五个话题。三是无结构调查，发音人根据自己的知识经验，自由讲述或者演唱。共获得2首歌谣、5个话题讲述和3个故事。

第一节　语法例句

一、调查要点

（一）考察单句句类

1. 一般疑问句的疑问语气词使用情况。
2. 反问句。
3. 选择问句。
4. 特殊疑问句。
5. 祈使句，是否带语气词？

6.感叹句、感叹词。

7.考察动词+（宾语/补语）+尾词（表祈使语气）。

8.质问句。

9.反复问句。

（二）考察复句结构

1.并列复句。

2.主从复句。

3.条件复句的关联词。

4.表假设的关联词。

5.紧缩并列复句。

6.结构“是……还是……”。

（三）考察语序

1.定语修饰中心语的语序。

2.存现句的语序。

3.反复疑问句的句式、语序。

4.名词受指量短语修饰时的语序。结构是否为“量词+名词+指示代词”?

5.“全”“部分”“一些”的表达形式、语序。

6.形容词作定语的语序。

（1）考察形容词谓语使动式，“施事主语+形容词谓语+受事宾语”的语序情况。

（2）副词“连续”的形式及语序。

（3）情状副词的形式及语序。

（4）语气副词的形式及语序。

（5）名词受关系子句和数量词修饰的情况，定语“他寄来的”在“三本书”之前还是之后?

（6）考察“动词+宾语+介词短语”和“动词+宾语+介词短语”的

结构。

（四）考察词序

1.方位词受名词修饰时词序怎样？

2.时间名词作主语、状语、补语的用法及特殊词序。

3.指示代词与作为中心语的名词、量词结合。

4.名词修饰名词时的词序。

5.量词与名词的结合形式。句首的“羊”是否须“量 + 名”形式？

6.名词修饰名词表示来源关系时，词序怎样？

7.动词带可能补语时，词序怎样？

（五）考察名词

1.“树”单独充当句子成分时是否带量词或词头？

2.时间、时间指示词、程度指示词的用法

3.表示身体部位名词可以直接和数词结合？

4.名词能不能重叠？有几种重叠的格式？

5.称谓或职业名称的构成形式。

6.称谓名词与数词结合的形式。

（六）考察动词

1.行为动词是否可以直接放在谓语前边作状语。

2.有修饰语的动词短语。

3.当强调宾语时，及物动词可否在介词结构之后？

4.及物动词与出现在话题位置的宾语配合使用的情况。

5.动词表“短暂、随意”附加义的形式和位置。

6.不及物动词带宾语的情况。

7.趋向动词、能愿动词、存在动词、心理动词、判断动词的用法。

8.传信动词的使用情况。

9.是否有“令、使、让”之类的致使词？

10.考察动词重叠形式。

（七）考察形容词

1. 考察形容词受程度副词、否定副词修饰的情况。

2. 考察形容词词缀（附加音节）表性状的情况，AB/ABB 式。

3. 考察是否有双音节形容词的重叠形式。

4. 形容词比较句的同级比较。

5. 形容词比较句之间的程度差异，考察“更”的表现形式。

6. 形容词最高级的表现形式。

（八）区别词

1. 人的性别怎样表示？是否有两套形式？（有的语言各有两套。）

2. 表示动物雌雄的性别词，是否因动物类别不同有两套性别词？

（九）考察副词

1. 时间副词“再”的表现形式及位置。考察是否对“未然”敏感。

2. 时间副词“又”的表现形式及位置。考察是否对“已然”敏感。

3. 范围副词“都”（总括）与“大概”（不定、约数）的表现形式。

4. 时间副词“刚”“就”的形式和位置。

（十）考察介词

1. 对象介词的形式。

2. 受益介词的用法，介词结构的位置。

（十一）特殊表示法：

1. 约数的表示法。

2. “谁”“哪”“什么”有几种说法？

3. 当“谁”“哪”“什么”修饰名词或量词时，词序怎样？

4. “怎么”的说法和用法。

5. “别人”“人家”“大家”的说法有哪些？

6. 考察倍数、分数的表达形式。把“一半”说成“二分之一”，其表述是否类似汉语？

7. 考察序数词的表达形式。

（十二）考察语法标记

1.动词表完成的时体标记及语序。

2.动词表正在进行的时体标记及语序。

3.考察表示动词持续或存现的体貌标记的形式及其语序。

4.考察表示动作持续的时体标记的形式及其语序。

5.表动词完成体的时体标记。

6.表职业行为的动词是否带有前缀

7.比较句中表比较的标记。

8.主从结构中表时间的状语从句是否有标记?

9.双话题主语是否有标记?

10.先行体的表述形式。

11.表动词完成体的助词形式。

（十三）考察补语

1.是否有形容词带补语的情况?

2.动词带宾语和结果补语的情况。

3.动词带可能补语的否定形式，否定成分的位置。

4.趋向补语“上”的用法。

5.考察是否有“动词＋宾语＋趋向动词”的结构。

6双音节趋向补语“上去”中间能不能插入宾语。

7.程度补语。

8.状态补语，形容词作补语的动补短语。

（十四）考察同位语

1.是否有同位语形式?

（十五）考察话题与焦点

1.句子焦点“他”不变，能否有宾语前置作话题“人是他打的”的说法?

2.介词话题结构。

二、口语语法例句

序号	口语调查例句
0001	ŋ̥i^{13} he^{33} ley^{33} ləu^{33} ʑo^{31} ku^{33}。 他 说 的 话 对 很。 他说的话很对。
0002	fey^{33}they^{13} sa^{55} ma^{35} tsi^{55} ntəu^{31} nau^{55}。 树 上 有 三 只 鸟。 树上有三只鸟。
0003	ti^{13} ʑo^{31} ku^{33} dʑi^{31} tɕhey^{55} tey^{55}tsho^{33} tsha^{33} tsha^{33} tɕo^{31}? 语气词 是不是 你 拿 衣服 洗 洗 语气词? 是你把衣服洗了吗?
0004	die^{35} dʑi^{31} ma^{35} tɕey^{55}di^{13} tɕo^{31}? 语气词 你 有 兄弟 语气词? 你有兄弟没有?
0005	a^{33}na^{55} hey^{33} tɕo^{35} ŋkau^{31}? na^{31} ley^{55} ntəu^{31} ŋ̥i^{55} a^{55} lo^{13} naɯ^{55}? 怎么 不 拿 伞? 看 个 天 这 要下 雨? 怎么不带伞呢? 看天色会下雨吧?
0006	dʑi^{31} ɴɢa^{31} nau^{31} kə^{54}tɕhey^{54} nɯ^{33} ɴɢa^{31} nau^{31} kə^{54}tl̥a^{54}? 你 喜欢 吃 李子 还是 喜欢 吃 桃子? 你喜欢吃李子还是桃子?
0007	ley^{55}key^{33}ti^{13} tai^{31} tʂa^{55} tsi^{33}qə^{33} tsa^{54} mi^{31} tʂau^{35}? 谁 卖 种子 玉米 给 你们 群? 谁卖给你们玉米种子?
0008	qa^{54} hə^{31} la^{55}tɕy^{55} mau^{13} a^{31}fɯ^{33} ʈau^{33} lɯ^{33}ntəu^{31}tl̥i^{13} ti^{55}。 别 带 妹妹 去 玩 在 边江呀（语气词）。 别带妹妹去河边玩。
0009	a^{33}ʑa^{31}, tey^{33}mbə^{33} ma^{33} ley^{33} tie^{33}a^{33}tʂhi^{33} tai^{54} ley^{31} tə^{31}! 哎呀, 鱼儿 给 个 猫 叼 走 了! 哎呀，鱼儿被猫叼走啦!
0010	dʑi^{31} ku^{33} kuaŋ^{31}ɕi^{55} tə^{33} nɯ^{54}, ku^{55} ku^{33} kui^{33}tsəu^{55} tə^{33} nɯ^{54}。 你 是 广西 人，我 是 贵州 人。 你广西人，我贵州人。
0011	tɕi^{55} thai^{35} ɴqai^{31} hə^{33} sau^{54}, na^{55}ku^{54} zo^{33} tey^{31} mau^{13} u^{33} tau^{31}。 路 太 窄 很/厉害 因为, 所以 车子 都 去 不能够。 因为路太窄，所以车子过不去。

续表

序号	口语调查例句
0012	ŋ̊i^{13} mau^{13} laɯ^{55} hu^{33} nghau^{35} laɯ^{55}。 他 走 边 唱 歌 边。 他边走边唱。
0013	pi^{54} tʂau^{13} ŋtʂo^{31} mau^{13} tɕo^{31} tey^{33}, 我们 群 和 去 种 树 tsie^{54}tʂi^{13} tɕio^{31} i^{33} faɯ^{55} kə^{31}za^{35}, ku^{55} tɕo^{31} a^{31} faɯ^{55} kə^{31}dla^{35}。 弟弟 种 一株 梨树, 我 种两 株 桃树。 我们去种树，弟弟种了一株桃树，我种了两株梨树。
0014	m̥o^{33}ŋ̊a^{33} ŋ̊i^{13} ŋ̊o^{55} zui^{31}ni^{55} ŋ̊o^{55} i^{33} m̥o^{33}。 今晚 他 在 住这 在 一晚上。 今天他在这儿住一晚上。
0015	ku^{55} a^{33} tshai^{54}di^{13} hey^{33} hu^{55} ta^{31}。 我 两 只 手 不 干净 了。 a. 我的两只手都脏了。 ku^{55} a^{33} tshai^{54} di^{13} təu^{33} hey^{33} hu^{55}si^{13} ta^{31}。 我 两只 手 都 不 干净是 了。 b. 我两只手都脏了。
0016	tsha^{33} ŋ̊ɯ^{54} lo^{13} naɯ^{55}。 每 天 下 雨。 a. 天天下雨。 və^{33}tey^{31} pu^{55} ʈau^{33}. 树 满 山。 b. 树树满山。
0017	tey^{33}mpa^{33} ni^{55} dlo^{31} ku^{33}! 猪 这 肥 很! 这头猪好肥啊!
0018	vai^{33} ku^{33} təu^{33} ntau^{54} ɭau^{55}, ŋ̊e^{33} ku^{33} təu^{33} a^{54} qau^{55}, 父亲是 儿子 打铁, 母亲是 儿子 做农活, ku^{55} ku^{33} təu^{33} dʑey^{13} ntey^{55}, tsa^{33}tsi^{13} na^{33} təu^{33} dʑey^{13} ntey^{55}。 我 是 儿子 读书, 弟弟 也是 儿子 读书。 父亲是铁匠，母亲是农民，我是学生，弟弟也是学生。
0019	ŋ̊dʑi^{54} tɕi^{55}zi^{55} tshɯ^{33} ku^{33}, hey^{33} ʑo^{54} ku^{33} nto^{54} nto^{33} tɕi^{33} təu^{13} si^{13} ɕi^{55} mpaɯ^{35}。 双 姐妹 成器很, 不是 织布 就又 是 绣 花。 姐妹俩勤快能干，不是织布就是绣花。

续表

序号	口语调查例句
0020	ŋ̥i^{13} saɯ^{54} ta^{35} tsi^{33} dla^{31} ntey^{33} na^{31} tai^{13} si^{33}tau^{31}。 他 送 的 三 本 书 看 完 已经。 他寄来的三本书已经看完啦。
0021	pi^{54} pu^{33} i^{33} dəu^{31} lo^{33} qai^{55} a^{33} dəu^{31} ŋ̥e^{31} qai^{55}, 我们 投喂 一 只 公 鸡 两 只 母 鸡, hai^{31} təu^{31} ma^{35} i^{33} dəu^{31} tsi^{55} tl̥i^{55} i^{33} dəu^{31} ŋ̥e^{31} tl̥i^{55}。 还 又 有 一 只 公 狗 一 只 母 狗。 我们养了一只公鸡两只母鸡，还有一只公狗和一只母狗。
0022	ŋ̥i^{13} ʑe^{35} ma^{13} a^{33} lɯ^{33} təu^{33} ntshai^{33}, ma^{13} i^{33} lɯ^{33} təu^{33}, ma^{13} i^{33} lɯ ^{33} ntshai^{33}。 他 家 有 两 个 儿 女, 有 一个 儿子，有 一 个 女儿。 他家有两个小孩儿，一男一女。
0023	vai^{31}nga^{35} hey^{33} ma^{13} tɕey^{55} ta^{31}, ɴqai^{35} la^{33} hey^{33} ma^{13} ta^{31}。 家里 没 有 酒 了，肉 也 没 有 了。 家里酒没有了，肉也没有了。
0024	a^{33}naɯ^{33} ku^{33} ɕin^{33} tɕhi^{55} thian^{55}, 昨天 是 星 期 天, ku^{55} la^{55}mu^{31}ntəu^{31} mau^{13} ta^{54} dʑi^{31} ʑe^{35}, 我 下午 去 到 你 家, do^{35} i^{33} ŋ̥e^{33} tau^{35}naɯ^{33} i^{33} təu^{33} dʑi^{31} hey^{33} lo^{55} 等了 一 大 天 一半 你 不 回来。 昨天星期天，我下午去你们家，等了半天你都没回来。
0025	tse^{55} təu^{33} i^{33} l̥i^{54} lo^{31} tsa^{33} ŋga^{35} i^{33} ŋ̥tɕi^{31} ta^{33}, 位 儿子 一 月 来 在 房子 一 趟/次 而已, i^{33} ŋ̥tɕi^{13} ni^{55} ŋ̥t̥o^{31} a^{33}lau^{33} ma^{35} tsi^{55}ma^{31}ŋ̥ey^{55} lo^{33} 一 次 这 给 老人 买 葡萄 回来 ʑi^{31} tl̥i^{13} ŋ̥e^{35} ku^{33} i^{33} tɕi^{33}。 八 块 钱 是 一 斤。 儿子每月回一趟家，这次给父母买来葡萄，每斤8元呢。
0026	ku^{55} pau^{33} ku^{55} ʑɯ^{33}, ku^{55} pau^{33} ku^{33} qə^{31}ŋ̥i^{13} ley^{33} nəu^{55} qə^{33}ŋ̥i^{13} a^{33}。 我 了解 我 自己，我 知道 是 自己 的 事情 自己 做。 我了解我自己，自己的事情我自己做。
0027	ley^{55} tə^{33}nɯ^{54} ni^{55} ku^{33} ku^{55} ley^{55}ze^{33}, 个 人 这 是 我 姐姐, ley^{55} tə^{33}nɯ^{54} ni^{55} pi^{31} di^{13} qhey^{33}pi^{31} ʐo^{31} ku^{55} ley^{55}ze^{33}。 个 人 这 必定 不是 我 姐姐。 这个人是我姐姐，那个人不是我姐姐。

续表

序号	口语调查例句
0028	dʑi^{31} tie^{13} ntey^{55} ŋ̊o^{54} qhey^{33}ni^{55}。 你 的 书 在 这儿。 a.你的书在这儿。 thu^{31} su^{55} kuan^{31} tie^{13} ntey^{55} ŋ̊o^{54} qhey^{33} pi^{31}di^{35}. 图 书 馆 的 书 在 那儿。 b.图书馆的书在那儿。
0029	i^{33} mpaɯ^{31} ni^{55} ɴqhə^{31}ŋ̊e^{31} pɯ^{31} tɕe^{33} ta^{55}, 一 会儿 这 才 五 点 而已， a^{33}tie^{33} a^{55} lau^{35} dɯ^{35}they^{35} i^{33}təu^{31} ŋgəu^{13} lo^{31} ŋ̊tɕau^{35} ta^{31}。 怎么 两根 木头 一会儿 运 来 到 了。 这会儿才5点钟，两根大木头就运到了。
0030	dʑi^{31} hu^{54} ŋghau^{35} hu^{54} zau^{54} lə^{33}ni^{55}，tsai^{54} hu^{54} i^{33} tʂo^{55} tie^{31}。 你 唱 歌 唱 好 这样， 再 唱 一 首 语气词。 你的歌唱得这么好，再来一首。
0031	mi^{31} dzau^{35} zo^{55} ma^{35} pɯ^{33}tʂau^{55} ŋ̊tɕau^{35} ʑi^{31}? 你们 群 村子 有 几 十 多 家？ qa^{33} lau^{35} ma^{35} pɯ^{33}tʂau^{55} tl̥i^{55}? zau^{31} pɯ^{55}zo^{55} la^{55}ʑa^{55} pɯ^{55}zo^{55} tɕe^{35}ŋ̊iau^{35}? 离 城市 有 多少 远？坐 车 要 车 时间？ a.你们村子有几家人？从这里到城里有多远？坐车要多久？ pi^{55} zo^{33} ma^{35} pɯ^{55}dʑau^{13} tɕau^{55} ʑi^{35}, 我们 村 有 五十 多 家， qa^{31} lau^{55} ma^{35} tsi^{55}dʑau^{13} tɕau^{55} ŋ̊tɕa^{33} tɕi^{55}, 离 城 有 三十 里 多 路， zau^{31} pɯ^{55}zo^{55} na^{55}ʑa^{55} i^{33}ntaɯ^{33} təu^{13} tɕe^{35}ŋ̊iau^{35} tɕau^{55}。 坐 车 要 一半 个 小时 多。 b.有五十多家，我们村到城里三十来里，坐车半个多小时就到了。
0032	ley^{33}tʂho^{54} ley^{33}ŋ̊tɕai^{54} ku^{33} ku^{55} pie^{33}? a^{33} lu^{33} tɕhie^{33} təu^{33} i^{31}si^{31}? 衣服 个哪 是 我 的？ 两个 全部 都一 式？ a.哪件衣服是我的？怎么都一样呢？ hey^{55} pau^{54}? pau^{54} nɯ^{55} təu^{13} ŋ̊tɕau^{31} i^{33} lu^{33} tie^{54}. 不 知道？知道 怎么会 多 一件 来？ b.谁知道呢？什么时候多出一件来？
0033	qa^{33} tɕhie^{33} tɯ^{54}nɯ^{33} tl̥aɯ^{33}nɯ^{54} tie^{33}, xɯ^{55}pɯ^{33}tl̥aɯ^{33}nɯ^{33} qə^{31}ŋ̊i^{31} la^{55} na^{31} zau^{33}。 不 拿 别人 东西 呀， 大家 东西 各 自 要 看 好。 别人的东西不要拿，大家的东西要看好。

续表

序号	口语调查例句
0034	gau^{31} pɯ^{33} ku^{33} pɯ^{33} ley^{55} tsi^{33} mpey^{31}, pɯ^{33} ku^{33} gau^{31} ley^{55} i^{33} pen^{33} ɳ̥ʈaɯ^{55}。 十 五 是 五 的 三 倍， 五 是 十 的 一 半 十五是五的三倍，五是十的一半。
0035	ley^{55} zo^{35} ni^{55} ɖau^{54} ku^{33} l̥a^{55} təu^{33} tey^{31}mau^{13} thie^{55} ȵ̥e^{35} ley^{33} ta^{31}, 个 村 这 人群 是 年轻 都 出去 找 钱 去 了， ma^{35} i^{33} tshie^{33} ku^{33} ma^{13} a^{35}lau^{31} ta^{55}, ma^{13} i^{33} tshie^{31} ku^{33} ma^{13} po^{35} ʑau^{33} ta^{55}。 有 一 些 是 有 老人 仅仅，有 一 些 是 有 妇女儿童 仅仅。 全村年轻人大多外出打工了，有些家里只有老人，有些家里只有妇女和儿童。
0036	tey^{33}ʑaɯ^{35} hu^{55} ku^{33}。 绵羊 干净 是/很。 i^{33} mbo^{54} ʑaɯ^{35} ni^{55} t sha^{33} dəu^{31} dəu^{33} dlo^{31}, dʑi^{31} sai^{55} i^{33} dəu^{31}。 一 群 羊 这 每 只 都 肥， 你 挑 一 只。 羊比较干净。这一群羊只只都很肥，你挑一只。
0037	ley^{33} ntəu^{35}tl̥i^{13} tey^{55} mbə^{35} qaɯ^{54} na^{55} təu^{55} ley^{33} mpau^{13}au^{54} tey^{55} mbə^{35}。 个 河里 的 鱼 好吃 要 比 池塘 的 鱼。 河里的鱼比塘里的鱼好吃。
0038	tsi^{33} ley^{33} lau^{35} ɳ̥i^{55} nɯ^{33} ma^{33} ku^{33} fen^{55}pi^{31} ku^{33}: 三 个 老人 日期 生 是 分别 是： lu^{55} a^{33} l̥i^{33} sie^{33}ʑi^{31} lu^{55} tsi^{33} l̥i^{33} sie^{33}pɯ^{55} lu^{55} tl̥au^{31} l̥i^{33} sie^{33}i^{31} 农历 二月 初八 农历 三月 初五 农历 六 月 初一。 三位老人的生日分别是：农历二月初八、三月初五、六月初一。
0039	a^{33}po^{35} zau^{31} tɕi^{33} tl̥o^{33}tshi^{33} tɕe^{33} na^{31} ku^{33} tey^{55} tɕy^{55} ʑi^{54} thl̥ie^{33} mau^{13} thl̥ie^{33} lo^{13}。 奶奶 坐 着 笑眯眯 地 看 是 个 孙子 跳 去 跳 来。 奶奶笑眯眯地坐着看孙子蹦蹦跳跳。
0040	ɳ̥i^{13} tɕhey^{33} tie^{54}mu^{31} ni^{55} lə^{31}mu^{31}tsəu^{54} dʐa̤^{33} tl̥a^{33}ta^{31}təu^{33} naɯ^{13} si^{31}ta^{31}。 他 把 红薯 这 个红薯 故意 随便 洗 不好 就 吃 了。 他把红薯随便洗洗就吃了。
0041	a^{33}tha^{54} ku^{31} qha^{33} tha^{35}ʑi^{55}, pi^{54}tʂau^{13} naɯ^{13} va^{31} lɯ^{33}laɯ^{55}。 时 是 客人 来， 我们 吃 饭 正在。 来客人时，我们正在吃饭。
0042	ɳ̥i^{13} tshey^{33} ɣe^{35} nie^{33}vai^{31} mau^{13} ta^{33} pey^{31}tɕiŋ^{55} i^{33} kə^{31}。 他 想 带 母父 去 到 北京 一 次 。 他很想带父母去一次北京。

续表

序号	口语调查例句
0043	ȵ̥dʑey^{55} ȵ̥e^{31}vai^{31} heu^{31} zau^{31} za^{55}tie^{55}。 双/一对 妻 夫 很 好 很 的。 夫妻俩很恩爱。
0044	ley^{55} ʈau^{54} pi^{35} ma^{35} i^{33} tɕo^{33} kə^{31}sa^{55}。 个 山 上 有 一片 梨 树。 a. 山上有一片梨树。 ley^{55} ʈau^{54} ni^{55} hey^{33}pu^{31}ma^{35} kə^{31}sa^{35}。 个 山 这 没 有 梨树。 b. 这座山上没有梨树。
0045	tl̥ey^{35} mau^{35} ni^{55} ti^{13}ʑo^{31} dʑi^{31} sau^{33} tɕo^{31}? 封 信 这 是不是 你 写 的? a. 这封信是不是你写的? ʑo^{31}。hey^{33}ʑo^{55}。 是。 不是。 b. 是。不是。
0046	ȵ̥i^{13} dzey^{35} hey^{31} a^{33}vau^{55} ləu^{33}, təu^{31} ku^{31} a^{33}vau^{55} tə^{33} nɯ^{54}。 他 会 说 汉 话, 应该是 汉族 人。 他会说汉语,应该是汉族人。
0047	di^{13} dʑi^{31} ʑuan^{35} a^{33}ȵ̥aɯ^{55} tʂo^{33} ni^{35} tɕo^{31}? 那 你 愿意 嫁 给 他 吗? a. 你愿不愿意嫁给他? ʑuan^{35} ʑi^{35}。hey^{55} ʑuan^{35} ʑi^{35}。 愿意。 不 愿意。 b. 愿意。不愿意。
0048	a^{33}nie^{33}tɕa^{33} tsha^{55} ku^{33} a^{33}tɕi^{33} dey^{35} ntəu^{54} lo^{55} ley^{31}。 大 风 吹 得 枝木 树 断 了 的。 大风吹断了树枝。
0049	pi^{54}dzau^{35} ta^{31} ntsa^{33} nga^{35}。 我们 进 到 屋。 我们进屋去。
0050	ley^{55} qa^{33}nga^{33} ʑi^{33}təu^{33}tɕa^{33} tian^{35}teŋ^{55} ʑi^{35}ta^{31}。 个 屋檐 装上/拉上 电灯 了。 屋檐装上了电灯。
0051	pɯ^{33}tɕi^{31} ɕau^{54} va^{31} tha^{35}, ɕau^{54} li^{31} hey^{55} tha^{35}。 明天 小 王 来, 小 李 不 来。 明天小王来,小李不来。

续表

序号	口语调查例句
0052	dʑi^{31} mau^{13} ma^{35} i^{33} ʈau^{31} tɕey^{55} lo^{35}。 你 去 买 一 瓶 酒 回来。 你去买瓶酒回来。
0053	ma^{35} i^{33} dəu^{31} tʂhi^{33} mpy^{31} tey^{33}key^{33}ʈau^{35} a^{33}sa^{55}。 有 一 只 猫 睡 凳子 上面。 tey^{33}key^{33}ʈau^{35} a^{33}sa^{55} mpy^{31} i^{33} dəu^{31} tʂhi^{33}。 椅子 上面 睡 一 只 猫。 a.有只猫趴在凳子上。b.有只猫在椅子上趴着。
0054	ȵi^{13} sa^{33} ma^{35}ntey^{55} sau^{33} zau^{33} ku^{33}。 他 写 字 写 好 极 了。 他的字写得好极了。
0055	a^{33}ʑey^{35} mau^{13} ȵaŋ^{55}tse^{33} ku^{33}。 爷爷 走 慢 非常。 爷爷走得非常慢。
0056	tia^{54} ɭa^{35} tu^{13}ntəu^{35} ni^{55}，ku^{55} i^{33} lɯ^{33} təu^{35} tɕy^{55} tau^{35}。 根 大 木头 这， 我 一 个 也 扛 能。 这根大木头，我一个人也扛得起。
0057	tse^{55} ȵtɕi^{33} e^{35} naɯ^{35} hey^{55}tsi^{33}。 这 菌子 那种 吃 不得/不能 。 那种菌子吃不得。
0058	ȵi^{13} hey^{55} la^{33} zau^{31} fei^{55} tɕi^{55}。 他 没有 过 坐 飞机。 他没坐过飞机。
0059	lia^{33}tɯ^{35} sa^{55} tʂau^{31} i^{33} fu^{33} xua^{35}。 墙 上 挂 一 幅 画。 a.墙上挂着一幅画。 lia^{33}tɯ^{35} sa^{55} tʂau^{31} ma^{35} i^{33} fu^{33} xua^{35}。 墙 上 挂 有 一 幅 画。 b.墙上挂有一幅画。
0060	pie^{33}ʂi^{31} vai^{31}nga^{35} ȵe^{33} a^{33} va^{55}，vai^{33} a^{33} qaɯ^{55}。 平时 家里 妈妈 做 饭，爸爸 做 庄稼。 平时家里妈妈做饭，爸爸种田。
0061	ley^{55} tɕe^{33}ȵau^{13}，pi^{54}dzau^{33} ti^{31}ʈau^{35} naɯ^{35}。 赶 时间， 咱们 快 吃。 赶时间，咱们快吃吧。

续表

序号	口语调查例句
0062	dʑi^{31} ta^{31} tʂau^{33} tshi^{55} po^{55}li^{31} saɯ^{33} hey^{55} mpau^{35} e^{31} ? 你 砸 碎 块 玻璃 了 不 赔 吗? 你砸碎玻璃不赔吗?
0063	ŋ̊i^{13} ŋ̊tɕi^{33} ta^{54} feu^{55} tey^{13} mau^{13} tl̥i^{33} key^{33}tl̥a^{35}。 他 爬 棵 树 去 摘 桃子。 他爬上树去摘桃子。
0064	dʑi^{31} ʂi^{31} i^{33} ntsi^{33}ŋa^{33} tse^{33}zau^{31} ni^{55}。 你 试 一 点儿 碗 菜 这。 你尝尝这个菜。
0065	tse^{33} nəu^{31} ni^{55} ku^{55} nty^{31} mey^{33} na^{55}a^{33}lɯ^{33}ŋ̊tɕau^{33}。 件 事 这 我 想 再 怎么办。 a. 我再想想这件事怎么办。 ku^{55} nty^{31} mey^{33} tse^{33} nəu^{31} ni^{55} na^{55}a^{33}lɯ^{33}ŋ̊tɕau^{33}。 我 想 再 件 事 这 怎么办。 b. 这件事我再想想怎么办。
0066	ku^{55} na^{31} dʑi^{31} tɕe^{33} ntey^{55} ni^{55} tie^{33} zau^{31} tɕo^{31}? 我 看 你 读 书 这 真 好 吗? 我看看你的书好吗?
0067	dʑi^{31} hey^{35}nti^{55} mau^{13}，ku^{55} tha^{13} zau^{31}。 你 前面 走， 我 到 就。 你先走，我就来。
0068	dʑi^{31} sɯ^{55} ntau^{33} tian^{33}xua^{35} nɯ^{31} ku^{31} tɕhe^{55}sa^{33} hai^{55}tey^{33}xey^{33}。 你 先 打 电话 问 是 清楚 了 再 说。 你先打电话问清楚再说。
0069	la^{55}ma^{31} naɯ^{31} nghau^{35} tɕe^{33} sau^{33} tʂo^{31} lie^{31}。 妹妹 听 歌 着 写 作业。 妹妹听着歌写作业。
0070	tey^{33}mbə^{35} ni^{55} a^{55} key^{33} tɕey^{55} lo^{31} naɯ^{35} no^{33} la^{33} hau^{35} lo^{31} naɯ^{35}? 鱼 这 要 拿 蒸 来 吃 还是 又 煮 来 吃? 鱼是蒸着吃还是煮着吃?
0071	ku^{55} ŋ̊o^{55} ku^{33} ɕau^{31}li^{33} tsha^{31} pɯ^{33}tʂaɯ^{33} ŋ̊tɕi^{11} ngau^{13}。 我 听 是 小李 唱 几 次 歌。 我听过几次小李唱歌。
0072	ŋ̊i^{13} ma^{35} i^{33} ŋ̊tɕey^{33} tie^{55} lie^{55} ku^{33} zau^{31} ku^{33}。 她 有 一 条 裙子 红 是 漂亮 非常。 她有一条漂亮的红裙子。

续表

序号	口语调查例句
0073	tsi⁵⁵mo³¹ ʑa³¹ tse³³tʂi¹³ dlo³¹。 哥哥 瘦，弟弟 胖。 哥哥瘦，弟弟胖。
0074	a³³po³³ dʑi³¹ tɛy⁵⁵lie¹³ mau¹³。 奶奶 你 慢慢 走。 奶奶你慢慢走。
0075	ley⁵⁵ntəu³³ hey³³ so⁵⁵，e⁵⁴ vey³³naɯ³³ ku³³。 天 不 热， 但 潮湿 很。 天不热，但很潮湿。
0076	va⁵⁴ ntl̥i³³ ku³³ ȵtɕi³³tshi³³lie³⁵ qaɯ³³a³³ ku³³。 饭 米 是 亮铿铿 香 很。 白花花的新米饭香喷喷的。
0077	ȵi¹³ pa³¹ qaɯ³³tɕey⁵⁴ tɕhi³¹ ku³³ hu⁵⁵ tɕa¹³ kə³³ sau³³。 他 把 地板 扫 是 干净 放 着 了。 他把房间打扫得干干净净的。
0078	va⁵⁴ntl̥i³³ȵtɕia³⁵ tsu³¹haɯ³³ ntsa³³ i³³ ȵe³¹ zo³³ ley³¹。 糯米饭 香 到 一整个 村子 去。 糯米饭香了整个村子。
0079	a³³po³³ tui³³ tl̥a⁵⁵ qha³³ zau³³ ku³³。 奶奶 对 客人 好/热情 是。 奶奶总是对客人很热情。
0080	i³³ ɕau³³ zau³³ la⁵⁵ təu⁵⁵ i³³ ɕau³³。 一 年 好 要 比 一 年。 一年比一年好。
0081	tse⁵⁵lo³³ thie³³ tse⁵⁵a³³ lɯ³³ sie⁵⁴ tɕi³³ hey³¹ tsi³³。 老大 和 老 二 个 高 得 一样 子。 老大和老二一样高。
0082	ku⁵⁵ sie⁵⁴ la⁵⁵ təu³³ dʑi³¹，ȵi¹³ sie⁵⁴ la⁵⁵ təu³³ ku⁵⁵。 我 高 要 比 你， 他 高 要 比 我。 我比你高，他比我更高。
0083	pi⁵⁴dʐau³⁵ tsi³³ lɯ⁵⁵ təu³³nəu⁵⁵ ȵi¹³ tsui³⁵sie⁵⁴。 我们 三 个 人 他 最 高。 我们三个人中他最高。

续表

序号	口语调查例句
0084	pu^{54}tɕau^{54} nɯ^{33} təu^{33} ŋau^{31}ʑi^{33} tɕi^{33} tɕia^{35} si^{33} da^{31} ku^{55} tl̥au^{54}ŋo^{33} ku^{33}。 几 天 都 熬 夜 放 着 像 死 我 困 很。 连续几天熬夜，我困死了。
0085	dʑi^{31} tey^{31} naɯ^{35} i^{33} kho^{54} va^{54} thie^{54}。 你 又 吃 一 碗 饭 加上。 你再吃一碗饭。
0086	ŋ̥i^{13} tey^{31} ma^{35} tau^{33} i^{33} dəu^{31} mo^{31}tho^{31}tshe^{55}。 他 又 买 到 一 辆 摩托车。 他又买了一辆摩托车。
0087	ŋ̥i^{13} z̥i^{35} a^{33} lɯ^{33} dəu^{31} təu^{33} mau^{13} ntau^{33} koŋ^{55} lo^{35} kuaŋ^{31}toŋ^{55}， 他 家 两 个 儿子 都 去 打 工 来 广东， i^{33} ɕau^{33} nan^{55} they^{55} ngau^{31} tɕau^{31} vau^{13}。 一 年 大概 挣 十 多 万。 他家两个儿子都在广东打工，一年大概能挣十几万。
0088	tl̥ey^{33} tl̥ey^{33} khaɯ^{55} ŋ̥i^{13} i^{33} ta^{31}ŋ̥ɯ^{11}，ŋ̥i^{13} naɯ^{35} hey^{55} mpai^{31}mau^{13}。 白 白 劝/留 他 一 下午，他 听 不 进 去。 白白劝他一下午，可是他根本听不进。
0089	ku^{55} hey^{31}ŋ̥e^{31} la^{55} mau^{13} ŋ̥they^{55} ŋ̥i^{13} ta^{33}， 我 刚 要 去 找 他 了， i^{33}təu^{33} ŋ̥i^{13} ti^{33}tau^{33} ʈai^{31} tɕi^{33} kɯ^{33}tshi^{31} ta^{35} ta^{31}。 遇到 他 匆匆忙忙 跑 了 跌跌撞撞 来 了。 我刚要去找他，他就匆匆忙忙地跑了进来。
0090	ku^{55} ndzo^{31} ku^{55} ŋ̥e^{33} lo^{35} ŋ̥tɕia^{31}nga^{35}，təu^{31}ku^{33} ku^{55} vai^{33} qey^{31}nie^{31} dey^{31} ley^{31} ta^{55}。 我 跟 我 妈妈 到 家，可能 我 爸爸 刚刚 出 去 了。 我跟妈妈到家时，爸爸可能才刚刚出门。
0091	tsa^{33}ni^{55} ŋ̥i^{13} a^{33} la^{31} ku^{33}，ku^{55} ŋ̥o^{55} ku^{33} ŋ̥i^{13} la^{55} xə^{33}niaɯ^{55} ta^{31}。 最近 他 很 高兴 非常，我 听 是 他 要 结婚 了。 他最近很高兴，我听说他快结婚了。
0092	tse^{54}tɕey^{55} ŋ̥ɖo^{31} a^{33}ʑey^{13} sau^{55} tʂ̥ha^{31} lo^{35} 孙子 给 爷爷 寄 茶叶 回来， a^{33}ʑey^{13} thl̥o^{31} ku^{33} a^{33}ŋ̥tɕhau^{13} təu^{33} po^{33} e^{33} tau^{33}。 爷爷 笑 得 嘴巴 都 合 不 拢。 孙子给爷爷寄回茶叶，爷爷笑得合不拢嘴。

续表

序号	口语调查例句
0093	hu^{31} nga^{35} ɯ^{33}zau^{33} tɯ^{33}nɯ^{33} a^{33}sie^{55} ntha^{55}。 唱 歌 好 人 心 开放/开。 唱歌令人开心。
0094	ŋ̥i^{13} a^{33}lau^{55} mau^{33}tɕi^{33} hey^{33} l̥o^{55} e^{33}，dlaɯ^{35}zo^{33} nie^{54}。 他 老汉 个子 很 小 啊，气力 大。 他个子虽然小，但气力很大。
0095	tsai^{55} ʑa^{55} ku^{33} ŋ̥tɕey^{33}l̥a^{35} tsi^{54}，tɕhiey^{33} l̥au^{33} tl̥a^{55} l̥au^{33} ŋ̥tɕey^{33} ti^{33} təu^{33} ko^{33}ʑi^{33}。 只 要 是 刨土 能， 拿 铲锄 挖锄 的 都 可以。 只要能刨土，拿铲子或锄头来都行。
0096	tsa^{55}tɕi^{33} ta^{33} nto^{35} lia^{33}tɕy^{33} tɕi^{33} o^{35} tʂho^{55} ta^{31}。 如果 顺 沿 边河 就 更 绕 了。 如果沿着河边走就更绕了。
0097	lo^{13} naɯ^{55} tɕi^{33} so^{33}ntsa^{55} ta^{31}，ti^{33}tau^{33} sau^{33} kɯ^{55}tl̥a^{13}? 下 雨 得 嘀嗒 了，快点 收 衣服。 滴滴哒哒下雨啦，快收衣服吧。
0098	pɯ^{33}tɕi^{31} mau^{13} tɕhy^{33}tɕi^{33} tie^{33} la^{55} mau^{13} tɕo^{31}。 明天 去 赶集 那要 去 吗? a. 明天赶集去不去? pɯ^{33}tɕi^{31} mau^{13} tɕhy^{33}tɕi^{33} zau^{33}hey^{33} zau^{33}? 明天 去 赶集 好不好? b. 明天去赶集好不好?
0099	tə^{33} nɯ^{54} ku^{33} ŋ̥i^{13} ntau^{33}。 人 是 他 打。 是他打的人。
0100	tɕhey^{33} tse^{33} ka^{33}zau^{54} ni^{55} lo^{35} hey^{13} pa^{31} 拿 种 菜 这 来 说 吧， tsha^{33}lɯ^{33} təu^{33} hey^{55}pɯ^{33} naɯ^{35} ʑi^{35} ku^{33} ta^{31}。 大家/每人 都 没 吃 就 很 了。 拿这种菜说吧，大家都很久没吃了呢。

第二节 话语材料

一、苗族歌谣

（一）歌谣：敬老歌

ho^{33} ʈa^{33} nkau^{31} ku^{33} ɕie^{54}lao^{54}

唱 首 歌 是 敬老

a^{33} ku^{55} tɕi^{31} lao^{3} ^{5}nio^{54} tie^{35}lo^{35} dɦi^{31}li^{31} a^{35}lao^{31} ho^{54}o^{54}ʑe^{54}e^{31}

啊 我 就 老人 在 世间时 老人 喊

ntsa^{31}ntsai^{31} ku^{33} lau^{35} ho^{54} tie^{55} lo^{31} lau^{31} la^{54}o^{31}

只怕 是 老人 喊 真 来 老人 骂

a^{31}ma^{54} lo^{31} ntsai^{54} ku^{55} lau^{11}ho^{54} tie^{31}lo^{54} ti^{55}li^{31}lau^{11} ntau^{54}

只有 来 怕 是 老人喊 真来 老人 打

ni^{11}hi^{11} ku^{33} lau^{31} nio^{55} tie^{35}lo^{35}ti^{54} lau^{54} ho^{54}

说 是 老人 在 世间 老人 喊

lau^{33} a^{54}la^{55} ho^{31} tie^{54} lo^{31} lau^{33} ma^{54}lɦa^{35}o^{35}

老人 人家 喊 真 来 老人 有 话 哦

l̥au^{33} a^{54}la^{54} ho^{31} tie^{31} lo^{31} l̥au^{33} ma^{31}ntau^{54}

老人 人家 喊 真 来 老人 不打

l̥au^{31} a^{54}la^{54} ho^{31} ku^{54} la^{31}ʂi^{54}di^{54}zo^{31} a^{54}tie^{33}l̥a^{54} tie^{33}ʑau^{33} dɦa^{35} n̥au^{31}ɴɢɦai^{35} to^{54}

老人 人家 喊 是 团转的 青年 小孩 来 吃 肉 了

ma^{54} n̥je^{54} ni^{31}ku^{31} l̥au^{33} ho^{31} tie^{31} lo^{54} tɕi^{55} a^{54}l̥au^{33} ma^{54}ntau^{54}

有 娘 说是 老人 喊 真 来 就 老人 不打

ndʐa^{31} a^{54} la^{54}ho^{31} ko^{31} la^{55}zi^{54}tɦi^{31}zo^{11} tɕie^{54}l̥e^{54}qa^{54}l̥au^{33} a^{54}tɦa^{31} hau^{54} tɕiey^{54} tə^{33}

他们 要 喊 团转 在世 群 老人 来 喝 酒 了

haŋ33 ku55 tɕi54 lau31 nio31 tie54lo54tɦi54li31 a54l̥au33 su33

啊 我 就 老人 在 世间 老人 像

ntʂa31 su33 ku33 ku55 nie54 ʑi31 fa54 ku55 ntau54 l̥au31 ku33 a31 ntse55 pi31 ntl̥ey11

语气词像是 我 母亲一 棵 是 树 老 是 做 生/翻 上 垭口

ntʂa31su33 ku33 ku55nie31 ʑi31 fa54 ku55 ntau54 l̥au31 ku54 a54 ku33 qa54lie54ntɕi31 tɕiau54

语气词 像 是 我 母亲一棵 树 老 是 做 事 老枝丫 多

a54 ma35 nie55 hi33 ku33 l̥au33 nio31 tie31 lo54 tɕi54 l̥au33 su33

做 要 哭 说 是 老人 在 真 来 就 老人像

l̥au33a54 lo33 su33 ku33 ku55 nie31 ʑi31 fa54 ku55 ntau54

老 要 来 像 是 我 母亲 一 棵 是 树

l̥au31 ku54 a54 qa54lie54ntɕi31 tɕiau54

老 是 做 枝丫 多

ntʂey31 zau54 ku33 tie54l̥a54 tie54ʑau31 ku33 tɕhiey54 ku55 ntl̥hai31ntsau55

遮 好 是 青年 小孩 是 地方 是 乘凉

ni31hi54 ku33 l̥au31 nio31 tie54 lu54 tɕi33 a54l̥au33 su3

说 是 老人 在 真 来 就 老人 像

ntsa31 a54 lo33 su33 ku33 ku55 nie55 hi54 du33

语气词 做来 像 是 我 母亲 不 习惯

ku33 qai54 mpə33mpə33 a54 qai33 bɦa31təu54

是 鸡 抱 做 鸡 抱儿

ntsa31 bɦa31 ku33 dʑɦia3 1təu54 ŋkaɦau31təu54 tɕi54e31

语气词 抱 是 九 只 十 只 就啊

ntsa31 si54 tʂo31 tɕie54 nie31 ʑi31 to31 qai54qo11 tl̥o31

语气词舍到 世 间 一 只 鸡 蛋 滚

ntsa31 si54 tʂo31 tɕie54nie31 hi31 to31 qai54 ko55 pɦə11

语气词 舍到 世间 不 得 鸡 落 下

ku^{55} tɕi^{54} lau^{11} nio^{31} tie^{54} lo^{54} tɕi^{33} lau^{11} su^{33}

我 就 老人 在 真 来 就 老人 像

ntsa^{31} su^{54} ku^{33} ku^{55} nie^{33} ʑi^{54}tɕio^{54} la^{55}və^{54}qə^{33}na^{33} a^{54} ntse^{33} pi^{33} ɣə^{31}

语气词 像 是 我 娘 一块 大石头 做 翻 上面 山野

ntsau^{31} a^{54} lo^{33} su^{54} ku^{33} ku^{55} nie^{54} ʑi^{55}tɕio^{33}la^{55}və^{54} le^{33} tl̥o^{33}

语气词 做 来 像 是 我 大 块 石头 的 黑

a^{54} ntse^{55} tsheu^{33}n̥əu^{31} tɕi^{33} ki^{55}mu^{33}ntsa^{33}o^{54}

做 翻 天 就 一 辈 子

意译：

唱首敬老的歌，老人在老人喊，怕老人喊老人骂，怕老人喊老人打，老人在老人喊，老人喊老人不骂，老人喊老人不打，喊团转的小人来吃肉，老人喊老人不打，喊团转的老人来喝酒，老人在老人像，像一棵老树生在垭口，像一棵老树枝丫多，老人在老人像，像一颗老树枝丫呀，让小人好乘凉，老人在老人像，像一只抱儿的母鸡，抱十只九只，也舍不得抛撒一只，也舍不得一只落下，老人在老人像，像一个在山野的大石头，像一个黑石头在一辈子。

（二）歌谣：红籽婆红籽公养家蜂

ku^{55} ntɕiau^{54} tə^{33} ɕau^{54}na^{54} ku^{33} a^{54}la^{54} tʂe^{55}lo^{31} pau^{54}

我 到 了 今年 是 别人 才 知道

a^{55}ma^{54}lo^{33} pau^{33} ku^{33} pɦo^{35} ʂi^{33} nie^{31} ntl̥i^{31} ku^{54}

才 知到 婆 籽 母 米 是

a^{54} ku^{33} ʑɦey^{33} ʂi^{33} nie^{33} ntl̥i^{31} ɕau^{54} ʑey^{31} mu^{55}

做 是 爷 籽 母 米 别家 养 蜂

a^{55}ma^{54}nie^{55} pau^{33} ku^{33} pɦo^{35} ʂi^{33} nie^{31} ntl̥i^{31} ku^{33} ʑɦey^{33} ʂi^{33} nie^{33} ntl̥i^{31} ə^{31}qə^{55}

才 知道 是 婆 籽 母 米 是 爷 籽 母 米 一心

ʑey^{31} ntau^{54}

养 崖蜂

ni^{11}hi^{33} ku^{54} la^{55}mu^{55}təu^{54} ku^{33} la^{55}mu^{55} pi^{33}tsha^{54} a^{54} ley^{54} sai^{54}ntsai^{11}

说 是 家蜂 是 家蜂 飞散 做 追 平地

ko^{55}tɕi^{31} la^{55}ntau^{54} nto^{54} la^{55}ntau^{54} pi^{33}tshai^{33} le^{54} li^{31} sa^{54}tʂa^{54}

就 崖蜂 飞出 崖蜂 飞散 去 往 悬崖

ni^{31}hi^{54} ku^{31} la^{55}mu^{55} nto^{54} ku^{54} la^{55}mu^{55} pi^{54}tsha^{31} a^{33}mau^{35} ley^{35} mbɦaɯ^{35}

说 是 家蜂 飞出 是 家蜂 飞散 去 追 花

ni^{31}hi^{54} ku^{54} la^{55}ntau^{54} nto^{54} la^{55}ntau^{54} pi^{33}tshai^{33} nta^{54} a^{54} tshəu^{33}

说 是 崖蜂 飞出 家蜂 飞散 开 造 巢

a^{55} ku^{33} tɕi^{54} la^{55}mu^{55} nto^{54} ku^{33} la^{55}mu^{55} pi^{54}tsha^{31} le^{54}li^{31} a^{54}tai^{54}tɕi^{31}

啊 是 就 家蜂 飞出 是 家蜂 飞散 去往 一早上

ni^{31}hi^{54} ku^{54} la^{55}ntau^{54} nto^{54} la^{55}ntəu^{54} pi^{33}tshai^{33} ley^{31} tɦai^{31}n̥əu^{33}

说 是 崖蜂 飞出 崖蜂 飞散 去 半天

a^{55} ku^{54} tɕi^{54} la^{55}ntau^{31} ti^{33}mu^{55} tɕi^{54} i^{33} a^{33} ma^{31} lo^{33} nto^{54} ku^{33}

做 是 就 崖蜂 家蜂 兮 啊 做 不 来 飞出 是

ma^{33} ley^{31} ku^{33} se^{55}tʂe^{55} lo^{11}

不 会 回 来

ni^{31}hi^{54} ku^{54} bɦo^{54} si^{33} nie^{33} ntl̥i^{31} ntse^{54} a^{54} ku^{33} qa^{55}qhau^{54} tie^{33}lo^{54} tʂe^{31}

说 是 婆 籽 母 米 备 做 是 盘缠够 回来 到

ntsau^{31} zau^{54} ku^{54} nie^{31} ʑɦey^{31} tsi^{54} nie^{31} ntl̥i^{33} tsu^{54}

装 好 是 母 爷 籽 母 米 背

n̥i^{31}hi^{54} ku^{55} nie^{31}ni^{54} ku^{54} ʑɦey^{31} tsi^{54}nie^{31} ntl̥i^{31} tɕi^{54} ʑe^{33}ntsa^{35}

说 是 母 它 是 爷 籽 母 米 兮 量

tsi^{33} ku^{31} qa^{55}qhau^{31}qə^{33} ma^{54} tʂo^{55}

背 是 盘缠 拿 跟

a^{31} ma^{54} ni^{55} tʂo^{31} ku^{33} le^{54}ntau^{54} ti^{55}mu^{31} a^{33} ha^{33}qə^{33} mau^{31}

做 拿 它 跟 是 崖蜂 家蜂 做 后面 去

n̥i^{54} ku^{54} nie^{31} ʑɦey^{33} tsi^{54} nie^{31} ntl̥i^{31} tɕi^{54}ʑe^{33} a^{54} ma^{54} ni^{55} mao^{31} ku^{33}

说 是 母 爷 籽 母 米 就 做 拿 它 去 是

tʂo^{35} ku^{33} tsa^{55} ku^{33} tsa^{55}tsu^{55}tsai^{54} ɕɦi^{31}mi^{31} qai^{54}bɦə^{33}

跟 是 到 是 地主家 底下 团转

ni^{31}he^{33} ku^{33} tsa^{54}tsu^{55}tsa^{54} ɕɦi^{33} tʂai^{31} l̥a^{33}mɦai^{33}

说 是 地主家 跑 桥 藤

ku^{55} tɕi^{54} nie^{33} ʑɦey^{33} tsi^{54} nie^{31} ntl̥i^{31} tʂai^{31} l̥a^{55}l̥au^{55}

是 就 母 爷 籽 母 米 跑 桥 铁索

ni^{54}hi^{33} ku^{54} nie^{31} ʑɦey^{33} tsi^{54} nie^{31} ntl̥i^{31} tɕi^{54}ʑe^{54} a^{33}ma^{54} nie^{55}mau^{31} ɕi^{54} tʂə^{55}lo^{31}

说道 是 母 爷 籽 母 米 兮 是去 不 转 跑 回来

ni^{31} ku^{54} a^{33} nie^{31} bɦo^{31} tsi^{54} nie^{31} ntl̥i^{31} tɕi^{54}ʑe^{31}ntsa^{54} ntau^{33} ku^{54} la^{55}tɕey^{54}

说道 是 母 婆 籽 母 兮 米 量 打 是 酒壶

mi^{54}ze^{54} tɕio^{31} lo^{11} tsi^{54}

满 拿 来 背

ntɕiey^{54} zau^{31} ku^{54} la^{55}ʑɦaɯ^{35} mi^{54}mi^{54} ntso^{54} dɦey^{31} zau^{55}

拉 好 是 羊 咩咩 响 出 外面

ku^{55}tɕi^{54} nie^{31} bɦo^{31} tsi^{54} nie^{31} ntl̥i^{31} tɕi^{54} ʑe^{54}tʂa^{54} tʂo^{31} ku^{33} nie^{31} ʑɦey^{31} tsi^{55}

兮 母 婆 籽 母 米 兮 量 跟 是 母 爷 籽

nie^{31} ntl̥i^{31} qə^{31}ɦey^{33} mau^{31}

母 米 后面 去

a^{31}ma^{54}ni^{55} mau^{31} ku^{33} ma^{31} tʂu^{54} ku^{33} tsa^{54}tsu^{55}tsa^{54} ʑi^{31}mi^{54} qai^{54}pɦə^{31}

做有 她 去 是 给 到 是 地主 家 下面 团转

ni^{31}hi^{33} ku^{33} nie^{54} bɦo^{31} tsi^{54} nie^{31} ntl̥i^{31} xə^{54} tʂa^{54} xə^{54} ku^{33} nie^{31} ʑɦey^{33}

说 是 母 婆 籽 母 米 量 带 是 母 爷

nie^{31} ntl̥i^{31} qai^{54} ntl̥o^{54} ŋgɦa^{35}

母 米 再 转 回来

a^{54}ma^{54}ni^{55} lo^{31} ku^{33} ma^{33} tso^{31} ku^{54} nie^{31} bɦo^{31} tsi^{54} nie^{31} ntl̥i^{31} ku^{33}

做有她 来 是 给 到 是 母 婆 籽 母 米 是

nie^{31} ʑɦey^{31} tsi^{54} nie^{31} ntl̥i^{31} qai^{54}ntl̥o^{54} ŋgɦa^{35}

母 爷 籽 母 米 里 家

ni^{31}hi^{54} ku^{54} nie^{31} ʑɦey^{11} tsi^{54} nie^{31} ntl̥i^{31} a^{54} ku^{33} nie^{31} bɦo^{33} tsi^{54} nie^{31}

说 是 母 爷 籽 母 米 做 是 母 婆 籽 母

ntl̥i^{54} ntɕiau^{31} tsa^{31} ntɕiau^{31} lau^{54}qai^{35} mpə^{33}mpə^{33} lo^{31} ta^{31}

米 到 就 抓 公鸡 飞飞 来 杀

a^{33}ma^{54} ni^{54} a^{55} ta^{54} ku^{33} ma^{55}mpə^{31} ku^{33} a^{54} la^{54}ntau^{54} ti^{54}mu^{31} tɕie^{54}tl̥i^{55} qa^{33}tl̥o^{31}

做有 她 要 杀 是 招魂 是 给 崖蜂 蜜蜂 招魂 引魄

lo^{31} su^{31} thau^{54}

来 洗 蜂桶

ntsa^{11} ntɕau^{54} ku^{33} la^{55}ntshai^{54} ntʂɿ^{55} lie^{11} ntʂo^{11} lo^{35} da^{54}

他们 抓 是 不怕 尖 红 和 来 杀

a^{33} ma^{33} ni^{54} a^{54} da^{54} ku^{55} ma^{35}mpə^{54} ku^{33} nie^{31} ʑɦey^{3} ^{1}tsi^{54}ntl̥i^{31} ku^{33}

做 有 他 要 杀 是 招魂 是 母 爷 籽红 是

a^{33} qa^{54} tl̥i^{54} qa^{54} tl̥o^{11} lo^{35} so^{55} ŋgɦa^{35}

要 底 魂 底 魄 来 热 家

tɕi^{54} ʑe^{55}ʑi^{33} kə^{55}mu^{31}nʈaɯ^{54}

就 这样 一辈子

意译：

今年才知道，知道红籽婆红籽公养家蜂，知道红籽婆红籽公养崖蜂，家蜂飞往平地，崖蜂飞往悬崖，家蜂飞散去打花，崖蜂飞出为造巢，家蜂飞出一早上，崖蜂飞出就半天，家蜂崖蜂飞出不归家，红籽婆备盘缠，红籽公装好盘缠，红籽公背上盘缠，紧跟在家蜂崖蜂后头，红籽公到地主家团转，地主跑藤桥，红籽公跑铁索桥，红籽公一去不复返，红籽婆打酒背起，红籽婆把公羊拉出，跟着红籽公的脚印走，到了地主家团转，红籽婆带着红籽公往家里走，回到了红籽公红籽婆家里，红籽公红籽婆抓鸡来杀，杀鸡给蜂招魂引魄，抓不怕血的鸡，给红籽公招魂引魄，管一辈子。

二、话题讲述

（一）话题：当地情况

ə^{33} bi^{33} hi^{54} bi^{33} ti^{54}tɕhiey^{33} lɯ^{33} i^{55} ntsa^{33} mə^{55}mə^{55} tɕia^{33}tɕhiey^{33} Nqhɯ^{33} xu^{55}pey^{33}

啊 我们说 我们 地方 的 一 点点 语气词 情况 告诉 大家

bi^{33} ti^{54}tɕhiey^{33} a^{54}thaɯ^{54}tsɿ^{33}li^{33} ku^{33}

我们 地方 很久 以前 是

bi^{55} ntshey^{33} ni^{11}ntɕio^{33} a^{55} tɕi^{55}bɦo^{55}zo^{54} ma^{33} e^{55} bɦo^{11}ma^{33}

我们 记 的 事 啊 公路 有 也 没有

ŋgɦa^{35} a^{54}və^{55}ŋgɦa^{35}tɕhiey^{54} la^{54} hi^{55}bɦo^{11} zaɯ^{35} lə^{33} ku^{11} naɯ^{55}ni^{55}

房子 石头房子 地方 也 没有 好 的 是 现在

naɯ^{55}ni^{55} tɕi^{54} vaɯ^{54}tsaɯ^{33} zaɯ^{35}zie^{33} ʑau^{54} tsha^{11}zaɯ^{35}tsha^{11}tsai^{55} tɯ^{33} zau^{35}

现在 就 政府 政策 好 各种各样 都 好

tɕi^{55}bɦo^{54}zo^{54} i^{33}la^{54} to^{33} ta^{35} tsha^{33}zaɯ^{35}tsha^{33}tsai^{55} tɯ^{33} m̥a^{35}

公路 也 通 了 各种各样 都 有

nɯ^{55}ni^{55} pi^{54} tə^{55}ti^{33}tɕhiey^{33} ni^{55} mɦa^{11} a^{54}vau^{55} a^{54}mɦau^{43} a^{54}maɯ^{54} a^{54}ntsɿ^{33}

现在 我们 的 地方 这 有 汉族 花苗 彝族 白苗

pi^{33} naɯ^{35}ni^{55} tɕie^{11}ɲiau^{35} tsha^{11}tsai^{55} tɯ^{33} zau^{35} ta^{33}

我们 现在 时间 各种 都 好 了

la^{54} da^{35} tsa^{54} bi^{33} ti^{54}tɕhiey^{33}

人家 来 到 我们 地方

tshu^{33} a^{54}nie^{55}lau^{11} kho^{54}i^{54} zɦau^{11} bo^{55}zo^{55} da^{35}dʑia^{11} ku^{54}fə^{54}

从 大城市 可以 坐 车 来到 彝良

tshu^{33} ku^{54}fə^{54} mḁ^{35} bo^{55}zo^{55} ku^{33} tsaɯ^{54}tsa^{54} tsha^{33}lu^{11} ɕiaɯ^{55}

从 彝良 有 车 是 跑到 各个 乡

tə^{33} mɦa^{35} ku^{54} tsaɯ^{54}tsa^{54} ʈo^{11} tsha^{54}lɦɯ^{11} ntshie^{55} thie^{54}

又 有 是 跑到 到 各个 村 和

thie^{54} tɯ^{33}mɦa^{35} si^{55}zə^{11} bo^{55}zo^{55} ku^{33} tsaɯ^{54}tɕi^{54} ntɕi^{33}l̥au^{54} thie^{54}

和 还有 私人 车 是 跑着 上下 和

nɯ^{55}ni^{55} ŋgɦa^{35}tɕhiey^{54} ʑa^{54} thl̥i^{54}se^{33} ta^{54} tsha^{33}zaɯ^{35}tsha^{33}tsai^{55} tə^{54} thl̥i^{54}zau^{35} ta^{54}

现在 房子地方 也 变化 了 各种各样 都 变好 了

pi^{54} lə^{54} qau^{54}lau^{54} mḁ^{35} tsʅ^{54}qə^{35} ʑɦy^{55}ʑɦy^{1}

我们 的 粮食 有 玉米 洋芋

mɦa^{35} kə^{54}tl̥i^{54} kə^{54}mpa^{54} tɦau^{35} mḁ^{35} dʑɦi^{35} mḁ^{35} ntl̥i^{35} mḁ^{35} mu^{54} tə^{54}ni^{55}

有 黄瓜 菜瓜 豆子 有 荞子 有 米 有 红薯 这些

bi^{55} ti^{54}tɕhiey^{33}

我们 地方

zau^{54}tsi^{54} mḁ^{35} kə^{55}tɕhiey^{54} kə^{33}tl̥ha^{35} kə^{33}za^{35} mḁ^{35} tsi^{55}nie^{11} tsi^{55}paɯ^{54}

水果 有 李子 桃子 梨子 有 柿子 樱桃

mḁ^{35} tsi^{55}bɦai^{11}qɯ^{54} tə^{54}bə^{31}ni^{54}

有 橘子 这些

qau^{54}lau^{54} ku^{54} daɯ^{33} ma^{35} ʑi^{35} mḁ^{35} a^{54}xai^{35}

粮食 是 卖 有 烟草 有 天麻

thie^{54} tɕio^{33}tə^{11} mḁ^{35} a^{54}ntau^{33}ntsa^{33} tə^{54}ni^{55}

和 栽得 有 甘蔗 这些

pi^{54} ku^{54}fə^{54} mḁ^{35} tia^{54}kho^{55} ti^{54}tɕhiey^{33} ku^{54} zau^{35} a^{54}fə^{54} ku^{3}

我们 彝良 有 些 地方 是 好 玩 是

mḁ^{35} ɕiau^{54}tshau^{54}ba^{35} tɕin^{33}tɕhy^{54} thie^{54} mḁ^{35} ntsau^{54}ma^{11}ŋgɦa^{35}

有 小草坝 景区 和 有 大黑山

pi^{54} tɦo^{33} na^{54} tɦo^{33}la^{54} ku^{33} ʑie^{54}la^{33}mi^{33} dɦa^{35} tl̥i^{54} dɦa^{35} na^{54} pi^{54} ti^{54}tɕhiey^{33}

我们 等 看 等欢乐 是 朋友们 来 远 来 看 我们 地方

tɦa^{35}tsɦo^{11} pi^{54} ti^{54}tɕhiey^{54} ma^{35} tsha^{33}zaɯ^{35}tsha^{33}tsai^{54} ku^{33} nau^{35}

来到 我们 地方 有 各种各样 是 吃

m̥a^{35} ɴqai^{355} ʑaɯ^{55} tsɿ^{33} dʐey^{35} a^{33}xai^{55}

有 肉 绵羊 山羊 煮 天麻

m̥a^{35} ɴqai^{35} qai^{54} dʐey^{35} a^{33}zau^{54}dʐa^{33} lə^{33}zau^{54}a^{33}dʐa^{31} i^{55} ku^{33} zau^{35} nau^{54} ku^{33}

有 肉鸡 煮 菜药 芽 笋子 那 是 好 吃 很

m̥a^{35} tɕɦia^{33}ti^{33} gɦau^{31}a^{33}dʐai^{33}

有 九种 十二 样

dɦa^{35} tsa^{54} dʐau^{33}ma^{31}ŋgɦa^{35} bɦo^{11} ntɦəu^{35}ti^{54} tsha^{33}zai^{35}tsha^{33}tsai^{55} təu^{33} bɦo^{11}

来 到 大黑山 看见 风景 各种各样 都 看见

pi^{54} dɦo^{54}na^{33} ku^{33} ʑie^{55}la^{31}mi^{11} tɕiau^{54}tɕiau^{54} lə^{55}

我们 等 看 是 朋友们 多多 的

da^{35} na^{31} pi^{54} ti^{54}tɕhiey^{33} ho^{33}ngau^{35} tsha^{33}zai^{35}tsha^{33}tsai^{55}

来 看 我们 地方 唱歌 各种各样

pi^{54} ti^{54}tɕiey^{33} m̥a^{35} tsho^{55}qɯ^{31} ho^{54}ngau^{35} tsho^{55}ntl̥au^{35} tsho^{55}ntɕiaɯ^{54}

我们 地方 有 吹芦笙 唱山歌 吹树叶 吹口玄

意译：

我把我们地方的一些情况告诉大家，我们地方在很久以前我们记事的时候是没有公路的，房屋也没有现在的好现在国家政策好，什么都好了，公路都通了，什么都有了，现在 我们地方有汉族 大花苗 彝族 白苗，我们现在什么都方便了，要来我们地方可以从昆明坐大巴直到彝良，从彝良有车跑到各个乡镇，也有车子跑到各个村，还有私家车到处跑，现在 房屋什么也变好了，我们种的庄稼有玉米 洋芋，有很多瓜果蔬菜 还有荞子 米 红薯等，果树有李树 桃树 梨树 柿子树 樱桃树 橘子树等，卖的农作物有烤烟 天麻 甘蔗等，我们彝良有很多好玩的地方 有小草坝景区 大黑山，我们欢迎远方的朋友来我们地方玩，来到我们地方有各种各样吃的，有羊肉炖天麻 鸡肉炖野菜炖天麻 还有笋子等各式各样野菜可以吃，来到大黑山可以看见很远的地方，我们希望朋友们多来我们地方玩 我们地方有芦笙舞 唱山歌 吹木叶 弹口玄等多种娱乐活动。

（二）话题：风俗习惯

bi^{54} ɕi^{33} bi^{54} a^{33}mɦau^{54} xə^{33}niaɯ^{55} qa^{33}ntshai^{54}

我们 说 我们 苗族 带新娘 嫁 女儿

thie^{54} a^{33}lau^{54} l̥au^{33} sa^{54} a^{33}lau^{54} li^{33} kai^{33}tɕi^{33}

和 老人 老 照顾 老人 的 习俗

bi^{54} sɯ^{54} ɕi^{3} xə^{33}niaɯ^{55} qa^{33}ntshai^{54}

我们 先 说 带新娘 嫁 女儿

bi^{54} m̥au^{31} xə^{33}niaɯ^{55}

我们 去 带媳妇

ʑi^{54}ntɕɦi^{54} təu^{11}ntɦi^{35}

一次 以前

ku^{33} n̥i^{33} ku^{33} a^{33} tsɿ^{11}qau^{33}

是 说 是 做 男方媒人

tse^{55} tsɿ^{11}qau^{33} xə^{33} tse^{55} bɯ^{31}tshəu^{54} thie^{33} tse^{55} vau^{55} mɦau^{11} ʑa^{55} niaɯ^{54}

位 男方媒人 带 位 伴郎 和 位 新郎 去 要 媳妇

qə^{55} n̥au^{31} la^{55} tsɿ^{33} i^{54}n̥aɯ^{35} m̥au^{55}

粮 吃 要 背 一袋 炒面

a^{55} tsɿ^{33} i^{54} tɕi^{54} tɕiey^{54} i^{55} dɦi^{11} ʑi^{54} gɦau^{31}lu^{35} qo^{55}qo^{11}

要 背 一 斤 酒 一 把 烟 十 个 鸡蛋

thie^{54} la^{54} ma^{54} gɦau^{31}lu^{35} qo^{55}qo^{11} tsa^{33} tse^{33}vau^{55} ɴqhɯ^{55}

和 要 给 十 个 鸡蛋 给 新朗 拿着（放在兜里）

m̥au^{35} tsa^{33} qha^{54}mi^{33} ŋgɦa^{35} ɕie^{33} m̥au^{35} ntɕiau^{31}

去 到 客人 房子 当天 去 到

tse^{33}vau^{55} a^{55} tɕi^{55} qo^{55}qo^{11} so^{33} lia^{54}tai^{54}

新朗　　要 递 鸡蛋　给　岳母

i^{54}m̥o^{31} i^{55} ho^{55}pɯ^{31} ha^{55}l̥a^{33}

一晚　那 大家　讲话

tsa^{55}lə^{33}ku^{33} niaɯ^{55}mi^{31} ti^{33}ləu^{31} ta^{54}

如果　是　新娘家　答应话　了

tɕi^{33} i^{33}n̥o^{54} qə^{54} a^{55} so^{33} i^{33}n̥o

那 一天 后面 要 休息 一天

tɕi^{33} dɦey^{31}ŋgɦa^{35} təu^{11} bau^{54} ku^{33} tau^{33} niaɯ^{54} ta^{54}

就　到家　　就 知道　是 得到　新娘 了

niaɯ^{55}tsai^{55} hi^{33} ti^{54}ləu^{33} ta

新娘　　不 答应话 了

ei^{33}tɕi^{33} tə^{33}tɕi^{35} qə^{54} la^{55} tə^{33}tə^{33} i^{54} tai^{54}tɕi^{33}

那么　早上 后面 要　协商　一 早上

i^{55}təu^{33} niaɯ^{55} mi^{31}tsa^{54} ɕi^{33} ti^{54}lu^{31} tɕi^{54} n̥i^{33} ku^{33} hi^{55} tau^{33} niaɯ^{54}

还有　　新娘 家　不 答应话　　就 说　是　没 得到 新娘

m̥au^{35} ʑa^{55} tau^{33} niaɯ^{54}t a^{33}

去　要 到　新娘 了

di^{33} a^{54} ntɕɦi^{31}

第 二　次

a^{55} n̥i^{33} ku^{33} m̥au^{33} ndʐo^{31} a^{54}ʑie^{54} nio^{54}

要 说 是　去　　和　岳父　在

m̥au^{33} ndʐo^{31} a^{54}ʑie^{54} nio^{54} tɕi^{33}

去　　和　岳父　在　就

tse^{55}ʑiey^{54} tsu^{55}ŋgɦa^{35} la^{33} m̥au^{31} ta^{33}

位 爷　　主家　　要　去　了

ei^{33} tɕi^{33} la^{55} xə^{33} i^{54}lɯ^{54} ʑɦey^{33} pu^{33}tshəu^{35}

啊 就 要 带 一个 爷 伴郎

thie^{35} a^{55} xə^{33} i^{54}lɯ^{54} vau^{55} le^{33} pu^{33}tshəu^{35}

和 要 带 一个 新朗 的 伴郎

ntso^{31}tsə^{33} zɦey^{33}a^{33} tsə^{54}vau^{55}

陪 位 爷 和 新朗

a^{55}tə^{54} xə^{33} i^{54}lə^{54} təu^{54} tsɿ^{33} qə^{55}n̥au^{31}

又要 带 一个 儿郎 背 粮食 吃

qha^{33}mi^{31} a^{55} m̥au^{31} pe^{54}lə^{54}

客人们 要 去 五个

tsɿ^{33} lə^{54} qə^{55}n̥au^{31}

背 的 粮食吃

a^{55} tsɿ^{33} ʑa^{54}tə^{33} m̥au^{55}

要 背 一 箩 炒面

a^{55} tsɿ^{33} i^{54}tɦə^{11} lə^{54}xau^{55}

要 背 一 个 山羊

a^{55} tsɿ^{33} i^{54}ləu^{54} pa^{33}pa^{33}

要 背 一个 粑粑（糍粑或糯米粑）

a^{55} tsɿ^{33} tsɿ^{54} tɕi^{54} tɕiey^{55}

要 背 三 斤 酒

i^{54} tɦie^{11} ʑi^{54}

一 把 烟草

a^{33} tɕɦio^{35} tl̥au^{54}lo^{54} qo^{55}qo^{31} ku^{33} m̥au^{31} tɕi^{55} a^{33}tai^{54}

要 拿 四 个 鸡蛋 是 去 递 岳母

a^{33} tsɿ^{54} tsi^{54}tɕɦiau^{31} lə^{33} qo^{55}qo^{11}

要 背 三十 个 鸡蛋

m̥au^{35} ntso^{31} a^{55}ʑɦey^{31} nio^{55} sai^{33} də^{33} m̥au^{35} ti^{33} tsi^{54} ntɕi^{31}

去 和 岳父 在 后 又 去 第三次

m̥au^{35} ʑa^{55} ndʑie^{3}

去 要 日期

m̥au^{35} ʑa^{55} ndʑie^{31} tɕi^{33} a^{55} tsɿ^{33} i^{54}də^{31} lə^{54}xau^{55}

去 要 时间 就 要 背 一只 山羊

a^{55} tsɿ^{33} i^{54}ləu^{54} pa^{33}pa^{33}

要 背 一个 粑粑

a^{55} tsɿ^{33} i^{54} tɯ^{54} m̥au^{55}

要 背 一箩 炒面

i^{54}ntɕiey^{33} qai^{54}

一 对 鸡

a^{55} tsɿ^{33} tsi^{54}ndʑiau^{33}ləu^{33} qo^{55}qo^{11}

要 背 三 十 个 鸡蛋

a^{55} tsɿ^{33} tsɿ^{54}tɕi^{54} tɕiey^{55}

要 背 三 斤 酒

a^{55} tsɿ^{33} i^{54} tɦie^{11} ʑie^{54}

要背 一 把 烟草

m̥au^{35} ʑa^{55} ndʑie^{31}

去 要 日期

m̥au^{35} ʑa^{55}ndʑie^{31} tɕi^{33} tse^{54} ʑɦey^{31} tsu^{55}ŋɡɦa^{35} ɕi^{55} i^{33}dɦi^{33} ku^{33} m̥au^{35}

去 要日期 就 位 爷 主人 不一定 是 去

xə^{33} i^{54}lə^{54} ʑɦey^{31}tɕhiey^{11} la^{54} kho^{54}i^{54}

带 一个 爷叔 也 可以

la^{55} m̥au^{35} i^{54}lə^{54} a^{33}ʑɦey^{31} la^{33} ʑɦey^{31} pu^{31}tshə^{33}

要 去 一个 爷 和 爷 伴郎

tse^{54} vau^{55} tse^{54} vau^{55} pu^{33}tshə^{54}

位 新郎 位 新郎 伴郎

thie^{54} a^{55} ntʂhie^{54} tsi^{54} lə^{54} ku^{33} tsʅ^{33} qə^{55}n̥au^{35}

和 要 找 三 个 是 背 粮食

tɕi^{54} a^{55} m̥au^{35} ɕiaɯ^{54}lə^{54}

就 要 去 七个

m̥au^{35} ʑa^{55}ndʑie^{54} ʑa^{55} tau^{54} ndʑie^{54} sa^{54} ta^{54}

去 要 时间 要 到 时间 了 啊

dʐo^{11} ndʑie^{54} ku^{54} pa^{33}tɕiey^{55} lai^{55} ta^{54} pa^{33}tɕiey^{55}

到 时间 是 办酒 了 才 办酒

i^{55}n̥o^{54} ku^{33} a^{55} pa^{31}tɕiey^{55} a^{55} tsaɯ^{54} niaɯ^{54} tə^{33} i^{55}

一天 是 要 办酒 要 接 新娘 的 那

tɕi^{33} m̥au^{35} lə^{54} tə^{54}nə^{55} a^{55}m̥au^{35} i^{55}lə^{54} a^{33}ʑɦey^{31}tɕhiey^{31}

就 去 的 人 要 去 一 个 爷叔

m̥au^{35} i^{54} lə^{54} ʑɦey^{31}pu^{31}tshə^{33}

去 一个 爷伴郎

i^{54}lə^{54} vau^{55} i^{54}lə^{54} vau^{55}pu^{54}tshə^{33}

一个 新朗 一个 新郎伴郎

thie^{54} la^{55} ntɕhie^{55} pə^{54} lə^{54} ku^{33} ntso^{11} tsʅ^{54} qə^{55}n̥au^{35}

和 要 找 五 个 是 和 背 粮食

qə^{55}n̥au^{35} la^{55} m̥au^{35} i^{54}dɦə^{31} lə^{54}xau^{55}

粮食 要 去 一 个 山羊

i^{55} dʑi^{31} mpa^{35}

一 半边 猪

a^{55} m̥au^{35} a^{54}lu^{54} pa^{33}pa^{33}

要 去 两个 糍粑

a^{54} tɯ^{54} m̥au^{55}

两 箩 炒面

thie^{54} i^{54} n̥aɯ^{54} m̥au^{55} ku^{33} tsɿ^{33} tsa^{33} ntl̥o^{54}

和 一 袋 炒面 是 背 到 里面

a^{55} m̥au^{35} a^{54}ntɕiey^{33} qai^{54}

要 去 两对 鸡

tɕi^{33} i^{54}ntɕiey^{33} tsɿ^{33} tsa^{54} ntl̥o^{35}

就 一对 背 到 里面

a^{55} tsɿ^{33} ɡɦau^{35} tɕi^{54} tɕiey^{55}

要 背 十 斤 酒

tsɿ^{33} a^{54}dɦie^{54} ʑi^{54}

背 两把 烟草

tɕi^{54} m̥au^{35} tso^{11} tsa^{54}qha^{55}mi^{33} tə^{54} tɕi^{54} tə^{54} m̥a^{35} i^{55} təu^{11} kai^{54}tɕi^{54} ku^{33}

就 去 到 客家 了 就 又 有 一 个 习俗 是

təu^{54} tɕie^{54} ntshai^{55}mi^{31} tɕiey^{33}si^{35} niaɯ^{55} ʑa^{55} xə^{33} tə^{33}ŋɡɦau^{55}bɦo^{35}mau^{55} ha^{33}

儿郎 放 女儿家 就是 新娘 要 带 姑娘 妇女 啊

la^{55} tɕhiey^{54} qha^{33}mi^{54} tɕiey^{55} ʑi^{54} vai^{54}

要 拿 客人们 酒 烟 藏

tɕi^{54} tsɦo^{31}ndʑie^{35} ku^{33} n̥au^{35}m̥o^{31} sai^{54} ku^{33} la^{55} ntɕhie^{55} qha^{33}mi^{54} qə^{55}n̥au^{54} tə^{33}tɕi^{54}

就 到 时间 是 吃晚饭 了 是 要 找 客人们 粮食 吃 的 了

tse^{54} pu^{33}thɯ^{55} a^{55} ho^{54}tɕi^{33} ta^{54}

位 管事人 要 喊 道

qha^{33}mi^{31} tsɿ^{33} tɕiey^{55}ʑi^{54} tɦa^{35} lə^{35} qa^{54}tey^{54} to^{33} tau^{33} l̥au^{55} ley^{31}

客人们 背 酒烟 来 个 箩底 漏 得到 掉 了

ho^{55}pe^{54}lai^{55} a^{55} ɕi^{33}təu^{11} m̥au^{35} ntɕhie^{55}

大家 要 一 起 去 找

mpə^{35}vau^{55} a^{55} m̥au^{35} tɕai^{54} bɦo^{33}qha^{33} ngau^{33}qha^{33} hə^{33} xə^{54} m̥au^{35} ntɕie^{55}

群 新郎 要 去 拉 姑娘客 妇女客 语气词 带 去 找

ntɕhie^{55} tau^{33} l̥o^{11} n̥au^{35}sai^{54} ta^{54}

找 到 来 吃 了 啊

i^{55}tə^{33}tɕɦi^{33} qɯ^{54} tɕi^{54} təu^{54} tɕie^{33} ntsai^{54}mi^{31} a^{55} fa^{11} ntɕau^{55} tsa^{33} pi^{54} xə^{33} m̥au^{35}

一早上 后面 就 儿郎 放 姑娘们 要 发 伴娘 给 我们 带 去

ntɕau^{55} tɕi^{54} la^{55} m̥au^{35} ngau^{54}a^{54}su^{33}ta^{54}

伴娘 就 要 去 姑娘未嫁

m̥au^{35} dʑia^{54}lə^{54} gɦau^{11}lə^{35} ni^{11}gɦau^{54}lə^{54} tsi^{55}ndʑiau^{31}lə^{54} təu^{54} zau^{35}

去 九个 十个 二十个 三十个 都 好

qha^{33}mi^{54} xə^{54} m̥au^{35} tɕia^{11} ŋgɦa^{35} ta^{54}

客人们 带 去 到 家 了

təu^{54} tɕie^{54}təu^{54} a^{55} pa^{33}tɕiey^{55} tə^{33}tɕi^{54}

儿郎 放 儿郎 要 办酒 了 就

n̥au^{35} m̥o^{54} dɦai^{35} sai^{54}

吃 晚饭 完 了

la^{55} səu^{54} l̥i^{55} tsɿ^{33}qau^{33} tɕiey^{55}

要 先 倒 媒人 酒

la^{55} a^{54} i^{54} tsɿ^{33} qə^{55}

要 做 一 桌 粮食

ha^{54} a^{55} ma^{54} i^{54}lə^{54} tsho^{55} qɦə^{33}ha

还 要 给 一 个 吹 芦笙

i^{54}lə^{54} ho^{54}ŋgau^{35} ha^{54} a^{55} m̥au^{35} tshe^{55} tse^{55} tsɿ^{33}qau^{33} tsa^{33} ŋgɦa^{35} xə^{33} tɦa^{35}

一个 喊歌 还 要 去 请 位 媒人 到 家 带 来

tse^{55} tsɿ^{33}qau^{33} la^{55} xə^{54} a^{54} lə^{54} pu^{54}tshəu^{54} tɦa^{35} zɦau^{31} tsa^{54} fə^{55}tɕy^{54} tɕie^{54}

位 媒人 要 带 两个 伴郎 来 坐 在 堂屋 放

tɕi^{33} tsu^{55}ŋɡɦa^{35} a^{55} tsʅ^{54} tə^{54}nə^{54} ku^{33} tshi^{55} ʑi^{54} ha^{54} l̥i^{55}tɕiey^{55} tɕi^{55} tse^{55} tsʅ^{33}qau^{54}

就 主人家 要 指/安排 人 是 烧 烟 还 倒酒 递 位 媒人

tse^{55} tsʅ^{33}qau^{54} a^{55} tso^{54} ku^{33} ni^{54} a^{54}lə^{54} pu^{54}tshəu^{54}

位 媒人 要 让 是 他 两个 伴郎

tso^{54} tsʅ^{54} kho^{54} tsa^{54} sai^{55} lao^{31}si^{54} se^{54} tɕi^{54}

放 三 碗 在 边 右方 后 就

i^{54}lə^{54} tso^{33}tsa^{54} i^{54}sai^{54} sai^{55}lao^{31}si^{54} i^{54}kho^{54} sai^{55}lao^{31}fə^{54} i^{54} kho^{54}

一个 放在 一边 边 右方 一碗 边 左方 一 碗

tso^{54} dɦaɯ^{54} tsʅ^{33}qau^{54} tɕiey^{55}

放 完 媒人 酒

ku^{33} tso^{54} ku^{33} i^{54} ŋɡɦa^{54} mau^{54} təu^{33} hau^{54}ntsaɯ^{31} tə^{54} tɕi^{54} a^{54}qhai^{54}lie^{54}

是 放 得 一房子 得 到 喝遍 了 就 要 拴红

qhai^{54}lie^{54} tɕi^{54}

栓红 就

a^{55} tshu^{33} a^{54}ʑɦey^{33}nie^{31} neu^{35}l̥o^{54}mi^{54} qhai^{54}

要 从 爷舅 大家 栓

tshu^{33} a^{54}ʑɦey^{33}nie^{31}neu^{35}tʂʅ^{35}mi^{54} tʂo^{54} qə^{54}

从 爷舅 弟家 跟在 后面

a^{55}ʑɦey^{33}l̥a^{55}l̥o^{55}mi^{33} tʂo^{54} qə^{54}

爷姑姑大家 跟在 后面

a^{55}ʑɦey^{31}l̥a^{55}ntʂə^{31}mi^{33} tʂo^{54} qə^{54}

爷姑姑幺家 跟在 后面

a^{55}vau^{55}mi^{33} tʂo^{54} qə^{54} a^{55}vau^{55}a^{55}ɳtʂe^{54}mi^{33} tʂo^{35} qə^{54}

姐夫家 跟在 后面 姐夫 幺家 跟在 后面

a^{55}mpə^{54}mi^{31} tʂo^{35} qə^{54}

表哥家 跟在 后面

qhai^{54} tɦai^{31} lie^{54} ta^{54}

栓 完 红 了

tɕi^{54} a^{55}tʂo^{35} a^{55}tʂo^{35} tɕi^{54}

就 吹（芦笙）吹（芦笙）就

tsu^{55}ŋgɦa^{35} a^{55} sɿ^{33}ku^{33} tau^{54} ɕai^{54} lə^{54} tə^{54}ŋgɦau^{55} tə^{54}tɕhie^{54} tʂo^{35}

主人家 要 准备 的 七 各 姑娘 儿郎 吹（芦笙）

a^{55} tsɿ^{33}ku^{33}tau^{54} a^{54}lə^{54} ku^{33} ta^{55}qɯ^{33}

要 准备 的 两个 拿 棍子

tsɿ^{33} a^{54}lə^{54} təu^{54} tshɿ^{55}ʑi^{54}

准备 两个儿郎 烧烟

a^{54}lə^{54} təu^{54} l̥i^{11}tɕiey^{55} m̥au^{35} ntɦi^{33} a^{55}tʂo^{54}

两个 儿郎 倒酒 去 拦 芦笙

ntɦi^{54} a^{55}tʂo^{54} ku^{33} l̥o^{35} tsa^{54} ŋgɦa^{35} sa^{54} ta^{54} a^{54}a^{55}tʂo^{35} sai^{54} tə^{54}tɕi^{54}

拦 芦笙 是 回 来 家 里 了 就 芦笙 送 就

i^{55} tə^{54} tɕi^{55} qə^{54} bɦu^{31} tɕi^{55}

一 到 早 后面 看见 路

tɕi^{54} a^{54}qha^{54} mi^{54} a^{55} l̥i^{55} a^{54}tʂɦo^{33} tɕiey^{55} a^{55} l̥i^{55} a^{54}tʂɦo^{33} tɕiey^{55} tə^{54}

就 客人 们 要 倒 芦笙 酒 要 倒 芦笙 酒 了

tɕi^{54} l̥i^{55} tsa^{54} tsu^{55}ŋgɦa^{35} hau^{33}

就 倒 给 主人家 喝

i^{55}lə^{54} ku^{33} a^{54} kho^{54}

一个 是 两 碗

l̥i^{55} a^{54}tʂɦo^{54}mi^{33} tɕiey^{55} tsa^{54} tsu^{55}ŋgɦa^{35} hau^{54} sai^{54} ta^{54}

倒 芦笙 们 酒 给 主人家 喝 后 了

a^{54}tɕi^{54} tsu^{55}ŋgɦa^{35} la^{55} tə^{54} l̥i^{55}tɕiey^{55} tsɦa^{31} a^{55}tʂo^{54}

啊 就 主人家 要 去 倒酒 谢 芦笙

i^{54}la^{54} i^{55} lə^{54} ku^{33} a^{54} kho^{54} tsɦa^{31} a^{55}tʂɦo^{54} sai^{33} tɕi^{54} sai^{54} a^{55}tʂɦo^{54}

一样 一个 是 两 碗 谢 芦笙 后 就 送 芦笙

niauɯ^{55}mi^{33}lai^{55} a^{55} so^{54} i^{54} ŋ̊o^{54}

新娘们 要 休息 一 天

a^{55} so^{54} i^{54}ŋ̊o^{54} tə^{54}tɕi^{54} tsa^{54} i^{54}ŋ̊o^{54} qə^{35}

要 休息 一天 就 到 一天 后

tɦie^{35} tse^{55}tsʅ^{54}qau^{33} tə^{54}lə^{54} xə^{54} ni^{54} ntɕie^{54} pɯ^{33}tshəu^{33} ha^{54} tə^{54} sai^{54}

位 媒人 才 带 他 对 伴郎 回去 送

ntɕau^{54}mi^{33} tʂo^{55}qə^{33} m̥au^{35} sai^{54}

伴娘 回来 去 送

ei^{33}tɕi^{33} bi^{54} ȵ̊i^{54} ku^{33} pa^{33}tɕiey^{55}pa^{33}tsha^{54} le^{54} kai^{54}tɕi^{33} tɕi^{33} ȵ̊i^{11} tʂo^{31} ha^{55}ni^{55}

那么 我们 说 是 办酒办茶 的 习俗 就 说 到 这里

pi^{55} tse^{54} ȵ̊i^{54} l̥au^{35}a^{54}lau^{54}sai^{54}a^{54}lau^{54} le^{33} kai^{54}tɕi^{54}

我们 又 说 老人 去世 送老人 的 习俗

ʑa^{54} le^{54} mu^{54}tɕiau^{54}tsɯ^{33} ȵ̊i^{31} ta^{55}ta^{54}

也 是 多少 说 了

a^{54}lau^{54} l̥au^{35}sai^{54} tsho^{54} a^{54}thau^{54} ku^{33} l̥au^{35} sai^{54} i^{54}

老人 老了 后 从 那时 是 老人 送 时

a^{55} tʂhe^{54} ntɦi^{11} tsa^{54} le^{54} ntau^{54} i^{55}

要 提 装 在 那 棺材 时

a^{55} ɕie^{54} khau^{33}qɯ^{54}

要 织 草鞋

khau^{33}qɯ^{54} tɕi^{54} a^{55} tshau^{35} m̥aɯ^{35} ɕie^{54}

草鞋 就 要 用 火麻 织

la^{55} tshe^{54} qhey^{55}dɦi^{31} qhey^{55}tey^{33} tɕi^{54} la^{55} tshau^{54} ntau^{54}m̥au^{35} tshe^{54}

要 剪 裹手 裹脚 就 要 用 布苗 剪

l̥iey^{55} kə^{55}tl̥ia^{54} nti^{11} le^{55}ntau^{54} sai^{54}

换 衣服 装 棺材 后

tɕie^{54} thau^{54}le^{54} pi^{54} a^{54}m̥au^{35}

放 以前 我们 花苗

tɕie^{54} tɕi^{54} i^{54}tl̥a^{31} la^{55} ta^{54} i^{54} tɦey^{31} tɕie^{35}mpa^{35} l̥o^{33}tʂai^{54} tʂhai^{54} tʂai^{54} mo^{35}

放 就 一顿 要 杀 一个 牲口 来 做 午饭 做 晚饭

naɯ^{55} pi^{55} a^{55}m̥au^{55} m̥a^{35} i^{54} təu^{31} kai^{33}tɕi^{54} ku^{54} ɕi^{55}tʂe^{31} tɕie^{54} a^{54}l̥au^{31}

所以 我们 苗族 有 一 个 传统 是 不会 放 老人

tɕy^{55} m̥au^{35} sai^{55} ta^{33} tʂo^{55}l̥o^{35} tie^{33} ta^{55}lə^{31} qhə^{54} tɕi^{55} a^{33} pe^{54}tl̥aɯ^{54}

扛 去 送了 回来 才 慢慢 指 路 做 祭祀

a^{33}thau^{33}li^{33} ku^{33}

以前 是

m̥a^{35} tɕie^{54}mpa^{54} tɕi^{54} ma^{35} tʂaɯ^{54}

有 牲口 就 有 群

ku^{54} n̥i^{33}ku^{54} tsɿ^{31} a^{33}thau^{54}lə^{33} tɕi^{54} n̥i^{33} qhə^{54} tɕi^{55} n̥i^{33}ku^{54} tʂɿ^{31}

是 说是 指 以前 就 说 指 路 说是 指

ei^{54}tɕi^{54} tsaɯ^{54} ku^{54} a^{55} tɦau^{35} tɕi^{54}la^{55} a^{54} tl̥au^{33} dʑɦau^{33} dʑɦia^{35} n̥o^{54}

啊 就 群 是 做得起 就 要 做 四 十 九 天

ʈaɯ^{54} ku^{54} a ^{33} ʑi^{33} tɦau^{54} tɕi^{54} a^{54} ɕai^{33}n̥o^{54}ɕiai^{33}m̥o^{54}

群 是 做 不 起 就 做 七天七夜

a^{54} ɕai^{33}n̥o^{54}ɕiai^{33}m̥o^{33} tɕi^{54}la^{55} ta^{54} ɕai^{33} dɦu^{54} tɕie^{35}

做 七天七夜 就要 杀 七 个 牲口

ei^{54} tɕi^{54} a^{55} ta^{54} i^{54} ntɕiey^{33} qai^{54}

啊 就 要 杀 一 对 鸡

ta^{54} i^{54} ntɕiey^{33} mpa^{35} i^{54} ntɕiey^{33} tsɿ^{54} i^{54} təu^{11} n̥iu^{35}

杀 一 对 猪 一 对 羊 一 个 牛

ku^{33} ta^{54} ɕiai^{33}dɦo^{33}

是 杀 七 个

tsaɯ^{55} ku^{33} a^{55} tl̥au^{54}dʑɦiau^{11} dʑɦia^{35} n̥o^{54} tɕi^{54}

群 是 做 四 十 九 天 就

a^{55} ta^{54} ɕai^{33} tʂau^{35} qai^{54} mpa^{35}

要 杀 七 重 鸡 猪

ɕiai^{33} tsaɯ^{35} tɕie^{33}mpa^{353} ni^{55} ku^{33} kə^{55}si^{33} ku^{33} i^{54}tsaɯ^{54} lai^{55}

七 重 牲口 这 是 什么 是 一 重 呢

i^{54} ntɕiey^{33} qai^{54} i^{54} ntɕiey^{33} mpa^{35} i^{54} ntɕiey^{33} tsɿ^{54} i^{54}dɦo^{54} ŋ̥iu^{35} ku^{54} tɕiau^{31} i^{54}tsaɯ^{33}

一 对 鸡 一 对 猪 一 对 羊 一 头 牛 是 叫 一 重

tɕi^{54} a^{55} ta^{33} ɕai^{33}tsaɯ^{33}

就 要 杀 七重

thau^{33}li^{33}

以前

ku^{33} a^{54}tʂo^{11} tə^{54} tɕie^{35}niau^{33} ni^{55} tɕi^{54} mɦa^{35} təu^{33} tsho^{55} qhə^{35}

是 要到 这个 时间 这 就 有 儿郎 吹 芦笙

se^{33}tɕi^{54} tse^{55} təu^{33} qə^{33} la^{55}m̥au^{54} ʑa^{55} ɴɢɦai^{35}ŋ̥iu^{35}

啊 就 位 儿郎 芦笙 要 去 讨 肉牛

tɕi^{33} təu^{33}qə^{33}mi^{31} tsho^{55} lə^{54}ni^{55} təu^{33}qə^{33}mi^{31} tsho^{55}tɕi^{33}ta^{35}

就 儿郎芦笙们 吹 这样 儿郎 芦笙 吹道

da^{31} i^{54} lə^{54} tə^{54} lə^{31}l̥i^{31}tu^{11}li^{54} qə^{35} lə^{54}tə^{54} da^{55} ʑa^{55} ɴɢɦai^{35}ŋ̥iu^{35} tsɿ^{54}lo^{33}

来 一 个 会 噜哩嘚哩 脏兮兮的 来 要 肉 牛 指 路 咯

lə^{33}tɕi^{54} tsaɯ^{54} təu^{35} a^{33}qə^{55} ntʂɯ^{33} tə^{33}ŋ̥iu^{35} tə^{33}vɯ^{54}

那 就 群 儿郎 做饭 割 牛 膀胱

ha^{54} ntʂɯ^{33} təu^{33}pi^{33}l̥a^{55} tsai^{55} lə^{54}kə^{33}tau^{54} tɕi^{54}

还 割 不好的 挂在 头上 就

tse^{55}təu^{33}qhə^{33} tə^{55} tsho^{55} tɕi^{33} ta^{33}

位儿郎芦笙 又 吹 就 说

ɕi^{33}ʑa^{55} təu^{33}pi^{33}l̥a^{55} ɕi^{33}ʑa^{55} təu^{33}pi^{33}l̥a^{55}

不要 不好的 不要 不好的

ʑa^{55} lo^{31}qhai^{31} ʑa^{55} li^{55}l̥u^{11}tɦi^{33}ntso^{35}

要 瘦肉 要 牛肉 胸

tɕio^{33} mo^{11} tʂo^{33} a^{33}lau^{55} tɕi^{54} ntsa^{33}tɕiey^{55} tsɿ^{33} lo^{33}

拿 去 给 老人 就 烤 下酒 指路 咯

lə^{33}tɕi^{33} tsauɯ^{33} təu^{54} a^{54} qə^{55} tə^{33} ntsəu^{54} lau^{35}ɴɢɦai^{35}

那就 群 儿郎 做 粮 又 割 瘦肉

ha^{33} i^{33} tsai^{55} tsa^{33} lə^{54} kə^{54}tau^{54} tɕi^{54} tɕio^{33} m̥au^{35} ntsa^{33} n̥au^{35}

还 那挂 在 个 头上 就 拿 去 烤 吃

thau^{33}li^{33}

以前

n̥o^{55} ku^{33} a^{33}lau^{54} mi^{33} n̥i^{33} ni^{55} ta^{55} ta^{33}

听 是 老人 们 说 这样 的 了

pi^{54} tɕi^{33} ɕi^{33}la^{54} po^{11} ta^{33}

我们 就 没有 看见 了

thau^{33}li^{33} ku^{33} tsɿ^{11} i^{55} ku^{55} vai^{54} tu^{54} qhə^{11}nie^{33} ma^{35} ɕai^{33} ʑi^{11}ɕiau^{54} ta^{55}le^{54}

以前 是 指 时 我 父亲 都 才 有 七 八 岁 大 了

tɯ^{31} ku^{33} tl̥ey^{33}tʂo^{33} lo^{35} tə^{54} tɕi^{54} ɕi^{54} ma^{35} tɕie^{33}mpa^{35} tə^{33} tɕi^{54}

到 是 解放 来 那 就 没有 牲口 的 了

he^{55}po^{11} n̥i^{35} ku^{33} tsɿ^{11} ta^{54}

没有 说 是 指 了

qhə^{35} tɕi^{55}

指 路

qhə^{35}tɕi^{55} tɕi^{54} a^{33} i^{54}m̥o^{33} ŋa^{35} ta^{55}

指路　就做　一晚　儿　只

i^{54} tɕi^{54} tɕy^{55} m̥au^{35} ty^{33}sai^{54}

也就　抬　去　埋　了

tɕi^{33} tse^{55} tsɿ^{11}mo^{11} da^{35}

就　位　祭祀　来

tɕi^{54} a^{55} ta^{33} i^{54} təu^{31} nie^{35}mpa^{35} l̥o^{35} tʂai^{54} m̥o^{33}

就　要　杀　一　头　母猪　来　做　晚饭

a^{33} ku^{33} tʂai^{54} mo^{33} sai^{33}taɯ^{54} tse^{55} tsɿ^{11}mo^{11} tshau^{33} tɕiey^{55}

做　是　吃　晚饭　后　位　祭祀　用　酒

sai^{54}tɕi^{54} a^{55} tɕi^{54} ta^{55} i^{33} təu^{31} tsɿ^{54} lo^{35} tshau^{33} tshai^{54}

又　就　要　就　杀　一　只　羊　来　做　早饭

tʂo^{11} tɕie^{35} ku^{54} sai^{54}nteu^{33} ta^{54} tɕi^{54} la^{55} ta^{33} i^{54} təu^{33} qai^{54} lo^{35} tɦo^{35} a^{33}tl̥au^{35}

到　时间　是　后　亮天了　就要　杀　一　只　鸡　来　等　门

m̥a^{35} tia^{54} ʑɦi^{31} ku^{33} ɕi^{55} tɕi^{33}die^{35} tɕi^{33} i^{54} təu^{31} qai^{54} tɦo^{35} tl̥au^{35} ta^{54}

有　些　户　是　不　祭奠　就　一只　鸡　等　门　只

tia^{54}ʑɦi^{31} ku^{33} tɕi^{33}die^{35} tɕi^{33} a^{55} tə^{33} ta^{54} da^{35}tshu^{54}mpa^{35} thie^{55} l̥o^{35} tɕi^{33}die^{35}

些　户　是　祭奠　就　又要　杀　头　雏猪　和　来　祭奠

ɕi^{33}tɕi^{54} tu^{33} qai^{54} ku^{33} do^{11} tl̥au^{35} thie^{54} tu^{33}mpa^{35} ku^{33} tɕi^{33}die^{35} ni^{55}lai^{55}

那就　只　鸡　是　等　门　和　头　猪　是　祭奠　这些

tsu^{55}ŋɡɦa^{35} n̥au^{33} ɕi^{33}tsi^{54}

主人家　吃　不得

a^{55}ʑa^{54} zɦi^{35}zo^{54} tshau^{33}gɦo^{31} n̥au^{35} ta^{55}

只要　邻里　异姓　吃　只

a^{33}tsaɯ^{33} tl̥aɯ^{35} ku^{33} sau^{35}tl̥aɯ^{35} tə^{33}tɕi^{54} la^{55} pɯ^{33}tl̥i^{54}

做完　鬼　是　送鬼后了　就　要　叫　魂

a^{54} ta^{54} i^{33} ndʐɦiey^{11} qai^{54} l̥o^{35} ha^{54} tse^{55} tsʅ^{11}mo^{11}

要 杀 一　对　鸡　来　位　祭祀

a^{54} ntso^{31} ʑe^{33}m̥au^{33} ni^{55} hu^{54} a^{54}tʂe^{35}a^{54} tl̥o^{54} pɯ^{33}tl̥i^{54}

要 给　家 这 喊　鬼神　叫　魂

ei^{55}tɕi^{54} ndʐɦiey^{11} qai^{54} ku^{33} ta^{33} ni^{55}lai^{55} ʑey^{33}tə^{33}si^{54} tshau^{33}gɦo^{54} n̥au^{35} ɕi^{33} tsi^{54}

那就　对　鸡　是 杀　这 些　又　都是　异姓　吃 不 得

ʑe^{33}tsu^{55}ŋgɦa^{35} ni^{55} n̥au^{35} tsi^{33} ta^{55}

家　主人　这 吃　得 只

e^{54}tɕi^{54} a^{33} tsha^{33}zaɯ^{54}tsha^{33}tsai^{55} tai^{11} sai^{33} tɕi^{54}

那就 做　各种各样　结束 后　就

sai^{33} tse^{55} tsʅ^{11}mo^{11}

送　位　祭祀

tia^{55}ni^{55} tu^{33} pi^{54} lə^{33} mu^{33} n̥i^{35} tʂo^{54} ta^{54}pu^{54}tɯ^{54} ta^{55}

些这　都 我们 就　只 说　到　皮毛　只

he^{55}bu^{33} ɕi^{54}ku^{33} tɕi^{54} tʂo^{11}dʑai^{54} tʂo^{33}ko^{54}

没有　说是　到　根　到　结束

ei^{54}tɕi^{54} pi^{54} lə^{33}mu^{54} n̥i^{33} le^{54}ni^{55}

那就　我们 就只 说 这样

意译：

我们说我们苗族嫁娶习俗，和，老人去世丧葬仪式，我们先说，婚姻嫁娶，我们去相亲，第一次，是说媒，媒人带着伴郎和新郎去相亲，东西要背一袋炒面，背一斤酒，一把烟草，十个鸡蛋，还要拿十个鸡蛋给新郎带着，去新娘家当天就到，新郎要递鸡蛋给新娘的妈妈，当天晚上大家协商，如果新娘答应了，第二天要在新娘家休息一天，这样的话家里就知道事情办妥了，如果新娘不答应的话，那么第二天还要协商一早上，新娘还是不答应的话就表示事情不成，新娘愿意的话，第二次，就要去认亲了，主人家要亲自去，要去的人有新郎的父亲和陪伴者，伴郎和新郎，还要带一个背东西的，总的要去五个，背的东西，背一夹背炒面，背一只杀死的山羊，背一个大糍粑，背三斤酒，一把烟草，要拿四个鸡蛋递给新娘的妈妈，要背三十个鸡蛋，之后还要去第三次，去定期，去定期时要背一只山羊，背一个大糍粑，背一夹背炒面，一对鸡，背三十个鸡蛋，要背三斤酒，背一把烟草，去定期，去定期的话主人家不一定去，带一个新郎的叔叔或者伯伯，还有一个叔叔或者伯伯的陪伴者，新郎和伴郎，三个背东西的，一共要去七个，定期定好了，等时间到了就要结婚，到要去接亲的那天，去的人要去一个新郎的叔叔或者伯伯，去一个新郎的叔叔或者伯伯的陪伴者，一个新郎和一个伴郎，还有五个背东西的，东西要带一只山羊，一半截猪，两个大糍粑，两夹背炒面，和一袋放在里面的炒面，两对鸡，一对给新娘的父母，背十斤酒，两把烟草，到新娘家以后有一个仪式，新娘带着年轻姑娘和妇女把新郎家的烟酒躲起来，等吃晚饭后要吃新郎家的东西了，总管说，新郎家背的烟酒由于夹背通洞掉下去了，大家要一起去找，新郎伴郎们要拉着年轻姑娘妇女一起去找烟酒，找到的话那吃掉，第二天新娘家打发新娘出门，送亲的要去的是未嫁的姑娘，去九个十个或二十个或三十个，新郎们带回到家，新郎家办酒了，吃完晚饭，要先喝媒人酒，做一桌饭菜去媒人家请媒人，让一个人吹芦笙，一个唱歌去媒人家请媒人，媒人要带两个陪伴者来新郎家坐在上座的位置，新郎家要叫递烟倒酒的人来给媒人和陪伴者递烟倒酒，媒人叫他的陪伴者先从右边斟三杯酒，然后左一杯右一杯的递给新郎家的亲戚朋友，递完媒人酒，一屋子的人都得到酒烟以后就要挂红，挂红的话，要从大舅家开始，接着就是二舅三舅家继续，大姑爹家，二姑爹三姑爹家继续，大姐夫二姐夫妹夫们继续，表哥家又继续，挂完红，吹芦笙唱歌阿作，新郎家要准备七个姑娘照火把，留两个拿着棍子拦酒，两个男子递烟，两个男子递酒，阿作完了以后，第二天天亮，阿作的人就要倒酒给主人喝了，每人两羊角酒，新郎家的人喝了阿作就以后，新郎家又要倒酒，也是一人两羊角酒给阿作以后送阿作，送亲的人要休息一天，休息完一天的第二天，媒人带伴郎新郎们送伴娘们回去，苗族嫁娶习俗就讲到这里了，我们现在说老人过世丧葬仪式，从老人去世时，要入棺的时候，要织草鞋，草鞋要用火麻织，要用苗族布料剪麻布来裹着老人的手脚，衣服换了以后放在棺材里，放一顿饭的时间要杀一头牲畜来做饭，所以苗族人没有把尸体放久的习惯，把人抬去埋了以后回来再给他指路，在以前，有牲畜，以前说的是做道场是指路，所以有钱的人都要做四十九天，穷的人就做七天七夜，做七天七夜就要杀七头牲畜，杀一对鸡，杀一对猪，一对羊，一头牛，一共七只，那些做四十九天的，要杀七丛牲畜，什么是七丛牲畜，是一对鸡、一对猪、一对羊、一头牛、就算一重、要杀七重，以前，这个时候有吹芦笙的，吹芦笙的人去讨要牛肉，吹芦笙的人是这样吹的，大概的意思是：吹芦笙的人去要牛肉，厨师割不好的地方给他，吹芦笙的人又这样吹，我不要不好的，要瘦肉要好瘦肉，要拿去给老人下酒，厨师割好瘦肉给他拿去，以前，只听老人是这样讲，我们没有见过，那个时候我父亲只有七八岁，后来没有那么多牲畜，没有说是做法了，指路，指路只有一晚上，抬去埋了，祭师来了，要杀一头猪来做晚饭，祭完饭以后又祭酒，有杀一只羊来做早饭，天亮的时候杀一只鸡来等门，有些人不祭奠就只杀一只鸡等门，祭奠的人家就还要杀一头雏猪来祭奠，等门的鸡和祭奠的雏猪，主人不能吃，只能异姓的人吃，做完以祭祀后，要叫魂，要杀一对鸡来让祭师给这家人叫魂，这对鸡旁姓人家不能吃，只有主人家能吃，做完各种，送走祭师，这都只说了些皮毛，没有从头到尾详细说明，那我们就先讲到这里。

（三）话题：传统节日

pi^{33} ɕi^{33} pi^{33} ti^{54}tɕhiey^{54} ni^{55}

我们说 我们 地方 这

pi^{33} tse^{55}m̥au^{54} ni^{55} na^{31}a^{55}tl̥i^{54}lau^{31}

我们 民族 这 看 花山节

lu^{55} tl̥i^{31}lau^{31} ni^{55} m̥a^{35} pu^{54}tʂaɯ^{54} tәu^{11} n̥i^{33} fa^{54}

这个花山节 这 有 几个 的 说 法

a^{33}thau^{33} li^{33} a^{33}lau^{54}mi^{33} ɕi^{33} ku^{33}

以前 的 老人们 说 是

pi^{33} lu^{55} tl̥i^{33}lau^{31} ni^{55} e^{55} ku^{33} tʂə^{33}tʂo^{11} ley^{55} pi^{54}

我们个 花山节 这 啊 是 贼匪 赶 我们

pi^{54} tʂhu^{11} a^{33}m̥au^{54} qai^{54}ti^{54} pə^{55}l̥o^{33} tsa^{54} ti^{54}tɕhiey^{54} ni^{55}

我们 从 苗族 故乡 躲藏 到 地方 这

nio^{55} zau^{55}tʂa^{33} ɕi^{33}m̥a^{35} ŋgɦa^{35} tɕhey^{54}

在 外面 没有 房子 地块

dʑi^{31} nio^{54} ve^{35} ku^{55} nio^{31}ni^{55} lə^{31}

你 在 那 我 在 这 去

e^{33} ku^{33} ho^{55}pə^{54} ɕi^{33} tau^{54} hi^{33} tʂu^{11}

啊 是 大家 没有 到 遇在一起

na^{55} a^{55}tə^{33} ho^{33} ku^{33} lə^{55} pe^{54} l̥i^{33} se^{33} pe^{54} tɕi^{54} ho^{55}pə^{33} i^{54}tshie^{54} tsaɯ^{33} mau^{33}

所以 才 喊着 是 农历 五 月 初 五 就 大家 一些 送 信

tsa^{54} i^{54} tshie^{54} ha^{33} a^{55} tɕi^{31}tʂu^{11} m̥au^{35} na^{31} tl̥i^{33}lau^{31}

给 一 些 啊 要 聚着 去 看 花山节

tɕi^{54} ŋkau^{54}ntshai^{35} mi^{33} pɦo^{35}m̥au^{54} mi^{33}

就 姑娘 们 妇女 们

tɕi^{54} la^{55} kə^{33}tse^{33} ntsha^{54}nto^{33} la^{55} nto^{33}ntau^{54}

就 要 准备 麻布 织 要 织 布

la^{55} kə^{33}tse^{33} kə^{55}tl̥a^{31} n̥aɯ^{54}

要 准备 衣服 穿

a^{54}lau^{33} vai^{31}mi^{33} tɕi^{33} la^{55} kə^{33}tse^{33} a^{33}ti^{54} a^{33}tɕhey^{54} a^{33}qau^{54}lau^{54}

人 男 们 就 要 准备 做地 做地方 做庄稼

a^{33} qə^{55} n̥au^{31} tsɿ^{33}

做 粮食 吃 背

tʂo^{11} i^{54} n̥o^{54} ku^{33} n̥a^{33} a^{54}tl̥i^{54}lau^{31} ni^{55}ta^{33}

到 一天 是 看 花山节 这 了

pi^{33} ŋkau^{54}ntshai^{35}

我们 姑娘

la^{55} ʑiey^{33} le^{54}fau^{54}

要 盘 头发

a^{35}bɦo^{35} a^{55} a^{33} tɕy^{55} tɕy^{55} ku^{54} kə^{33}ntsa^{54}

妇女 要 做 造型 造型 是 喜鹊

a^{54}l̥a^{54} təu^{54} a^{55} ntau^{33} so^{55}

年轻 儿郎 要 打 毛线

a^{54}lau^{33} tsʅ^{54}vai^{35} la^{55} ntau^{35}ntau^{54}

老 男子 要 打 布

pi^{33} tia^{54}pɯ^{11} so^{55} ku^{33} ʑiey^{11}le^{33}fau^{54} ni^{54} thie^{33} pi^{54} tə^{54}tie^{33} tsho^{54} ni^{55}

我们 这些 毛线 是 盘头法 这 和 我们 裙子 衣服 这

i^{54} təu^{33} m̥a^{33} ɕi^{54} fa^{54}

也 都 有 说 法

hi^{55} ku^{33} pi^{33} lo^{55} tsho^{33} l̥u^{55} ku^{33} pi^{55} n̥aɯ^{54} ni^{55}

说 是 我们 衣服 衣 花 是 我们 穿 这

i^{54} ku^{33} ntɕio^{33} a^{33}thau^{33}tsʅ^{33}li^{33} pi^{54} qai^{54}ti^{33} le^{33} a^{54}fai^{54} a^{54}li^{54}ʂa^{54}

也 是 记 以前 的 我们 故乡 的 棵 蕨苔

ɕi^{33} ku^{33} pi^{54} tə^{55}tie^{54} ni^{55}

说 是 我们 裙子 这

ku^{33} tɕhiey^{54}a^{33}ntse^{54} thie^{33} se^{35} phy^{35}ntl̥aɯ^{11} ni^{55}

是 捡 绣线 和 画 蜡线 这

ku^{33} ntɕio^{33} a^{33}thau^{33}li^{33} pi^{33} a^{54}qai^{54}ti^{54} li^{33} a^{35}ve^{11}l̥ie^{35} a^{35}ve^{11}tɕhiey^{54}

是 记住 以前 的 我们 故乡 的 梯田 住所

e^{33}tɕi^{33} ɕi^{33} ku^{33} a^{55} mau^{35} na^{31} a^{54}tl̥i^{33}lau^{31}

啊 就 说 是 要 去 看 花山节

mau^{35} na^{31} a^{54}tl̥i^{33}lau^{31} lai^{55} sɿ^{33} maɯ^{35} tsu^{33} tl̥aɯ^{54} tsu^{33} qha^{54}

去 看 花山节 呢 是 去 遇 亲戚 遇 客人

mau^{54}bɦy^{11} mau^{54}sau^{55} hi^{33}tsu^{11} dɦa^{35}

苗族高山 苗族矮山 一起涌 来

dʑi^{31} dʑɦio^{35} dʑi^{31} kə^{55}tl̥a^{54} n̥aɯ^{54} dɦa^{35} qhə^{33} ku^{55}

你 拿 你 衣服 穿 来 告诉 我

ku^{55} dʑɦio^{35} ku^{55} kə^{55}tl̥a^{54} n̥aɯ^{54} dɦa^{35} qhə^{33} dʑi^{31}

我 拿 我 衣服 穿 来 告诉 你

a^{33}lau^{35} tsɿ^{54}vai^{35} a^{33}l̥a^{54}təu^{54} tɕi^{54} tsho^{55}qə^{54} dʑɦie^{35}nɯ^{54}

老人 男子 年轻儿郎 就 吹芦笙 骑马

a^{33}bɦo^{35}m̥au^{54} ŋa^{33}ʑau^{54} tɕi^{33} mau^{35} na^{11} kə^{55}tl̥a^{33}

妇女 儿童 就 去 看 衣服

i^{33}tshie^{54} mau^{35} na^{11} i^{33} tshie^{54} kə^{55}tl̥a^{33} dʑi^{31} ʑiau^{31} ku^{55} a^{33} ku^{55} ʑiau^{31} dʑi^{31} a^{33}

一些 去 看一 些 衣服 你 学 我 做我 学 你 做

ho^{55}pɯ^{33} la^{11} tə^{33} tɕi^{54} tsho^{55} ɴqə^{35} hu^{33} ŋɡɦau^{35}

大家 高兴 了 就 吹芦笙 喊 歌

tl̥ie^{33}tl̥iey^{55} tə^{33} tɕi^{33} hu^{55}pɯ^{33} tɕi^{33} ta^{54} tl̥ie^{33}la^{54}

跳着 了 就 大家 就 说 跳 高兴

li^{54}na^{55} nə^{33}ni^{55} tɕi^{33} tau^{33} ɕi^{33} ku^{33} ta^{54} le^{55} tl̥i^{33}lau^{31}ni^{55}

所以 现在 就 被 说 是 了 花山节 这

hu^{55}pu^{11}ʑo^{11} tɕi^{33}lau^{31} i^{33} ku^{33} tl̥ie^{33}la^{31}

不 是 城市 那 是 跳高兴

tɕi^{33} a^{33}lau^{33}mi^{31} ɕi^{33} le^{33}ni^{55}

就 老人们 说 这样

le^{33} tʂo^{11}tsaɯ^{33} le^{55} ɕai^{54}l̥i^{54} ŋghau^{11} tsi^{54} tə^{33}tɕi^{54}

又 转到 了 七 月 十 三 就

dʑɦia^{35}di^{54} gɦau^{31}a^{54} tʂai^{54} qau^{33}lau^{54} i^{33}tɯ^{33} a^{55} n̥au^{35} tsi^{54} ta^{54}

九 种 十 二 样 庄稼 都 要 吃 得 了

e^{33} tɕi^{33} mau^{54}pɯ^{11} mau^{54}sau^{55}

啊 就 苗族高山 苗族矮山

tə^{33} tsɿ^{33} qə^{55} n̥au^{33} ha^{33} tə^{33} mau^{35} he^{54}tsu^{11}

又 背着 粮食 吃 又 得 去 相聚

e^{33} tɕi^{33} pi^{54} ɕi^{33} ku^{33} a^{54} ʑy^{11}ba^{11}

啊 就 我们 说 是 做 月半

tɕi^{54} mau^{33}pɦy^{11} tɕi^{33} ŋa^{54}tsɿ^{54}qə^{54} ɕie^{55} ta^{54}

就 苗族矮山 就 小玉米 熟 了

mau^{54}pɦy^{11} ɕi^{33}ma^{35} ʑy^{55}ʑɦy^{11}

苗族矮山 没有 洋芋

mau^{54}sau^{55} lai^{33} tsɿ^{54}qə^{54} ɕi^{33}ɕie^{55} se^{54}

苗族高山 又 玉米 没熟 还

e^{33}ve^{54} mau^{54}sau^{55} tɕi^{54}te^{33}ma^{35} ʑy^{55}ʑɦy^{11}

但是 苗族高山 就又 有 洋芋

e^{33}tɕi^{33} mau^{54}sau^{55} tsɿ^{33} ʑy^{55}ʑɦy^{11} mau^{35} tsu^{33} mau^{54}pɯ^{33}dau^{11}

啊就 苗族高山 背着 洋芋 遇 着 苗族 矮山

mau^{54} pɯ^{33} dau^{11} tə^{33}tsɿ^{33} tsɿ^{54}qə^{54} dɦa^{35} tsu^{33} mau^{54}sau^{55}

苗族 矮山 又 背 玉米 来 遇 苗族高山

m̥au^{35} n̥a^{35} a^{54}tl̥i^{33}lau^{31} le^{55} tho^{33}si^{33}

去 看 花山节 的 同时

tə^{33}ŋkau^{55} tə^{33}l̥a^{33} mi^{31}

姑娘 儿郎年轻 们

tsho^{55} qə^{54} hu^{33} ŋgɦau^{35}

吹　芦笙 喊　歌

hu^{33} ŋgɦau^{35} he^{33}ti^{54} hu^{33}ŋgɦau^{35} he^{33} thai^{33}ntsi^{54}

喊　歌　答应　喊　歌　对　名字

tə^{33}ŋkau^{55} tə^{33}l̥a^{33} mi^{31} kho^{54}i^{33} nio^{54} la^{33}tl̥i^{33}lau^{31}

姑娘　儿郎年轻 们　可以　在　花山节

ɕaɯ^{11} niaɯ^{54} ɕaɯ^{11} vau^{55} dʑɦio^{35} niaɯ^{54}

看　新娘　看　新郎　抓　姑娘

a^{33} le^{33}ni^{55}

就 这样

le^{54} tl̥i^{33}lau^{31} ni^{55} ku^{33} n̥o^{54} ku^{33} a^{33}lau^{33} mi^{31} l̥o^{35} ɕi^{33}le^{54}ni^{55}

个 花山节 这 是 听 是　老人 们 回来 说 这样

ɕi^{33} tɕi^{33} ɕi^{33} dʑiau^{55} ta^{54} die^{33}vai^{54}

说 就 说　多　得 很 那

pi^{54} qha^{55}ni^{55} tɕie^{33}n̥jau^{54} ɕi^{33}tʂau^{54} tɕio^{35} pi^{54} n̥i^{33}t ʂo^{11} ha^{55}ni^{55} ta^{55}

我们 这里　时间　不够　拿 我们 说　到　这里 只

意译：

我讲我们本地方的花山节，花山节有几个说法，很久以前老人们说，我们这个花山节是因为贼匪追我们，我们从自己的发源地跑到现在的地方来，在外面没有属于自己的地盘，你在那，我在这，没有在一起聚集，所以才叫大家在端午节互相告诉聚集着去赶花山节，女孩子们，妇女们，准备纺纱织布，准备衣服裤子，男人们要准备犁地耕种，做饭带上，等到了花山节的这一天，我们苗族姑娘，年长有知识的老人，头发盘起来的妇女们，年轻的苗族小伙，把毛线盘在头上，中年男子要织布，我们盘头发的毛线和这些衣服裙子，都有说法，说我们穿的花花衣，是为了记住很久以前，蕨草，说我们的裙子，打皱绣线画蜡，是记住很久以前我们的发源地那些梯田和住所，所以说是要去看花山节，去看花山节是为了与亲戚朋友相遇，高山的苗族和矮处的苗族，你拿你的衣服裙子来告诉我，我拿我的衣服裙子来告诉你，中年男子年轻小伙子吹芦笙骑马，妇女儿童去看衣服裙子，一个去看一个的衣服裙子，你学我做，我学你做，大家高兴了就吹芦笙唱歌，跳来跳去大家就说这是跳得高兴，所以现在人们随便说就说成城里，其实不是城里是跳得高兴，老人们都是这样说的，到了七月十三的时候，各种粮食作物都可以吃了，高山的苗族和矮处的苗族，背着东西又去聚集在一起，我们说是过月半，矮处的苗族玉米熟了，矮处没有洋芋，高处的苗族玉米还没有熟，但是高处苗族有洋芋，所以高处的苗族背洋芋去见矮处的苗族，矮处的苗族背玉米去见高处的苗族，去看好花山节的同时，年轻男女，吹芦笙唱歌，互相对歌，年轻男女可以在花山上，互相找对象拉亲，就这样，花山节听老人们说是这样的，说是说得很多，由于时间关系就讲到这里了。

（四）话题：工作情况

ɕi^{54} ʑiu^{33}la^{33}tɕi^{54} ni^{55} le^{33} ko^{55}tʂo^{31} tɕhi^{33}khuŋ^{31}

说 自己 身上 这 的 工作 情况

ku^{55} tshu^{31} ni^{11}ŋɡɦau^{31}a^{54} ɕau^{54} ku^{55} ntso^{11} mau^{35} a^{33} vau^{54}tʂau^{33} neu^{54}

我 从 二 十 二 岁 我 跟 去 做 政府 事

thau^{54}ku^{33} a^{33} vau^{54}tʂau^{33} neu^{54} i^{55}

以前 做 政府 事 时

ku^{55} mau^{35} ku^{55} ku^{33} i^{54} tʂhie^{54} dʑɦia^{35} pa^{33}ʑɦi^{11} dʑɦiau^{31}tl̥au^{54} ɕau^{54}

我 去 我 是 一 千 九 百 八 十 四 年

m̥au^{35} ntso^{31} a^{33} vau^{54}tʂau^{33} neu^{54}

去 和 做 政府 事情

ku^{55} a^{33}thau^{33}ku^{33} qha^{11}nie^{11} m̥au^{35} i^{55} ku^{55} kə^{54} tə^{33}ku^{33} m̥a^{35}təu^{54} m̥a^{35}ntsai^{54} i^{54}

我 刚 开始 去 时 我 管 那些 生儿 生女 时

ku^{55} m̥au^{35} a^{33} tau^{33} tl̥au^{33} ɕau^{54}

我 去 做 得 六 年

ku^{55} m̥au^{35} a^{33}tau^{33} tl̥au^{33} ɕau^{54} sai^{54} ku^{55} tə^{33} hi^{55}pu^{31} a^{33}

我 去 做到 六 年 后 我 又 没 做 啦

ku^{55} tʂo^{55}qə^{54} l̥o^{35} n̥io^{54} tau^{33} pu^{54}tʂau^{54} ɕau^{54}

我 回 来 在 到 几 年

ʑey^{33}to^{33}tʂo^{55}m̥au^{54} a^{33} ku^{33} kə^{55} a^{33} qau^{54}lau^{54}

又 回 去 做 是 管 做 庄稼

ku^{55} tə^{33} m̥au^{35} kə^{55} tau^{33} tsi^{54} ɕau^{54}

我 又 去 管 到 三 年

mau^{35} a^{33} tsi^{54} ɕau^{54} ku^{33} kə^{55} qau^{54}lau^{54} sai^{54}

去 做 三 年 是 管 庄稼 后

ku^{55} tə^{33} m̥a^{35} pe^{54} ɕau^{54} ku^{33} hey^{55}pu^{11} a^{33}

我 又 有 五 年 是 没有 做

tʂo^{11}tsa^{54} a^{54} tɕhie^{55} ɕau^{54}

到了 两 千 年

ku^{55} tə^{54} m̥au^{35} a^{33} ku^{55} tə^{54} m̥au^{35} a^{33} ku^{33} kə^{55} təu^{54} a^{33} ntey^{54}

我 又 去 做 我 又 去 做 是 管 儿郎 做 书

m̥au^{35} kə^{55} təu^{54} a^{33}ntey^{54} ku^{55} kə^{55}tau^{54} gɦau^{31} i^{54} ɕau^{54}

去 管 儿郎 做 书 我 管了 十 一 年

pi^{54} mau^{35} ntso^{11} a^{54}la^{54} mi^{11} a^{33} i^{54} tie^{31} ʑau^{35}nəu^{31} sai^{54} a^{54}la^{54} ɕi^{33} ntɕio^{54}

我们 去 给 别人 们 做 一点 好事 后 别人 不 记得

a^{33} tsi^{55}nəu^{31} tɕi^{33} a^{54}la^{54} ntɕio^{54}

做 坏事 就 别人 记得

m̥a^{35} tʂau^{33} ku^{33} sə^{33} ku^{33} i^{54}vai^{54} tau^{33} m̥a^{35} tʂau^{33} ku^{33} ntshey^{54} tɕio^{54}

有 群 是 恨 是 但是 又 有 群 是 想 的

pi^{54} ku^{33} dʑio^{33} vau^{54}tʂau^{33} zaɯ^{35}zie^{33} m̥au^{33} ntso^{31} a^{54}la^{54} a^{33} ta^{55}

我们 是 拿 政府 政策 去 和 别人 做 啊

ku^{55} tshu^{31} a^{54}ko^{54} tɦey^{31} a^{54}ntsɿ^{54}

我　从　根部　到　顶部

ku^{55} a^{33}tau^{54} ni^{31} ŋgɦau^{31} i^{54} ɕau^{54} neu^{54}

我　做得　二　十　一　年　事

意译：

说自己的工作情况，我从22岁参加工作，在我工作的时候，我从1984年开始工作，我开始工作的时候是管计划生育，我管了计划生育管了六年，我做了六年以后就没有做了，我回来在了几年，又回去管农业科技，做了三年，三年的管农业科技，又停了五年，到了2000年，我又去当文书，当文书当了十一年，去给群众做了好事但人家没有记住，得罪人的事人家记得很好，有些人恨有些人想，我们是根据政策去办事情，我从头到尾，我做了21年事。

（五）话题：业余爱好

ku^{55} ɕi^{33} ku^{55} la^{33}tɕi^{54} li^{54} ʑe^{31}ʑy^{31}ai^{33}hau^{35}

我　说　我　身上　的　业余爱好

ei^{54}tɕi^{54} ɕi^{33} ku^{33} ku^{55} lai^{55} ɴqa^{31} a^{54} ɢɦɯ^{35} a^{54}ŋgɦau^{35}

啊就　说是　我　呢　喜欢　做乐器　做歌

hi^{54} dʑiey^{31}ɢɦɯ^{35} dʑiey^{31}ŋghau^{35} lai^{55} ku^{55} dʑiey^{31} tau^{33} a^{54}ɕaɯ^{54} sai^{54}

说　读乐器　读　歌　呢　我　读　了　两　年　后

tə^{55}lə^{33} dʑiey^{31} tau^{33} ɢɦɯ^{35} hu^{55}pɯ^{33}

才　读　得　乐器　全部

ei^{54}tɕi^{54} ɢɦɯ^{35} tɕi^{54} a^{33}thau^{54}li^{54}

啊就　乐器　就　以前

a^{33}lau^{54} mi^{31} ɕi^{33} le^{33}ni^{55}

老人　们　说　这样

ɕi^{33} ku^{33} tɕi^{54} ta^{35} ɖɦo^{35} ɢɦɯ^{35} ku^{33} he^{33}nie^{31} bɦy^{31} ku^{33}

说是　就　是　曲　芦笙　是　刚　开始　是

ɕi^{33} ɢɦɯ^{35} si^{31} ɢɦɯ^{35}

说 芦笙 试 芦笙

ve^{33} a^{54}ɢɦey^{54}ni^{55} tə^{33}tɕi^{33} ɕi^{54} a^{33} si^{55}ɢɦɯ^{35} le^{33}ta^{54}

但是 后来 了 就 说 是 试芦笙 了

ei^{54}tɕi^{54} tshu^{31} ku^{33} ɖɦo^{35}ɢɦɯ^{35} ku^{33} si^{31}ɢɦɯ^{35} i^{54} tə^{33} dɦey^{31} ɢɦɯ^{35} nto^{54}tɕi^{31}

那么 从 是 曲芦笙 是 试芦笙 就又 出 曲 走 路 了

ɢɦɯ^{35} nto^{54} tɕi^{31} tə^{33} dɦey^{31} ɢɦɯ^{35} ntha^{54}

曲 走 路 又 出 曲 散开

ei^{54}tɕi^{54} ɢɦɯ^{35}ntha^{54} tɕi^{54} ma^{35} tl̥au^{33} ʑiaɯ^{55} ŋa^{33} ta^{55}

那就 曲 散开 就 有 六 段 儿 只

tʂo^{31}tsau^{33} ɢɦɯ^{35}dʑi^{35} tə^{33}tɕi^{54} ma^{35} ɕai^{54}ʑiaɯ^{55} tɕi^{54} ɕai^{54}ʑiaɯ^{55} ɢɦɯ^{35} a^{33}dʑɦi^{31}

到了 曲 腿 了 就有 七 段 就 七 段 曲 腿

tʂə^{33} ma^{35} ɕai^{54}ʑiaɯ^{55} ɢɦɯ^{35}lə^{33}fə^{54}

又 有 七 段 曲 左脚

tsho^{55} dai^{31} ɢɦɯ^{35} lə^{33}fə^{54} tə^{33}tɕi^{54}

吹 完 曲 左脚 了 就

tə^{33} tsho^{55} ɢɦɯ^{35} hi^{54}ntso^{54}

又 吹 曲 在一起（主玄）

ɢɦɯ^{35}hi^{54}ntso^{54} tɕi^{54} pi^{54} pie^{33} tɕi^{54} pi^{54} tsho^{55} ɕai^{54}ʑiaɯ^{55} ŋa^{33} ta^{55}

曲 在一起 就 我们 的就 我们 吹 七 段 儿 只

ve^{33} tə^{33} ma^{35} tʂaɯ^{33} ku^{33} tsho^{55} ɡɦau^{31}a^{54}zaɯ^{54}

但 又 有 群 是 吹 十 二 段

tsho^{55} dai^{31} ɢɦɯ^{35} ɕi^{54}ntso^{33} tə^{33}tɕi^{54}

吹 完 曲 在一起 了 就

ɢɦɯ^{35} dey^{31} ɢɦɯ^{35} dai^{54}m̥o^{54}

曲 到 曲 深夜

ɢɦɯ^{35} dai^{31}m̥o^{54} dey^{31} ɢɦɯ^{35} qhau^{54}təu^{54}qhau^{54}ntsai^{33}

曲 深夜 到 曲 想 儿 想 女

dey^{31} ɢɦɯ^{35}qai^{54}qa^{33} ɢɦɯ^{35} lau^{54} ntau^{54}

到 曲 鸡鸣 曲 洗 布

dey^{31} ɢɦɯ^{35} sai^{54} nteu^{33}

到 曲 亮 天

tɕi^{54} tə^{33}ni^{55} ku^{33} ɢɦɯ^{35}

就 些这 是 曲子

ha^{33} gɦau^{35} la^{33} pi^{54} ʑiau^{33} tau^{54} i^{54} tɕhe^{54} gɦau^{35}

还有 歌 啊 我们 也 学到 一 些 歌

tɕi^{33} thau^{54}li^{54} a^{33}lau^{54} mi^{33}

就 以前 老人 们

ɕi^{33} ku^{33} gɦau^{35} tɕi^{54} ma^{35} gɦau^{35} tɕhi^{54} a^{33}lau^{54}

说 是 歌 就 有 歌 敬 老

ma^{35} gɦau^{35} pɯ^{31}dau^{31}

有 歌 故事

ma^{35} gɦau^{35} ɴqa^{35}ti^{54}ɴqa^{35}tɕhiey^{54}

有 歌 移地移床

ma^{35} gɦau^{35} ku^{33} xə^{54} niaɯ^{54} qa^{33} ntsai^{54}

有 歌 是 带 新娘 分 女儿

ma^{35} gɦau^{35}tl̥aɯ^{54} tia^{33}pɯ^{33}ni^{55} gɦau^{35} tɕi^{54} tia^{33}pɯ^{33}ni^{55}

有 歌 祭祀 些 这 歌 就 些这

tɕi^{54} ku^{55} tʂu^{31}tʂau^{54} i^{54} ni^{31}ŋgɦau^{31}dhey^{31}ɕaɯ^{54} i^{54}

就 我 到了 一 二 十 出 岁 时

thau^{33} ku^{33} pi^{53} hai^{33}nie^{33} ni^{31}ŋghau^{31}a^{54} tsi^{54}ɕaɯ^{54} i^{54}

以前 是 我们 才 大 二 十 二三 岁 时候

ntʂe^{31}ntʂe^{31} ku^{54} pi^{54} a^{54}m̥au^{35} ɢɦɯ^{35} gɦau^{35} ntso^{55} so^{55} ta^{54}die^{35}die^{35}

刚好 是 我们苗族 曲 歌 响 热 很（热貌）

tia^{54}ɕaɯ^{54}i^{54}

些 年 那

pi^{54} m̥au^{35} a^{33} a^{55}tʂo^{33} tɕi^{54} ntɕi^{31}lai^{55}

我们 去 做 芦笙 就 游

tsha^{54} l̥u^{35} zo^{54}

每 个 村寨

i^{54}du^{33} ma^{35} ɢɦɯ^{35} gɦau^{35}

都 有 曲 歌

tsha^{54} l̥u^{35} zo^{54} təu^{33} ma^{35} təu^{54} ɢɦɯ^{54} təu^{54} gɦau^{54}

每 个 村寨 都 有 儿郎 芦笙 儿郎 歌

tʂo^{31}tsa^{33} a^{33}qə^{54} ku^{33} ni^{55} tə^{33}tɕi^{54}

到了 后面 是 这 就

tsha^{33}lə^{33} təu^{54} hi^{55} pu^{31}ɳ̥iau^{33} a^{33} ɢɦɯ^{35} gɦau^{35} ta^{33}

每个 都 不愿意 做 曲 歌 了

tau^{33}li^{33} ku^{33} pi^{54} ɢɦɯ^{35} gɦau^{35} ntse^{33}ntse^{33} ntso^{55}so^{55} li^{55} si^{33}həu^{33} tɕi^{54}

以前 是 我们 曲 歌 正 正 响 热 的 时候 就

su^{54} ku^{33} m̥au^{35} tsa^{54} i^{54} lu^{54} zo^{54}

像 是 去 到 一个 村寨

a^{33}la^{54} lə^{55} zo^{54} i^{54} a^{55} ma^{35} a^{33}l̥a^{54} təu^{54} i^{54}ku^{33} tsho^{55} ɢɦɯ^{35} da^{35} si^{31} ʑɦiu^{35}

别人 个 村寨 那里 要 有 年轻 儿郎 就是 吹 芦笙 来 试 自己

ha^{54} tl̥ie^{54} dey^{54} dɦi^{33} si^{31} ʑɦiu^{35}

和 跳 脚 手 试 自己

ʑɦiu^{35} la^{54} la^{55} m̥a^{35} dey^{54} dɦi^{33} ku^{33} ntso^{33} a^{54}la^{54} tl̥ie^{54}

自己 也 要 有 脚 手 是 和 别人 跳

si^{33} ku^{33} nai^{55}ni^{55} ŋa^{33}ʑau^{35} mi^{31} ɕi^{33}pau^{33} tə^{33}

好像是 现在 孩子 们 不知道 了

tɕi^{54} si^{33} ku^{33} mi^{31} tʂo^{33} ʑaɯ^{54}ɕi^{54} ntʂau^{54}

就 像 是 们 放 羊 斗

thie^{33} tʂo^{33} qai^{54} hi^{33} ntɕey^{33} i^{55} i^{54}zai^{54}

和 放 鸡 啄 斗 那样 一样

thau^{33}li^{33} pi^{54} tsho^{55} ɢɦɯ^{35} ho^{54} gɦau^{35}

以前 我们 吹 芦笙 唱 歌

tsha^{54}lo^{33} zo^{33} i^{54}tu^{33} ma^{35} ʈau^{54} ku^{33} dey^{33} dɦi^{33} ɕie^{54}

每个 村寨 都 有 群 是 脚 手 高

ma^{35} ʈau^{54} ku^{33} tl̥ie^{54} zau^{54}

有 群 是 跳 好

ma^{35} ʈau^{54} ku^{33} tsho^{55} zau^{33}

有 群 是 吹 好

hu^{54} gɦau^{35} zau^{54}

喊 歌 好

thau^{33}li^{33} ku^{33} pi^{54} ɕi^{55}pu^{33} ʑau^{31} gɦau^{35} se^{33}i^{54}

以前 是 我们 没有 学 歌 时候

pi^{54} la^{33}mau^{35} tsa^{54} a^{54}la^{54} ti^{54}tɕhiey^{54}

我们 过去 到 别人 地方

a^{54}la^{54} da^{35} tɕai^{35} pi^{54} ho^{33} gɦau^{35} lə^{54}

人家 来 拉 我们 喊 歌 的

hi^{54} ʈey^{35}

不 会

a^{54}la^{54} sai^{33} ku^{33} a^{54}thi^{33}lə^{33}tai^{55} təu^{33} tl̥ie^{54}tl̥ie^{54} sai^{54}

人家 掐 是 腰杆 都 痒痒 了

a^{33}qə^{54} ni^{55} tə^{33}die^{33} tə^{55}lie^{31}dɦə^{33}nie^{31} ʑau^{35} gɦau^{35}

后面 这 才 慢慢 讲究 学 歌

ʑau^{35} gɦau^{35} dhəy^{31} mau^{35} tə^{33}tɕi^{54} a^{54}la^{54} ho^{54} dʑi^{31} dʑi^{31} ntso^{31} a^{33}la^{54} a^{54} dau^{35}

学 歌 出 去 就 人家 喊 你 你 和 人家 做得起

ei^{54}tɕi^{54} a^{55}la^{54} hi^{55} tɕhy^{31}they^{31} ʑɦiu^{31} ta^{54}

那 就 人家 不 欺负 自己 了

te^{33}ni^{55} ku^{33} n̥i^{54} ɢɦɯ^{35} gɦau^{35} lə^{33} mu^{33} ɕi^{54} pɯ^{31}tɕi^{31} lo^{33} ŋa^{33} le^{54}ni^{55}

个这 是 说 曲 歌 只 说 几句 儿 这样

tshu^{33}sai^{54} ku^{33} pi^{54} a^{33} ɢɦɯ^{35} gɦau^{35} a^{54}qə^{54}ni^{55} tə^{33}

除 了 是 我们 做 曲 歌 后面

tɕi^{54} ku^{55} tə^{54} tʂau^{33} ɕiaɯ^{31} tɕi^{54} ntɕi^{31}lai^{55}

就 我 又 照相 就 游

ku^{55} tʂau^{33}ɕiaɯ^{31} ʑa^{33} ku^{55} tʂau^{33} tau^{54} pei^{54} tl̥iau^{33} ɕiau^{54} sai^{54}

我 照相 也 我 照 得 五 六 年 了

thau^{33}li^{33} tɕi^{54} hi^{55}pu^{31} su^{33} nai^{55}ni^{54} ku^{33} ma^{35} ŋgɦa^{35} ha^{33} nio^{54} tə^{55} dʑɦi^{31}

以前 就 不 像 现在 是 有 房子 和 在 街 上

thau^{33}li^{33} tɕi^{54} pi^{54} l̥au^{31} tsa^{33} zo^{33} m̥au^{35} tʂau^{33}

以前 就 我们 下 到 村寨 去 照

i^{54}tɕi^{54} i^{54} n̥o^{54} qho^{33} ti^{54} i^{54} m̥o^{33} qho^{33} tɕhiey^{54}

这样 一天 处 地方 一 晚 个 地方

dʑɦie^{35}n̥iau^{35} la^{54} hi^{55}ʈau^{54} dʑio^{35}

时间 也 不够 拿

ei^{33}tɕi^{54} pi^{54} ɕi^{54} lə^{33}ni^{55} ta^{54}ta^{33}

这样 我们 说 这样 了 啊

意译：

我说我身上的业余爱好，我喜欢吹芦笙唱歌，学芦笙学歌学了两年，才学会全部，芦笙在以前，老人是这样说的，说的是刚开始的芦笙曲，叫试笙，后来说成了始笙，那么从试笙到边走边吹芦笙，边走边吹芦笙到芦笙向四周分散，芦笙向四周分散有六段，又到跳脚调有七段，又有七段左脚调，吹完左脚调，又吹主玄，主玄我们吹得只有七段，有的人吹十二段，吹完主玄，又到深夜曲，到想子女曲，到鸡叫曲，到洗布曲，到天明曲，这些就是芦笙曲，歌我们也学会了一些，以前的老人们，说歌有敬老歌，故事歌，逃路歌，婚姻嫁娶歌，祭祀歌等这些歌，我到了二十多岁的时候，二十二三岁的时候，刚好是我们苗族芦笙歌曲最火的时候，那些年，我们到处去阿作，每个村寨，都有芦笙歌舞，每个村寨都有芦笙手和歌手，到后来，每个人都没有兴趣吹芦笙唱歌了，以前芦笙歌舞火的时候，好比去别的村寨，那个村寨会有吹芦笙的小伙子来试你，跳脚也要试你会不会，你也要会跟人家一起跳，好比现在小伙子们不会就像是斗羊一样，和斗鸡一样，以前我们吹芦笙唱歌，每个村寨都有芦笙唱歌高手，有的跳得好，有的吹得好，唱歌好，以前当我们没有学歌的时候，我们去过别的村寨，别人来拉我们唱歌，自己不会，被人家掐得身子左右都痛，到后来才好好的学歌，把歌学好出去人家叫你去唱你才唱得出来，这样就不被别人欺负，讲的芦笙和歌曲就这些了，除了吹芦笙唱歌后我又到处照相，我照相照了五六年，以前不像现在一样有照相馆，以前我们只是下乡照相，所以一天一天一个地方照相，时间也不够用，就讲这么多了。

（20211001 云南昭通，发音人：王启明）

三、苗族故事

（一）故事：喜鹊与狐狸

ɕi^{55} ʈa^{33} pu^{54}tau^{54} ku^{31}

说 首 故事 是

niey^{31} ɖau^{31}tɕy^{33} xɘ^{54} dɦy^{31} mau^{54} nau^{35} tsi^{55} pɯ^{31}l̥iey^{31}

母 枣咀 带 狐狸 去 吃 果子 火烧

hi^{33} pu^{55}dɦau^{31} ku^{33} tia^{54} nie^{31} kə^{33}ndʐa^{54}

说　故事　是　只　母　喜鹊

a^{55} tsa^{54} pi^{31} ku^{31} tia^{54}tsi^{54} tɦey^{31} a^{54}sa^{54}

做 在 上 是　尖　树木 上面

tl̥hai^{54} tsi^{54}dhə^{31} ŋa^{54}

孵化　三个 孩子

tɕi^{55} te^{54} khau^{54}dɦy^{33} tɕhiey^{55} nau^{54} tɕhiey^{31} hau^{54} ntɕi^{31} tɕi^{54}

兮 个　狐狸　找　吃　找　喝　游　兮

mau^{35} tʂo^{31} tia^{35}ko^{54} dɦey^{33} tɕi^{54}

去　到了 底下　树木 兮

tau^{54} a^{54} a^{55}l̥ai^{33} na^{54} ɖa^{54} pɦi^{31} tia^{54}tsi^{54} dɦey^{33}

得到 做 抬头 看 到　上　顶尖　树木

tau^{54} po^{31} nie^{31} kə^{33}ndʐa^{54}

得到 看见 母　喜鹊

tɕi^{54} tɕia^{55} nie^{31}ndʐa^{54}

就　说　母鹊

ɕiau^{54}n̥a^{55} dʑi^{31} tl̥hai^{54} tau^{33} pu^{54}tʂə^{54} dɦə^{54}ŋa^{54} lai^{55}

今年　你 孵化 得到 几个　儿　呢

tia^{54} nie^{31} kə^{33}ndʐa^{54} ta^{54} a^{54}ʑa^{55}

那　母　喜鹊　说 哎呀

ɕiau^{54}n̥a^{35} tɕi^{33} n̥ie^{35}ɕiau^{54} ɕi^{33}pu^{31} zau^{54}

今年　就　年成　不　好

tɕi^{54} tl̥ai^{54} tsi^{55}təu^{31} ŋa^{33} ta^{54}

孵化　三 个 儿 只

tia^{54} thu^{31} tɕia^{54}

那 狐狸 说道

niey^{31}ndʐa^{54} ku^{55} tshai^{33}tl̥ai^{35} ko^{54}

母鹊 我 饿肚子 很

l̥a^{31} i^{54}təu^{31} ŋa^{55} tsa^{54} ku^{55} n̥au^{35}

扔 一 个 儿 给 我 吃

lə^{31}tɕi^{33}

然后

tia^{33} nie^{31}kə^{33}ndʐa^{54} n̥i^{31}tɕia^{54} ku^{55} ndʐu^{33} l̥a^{31}tsa^{54} dʑi^{31} nau^{35} ai^{54}

那 母喜鹊 就说 我 舍不得 丢给 你 吃 啊

ku^{55} tl̥ai^{53} tsi^{55}teu^{31} ŋa^{55} ta^{54}

我 孵化 三 个 儿 才

tia^{54}thɦu^{31} tɕi^{54} ta^{54}

狐狸 就 说

nie^{31}ndʐa^{54} o^{35} dʑi^{31} tsa^{55} ɕi^{54} l̥a^{35} tsa^{54} ku^{55} n̥au^{35} se^{54}

母鹊 哦 你 要是 不 扔 给 我 吃 话

ku^{55} ntɕi^{54} dɦa^{35} si^{54}

我 上 来 了

mi^{31}ʈau^{35} nie^{31}təu^{54}nie^{31}tsi^{55} i^{54}ha^{54}

你们 母儿 母子 全部

ku^{55} təu^{31} a^{55} kha^{55} nau^{31} sai^{33} lai^{31}

我 都 拿 来 吃 了 哦

tia^{54}nie^{31} kə^{33}ndʐa^{54} tshai^{54}

母 喜鹊 害怕

tia^{54}nie^{31} kə^{33}ndʐa^{54} l̥a^{35} i^{55}teu^{31} ŋa^{54} tsa^{54} nau^{31} sai^{54}

母 喜鹊 扔 一 个 儿 给 吃 了

tia^{54}dɦy^{33} tiu^{35} mau^{54} ntɕi^{31}ntɕi^{31} ku^{33} ntɕi^{31} tshai^{54}tl̥ai^{54} tə^{54}tɕi^{54}

狐狸 又 去 游游 是 游 饿肚子 就

tə^{54} lə^{54}və^{35} lə^{54}və^{35} l̥o^{35}ha^{54} tɕi^{54} ta^{54}

又 一扭 一扭 回来 说

nie^{31}ndʐ̥a^{54}

母鹊

dʑi^{31}tia^{54} təu^{54}teu^{54} ha^{55} so^{54} pu^{54} tɕi^{55} təu^{31} ŋa^{55}

你 的 孩子 还 剩 几 个 儿

tia^{54}niey^{31} kə^{33}ndʐ̥a^{54} ta^{54}

母 喜鹊 说道

ku^{55} tl̥ai^{54} tsi^{55}du^{31} ŋa^{54} ta^{55} tu^{33}

我 孵化 三 个 儿 才

ma^{33} tsa^{54} dʑi^{31} tʂ̥hu^{55} i^{55} du^{31} n̥au^{31} sai^{54}

给 到 你 骗 一个 吃 了

so^{31} a^{54}du^{31} ŋa^{54} ta^{55} te^{54}

剩下 两个 儿 才 了

tɕi^{31} ta^{33}dɦy^{33} tɕia^{54}

就 狐狸 说

tsai^{54} ku^{55} a^{54}tl̥ai^{35} ku^{33} təu^{54}l̥a^{31} i^{55}təu^{31} l̥o^{35} ku^{55} nau^{31} se^{35}

饿 我 肚子 是 又 丢 一个 来 我 吃 还

tia^{54}nie^{31} kə^{33}ndʐ̥a^{54} tɕi^{54} ta^{54}

母 喜鹊 说 又

o^{54} ku^{55} m̥a^{3} ^{5}tsi^{55} təu^{31}ŋa^{54} təu^{33} ma^{55} tsa^{54} dʑi^{31} tshu^{56}

哦我 有 三 个 孩子都 拿 给 你 骗

i^{55}təu^{31} nau^{35} sai^{54}te^{54} tɕi^{54} ku^{55} ɕi^{55}ʈəu^{54} ta^{54}

一个 吃 了就 我不 舍得 了

le^{33}tɕi^{54} tia^{35}dɦy^{33} tɕiey^{33} tia^{54}nie^{31} kə^{33}ndʐ̥a^{54}

就 狐狸 吓唬 母 喜鹊

dʑi^{31} l̥a^{35} i^{55}təu^{54} ŋa^{54} ku^{55} nau^{35} pu^{54}lu^{54}

你 丢一 个 儿 我 吃 呗

tɕi^{54} ɕi^{54}l̥a^{31} sei^{35} ku^{55} ntɕi^{54}dɦa^{35} sei^{54}

你 不 丢 我 上 来 语气词

ho^{31} mi^{33}tsɦau^{31} nie^{31}təu^{54}nie^{31}tsi^{55} i^{55}ha^{31} nau^{31} sai^{54} le^{54}

把 你们 母儿母女 一起 吃 了 呢

tia^{54}niey^{31} kə^{33}ndʐa^{54} ntshai^{54} tɕi^{54} təu^{54} l̥a^{31} i^{55}təu^{31} ŋa^{55} tso^{33} nau^{31} sai^{54}

母 喜鹊 怕 就 丢 了 一 个 儿 给 吃 了

tɕi^{33} tia^{54}nie^{31} kə^{33}ndʐa^{54} mau^{35} ɤo^{33}tɕi^{31}

就 母 喜鹊 去 散步

mau^{35} ɤo^{33}ntɕi^{31} tɕi^{54} mau^{35} ntʂʅ^{54} nie^{31}ʈɦau^{31}tɕy^{54}

去 散步 就 去 遇到 母枣咀

tɕi^{54} nie^{31}ʈɦau^{31}tɕy^{54} tɕi^{54} ta^{54}

就 母枣咀 说 道

nie^{31} ndʐa^{54} dʑi^{31}pie^{54} dʑi^{33} tl̥ai^{54}pu^{54} tɕi^{54} tu^{31} ŋa^{54} lo^{31}

母 喜鹊 你的 你 孵化 几 个 儿 呀

tia^{54}nie^{31} kə^{33}ndʐa^{54} tɕia^{54} nai^{55}dʑi^{31} lai^{54} tsau^{31}tɕy^{54}

母 喜鹊 说 那 你 呢 枣咀

ku^{55} tɕi^{54} ku^{55} tl̥ai^{33} tau^{54} pɯ^{54}təu^{31} ŋa^{54} ta^{55}

我 就 我 孵化 得 五个 儿 才

tia^{54}nie^{31} kə^{33}ndʐa^{54} tɕia^{54}

母 喜鹊 说

ku^{55} tɕi^{54} ku^{55} tl̥ai^{33} tau^{33} tsi^{55}təu^{31} ŋa^{33} ta^{55}təu^{33}

我 就 我 孵化 得 三 个 儿 才 得

a^{33} ma^{33} te^{54} nie^{31}khau^{54}dɦy^{33} dɦa^{35} tshu^{55} a^{54}təu^{31} ŋa^{54} nau^{35} sai

让 那 烂 狐狸 来 骗 两个 儿 吃 了

so^{31} i^{54}təu^{54} ŋa^{55} ta^{55}tə^{31} və^{31}

剩 一 个 儿 才 得 呀

tia^{31}nie^{31} tsau^{31}tɕiu^{55} tɕia^{55}ha^{55}

母 枣咀 说啊

dʑi^{31} ha^{54} a^{33}tsa^{54} bɦi^{31} fai^{55} tey^{35} a^{54}sa^{54}

你 还 做 在 上 棵 树 上面

ha^{54} nə^{54} dʑi^{31}te^{54} l̥a^{35}tso^{54} tə^{33}khau^{54}dɦy^{33} nau^{35} sai^{33} lo^{31}

怎么 你 又 扔 给 狐狸 吃 了 了

tɕi^{33} nie^{31} kə^{33}ndʐa^{54} ta^{54}

就 母 喜鹊 说

ku^{55} tsa^{55} ɕi^{54}l̥a^{35} tsa^{54} ni^{54} nau^{35} tɕi^{54}

我 要 不扔 给 他 吃 就

ni^{54} a^{55} ntɕi^{35}dɦa^{35}

他 要 上来

tɕi^{33} a^{35}nau^{54} pi^{54} nie^{31}təu^{54}niey^{31}tsi^{55} sai^{54} le^{54}na^{55}

就 要吃 我们 母儿母子 了 这样

ku^{55} ntshai^{54} na^{55} ku^{55} l̥a^{35} tʂau^{54} nau^{31} lai^{54}

我 怕 了 我 扔 给 吃 啊

tia^{54}nie^{31} tshao^{31}tɕy^{54} tɕi^{33}ta^{55}

母 枣咀 就说

ʑe^{55} nie^{31} ndʐa^{54} la^{54} dʑi^{31} qa^{31}ʈa^{31} tie^{31}

哎呀 母 喜鹊 啊 你 傻 真

te^{54}nie^{54} khau^{5}dɦy^{33} i^{55} tɕi^{54} tʂey^{55}dɦi^{33} tɕi^{54} qo^{54}ɴqɯ^{33} te^{54}nə^{54}

个 这 烂狐狸 那 就 笨手 就 讨厌 人

dʑi^{54} ʑiu^{35}ɴqa^{55}ɴqa^{31} l̥a^{35}tsa^{54} ni^{54} nau^{35} thie^{54} ha^{55}

你 不会不 丢给 他 吃 真 和

ni^{54} ntɕi^{54}dɦa^{31} hi^{33}dɦau^{31} lo^{31}

他 上 不来 啊

dʑi^{31} mau^{33} tɕi^{55}

你 去 就

te^{54} khau^{55}dɦy^{33} tsa^{55} tə^{54} ta^{31} tɕi^{54}

那 烂狐狸 要 再 来 就

dʑi^{31} tʂo^{54} ku^{33} dɦa^{31} ku^{55} xə^{33} ni^{54} mau^{35}

你 让 是 来 我 带 他 去

ntɕhie^{54} ɴqe^{55}n̥au^{35} naɯ^{55} le^{33}

找 粮食 吃 啊

tɕi^{54} tia^{54}nie^{33} kə^{33}ndʐa^{54} tso^{54} qə^{54}l̥o^{31}

就 个母 喜鹊 回 后来

tɕi^{54} te^{54} khau^{54}dɦy^{33} tə^{33}ɣo^{35}tu^{33}və^{55}təu^{31}və^{31} dɦa^{35}

就 只 狐狸 晕晕乎乎 来

dɦia^{31} tia^{33}ko^{54}dɦey^{33} tɕi^{54}

到 树脚 就 说

ni^{31} ta^{54} nie^{31}ndʐa^{54}

他 说 母鹊

dʑi^{31} ta^{54}təu^{54}təu^{54} ha^{55} ma^{31} pɯ^{54}tʂə^{54}təu^{31}ŋa^{55}

你 孩子 还 有 几个 儿

e^{54} so^{31} ta^{54} ɴqa^{55} və^{31} ta^{55}ta^{33}

啊 剩下 那个小 只才

dʑi^{31} dɦa^{35} tʂhu^{55} a^{54}təu^{54} nau^{31} sai^{54}

你 来 骗 两 个 吃 了

tɕi^{54}tə^{33} khau^{54}dɦy^{31} ʑo^{31} tɕia^{54} nie^{31}ndʐa^{54} l̥a^{31}lo^{31} ku^{55} n̥au^{35}

就个 烂 狐狸 又 说 母鹊 扔 来我 吃

ʑi^{55} ku^{55} ha^{54} l̥a^{31} tsa^{54} dʑi^{31} nau^{31} tie^{35} ha^{33}

咦 我 还 会 扔给你 吃 真 了

ku^{55} tsi^{54}təu^{31} a^{33}təu^{54} ma^{54} dʑi^{31} tʂhu^{54} a^{54}təu^{31} nau^{31}sai^{31}

我 三个 孩子 给 你 骗了 两个 吃了

so^{31} ta^{54}qa^{55}və^{31} ta^{55}ta^{33}

剩 个小的 那个

ku^{55} ɕi^{54} tʂəu^{35} ta^{54} le^{33}tɕi^{54}

我 不 舍得 了 就

te^{54} khau^{54}dɦy^{33} tɕia^{54}

个 狐狸 说

dʑi^{31} tsa^{55} ɕi^{55}l̥a^{35} l̥au^{54}lo^{31} sie^{35}

你 要是 不扔 下来 噻

ku^{55} ntɕi^{54}dɦa^{31} sie^{35}

我 上来 噻

a^{54} tɕhiey^{54}mi^{31} nie^{31}təu^{54}nie^{31}tsi^{55} ʑi^{54}ha^{31} nau^{35}sai^{54} le^{31}

把 你们 母儿母子 全部 吃 了 哦

te^{54} kə^{33} ndʐa^{54} tɕi^{33}ta^{54}

那 喜鹊 就 说

dʑi^{31} te^{33}nie^{31} dɦy^{33} ku^{33} dɦy^{33} ku^{33} ɴqey^{54}qə^{54} tə^{54}nə^{54}

你 个 这 狐狸 是 笨 得 讨厌 人

tu^{54} tsa^{55}ntɕi^{54}dɦa^{35} dɦau^{35} le^{54}tɕi^{54}

要 上 来 能 就

mau^{35} ku^{33} nie^{31} tʂau^{31}tɕy^{54} xə^{55} dʑi^{54} mau^{35}

去 是 母 枣咀 带 你 去

ntɕhie^{55} ɴqe^{55}nau^{35} nau^{55} le^{54}ʑa^{33} le^{54}tɕi^{54}

找 粮食 鸟 呀 就

tia^{54}dɦy^{33} lə^{54}və^{35}lə^{54}və^{35} ntho^{35} tə^{33} ko^{54}ʈai^{35}

狐狸 摇晃 摇晃 顺着 那 田坎

mau^{35} ntsi^{54} nie^{31} tʂau^{31}tɕy^{54} tɕi^{54}

去 遇见 母 枣咀 就

tia^{54} dɦy^{31} tia^{54} na^{55} nie^{31}tʂau^{31}tɕy^{54} na^{55} tə^{54}nə^{35}

狐狸 说 那 母枣咀 那 人

ku^{55} a^{33}dɦy^{31} ku^{54} ɴqəu^{54}qə^{31} le^{31}ʑi^{33}

我 笨得 是 讨厌 那样

tɕi^{31} tia^{54}nie^{31} tʂau^{31}tɕy^{54} tɕia^{54} ku^{55} ɕi^{54} pɯ^{31} n̥i^{31}və^{35} lo^{31}

就 母 枣咀 说 我 没有 说 那样 呀

ku^{55} tɕi^{54}ta^{55} dɦa^{35} ku^{33}

我 说的是 来 是

ku^{55} xə^{54} dʑi^{31} mau^{35} ntɕie^{35} tsi^{55} tl̥au^{35}tl̥i^{31} nao^{35} le^{31}tɕi^{35}

我 带 你 去 找 果子稀饭 吃 了就

tia^{33}dɦy^{33}tɕia^{54} tsi^{55} tl̥au^{35}tl̥i^{33} qai^{54} ɕi^{31} lo^{31}

狐狸 说 果子稀饭 香 不 呀

tɕi^{31} nie^{31} tʂau^{31}tɕu^{54} ta^{54}

就 母 枣咀 说

tsi^{55} tl̥au^{54}tl̥i^{33} tɕi^{33} nau^{31} ʑɦy^{54} ku^{33}

果子稀饭 就 吃 厉害 很

lo^{33} ku^{55} xə^{54} dʑi^{31} mau^{35} nau^{35} tsi^{55}tl̥au^{54}tl̥i^{31}

来 我 带 你 去 吃 果子稀饭

tia^{33}tdɦy^{33} tʂo^{35} nie^{31} tʂau^{31}tɕy^{54} a^{54}qə^{54}

狐狸 跟 母 枣咀 后面

mau^{35} tɕi^{54}

去 就

lia^{54} pɦo^{35}m̥au^{54} a^{55} mau^{35} sai^{54} tshai^{54} tɕi^{54}

位 婆娘 要 去 送 午饭 就

tshe^{54} i^{54} ŋa^{54} qhə^{33}tl̥i^{31}

提了 一 桶 稀饭

tia^{33}nie^{31} tʂau^{31}tɕu^{54} a^{33} ku^{31}

母 枣咀 做 是

mau^{35} ʑaɯ^{35} xə^{54} la^{54} pɦo^{35} mau^{35} nti^{35}ha^{54}

去 飞 带 位 婆娘 去 面前

ʑaɯ^{35} pau^{54} ʑaɯ^{35} pau^{54} tɕi^{54}

飞 掉 飞 掉 就

lia^{54} pɦo^{35}m̥au^{35} tə^{33} la^{55} qhə^{54} tl̥i^{33} tɕie^{31} ha^{54}

位 婆娘 放 锅 稀饭 了

mau^{35} ley^{54} te^{54}tʂau^{31}tɕu^{54}

去 追 枣咀

te^{33} khau^{54}dɦy^{33} mau^{35} kha^{54} la^{54} pɦo^{33}mau^{54} la^{54}qhə^{54}tl̥i^{31} nau^{35} sai^{33}

个 狐狸 去 拿 位 婆娘 锅稀饭 吃 了

tɕi^{31} tia^{33}dɦy^{35} ʈaɯ^{35} le^{31} ha^{33}

就 狐狸 跑 走 了

tʂau^{31}tɕu^{54} ʑaɯ^{54} tʂo^{31} qə^{54} mau^{35} ni^{31} ta^{54} dɦy^{33} dɦy^{33}

枣咀 飞 跟 在后面 说 狐狸 狐狸

tsi^{55}tl̥au^{55}tl̥i^{54} nau^{35} ʑau^{54} tɕo^{33}

稀饭 吃 好 么

ʑy^{55} nau^{35} ʑau^{55} die^{31}

咦 吃 好 饱

nie^{31} tʂau^{31}tɕu^{54} tsi^{55} tl̥au^{54}tl̥i^{54} tɕi^{33} nau^{35} ʑau^{33} tie^{31}

母 枣咀 果子稀饭 吃很 棒 真的

nau^{35} tʂau^{35} ku^{54}

吃 饱 是

ta^{54} i^{54} nie^{31} tʂau^{31}tɕy^{54} i^{54}ntsa^{54} və^{35} təu^{54} nau^{35} ɕi^{54}tsau^{54}

说 那 母 枣咀 一 点 那 都 吃 不 多

pɯ^{33}dʑɦi^{31} dʑi^{31} ta^{35} ku^{55} xe^{54} dʑi^{31} mau^{35}

明天 你 来 我 带 你 去

mau^{35} nau^{35} tsi^{55} mu^{31}gə^{55}

去 吃 果子狗牙子

i^{54}n̥u^{54} nie^{31}qə^{33}

一天 后

tia^{33}dɦy^{33} a^{33}ku^{33} mau^{35} ho^{54} tia^{33}nie^{31} tʂau^{31}tɕu^{54} tɕia^{54}

狐狸 就 去 叫 母 枣咀 就

tʂau^{31}tɕu^{54} mau^{35}ʑa^{54}

枣咀 走了

dɦa^{35} xə^{54} ku^{55} mau^{35} tsi^{55} mu^{31}ɴqe^{55} ʑa^{54}

来 带 我 去 吃 果子狗牙子 了

tia^{33} nie^{31} tʂau^{31}tɕy^{54} xə^{54} tia^{33}dɦy^{33} ntɕia^{31} ʑie^{33}maŋ^{54} le^{33} ko^{35}vɦai^{35}tɕi^{54}

母 枣咀 带 狐狸 找到 家彝人 的 园子 就

tie^{33}nie^{31} tʂau^{31}tɕu^{54} ta^{54} e^{33}pɯ^{31}ŋa^{54}tɕi^{33}

母 枣咀 说 一会儿

dʑi^{33} nio^{54} le^{54}ko^{54} vai^{35} ni^{55} ha^{54} ku^{55} nio^{54} le^{54}ntʂi^{54} vai^{54} tɕi^{54}

你 在 脚 篱笆 这 啊 我 在 上 篱笆 就

ku^{55} tsi^{55}tɕu^{54}tsi^{55}tɕu^{54} tɕi^{33} dʑi^{31} ŋkaŋ^{55}ŋkaŋ^{55} le^{33}ni^{35} ho^{31}

我 吱咀吱咀 就 你 吭吭 这样 啊

tia^{33}dɦy^{31} tɕia^{54} ʑa^{33}qau^{35} ma^{31}

狐狸 说 好的 嘛

tia^{33}nie^{31} tʂau^{31}tɕu^{54} ʑaɯ^{54} mau^{35} nio^{54} la^{33}tsi^{31} vai^{35} ha^{54}

母 枣咀 飞 去 在 尖 篱笆 啊

tsi^{55}tɕu^{54} tsi^{55}tɕu^{54} tia^{33}dɦy^{33} ŋkaŋ^{55}ŋkaŋ^{55}

吱咀 吱咀 狐狸 吭吭

o^{33} ʑai^{33}maɯ^{54} tsi^{54}təu^{54} tl̥i^{55} sie^{55} tɕhiey^{54} tia^{33}dɦy^{33} tɕhiey^{54} ley^{54}

哦 家彝 三条 狗 起 把 狐狸 拿 追

ley^{55}ku^{33} ley^{55}ku^{33} tsha^{54} i^{55}ntsi^{55}ŋa^{31} tau^{33} tia^{33}dɦy^{33} tl̥a^{33}sai^{54}

追啊 追啊 差 一点儿 得到 狐狸 撕了

tɕi^{33} n̥o^{54} nie^{54}qə^{33}

这样 天 以后

tia^{33}nie^{31} tsau^{31}tɕy^{54}

母 枣咀

tə^{31} mau^{35} ntsi^{54} tia^{33} dɦy^{33} ta^{54}

又 去 遇见 狐狸 说

dɦy^{33} dɦy^{33} tsi^{55} mu^{31}ɴqə^{55} dʑi^{31} nau^{31}ʑau^{55} hi^{54}

狐狸 狐狸 果子狗牙子 你 吃 好 吗

tia^{33}dɦy^{33} ta^{54} ha^{54} nao^{31} ʑau^{55}

狐狸 说 啊 吃 好

tsha^{33}ntsi^{55}ŋa^{54}

差一点

ku^{55} le^{54} phi^{33}kua^{33}tsi^{54} tə^{54} ma^{35} ʑaɯ^{54}maɯ^{54} pɯ^{31}tl̥i^{55} tl̥a^{54} sai^{33}

我 的 皮褂子 都 给 家彝 群 狗 扒 了

ai^{55} tsi^{55}mu^{31}ɴqə^{55} dʑi^{31} tsa^{54} ɕi^{33} tau^{54} nau^{31} tɕi^{54}

哎 果子狗牙子 你 要 没 得 到 啊

pɯ^{33}dʑɦi^{31} dɦa^{35} ku^{55} xə^{54} dʑi^{31} mau^{35} nau^{35} tsi^{55} pɯ^{31}l̥ey^{31}

明天 来 我 带 你 去 吃 果火焰

i^{33}n̥əu^{31} qə^{54} tɕi^{54}

一天 后 就

tia^{33}dɦy^{33} mau^{35} tɕia^{54} nie^{31}tshauɯ^{31}tɕu^{54} dɦa^{35} a^{54}le^{54} mau^{35} ʑa^{54}

狐狸 去 说 母枣咀 来 咱俩 走 了

tia^{33} tsau^{31}tɕu^{54} tɕia^{54} hi^{54}dʐey^{31}ha^{33} hi^{54}dʐey^{31} ku^{33}

那 枣咀 说 不慌 啊 不慌 是

ntsai^{35}ntəu^{54} ɕie^{55} ho^{31}

晴天 等 哦

tia^{33}nie^{31} tsau^{35}tɕu^{54} dɦo^{35} ku^{33}

母 枣咀 等 是

ntshai^{35}ntəu^{54} ha^{54} xə^{54} tia^{33}dɦy^{33} mau^{35}

晴天 了 带着 狐狸 去

nio^{54} tsa^{33} mbɦi^{31} le^{54}ʈau^{54} ʂa^{33} tɕie^{31} ha^{54}

待 在 上 山顶 放 着 了

tia^{33}nie^{31} tʂau^{31}tɕu^{54} tsho^{55} dɦa^{35} qai^{54}ntsau^{54} tsa^{35}

母 枣咀 绕 到 山脚 点

tsho^{54}dɦa^{35} fau^{55} ntsau^{54} tsa^{54}

绕道 山 背 点

tsa^{54} ku^{33} i^{54} niey^{31} zai^{33} l̥iey^{54}tʂʅ^{33} tɕie^{33} ha^{33}

点 是 一 个 山坡 山火 放 着

l̥ey^{55}ntsi^{31} dʑɦi^{31} ma^{35} tɕhiey^{54} tia^{33}dɦy^{33} tɕhey^{54}

山火 燃 去 拿 狐狸 拿

l̥ey^{54} ku^{33} tɕi^{54} khu^{54}nie^{54} khu^{54}ntsu^{33} sai^{33} tɕi^{54}

烧 得 就 糊了 糊臭 了 就

n̥u^{54} nie^{31}qə^{54} tɕi^{54} ni^{54} m̥au^{35} ntsi^{54} tia^{33}dɦy^{33} tɕi^{33} ta^{54}

天 后 就 他 去 遇见 狐狸 就 说

dɦy^{33} te^{54} tsi^{55} pɯ^{31}l̥ey^{31} nau^{31} ʑau^{55} ɕie^{54}

狐狸　果子　火焰　　吃　好　么

a^{54}ʑa^{33} ha^{33}nau^{54} ʑau^{55} die^{54} ha^{33}

哎呀　　吃的　　好　真　啊

l̥ey^{54} ku^{33} ku^{55} le^{54} phi^{33}kua^{54}tsi^{54}

烧　得　我　的　皮褂子

təu^{54} kha^{54}tɕi^{54}tʂu^{33} n̥aɯ^{54} kə^{33}tsə^{33}

得　　狐臭　　　闻　处处

le^{54}tɕi^{54} sau^{33} ta^{54}

就　　结束 了

意译：

说有一首故事是，枣咀与狐狸，故事说啊，有一只喜鹊妈妈，在树尖上做了一个窝，孵出了三个孩子，后面来了一只到处找食物的狐狸，到了喜鹊一家的树脚，抬头看了看树上，看见了喜鹊妈妈，就问喜鹊妈妈，今年你有几个孩子呢，喜鹊妈妈就回答道，今年运气不好就孵化了三个，狐狸就说，喜鹊妈妈我好饿啊，扔一个给我吃了吧，然后，喜鹊妈妈就说我怎么舍得给你吃，我才孵化了三个，狐狸又说，鹊妈妈你要不给我吃的话，我上来了，你们一家人我就全给吃了，喜鹊妈妈就怕了，扔了一只给狐狸吃了，狐狸又去寻觅了很久直到饿了，又一扭一扭的回来说，喜鹊妈妈，你的孩子还有几个，喜鹊妈妈说，我孵化了三个，都被你骗了三个去吃了，只剩下两个了，狐狸就说，我好饿你可不可以再扔一个下来给我吃，喜鹊妈妈说，我有三个孩子你都骗了一个去吃了我舍不得了，狐狸就吓唬喜鹊妈妈，你给我一个吃了，你不给的话我上来就把你们一家人全吃了，喜鹊妈妈怕就又扔一个下去给狐狸吃了，后来喜鹊妈妈去散步，在散步时就遇上了鸟儿枣咀，枣咀就说，鹊妈妈，你的你孵了几个，鹊妈妈说那你呢枣咀，我的只孵了五个，鹊妈妈说，我的只孵了三个孩子，让那个狐狸骗了两只去吃了，只剩一个了，枣咀说，你的窝在树上怎么把孩子丢给狐狸吃了，鹊妈妈说，我要不给他吃，他就要上来吃了我们一家人，我怕了才给它吃的，枣咀就说，哎呀，鹊妈呀，你是真的傻啊，那个狐狸手脚笨得让人讨厌，你不会别给他吃，他上来不了的，你回去啊，狐狸要再来的话，你让他来我带着他去，去找好吃的，这样鹊妈妈回家去了，后来，那只狐狸又晕晕乎乎的走了回来到了树脚，狐狸说鹊妈妈，你的孩子还有多少个，只剩下小的那个了，你来骗了两个吃了，狐狸又说扔下来我吃，咦我还要给你吃，我的三个孩子都给你骗了两个去吃了，我舍不得了，狐狸又说，你要不扔下来的话，我上来后，我呀把你们一家人全部吃了，喜鹊说，你这个笨狐狸都能上得来？去找枣咀带你去找吃的吧，狐狸就摇摇晃晃的顺着田坎，遇到了枣咀，狐狸就说：枣咀你说我笨得让人讨厌是吗，枣咀就说：我没有这样讲呀，我说：你来我带你去找稀饭吃，狐狸说：稀饭香不香啊，枣咀说，稀饭吃的了多少我带你去吃，狐狸就跟在枣咀后面，去了后，有个婆娘要去送午饭，提了一小桶稀饭，枣咀就飞去那个婆娘面前，飞了掉掉了飞，那婆娘就放下手里那锅稀饭，去追枣咀，狐狸就去把那个婆娘的稀饭给吃光了，狐狸跑了，枣咀就飞着跟在了他后面去说：狐狸啊狐狸，稀饭吃的饱么，咦真的吃得很饱，枣咀这个稀饭真的吃着很棒吃得好饱啊，说：那一点都还还没吃饱，明天你来我带你去，去吃更好吃，后一天，狐狸就去叫上枣咀，枣咀走了，带我去吃好吃的了，枣咀就带上了狐狸到了一彝家人园子的篱笆，枣咀说一会儿，你在篱笆脚下我在篱笆上，我吱咀吱咀的叫你就吭吭的叫，狐狸说：好的，枣咀就飞到了篱笆上，吱咀吱咀的交了起来狐狸也回应吭吭，那家彝家人的三条狗就起身把狐狸追，一直追着追到差点把狐狸给撕咬了，后面一天，枣咀，枣咀就遇见了狐狸，狐狸呀狐狸狗牙子好吃么，狐狸说好吃不说了，差一点把我的皮褂子给那家三只狗给扒了，哎“好吃的”你要没得到吃，明天带你去吃“火焰果”，咦后面这天，狐狸就来了叫上枣咀说咱俩走吧，枣咀说不慌啊等天晴了再去，枣咀等天晴了就带上了狐狸，去到了那个山顶，枣咀绕到山脚绕到山背点火，点燃了整个山坡，山火蔓延，烧得狐狸糊里糊涂皮囊尽毁，就，后来那天枣咀去遇见了狐狸，狐狸“火焰果”好吃么，哎呀吃的好不好不说了，把我的皮褂子烧得狐臭满山，到这里故事就结束了。

（二）故事：苗家小伙和野猫分熊肉

ɕi^{54} ʈa^{54} pɯ^{54}thau^{31} ku^{33}

讲 首　故事　是

təu^{54}m̥au^{54} thie^{54} ki^{54}tl̥i^{33} fai^{54} ɴqai^{35}tl̥ai^{54}

苗家小伙　和　野猫　分　熊肉

n̥i^{54} pɯ^{54}thau^{54} ku^{33}

讲　故事　是

tau^{54}tsi^{33}li^{33}i^{55}

很久以前

tsa^{55} ndʐau^{33}nʈa^{54}

一个　孤儿

mo^{54} tɕio^{31} dʑɦia^{33} dʑɦi^{31} tɕie^{54} tɕi^{54}

去　种了 一块　荞子　放　就

tia^{54}lie^{54} a^{33}ta^{54} n̥au^{35} n̥əu^{55}n̥əu^{54} tɕi^{54}

猴子　来　吃　天天　就

tsa^{55} ndʐau^{33}nʈa^{54} mau^{35} nio^{35} tɕia^{54} ntəu^{33} tɕɦi^{31} zo^{54}

那　孤儿　去　在　块　边　荞地　守

mua^{31} n̥əu^{54}nie^{31} tɕi^{54}

有　一天　就

tsa^{55} ndʐau^{33}nʈa^{54}

那　孤儿

tau^{54} py^{54} ley^{31}

得　睡　去

tə^{54}lie^{54} dɦa^{35} nau^{31} dʑɦi^{35} tɕi^{54}

猴子 来 吃 荞子 就

tia^{33}nie^{54}lie^{55} lau^{31} dɦa^{35} bɦo^{31} tsa^{55} ndʐau^{33}nʈa^{54}

母猴 老 来 看见 那个 孤儿

e^{54}tɕi^{54} a^{33} ku^{33} ho^{54} pɯ^{33}i^{55} tɕi^{54} ta^{33}

就 做 是 喊 那群 就 说

mi^{33} ʈau^{35} tiau^{54}ta^{31}

你们 群 快来

qhe^{54}ni^{55} ma^{35} te^{54}ɴqai^{35}

这里 有 肉

dɦa^{35} pi^{54} tsɿ^{33} mau^{35} tsɿ^{33}tl̥ai^{54}

来 我们 背 去 祭祀

tə^{54}lie^{54} dɦa^{35} tɕi^{54}

猴子 来了 就

tɕhey^{54} tsa^{55} ndʐau^{33}nʈa^{54}

把 那个 孤儿

tɕhey^{54} tsi^{33} mau^{35} tsi^{33}tl̥ai^{54}

捡 背 去 祭祀

tɕi^{54} tsi^{33} mau^{35} tɕia^{31} ŋgɦa^{35} tɕi^{54}

就 背 去 到了 家里 就

tɕhey^{54} kho^{54}nie^{31} kho^{54}ku^{54}

拿 碗银 碗金

pai^{54} dɦey^{31} tɕiey^{54} ɴqai^{35} ntl̥i^{54}

摆 出 酒 肉 米

dʑɦia^{35}ti^{33} gɦau^{31}a^{54} tsai^{54} ku^{33} nau^{35} tɕie^{33} ha^{54}

九种 十二 样 是 吃 放 来了

pɯ^{35} lie^{54} ho^{55}pə^{54} a^{54}ku^{33}tɕi^{54} ta^{54}

群 猴子大伙们 就 说 道

i^{54} pi^{55} la^{55} mao^{35} ho^{54}

咦 我们 要 去 请

a^{33}ʑɦey^{33} ʈu^{31}mo^{33}zau^{55} no^{54}

爷祭师 山中 呢

ɑ^{55}ho^{54} a^{33}ʑɦey^{33} tsi^{31}mo^{33}ntsɦai^{31} ai^{54}

要喊 爷 祭师 坝里 呢

te^{54} lie^{54} lau^{31} a^{54}ku^{54} ta^{54}

个 猴子老 就说 道

i^{54} a^{33}ʑɦey^{33} ʈu^{31}mu^{31}zau^{55} su^{54} ntso^{55} ta^{55} tie^{54}

咦 爷 祭师 山中 像 馋 得 真

pi^{31} m̥au^{35} ho^{54} a^{33}ʑɦey^{33} ʈu^{31}mo^{33} nʈaɯ^{35} le^{33}tɕi^{54}

我们 去 请 爷 祭师 平坝 这样就

ni^{33} ɖau^{35} hi^{54} te^{54} ʑɦey^{33}tʂo^{55} a^{33} a^{54}ʑɦey^{33} ʈu^{31}mu^{31} zau^{55}

他们 说 那 爷 老虎 是 爷 祭师 山里

ha^{31}n̥i^{54} ta^{33}la^{55} a^{33} a^{54} ʑɦey^{33} tsi^{31} mu^{31}nʈaɯ^{31}

说 兔子 是 爷 祭师 在 坝里

tɕi^{54} ho^{55}pe^{54} mau^{35} ntshie^{55} ta^{54}la^{54} dɦa^{35} a^{54}tl̥ai^{54} tɕi^{33}

那么 大家 去 请 兔子 来 祭祀 就

a^{33}ʑɦey^{33} tʂʅ^{31}mu^{31} ɳʈaɯ^{35} dɦa^{35} zau^{31} tɕie^{54} ha^{33}

爷 祭祀 平坝 来 坐 着 放

tsa^{54} təu^{54} m̥au^{54}

位 儿郎 苗族

a^{55} tɕhia^{33} ta^{54}ʈa^{54} lo^{35} pha^{54} tɕi^{33}

要 拉 砍刀 来 砍 了

ni^{54} qhə^{33} i^{55}tshie^{33} a^{55}ma^{31}

他 睁开 一 只 眼

qə^{33} i^{55}tsie^{33} a^{55}ma^{31}

闭 一 只 眼

ɕai^{54} i^{55}tshie^{33} a^{55}dʑɦi^{31} ŋkɦau^{31} i^{55}tshie^{33} a^{55}tɕi^{31}

伸直 一条 腿 蜷 一 条 腿

ɕaɯ^{54} tshie^{33} mbaɯ^{54}mau^{35} a^{55} tɕhiey^{31} tia^{54}ʈa^{54} ha^{54} ŋkɦau^{31} i^{55}tshie^{33} mbaɯ^{54} tɕi^{33}

伸出 只 臂膀 要 拿 砍刀 收着 一只 手臂 就

te^{54}la^{55} a^{54} ku^{33}

兔子 做 是

a^{33} tsi^{55}mu^{31} tɕi^{33} a^{33} ku^{33} tha^{54}pha^{54}phi^{54} tha^{54}pha^{33}phu^{33}

啊 喊着 鬼啊 是 嗒啪 噼 嗒啪 噗

tshai^{54} ma^{54} qhə^{54} tshai^{54} ma^{54} qə^{54}

只 眼 睁 只 眼 闭

tshai^{54}dʑɦi^{33} ɕaɯ^{54} tshai^{54}dʑɦi^{33} ŋkɦau^{31}

一条腿 伸直 一条腿 蜷着

tshai^{54} paɯ^{54} ɕaɯ^{54} tshai^{54}paɯ^{54} ŋkɦau^{31}

一只 手臂 伸直 一只 蜷着

le^{33}tɕi^{54} tsa^{55} ndʐa^{55}nʈa^{54}

就 那个 孤儿

ntlhua^{54}tshi^{54} tia^{33}tsa^{54} lo^{31} haɯ^{54}

迅速 掏 出 和

a^{54} tshai^{54} a^{33}ʑɦey^{33} tsi^{33}mu^{31} nʈaɯ^{33} tɕi^{54}

要 砍 爷 祭师 坝里 就

tau^{54} tshai^{54} tia^{54}la^{55} tia^{54}ndzɦaɯ^{31} sai^{54}

得 砍 兔子 尾巴 了

te^{54}la^{55} tɕi^{33} a^{54}thau^{54}li^{33} tia^{54}ndzɦaɯ^{31} nti^{55} ko^{33}vai^{54}

兔子 就 以前 尾巴 长 非常

təu^{33}ʂi^{31} tsa^{55} ndʐaɯ^{54}ndʐa̤^{31} tau^{54} tshai^{54} sa^{54}na^{33}

就是 那 孤儿 得 砍 了啦

nə^{55}ni^{55} tɕi^{33} te^{54}la^{54} ɕi^{33}ma^{31} tia^{54}ndzɦaɯ^{31}

现在 就 兔子 没有 尾巴

tɕi^{54} ho^{55}pɯ^{33}

就 大家

ʂey^{55}ʈaɯ^{33} tɕi^{54} pu^{54}ʈa^{54}sa^{55} tɕi^{33}

起身 跑 散了 就

tsa^{55} ndʐaɯ^{31}ndʐɦa^{54}

那个 孤儿

sau^{54} ni^{31}ɖau^{31} te^{54} kho^{54}n̥je^{35} kho^{54}ku^{54} haɯ^{33}

收 他们 的 碗银 碗金 和

tie^{54}pɯ^{33} qə^{55}n̥au^{35} au^{55}hau^{54} i^{55}ha^{54}

那些 粮食 喝的 全部

ʑɦi^{54} tɕiey^{55} i^{54}ha^{54} tsi^{54} lo^{54}

烟 酒 全部 背 来

tɕi^{54} pɯ^{54} lie^{55} mau^{54} ntshie^{55} tau^{54} te^{54}la^{55} tɕi^{33}a^{33}ku^{33} ta^{54}

就 群 猴子去 找 到 兔子 就说 道

i^{54} a^{33}ʑɦey^{33} tsi^{33}mu^{31} ndʐaɯ^{35}

咦 爷 祭祀 平坝

tau^{54} pha^{33} dʑi^{31} a^{55}ndʑiaɯ^{33} sai^{54} ai^{55}

得 砍 你 怎么 了 没

te^{54}la^{55} a^{54}ku^{33} tɕi^{54}ta^{54}

兔子 做样 说

hi^{33}ntsɦai^{54} hi^{33}ntshai^{54}

不怕　　　不怕

tau^{54} tshai^{54} ku^{55} ta^{33}ndʐaɯ^{35} qa^{54}tso^{54} ta^{54}

把　砍　我　的　尾巴　才　了

tɕi^{54} tsa^{55} ndʐaɯ^{31}ndʐa^{35} lo^{33}tsa^{54} ŋgɦa^{35} tɕi^{54}

那么 那个　孤儿　　回到　家中　就

ni^{54} tsa^{55} la^{33} dɦa^{35} ho^{54} ni^{54} a^{55} ho^{54}

他　位 朋友 来　喊　他 要 喊

m̥au^{35} a^{54}fə^{33} tɕi^{54}

去　玩耍 就

ni^{54} tsa^{55} ʑe^{31} la^{31} ntʂi^{54} təu^{54}mau^{33}

他　位　朋友 名字 儿郎苗族（苗族人对年轻男子的统称）

tɕi^{54} təu^{54}m̥au^{54} dɦa^{35} nio^{54} le^{54}qa^{31}tl̥au^{31} a^{54}ku^{33}

就 儿郎苗族 来　在　　门口　　喊

ndʐaɯ^{31}ndʐɦa^{54} m̥au^{35} a^{33}fə^{54} ʑa^{54} le^{33}tɕi^{33}

孤儿　　　　去　玩　了　　就

tsa^{55} ndʐaɯ^{31}ndʐɦa^{54} tɕi^{33} ta^{54}

那　　孤儿　　　就 说

dɦa^{35} zau^{31} hau^{54} ʑɦi^{54} xai^{55} lo^{33}

来　坐　抽　烟　先 来

le^{54}tɕi^{54} tsa^{55} təu^{54}m̥au^{54} a^{54}ku^{33}

就 那　儿郎苗族　　说

na^{31} hi^{54}tau^{54} tsa^{55} ndʐaɯ^{31}ndʐɦa^{54}

看　不起　那　　孤儿

e^{33}tɕi^{54} a^{54}ku^{33} tɕi^{31}ta^{54}

那就　说　就 道

dʑi^{31}te^{54} sau^{54} qe^{55} və^{54} təu^{54}

你个　　穷人　　那　都

tsa^{54} ma^{31} ʑi^{54} ku^{33} hau^{54} le^{54}tɕi^{54}

要　能　有 烟　抽　了 就

ku^{55} ha^{54} ma^{35}nie^{54} ma^{35} vai^{33} tɕi^{55}ndʐə^{33} təu^{54}

我　还　有　爹　有　娘　　齐　　都

hai^{54} ɕi^{31}ma^{31} ʑi^{54} ku^{33} hau^{54}lai^{31}

还　没有　烟　是　抽 呢

le^{54}tɕi^{54} tsa^{55} ndʐaɯ^{31}ndʐɦa^{54} tɕi^{33} ta^{54}

这样　那　　　孤儿　　　就 说

ɕi^{54}ntshai^{54}lo^{33} i^{54}la^{54} ta^{54} zɦau^{31} nti^{55} dɦey^{33} ɕie^{55}lo^{33}

不怕　　　随便　　来　　坐　　烤　　火　　先了

le^{33}tɕi^{54} tsa^{55} təu^{54}m̥au^{54} mbɦai^{31} mau^{35}

这样　位　儿郎苗族　　进　　去

tɕi^{54} ʈndʐaɯ^{31}ndʐɦa^{54} tɕhiey^{54} ʑi^{54} haɯ^{54} tɕhiey^{54} tɕiey^{55} haɯ^{54}

那　　　孤儿　　　　　拿　　烟　　和　　　拿　　酒　　　和

tɕhiey^{54} ntl̥i^{54} haɯ^{54} tɕhiey^{54} ŋgɦai^{31} l̥o^{33}

拿　　　米　　和　　　拿　　　肉　　来

pai^{54} tʂau^{54} ko^{54}dɦau^{54} ko^{54}n̥ie^{31} ha^{54}

摆　　在　　　碗金　　　碗银　　里

fai^{54} tsa^{55} təu^{54}m̥au^{54} nau^{35} tɕi^{54}

分　给　儿郎苗族 吃　就

tsa^{55} təu^{54}m̥au^{54} tɕi^{54}ta^{54}

那　儿郎苗族　就说

ndʐaɯ^{31}ndʐɦa^{54} ha^{54} tɕi^{31} tia^{54}pɯ^{54} qə^{55}n̥au^{31} ha^{54}

孤儿　　　　　还　你　这 些　　吃　　的

tie^{54} pɯ^{33} kho^{54}n̥ie^{54}kho^{54}ku^{54} ni^{55}

这 些 银碗 金碗 这

dʑi^{31} tau^{54} lo^{31} qho^{54}tɯ^{54} lo^{31}

你 得到 来 那里 呀

tsa^{55} ndʐaɯ^{31}ndʐɦa^{54} hi^{33}qhə^{54} ku^{54}

那 孤儿 告诉 是

ni^{54} m̥au^{35} zo^{55} ndʑi^{35} na^{54}ɕi^{54} i^{54}ha^{54} qhə^{54}

他 去 守 荞 说 全部 告诉

tɕi^{54}tsa^{55} təu^{54}m̥au^{54}

这样 儿郎苗族

ntshey^{54} ʑa^{55} tia^{54}pə^{33}i^{55} te^{54}tɕi^{54} a^{33}ku^{33} n̥i^{54} tsa^{54} ndʐaɯ^{31}ndʐɦa^{54}

想 要 那些 东西 就 说 给 孤儿

tɕi^{54} ta^{54}

就 说

ndʐaɯ^{31}ndʐɦa^{54} i^{54}tɕi^{54}

孤儿 那就

pɯ^{54}dʑɦi^{54} ku^{55} ntʂo^{31}dʑi^{31} m̥au^{35} zo^{55} dʑɦi^{35} ma^{54}

明天 我 替你 去 守荞 嘛

tsa^{55} ndʐaɯ^{31}ndʐɦa^{54} tɕi^{54}ta^{55} ʑa^{55}qau^{55} ma^{54}

位 孤儿 就说 好的 嘛

ku^{55} ha^{31} ngɦe^{31} m̥au^{35} zo^{55} ku^{54} tə^{33}

我 还 懒的 去 守是 了

le^{54}tɕi^{54}

这样

i^{55}n̥əu^{54} qə^{33} tɕi^{54}

一天 后 就

tsa^{55} təu^{54}m̥au^{54} a^{54}ku^{54} m̥au^{35} ntʂo^{33} zo^{55} dʑɦi^{35} tɕi^{54}

位 儿郎苗族 就 去 和 守 荞 就

ni^{54} ntshai^{54}khi^{55} te^{54}lie^{55} dɦa^{35} tɕi^{54} ɕi^{54} pɦo^{31} ni^{54}

他 怕 猴子 来 了 不 看见 他

tɕi^{54} a^{54}ku^{54} a^{33}mau^{54} nto^{55} i^{55}dʑɦi^{31} a^{54}l̥a^{33}dɦey^{35}ha^{54}

就 还说 去 砍了 一 枝 树椏 啊

lo^{31} a^{54} tia^{54} ntsau^{54}tsau^{54} tɕia^{54} ntəu^{31} dʑɦi^{35}ha^{54}

回来 做了 凉棚 在 边 荞地

mbɦy^{54} qhə^{54}i^{55} zo^{55} tɕi^{54}

睡 那里 守 就

ni^{54} bɦo^{31} ku^{33} te^{54}lie^{55} dɦa^{35} te^{54}tɕi^{54}

他 看见 是 猴子 来 了 就

tsa^{55} təu^{54}m̥au^{54} a^{33}ku^{33} ntʂua^{54} ku^{33} tau^{33}pɯ^{54}ley^{31}

那 儿郎苗族 做是 装 是 睡着了

tɕi^{54} te^{54}lie^{55} dɦa^{35} tɕi^{54}

这样 猴子 来 就

tia^{54} nie^{31} lie^{55}lao^{31} tau^{54}dɦa^{33} bɦo^{31} tsa^{55} təu^{54}m̥au^{55}

个母 猴老 到 来 看见 儿子 苗族

a^{54}ku^{54} ho^{54} tʂe^{33}i^{55} tɕi^{55}ta^{33}

就 喊 其他 道 啊

mi^{31}ndʐaɯ^{35} ti^{55}tau^{55} dɦa^{35} khi^{54}nə^{33}hi^{55}ni^{55} tə^{33} ma^{31}i^{54}təu^{31}ɴqhai^{35}ta^{54}

你们 快点 来 里 这 又 有 一块 肉 了

dɦa^{35} pi^{55} tə^{31} khe^{54} tsi^{54} m̥au^{35} tsi^{54}tl̥ai^{54}

来 我们 又 捡 背 回去 祭祀

mpe^{54} lie^{55} tɕi^{54}ta^{5} ^{5}tɕi^{54} a^{54} na^{31} ta^{55}ntʂe^{54} o^{35}

群 猴 说 你 要 看 仔细 哦

tshai^{54}khi^{54} ku^{33} ɕi^{54}dɦa^{31} sie^{54}le^{33}

怕 是 没死 呢

te^{54}ku^{33} a^{33}tʂhəu^{54}n̥əu^{54} pi^{55} tsi^{55} m̥au^{35} pa^{54} a^{33}ʑɦey^{33} tsi^{31}mu^{31}

那个 前天 我们 背 去 把 爷 祭师

ntsɦauɯ^{35} tɕiey^{33} he^{55}sai^{54}

坝里 吓 很了

le^{33}tɕi^{33} tsa^{55} təu^{54}m̥au^{54} təu^{33}ku^{54}

就 位 儿郎苗族 估计

tau^{54} tʂo^{33} la^{33}tʂu^{31} ku^{33} ɕi^{54}mbu^{54} ntso^{55} tɕi^{54}

得 放了个屁 是 没有 响 就

tsu^{54} qa^{55} tɕi^{54} tia^{54}nie^{54} lie^{55} a^{54}ku^{33} ta^{54}

闻 臭 就 母猴 就 说 道

mi^{31}ʈau^{35} dɦa^{31}ley^{31} tie^{54} te^{54}lo^{31} tsu^{54} təu^{54} tsu^{54} l̥u^{35} ta^{54}

你们 死了 真 的了 闻 都 闻 臭 了

le^{33}tɕi^{33} he^{55}mbɦiə^{54} ma^{54}tsa^{55} tie^{54}nie^{31} lie^{54}ley^{33}qey^{54}dɦi^{54} tsʅ^{54}

就 大家 给 那 母猴 拙手 背

tɕi^{54} tsi^{55} ndʑiau^{31} ley^{55}mə^{33}ʈauɯ^{54} tsa^{55} tɕi^{54}

就 背 到 中间 山崖 就

təu^{54}m̥au^{55} tau^{54} tʂey^{54}na^{31} tsa^{54} ntsəu^{31} le^{54}qa^{55}tsa^{54} tɕi^{54} ɕie^{55} ku^{54}

儿郎苗族 看了 一下 到 下面 就 高 很

ni^{54} tl̥ie^{55}tl̥ie^{55} ku^{54}tɕi^{33}

他 痒（也同怕）很 了

ni^{54} tʂe^{55} ku^{33}n̥i^{31} tsa^{54} tie^{54}nie^{31} lie^{55}tɕi^{33}ta^{54}

他 就 是 给 母猴 说道

i^{55} lie^{55} lə^{33}ɴqə^{54}dɦi^{54}

咦 猴子 拙手

tsi^{55}tsi^{55} mu^{54} na^{33} thy^{54} ho^{55}

老是 乱 想 哦

tie^{54}nie^{31} lie^{55} ʈaɯ^{55}ɖa^{31}

母 猴 被 吓到

tʂo^{54}ntɕia^{54} tsau^{54}

放下 到

tsa^{55} təu^{55}m̥au^{54} tso^{54} pau^{55} ley^{31}

位 儿郎苗族 放 掉 去

tsa^{55} təu^{55}m̥au^{54} pau^{54} m̥au^{35} tʂey^{54} ley^{54}qa^{33}tsa^{54} tɕi^{54}

位 儿郎苗族 掉 去 到 悬崖 就

tau^{54} m̥au^{35} tsey^{54} te^{54} tl̥ai^{54} ley^{55}və^{31}

得 去 到 熊 的 窝

tau^{54} lo^{55} tshai^{54} dʑɦi^{31} sai^{54} m̥au^{35} ɕi^{55}dau^{33} ta^{54}

得 断 条 腿 了 走 不 能 了

tɕi^{33} te^{54}tl̥ai^{54} mo^{33}ntəu^{54} l̥o^{5} tɕi^{54}

后面 熊 天黑 回来 就

n̥i^{35} tsa^{54} təu^{54}m̥au^{54} a^{55}na^{55} dʑi^{31} nio^{54} he^{33}ni^{55}

说 儿郎苗族 怎么 你 在 这里

ley^{33}tɕi^{54}

这样

tsa^{55} təu^{54}m̥au^{54} ɕi^{54}qhə^{54} ko^{54} te^{54}lie^{55} tsi^{54} ni^{54} bau^{54}

位 儿郎苗族 告诉 了 猴子 背 他 掉

ley^{31} tɕi^{54}

去 了

te^{54}tl̥ai^{33} tɕi^{54}ta^{55}

熊 说道

ə^{54}tɕi^{55} dʑi^{31} tsa^{55} m̥au^{35} ɕi^{54}dɦau^{33} tɕi^{54}

如果 你 要 走 不 了 就

he^{54}ntɕɦia^{54} ku^{33} ku^{55} pa^{54} dʑi^{31} nau^{35} sa^{55}ta^{54}

不 如 我 把 你 吃 了 算 了

tsa^{55} təu^{54}m̥au^{54} tɕi^{54}ta^{55}

位 儿郎苗族 说道

ei^{31} dʑi^{54} ha^{54} nau^{35}ku^{55} tie^{54}

你 别 吃 我 是 真

nai^{54}ni^{55} ku^{55} ʑia^{33} ku^{55}sie^{54}

现在 我 瘦 很 了

dʑi^{31}m̥au^{35} tɕhey^{54} te^{54}kau^{54} l̥o^{35} tshai^{54} tsa^{54} ku^{55} ta^{54} dʑɦi^{31}pa^{54} ni^{55} tɕie^{33}ha^{55}

你 去 拿 针 来 插 在 我 的 大腿 这 放啊

dʑi^{31}m̥au^{35} ntɕhie^{55} qə^{55} nau^{35} l̥o^{35} tsa^{54} ku^{55} n̥au^{35} ku^{33}

你 去 找 粮食 来 给 我 吃 是

ku^{55} tl̥o^{31} ku^{33} ve^{54} te^{54} kau^{54} ni^{55} sai^{54}ha^{55}

我 肥 到 盖过 这根 这 针 时

tɕi^{31} ta^{55} l̥ey$^{3\ 1}$ nau^{31} ku^{55}

你 才 慢慢 吃 我

te^{54}tl̥ai^{54} mau^{35} tɕhey^{54} te^{54}kau^{55} l̥o^{31}

熊 去 拿 针 来

tshai^{54} tsau^{54} tsa^{55} təu^{54}m̥au^{54} te^{54}tɕi^{33}pa^{54} tɕie^{54}ha^{54}

插 在 位 儿郎苗族 腿 放着

tsha^{54}n̥əu^{54} tsha^{54}n̥əu^{54} mau^{35} tɕhie^{55} qə^{55}n̥au^{35} l̥o^{31} tsa^{54} tsa^{55} təu^{54} mau^{54} nau^{31}

每天 每天 去 找 粮食 来 给 位 儿郎苗族 吃

n̥au^{35} ku^{33} tl̥o^{31} ku^{33} la^{55}tl̥o^{54} la^{55}tl̥o^{54} la^{33}pə^{54}kau^{55} te^{54}tɕi^{54}

吃 是 肥 是 快过 快过 针耳 了就

tsa^{55}təu^{54}m̥au^{54} tə^{33} ke^{54}tʂ̥ho^{33} tsa^{54} a^{55}sa^{55}

儿郎 苗族 又 提 到上 面

tɕi^{54} n̥io^{54}ku^{33} tsa^{55} təu^{54}m̥au^{54} tshai^{31}dʑi^{31} zau^{54} te^{54}tɕi^{54}

就 待到 儿郎苗族 条腿 好 了就

ma^{35} i^{54}n̥u^{54} nie^{31}tɕi^{35}

有 一天 就

ta^{33}ki^{33}tl̥i^{54} tau^{55} dɦa^{35} bɦo^{54} te^{54} mau^{54}

野 猫 得 来 看见 位 苗族

na^{54} təu^{54}mau^{54} na^{54} dʑi^{31} nio^{54} he^{54}ni^{55} lo^{33}

怎么 儿郎苗族 怎么 你 在 这里 呢

təu^{54}mau^{54} tɕi^{54}ta^{55}

儿郎苗族 回答

hi^{54}qhə^{54} ku^{33} ni^{54} m̥au^{35} zo^{55} dʑɦi^{35}

告诉 是 他 去 守 养

na^{55} te^{54}lie^{55} tsi^{54} ni^{54} pau^{55} pau^{31} qhe^{54}i^{55} l̥ey^{31}

怎么 猴子 背 他 掉 到 那里 去

tɕi^{54} tsa^{55} təu^{54}mau^{54} tɕi^{54}ta^{54}

就 儿郎苗族 就 说

ke^{33}tl̥i^{54} te^{54} dʑi^{54} ntshiey^{33} n̥au^{35}

野猫 那 你 想 吃

te^{54} dʑi^{54} ntshiey^{33} n̥au^{35} ɴqai^{35}tl̥ai^{55}ɕ i^{54}

那 你 想 吃 熊肉 不

te^{54}ki^{33}tl̥i^{54} tɕia^{54} i^{55} ku^{55} tɕi^{54}təu^{54}si^{35} ntshey^{54} n̥au^{35} ɴqai^{35}tl̥ai^{54}

野猫 说 咦 我 就是 想 吃 肉熊

ta^{55}tɕio^{54} ley^{54}tɕi^{54}

就 这样

tsa^{55} təu^{54}mau^{54} ta^{55}

位 儿郎苗族 说

ə^{54}tɕi^{54} dʑi^{31} bɦo^{31} he^{54}dy^{54} m̥a^{35} a^{54}tau^{54} tɕio^{31}

那就 你看见 哪里 有 斧头 吗

tsa^{55} ma^{35} a^{54}tau^{54} dʑi^{31} mau^{35} ntɕhie^{55} tie^{54}tau^{54} dɦa^{35}

如果有 斧头 你 去 找 斧头 来

ku^{55} a^{33} ɴqai^{35} fai^{54}dʑi^{31} n̥au^{35}

我 做 肉 分 你 吃

ta^{54}ke^{54}tl̥i^{54} tɕi^{54}ta^{55}

野猫 就说

o^{54} ku^{55} a^{54}tsi^{54}mo^{33} ma^{55} qai^{55} tsa^{54} ʑauɯ^{54}mauɯ^{54} pi^{33}dɦi^{35}

哦 我 前天 晚上 抓 鸡 到 彝家 那边

ku^{55} bɦo^{31} ʑauɯ^{54}mauɯ^{54} ley^{54}qa^{33}tl̥au^{31} m̥a^{35} tie^{33} tau^{54}

我 看见 彝家 门口 有 把 斧头

tɕi^{54} pə^{54}dʑɦi^{31} ku^{55} m̥au^{35} tɕhiey^{54} dɦa^{35}

那 明天 我 去 拿 来

i^{54}n̥əu^{54} qə^{55}tɕi^{54}

一天 后就

ta^{54}ki^{54}tl̥i^{33} tɕio^{35} ta^{54}tau^{54} dɦa^{35} te^{54}tɕi^{54}

野猫 拿 斧头 来 了就

lau^{31} m̥au^{54} tɕi^{54}ta^{55}

老 苗族 就说

dʑi^{54} tsa^{54} bi^{54}dɦi^{31} phauɯ^{55}pi^{31}dɦi^{35} ha^{54} mbɦə^{33}ŋa^{55} te^{54}tl̥ai^{54} lo^{31}tɕi^{55}

你 去 边 边上 那边 还 一会儿 熊 来了

ku^{55} ɕie^{54} le^{33}tɕauɯ^{54} tɕi^{54} dʑi^{31} ti^{54}le^{54} tɕauɯ^{54}ha^{54}

我 说 什么 你 回答 什么

ta^{54}kə^{54}tl̥i^{54} m̥au^{35} n̥io^{54} phauɯ^{55}pi^{31}dɦi^{35}

野猫 去 在 边上 那边

te^{54}tl̥ai^{54} lo^{31} t e^{54}tɕi^{55}

熊 回来 了就

təu^{54}mau^{54} ho^{54} kə^{54}tl̥i^{33} tɕi^{31}ta^{54}

儿郎苗族 喊 野猫 说

kə^{54}tl̥i^{54} dʑi^{31} he^{54}pi^{54}dɦi^{35} a^{54}na^{55} a^{33} tɕio^{54}tɕio^{54} ku^{33}ai^{54}

野猫 你 那边 怎么 做 摇摇 是啊

te^{54}kə^{54}tl̥i^{54} m̥au^{35} tɕio^{54}tɕio^{54} fai^{54} dɦey^{31}

野猫 去 摇 棵树

tɕi^{54} kə^{54}tl̥i^{33} tɕia^{54}

就 野猫 说

lau^{31} m̥au^{54} dʑi^{31} he^{54} və^{35} ma^{35} i^{55}təu^{35} ke^{54}si^{54}

老 苗族 你 那里 有 一个 什么

ntʂo^{31} dʑi^{31} zau^{31} ai^{54}

和 你 坐着 呢

lau^{31} m̥au^{54} tɕi^{54}ta^{54} tia^{54}tɕhey^{54}dɦey^{33} ta^{55}ɕi^{54}

老 苗族 说 树桩 而已

ta^{54}kə^{54}tl̥i^{33} tɕi^{33}ta^{54} a^{55}tɕi^{54} dʑi^{31} tau^{54} qhə^{54} ku^{55}

野猫 说 那 你 打 告诉 我

təu^{54}m̥au^{54} ɕi^{31} tsa^{54} te^{54}tl̥ai^{54} tɕi^{54}ta^{54}

儿郎苗族 说 給 熊 说道

ku^{55} tshau^{54}zo^{55} tsai^{54}ha^{54} a^{55}le^{54} tʂo^{33} ta^{55} lo^{31} dʑi^{31}

我 用力 提起 慢慢 放下 只 你

ha^{55}tshai^{54} tie^{55}

不要 怕

tsa^{55} təu^{54}m̥au^{54} hi^{33}ta^{54}

儿郎苗族 说

ʑɦey^{33} tl̥ai^{54} dʑi^{31} si^{55} qhe^{54}tɯ^{54}

爷 熊 你 习惯 哪里

te^{54}tl̥ai^{54} tɕi^{54}ta^{55}

熊 说

ku^{55} si^{33} le^{54}ko^{54}pɯ^{54}

我 习惯 耳根

tsa^{55} təu^{54}mau^{54}

位 儿郎苗族

ʈaɯ^{54} tia^{54}tau^{55} ha^{54}

提起 斧头

ʑa^{55} tau^{54} pa^{54} te^{33}tl̥ai^{54} tau^{54} dɦa^{31} sai^{54}

一 斧头 把 熊 打 死 了

tɕi^{54} ho^{54} ta^{54}kə^{54}tl̥i^{33} dɦa^{35} fai^{54} ɴqai^{35}

就 喊 野猫 来 分 肉

ta^{54}kə^{54}tl̥i^{33} pu^{54}

野猫 呀

ɕie^{54} dʑɦiey^{31} ha^{54} ta^{31} tɕi^{54}

编 背篼 好 来 就

ku^{33}tɕia^{54} la^{55}ni^{54} ku^{33} a^{55} ʈaɯ^{54} ku^{55} niaɯ^{54} pie^{54}

说 这个 是 要 放 我 媳妇 的

la^{55}ni^{54} a^{55} ʈaɯ^{54} ku^{55} vai^{54} pie^{54}

这个 要 放 我 爸爸 的

la^{55}ni^{54} a^{55} ʈaɯ^{54} ku^{55} pie^{54}

这个 要 放 我 的

la^{55}ni^{54} a^{55} ʈaɯ^{54} ku^{55} tsa^{54}tʂɦʅ^{31} pie^{54}

这个 要放 我 弟弟 的

la^{55}ni^{54} la^{55} ʈaɯ^{54} ku^{55} la^{33}ma^{31} pie^{54}

这个 要 放 我 妹妹 的

la^{55}ni^{54} la^{55} ʈaɯ^{54} ku^{55} pie^{54}

这个 要 放 我 的

lə^{54}tɕi^{54} təu^{54}m̥au^{54} n̥a^{31} tɕi^{54}

这样 儿郎苗族 一看

tsa^{55} ʈaɯ^{54}pu^{55} ni^{54} te^{55}dʑɦey^{31} sai^{54}tɕi^{54} hi^{54}ma^{35} təu^{54}m̥au^{54} pie^{54} te^{54}

要 放满 他 背萝 后就 没有 儿郎苗族 的 了

tɕi^{54} təu^{54} m̥au^{54} ɕi^{54}ma^{35} khau^{54}khau^{55} te^{54}tɕi^{54}

这样 儿郎苗族 没有 办法 了 就

təu^{54}m̥au^{54} pu^{54} le^{55}qa^{33}tsɦʅ^{31} to^{54} le^{54} tɕi^{33}

儿郎苗族 的 裤裆 通 了 就

ni^{54} tʂo^{54} ni^{54} ta^{54}mau^{55}mau^{55} dɦey^{35} l̥o^{35}

他 放 他的 猫猫 出 来

ta^{54}kə^{54}tl̥i^{33} tau^{54} bɦo^{35} tɕi^{54}

野猫 得到 看见 了

ta^{54}kə^{54}tl̥i^{33} tɕi^{54}ta^{55}

野猫 说道

təu^{54}m̥au^{54} dʑi^{31} te^{54}və^{31} ku^{54} qə^{55} si^{54}

儿郎苗族 你 那个 是 啥

tse^{55} təu^{54}m̥au^{54} tɕi^{54}ta^{55}

位 儿郎苗族 说道

ku^{55} te^{54}ni^{55} ku^{33} khau^{54} n̥aɯ^{54} ndɦi^{31} kə^{54}tl̥i^{54} ɴqai^{54}

我 个这 是 烂 袋子 装 野猫 肉

le^{33}tɕi^{54} ta^{54}kə^{54}tl̥i^{33} ntshai^{54} ta^{54}kə^{54}tl̥i^{33} ʈaɯ^{54}

这样 野猫 怕了 野猫 跑

ta^{54}kə^{54}tl̥i^{33} hi^{33}ta^{54}

野猫 说

təu^{54}mau^{54} ta^{55}tɕie^{54} ku^{55}ʈaɯ^{54} ta^{55}tɕie^{54} ku^{55}ʈaɯ^{54}

儿郎苗族 拉着 我跑 拉着 我跑

le^{54}tɕi^{54} tsa^{55} təu^{54}m̥au^{54} ta^{54} dɦa^{35}təu^{54} kə^{54}tl̥i^{33} ʈaɯ^{54} tie^{54} o^{55}

儿郎 苗族 说 来 了 野猫 跑 真 哦

ta^{54}kə^{54}tl̥i^{33} ʈaɯ^{54} ley^{54} tɕi^{54}

野猫 跑 走 后

tsa^{55} təu^{54}m̥au^{54} ʑɦiu^{33} tau^{54} ʑɦiu^{33} te^{54}tl̥ai^{54} te^{54}ɴqai^{54} ho^{55}pɯ^{54}pɯ^{54} sie^{54}ta^{33}

位 儿郎苗族 自己 得到 自己 熊 肉 全部 了

e^{33}te^{54}tɕi^{55} sau^{33}ta^{54}

这样 结束

意译：

讲一首故事，苗家小伙和野猫分熊肉，故事是这样的，很久以前，有一个孤儿，去种了一块荞子，猴子每天都会来偷吃，小伙子去荞地里守着猴子，有一天，那个小伙子，睡着了，猴子来偷吃荞子，老母猴就来看见了小伙子，就喊上那群猴子，你们快来看看，这里有一块肉，我们把他背回去祭祀吧，猴子们来，把小伙子，背去祭祀了，后面背到了家里，拿出金碗银碗，在桌子上摆上酒肉米，各种各样的食物，猴子们就说，我们是要去请，山林里的祭师呢，还是请坝里的祭师呢，老猴子说，山林里的祭师特别馋，我们去请再平坝里的祭师吧，他们说老虎是山林里的祭师，说兔子是平坝里的祭师，大家就一起去请兔子来做祭祀，祭师到平坝里坐着，苗家小伙，要拉出砍刀来砍，他睁开了一只眼睛，闭上一只眼，伸直了一条腿把另外一条蜷着，伸出了一只臂膀去掏砍刀另一只手收着回去，那么，那只兔子，嘴里喊着鬼嗒啪噼嗒啪噗，一只眼睁一只眼闭，一条腿伸直了一条腿蜷着，一只手臂伸直了一只又收着，那个小伙子，迅速的掏出砍刀，要砍坝里的祭师，就看了兔子的尾巴，兔子以前的尾巴是非常长的，就因为那小伙子给它砍了，到了现在兔子也就没有了尾巴，那么大家，起身往四处跑散了，小伙子，收着他们的金碗银碗，还有粮食和喝的烟酒等全部都背了回去，猴子们去找到了兔子，咦，老祭祀啊，把你砍得怎么样了，兔子装出一副没事样子说，不怕不怕，只是砍了我的尾巴而已，小伙子回到了家中，他的朋友来喊他去玩耍，他的朋友叫做兜卯，兜卯来到门口喊着，啁詹去玩耍了，就，啁詹说，先来坐着抽根烟，兜卯好像，看不起啁詹，就说，你这个穷光蛋都，都能有烟来抽？我有爹有娘都没有烟抽，啁詹回应说，没关系的可以进来坐着烤烤火，这样兜卯就进去了，啁詹拿烟拿酒出来，把米和肉拿出来，摆在金碗银碗里面，分给兜卯吃，兜卯说，啁詹你这些吃的，这些金碗银碗，你从那里得到的，啁詹告诉兜卯，把他去守荞的事全部告诉了兜卯，这样兜卯，想要那些东西了就和啁詹说，啁詹，明天我替你去守荞吧，啁詹就回答她说可以的，我还懒得去守了，这样，第二天，兜卯就去替他守着荞地，他怕猴子来了看不见他，还去砍了一枝树桠，扛回来在荞地边做了一个凉棚，睡在那里守着，后来，他看见猴子来了，兜卯装睡着了，猴子来了，老母猴就来看见了兜卯，就喊其他的猴子，你们快点来这里又有一块肉了，我们又背回去做祭祀吧，猴群们说你要仔细看哦，就怕没死的，前天那个我们背回去把平坝祭师吓得严重了，就，兜卯估计，放了一个不臭的屁，闻到臭味老母猴就说，这个人真的死了已经发出臭味了，就，大家把兜卯给已给拙手老母猴背，背到山崖中间，兜卯就往山崖下看了一眼，山崖很高，他很怕，他就一直告诉老母猴，咦拙手猴子，你不要乱想哦，老母猴被吓到了，放下，就把兜卯放掉了下去，兜卯就掉到悬崖上的那个岩台，就掉到了熊窝里，就把腿摔断了走不动了，后面天黑了熊回来了，兜卯你怎么在这里，这样，兜卯就告诉熊猴子把他背掉了的事情，熊说，你如果走不了了，不如我把你吃了，兜卯说，你先别吃我，现在我还在很瘦，你去把针拿来插在我的大腿上，你去找粮食来给我吃，我肥到大腿可以盖过这根针时，你才慢慢的吃了我吧，熊就把针拿了回来，就插在兜卯的腿上，每天都去找粮食来给兜卯吃，他长到快盖过针耳时，兜卯就把针往上提，直到兜卯的腿好了之后，有一天，野猫就来看见了兜卯，兜卯你怎么在这里呢，兜卯回答，吧事情的来龙去脉都告诉了野猫，兜卯就说，小猫你想不想吃，你想不想吃熊肉，野猫说：我就是只想吃肉，这样，兜卯说，那你有看见哪里有斧头，如果有斧头你就去找了回来，我做熊肉分你吃，野猫就说，我前天晚上去抓鸡到那边那家彝家人，我看见那家彝家人门口有一把斧头，那明天我去拿来，第二天，野猫，拿来了斧头，兜卯说，你去那边等着熊回来吧，我说什么你就应什么，野猫就去边上等着，熊回来了，兜卯就喊野猫，你那边为啥树是摇晃的，野猫就去摇晃着树，野猫说，兜卯坐你旁边的那个是啥呢，兜卯说只是树桩吧，野猫就说：那你打给我看，兜卯就和熊说，我用力的提起来然后轻轻的放下来，你就不要害怕，兜卯说，老熊你想要哪里，老熊说，我就想要耳根这儿，兜卯，提起斧头，一斧头就把熊给砍死了，后来，兜卯就把野猫叫来分熊肉，野猫呀，把背篼编好了带来，说：这个是放我媳妇的，这个是放我爸爸的，这个是放我妈妈的，这个是放我弟弟的，这个是放我妹妹的，这个是放我的，这样兜卯一看，要把野猫的分完了就没有兜卯的了，兜卯没有办法了，兜卯的裤裆破了，他把他的猫猫放了出来，野猫看见了，野猫说，兜卯你那个是啥，兜卯说，我这个是装野猫肉的袋子，野猫听了害怕就跑了，野猫说，兜卯，拉好了袋子我跑，兜卯说：来了快跑啊，野猫跑了后，兜卯就全部得到了熊肉，这样，就结束了。（20211001云南昭通，发音人：王启明）

（三）故事：哄翻山智斗老虎爷

ɕi^{54} pɯ^{55}tɦau^{31} ku^{35}

说 故事　　　是

tə^{54}zai^{54} mau^{31} ntsi^{54} tə^{54}ʑɦey^{31}tʂo^{55} tɕi^{54}

哄翻山　去　　遇见 了 爷　老　虎

tə^{54}zai^{54} a^{54}ku^{33} tɕia^{54}

哄翻山 好像 说

ʑɦey^{31}

爷

ta^{31} mu^{31}na^{55} ku^{55} ɣə^{55} dʑi^{31} mau^{31} nie^{31} a^{54}vau^{35} nə^{54} ntɕi^{31}

来 今晚 我 带 你 去 偷 汉家 的 马

tɕi^{54} tə^{54}ʑɦey^{31} tɕi^{54} ta^{54} ʑa^{55}qauɯ^{55} ma^{54}

这样 爷 就 说 好/同意 嘛

mo^{31}nie^{31} i^{55} mu^{31}ntəu^{31} tə^{54} tɕi^{54}

一会儿 刚 天黑 了 就

tə^{54}zai^{54} mau^{31} tsɦu^{31} tə^{54}ʑɦey^{31}tʂo^{55} ha^{54}

哄翻山 去 会 爷 老虎 了

tə^{54}ʑɦey^{31}tʂo^{55} tɕi^{54} nthey^{31} ku^{54} a^{55} mau^{31} nau^{31} ʑai^{55}vau^{55} tə^{54} nə^{31}

爷 老虎 就 想 着 要 去 吃汉家 的 马

a^{54}tɕi^{54} zai^{55} tɕi^{54} ta^{54}

那样 哄翻山 就 说

a^{55}lə^{54} mau^{31} tɕi^{54} ʑɦey^{31}ho^{35}

我们俩 去 了 爷 哦

a^{55}lə^{54} sa^{55} i^{55} ntəu^{31} lə^{55} tə^{54}ɴqau^{35} tɦie^{54} tɕi^{54}

我们俩 摸 一 个 背上 平 就

ntɕie^{31} i^{55} ntəu^{31} lə^{54}ntɕai^{54} ho^{54}

骑 一 个 那个 哦

mau^{31} tɕi^{54}

去 后

tə^{54}zai^{54} puɯ^{54} tl̥ie^{54} tl̥ie^{55} tʂo^{31} tə^{54}tʂo^{55} lə^{54} tə^{54}ɴqau^{35} ha^{54}

哄翻山 狂跳 在 老虎 的 背上 啊

tə^{54}tʂo^{55} ɖai^{54} ta^{31} sey^{55} ʈai^{31}

老虎 吓着/怕了起 跑

ʈai^{31} ku^{54} ʈai^{31} ku^{54} sai^{55}ntəu^{31} tə^{54} tɕi^{54}

跑 呀 跑 呀 天亮 了 就

ntia^{31} pi^{54} lə^{54} ɣe^{31} tɕi^{54} tə^{54}tʂo^{55} tse^{54} na^{31} tsa^{54}qə^{54} tɕi^{54}

到了 上山坡 就 老虎 转 看 后面 就

ni^{31} tɕi^{54} ie^{35} zai^{55} liey^{55} zai^{55} tɦa^{31}

说 就 咦 哄翻山 烂 哄翻山 死

ku^{55} pɯ^{31} ku^{55} ɕi^{54} ta^{54}

我 以为 我 说 了

a^{54}lə^{54} mau^{31} nie^{33} a^{55}la^{55} nə^{33} na^{55} a^{55}la^{55} tɦa^{31} ntɕie^{31} ku^{55} tə^{54} ha^{54}

我俩 去 偷 人家/别人 马 才 人家 来 骑 我 了 呀

ie^{55} dʑi^{31} a^{33} hai^{31} ku^{55} tɕhiey^{55} dʑi^{31} tɕhiey^{55} xai^{54} i^{55} mo^{31} nie^{31}

咦 你 将 害 我 把 你 把 驼 一 晚 大

tʂo^{31} ku^{55} a^{54} tɕhiey^{55} dʑi^{31} tɕhiey^{55} sau^{31}səu^{54} hai^{54} he^{55}

让 我 将 把 你 把 收拾 算 了

i^{55}tɕi^{54} tə^{54}tʂo^{55} a^{55} nau^{31} tə^{54}zai^{55} tɕi^{54}

这样 老虎 要 吃 哄翻山 了

tse^{54}zai^{55} pɯ^{54} tl̥i^{54} a^{54} tə^{54}mo^{55} mpai^{31} phau^{31} la^{55} nkho^{55} tɕhio^{54} tey^{31} ley^{31}

哄翻山 就 变 成 蜜蜂 钻 进 了 洞 树 木 去

tə^{54}tʂo^{55} ɕai^{54} tia^{54}ɳʈai^{31} mau^{31} tɕhey^{33}tɕhey^{33}

老虎 伸 尾巴 去 搅

tɕi^{54} tse^{54}zai^{55} nto^{31} tɦa^{31} ntse^{56} tl̥ey^{55} ta^{54}ɳʈai^{54}

就 哄翻山 咬 把 盐 敷/涂 尾巴

tɕi^{54} ta^{54} i^{55} qai^{54}mu^{55} lə^{54}tɕhai^{33} ku^{54}

就 有 一 甜糖 好像 很

tse^{54}zai^{55} tʂəu^{33} nto^{31} i^{55}təu^{31} tɦa^{31}mu^{55}lie^{55}

哄翻山 又 咬 一点 糖 红

tl̥ey55 ta54ɳʈai54 tɕi54 tia54ɳʈai54 tɕi54

敷 尾巴 就 尾巴 就

tə54tʂo55 a33ku54 ta5454 qai35mu55 zau33 ku33 ha55ni55 mɦa31 sa31 mu55

老虎 就说 香 甜糖 好 很 这里 有 窝蜂

ku55 tia54ɳʈai54 qai55tʂho54 ləu55 ta54

我 尾巴 衣服 短 了

tʂo54 ku55 mau31 ntɕhiey55 ʑɦey31 tl̥ai54 tɦa31 tɕhiey33tɕhiey33

让 我 去 找 爷 熊 来 捅

ʑɦey31 tl̥ai54 pu54 tia54ɳʈai54 nti55

爷熊 倒是 尾巴 长

tə54tʂo55 a54ku54 mau31 ntɕhie55 tə54tl̥ai54

老虎 就 去 请 捅 熊

a54ku54 ai35 ʑɦey31 tl̥ai54

就说 哎 爷熊

ku55 pɦo31 i33 sa35 mu55 tɕie54

我看到 一 窝 蜂蜜 放着

ku55 ɣə54 dʑi31 mau31 tɕhiey33tɕhiey33 lo31 a54lə54 nau31 ha54

我 带 你 去 捅 来 我两 吃 哦

ku55 tia54ɳʈai54 qai55tsho54 ləu55 ta54 tɕhiey33tɕhiey33 ntɕia31 hey55tɦau31 lə54

我的 尾巴 衣服 短 了 捅 到 不到 呀

tə54tl̥ai54 ku54 ʑa55qaɯ31 ma31

老熊 说 好/同意 嘛

a54lə54 tɕhiey55 ɕi33ntso54 mau31

我们俩 把 一起 去

mau31 ku55 mau31 ntɕia54

去 是 走 到

he^{54}ku^{54} tse^{54}zai^{55} tl̥i^{33} sa^{55} mu^{55} tə^{54} tɕi^{54}

那地方 哄翻山 变 窝蜜蜂 了 就

tə^{54}tl̥ai^{54} ɕai^{55} tia^{54}ɳʈai^{54} mau^{31} tɕhiey^{33}tɕhiey^{33}

老熊 伸 尾巴 去 捅

tse^{54}zai^{55} nto^{31} ta^{54} mu^{55}tl̥ey^{55} tɕie^{54}

哄翻山 就 咬 块白糖 敷

tə^{54}tl̥ai^{54} ku^{54}

老熊 说

ntɕio^{31} lo^{31} ʑai^{31} tɕi^{54} ku^{54} i^{55} qai^{33} mu^{55} tɦie^{31} lə^{54} ʑɦey^{31}

拿 来 舔 就 是 一 点 香甜 真 的 爷

tse^{54}zai^{55} tɕi^{54} ɳio^{54} tia^{54}ntl̥o^{31} tɕhiey^{55}tey^{31} hau^{33}hau^{33}lə^{54} nau^{54} tɕie^{54}

哄翻山 就 在 里 树桩 好好 地 听 着

tə^{54}tl̥ai^{54} tə^{54} li^{33} tia^{54}ɳʈai^{54} mau^{31} tɕi^{54}

老熊 又伸 尾巴 去 就

tse^{54}zai^{55} kho^{54}khə^{33}və^{31} kho^{54}khə^{33}və^{31} tʂə^{54} tshai^{54}nti^{31} ta^{55} tɕi^{54}

哄翻山 搋了又搋 搋了又搋 在 手上 拿 就

tə^{54}tl̥ai^{54} ku^{54} ə^{35} ʑɦey^{31}

熊说 是 咦 爷

tə^{33}ku^{54} mu^{55} ntɕau^{55} ku^{54} ntsai^{54} tɕi^{54} tl̥au^{31}tse^{31} ta^{54}

也许 蜂蜜 多很 吸 得 稠黏 了

tsc^{54}zai^{55} ta^{54} mu^{55} ntsai^{54} tl̥au^{31}tsc^{31} ku^{55} hcy^{54} pa^{54} dʑi^{54} a^{54}ɳʈai^{54} tl̥ai^{54}

哄翻山 说 蜂蜜 稠黏 我 不 把 你 尾巴 拉

tʂo^{31} dʑi^{31} tɕhia^{55} ntəu^{54} sai^{54}lə^{54}tɕi^{54} tə^{54}tl̥ai^{54} ʈɦai^{35}ɖai^{54}

给 你 拉 断 这样 就 老熊 惊了

tʂai^{54} a^{54} tʂai^{54} tia^{54}ɳʈai^{54} ntəu^{33} ley^{31} a^{55} tɦəu^{31} khə^{54} sey^{55} ʈai^{31} ley^{31}

挣了 两 次 尾巴 断 去 两个 些 起 跑 去

ʈai31 ley31 tɕi54 nəu31nie31qə54 tɕi54

跑 去　了 后 一 天　了

tə54zai54 tɕio31 tia54ŋa54ɳʈai31 tl̥ai54 mau31 tɕi55 nau31

哄翻山 拿　尾巴　熊　　去 烤　吃

i55tɕi54 a55la55 ni31 ku54 thau54ley54 tə54tl̥ai54 tɕi54 tia54ɳʈai54 nti55 ku54 i55vai54

那就/话说 别人 说 是 以前　熊　的　尾巴　长 很　咿呀

təu33si33 ma31 tse54zai55 tɕhia31 təu54 ley31

就是　给　哄翻山　拉　断　去了

na54nai55ni55 tɕi54 ɕi54ma31 tia54ɳʈai54

现在　　　就　没有　尾巴

tɕi54 tse54zai55 tɕi55 nau31 tɕi54

就　哄翻山 烤　吃　了

tə54tʂo54 tau54 tɦa54 pɦo31

老虎　得　来 看见

tə54tʂo54 ɦə54 ta54zai55

老虎　说　哄翻山

tɕi31 nau31 kə55si33 ai54lə54tɕi54

你　吃　什么　这样

tə54zai55 tɕi54 ta54

哄翻山 就 说

ku55 thau33 ku55 a54niey55 nau31 ɕi54

我　掏　我　肠子 吃　呗

lə33tə54tʂo55 tshai55 tl̥ai54 tə54 tɕi54 a54 ku54 zai55 dʑi31 fai55 ku55 nau31

个老虎　饿　了 就　说 是 哄翻山 你 分 我　吃

tɕi54 tə54zai55 ta54 ku55 fai54 dʑi54 nau31 pu54 ʑa55 tsi33 vai54

就 哄翻山 说 我　分 你　吃　可以　的

ʑa^{55} ku^{54} a^{54}mpə^{54}ŋa^{54} dʑi^{31} thau^{55} dʑi^{31} pie^{54} fai^{55} ku^{55} nau^{31} o^{35}

就要 一会儿 你 掏 你 的 分 我 吃 哦

tɕi^{54} tə^{54}zai^{55} ku^{54}ə^{54} tɕi^{54} tə^{54}tʂo^{55} a^{54} ku^{54} ta^{54} ʑa^{55}qaɯ^{55} ma^{31}

就 哄翻山 说 了 老虎 就说 了 好的 嘛

tə^{54}zai^{55} fai^{54} tia^{54}ɳʈai^{54} tl̥ai^{35} tə^{54}tʂo^{55} nau^{31} sai^{35}

哄翻山 分 尾巴 熊 老虎 吃 了

ʈɦo^{35} i^{55} mpai^{54} ku^{54} tə^{54} tɕi^{54} tə^{54}zai^{55} ku^{54} ʑɦey^{31} tshai^{55} tl̥ai^{54} ku^{54}

等了一会儿 就说 了 哄翻山 说 爷 饿了 很

ta^{54} pa^{31} a^{55} nɦa^{54} a^{54}lə^{54} nau^{31} ku^{55} tia^{54} niey^{55} sa^{54} ta^{54}

刚刚 啊 我 俩 个 吃了我 的 肠 子 了

a^{54}lə^{54} thau^{54} tɕi^{31} a^{54} niey^{55} nau^{31} ʑa^{55} pɯ^{54} ləu^{55}

我俩 掏 你 肠子 吃 同意 吧

tɕi^{54} tə^{54}tʂo^{55} ku^{54} ʑa^{55}qaɯ^{35} ma^{31}

就 老虎 说 好 嘛

tə^{54}zai^{55} they^{31} tia^{54}l̥ai^{31} tsa^{31} ha^{54}

哄翻山 削了 很大 砍刀 后

tɕhio^{31} tia^{54}ntau^{31} ha^{54}

拿着 斧头 后

ho^{54} ʑɦey^{31}dʑi^{54} ku^{55}tsɦu^{31} tɕie^{54} ha^{54}

说 爷 你 就 趴着 哈

ku^{55} thau^{54} dʑi^{54} a^{54}nicy^{55} lo^{31} nau^{31} ha^{54}

我 掏 你 肠子 来 吃 哈

lə^{54}tɕi^{54} tə^{54}ʑɦey^{31} ke^{55}tshɦu^{55}a^{33}tsey^{31} tɕie

然后 老虎 去 趴着

tə^{54}zai^{55} tɕhiey^{55} tə^{54}tsa^{54} tʂo^{33} tə^{54}ʑɦey^{31}tʂo^{55} lə^{54} qo^{55}qa^{55} tɕie^{54} ha^{54}

哄翻山 把 木棒 放在 老虎 的 屁股 放着 哈

a^{55} tsi^{33} tau^{54} mpu^{31} mau^{31}

两 三 斧头 敲 去

tə^{54}ʑɦey^{31}tʂo^{55} tl̥a^{55} au^{31}mpə^{54} au^{31}mpə^{54} ha^{54} sey^{55} ʈai^{31}

老虎 叫 嗷嗷 后 起 跑

tə^{54}zai^{55} sey^{55} ʈai^{31} ley^{55} tə^{54}zai^{55}

哄翻山 起身 跑 追 哄翻山

ley^{54} ku^{54} ley^{54} mau^{31} ntsi^{33} tia^{54}pɦo^{35}nkha^{55} ntsau^{31} mpa^{54} zau^{54}

追 得 追 去 遇见 婆娘 割 猪 草

tə^{54}zai^{55} tɕi^{54} ta^{31} ho^{55}pə^{35} tiau^{55} l̥a^{31} khau^{54}tɕai^{3} khau^{5} ntɕiey^{31} sey^{35} ʈai^{31}

哄翻山 就 喊 大家 快 扔 烂箩烂筐 起跑

tl̥ey^{55} khau^{54} tsɦi^{31} khau^{54} tʂho^{54}sai^{54} sey^{35} ʈai^{31}

脱 烂裤子烂衣服 了 起 跑

mu^{54}na^{55} tʂo^{55} lo^{31} nau^{31} ntl̥aɯ^{31}nti^{55}ta^{55} lə^{54} tɕi^{54}

今天 老虎 来 吃 天地 了 就

tsɦə^{31} təu^{55} ntsau^{31} mpa^{54} zau^{35}

那些人 割 猪 草

tl̥ey^{31} khau^{54}tʂho^{54} sai^{54} lɦa^{35} tɕey^{35} sai^{54} ha^{54} lɦa^{35} l̥au^{55} sai^{54} ha^{54} sie^{35} ʈai^{31}

脱下 烂衣服 了 丢下 箩筐了 呀 丢下 锄头了 呀 起 跑

tə^{54}zai^{55} mau^{31} tɕhiey^{55} tə^{54} kə^{55}tl̥a^{35} n̥ai^{35} tɕie^{54} ha^{54}

哄翻山 去 把 衣服 穿 上 了

a^{54}ku^{54} n̥io^{54} he^{54}i^{55} ntsau^{31} mpa^{54} zau^{35}

装作 在 里那 割 猪 草

tɕi^{54} tə^{54}ʑɦey^{31}tʂo^{55}

就 老虎

mau^{31} tɕi^{54}a^{54}ku^{54} tie^{35}mi^{54}tʂɦau^{31} tə^{54}tɕi^{54} ntsau^{31} mpa^{54} zau^{35} he^{54} ni^{55} thɦie^{35} pɦo^{31}

去 就 说 你们 就说 割 猪 草 里 这 真的 看见

zai^{55} l̥ey^{55} zai^{55} ntai^{31}ɕi^{54} ai^{54}

哄翻山烂 哄翻山 死 啊

a^{54} tɕi^{54} o^{55} a^{54} ʑɦey^{31}

就说 哦 阿爷

hey^{55} pɦo^{31} ai^{35}

没 看见 啊

ku^{55} ntsau^{31} mpa^{54} zau^{35} he^{54}ni^{55} hey^{55} pɦo^{31} ai^{55} thɦie^{33}

我 割 猪 草 这里 没 看见 啊 真的

na^{55} a^{33}ntɕiai^{54} na^{55}

那 怎么 那

o^{55}ʑo^{31} tə^{54} nie^{31} zai^{55} ley^{55} zai^{55} tɦa^{31}

啊哟 个 那 哄翻山 烂 哄翻山 死

a^{55}thau^{31} ni^{31} a^{54}niey^{55} fai^{54} ku^{55} a^{54}niey^{55} nau^{31} lə^{54} ha^{54}

啊 掏 他 肠子 分 我 肠子 吃 了 啊

ntɕie^{55} i^{55} tɦəu^{31} tsa^{55} ku^{55} le^{53} qo^{55}qa^{55} ni^{55} tɕie^{54}

钉了 一 个 木塞子 我 的 屁股 这里 着

tə^{54}zai^{55} a^{54}ku^{54} tɕia^{54} ʑɦey^{31} na^{31} dʑi^{31} ma^{55}

哄翻山 假装说 爷 看 你 给

ku^{55} ntʂo^{1}dʑi^{31} na^{31}mə^{35} ku^{55} ntso^{31} dʑi^{31} tʂho^{35} sai^{54} ho^{54}

我 给 你 看看 我 给 你 拔 起 哈

tə^{54}tʂo^{55} pɯ^{54} hc^{54}ntɦi^{31} lə^{54} qo^{55}qa^{55} tie^{54} tə^{54}zai^{55}

老虎 倒是 转 个 屁股 对着 哄翻山

tə^{54}zai^{55} so^{55} a^{54} l̥au^{54} tə^{33} tsa^{54}

哄翻山 加 两 锄 木塞子

tə^{54}tʂo^{55} mo^{33} te^{54}tso^{55} ɴqa^{31} ao^{55}mpə^{55} ao^{55}mpə^{55}

老虎 疼 老虎 叫 嗷嗷嗷嗷

tə^{54}zai^{55} tɕia^{54} zai^{55} ley^{55} zai^{55} tɦa^{31} ku^{54}

哄翻山 说 哄翻山 烂 哄翻山死 是

ku^{55} tɕio^{31} zai^{55} ley^{55} zai^{55} tɦa^{31} ku^{54}

我 就是 哄翻山 烂 哄翻山 死 是

ku^{55} tɕio^{31} ha^{54} sie^{55} ʈai^{31}

我 就是 后 起身 跑

ʈai^{31} ku^{54} ʈai^{31} ku^{54} mau^{31} ntɕia^{31} la^{54}zau^{54} tɕi^{54}

跑得跑得 去 到 林子 就

pɦo^{31} i^{55} lə^{54} təu^{55} a^{54} mu^{33}tsa^{54}

看见 一个 人 做 木匠

a^{54} ntau^{54} la^{55}zau^{54} i^{55}

做木工 林子 里

tse^{54}zai^{55} pɯ^{54} ti^{55}tau^{55} l̥a^{33} a^{54}tau^{54} tl̥ey^{55} khau^{54} tsɦi^{31} khau^{54} tʂho^{54} sai^{54} ʈai^{31}

哄翻山 倒是 赶紧 丢 斧头 脱掉 烂裤子 烂衣服 起身 跑

mu^{54}na^{55} tʂo^{54} lo^{31} nau^{31} ntl̥aɯ^{31}nti^{55} təu^{35}

今天 老虎来 吃 天地 咯

tse^{55} mu^{31}tsa^{54} ntshai^{54} tse^{55} mu^{31}tsa^{54} tl̥ey^{55} khau^{54} tsɦi^{31} khau^{54} tʂho^{54} ha^{54}

位 木匠 怕了 位 木匠 脱 烂裤子烂衣服 哈

l̥a^{55} tl̥au^{54}nə^{54} sai^{54} sey^{55} ʈai^{31} ley^{31}

丢掉 东西 了 起身 跑去

tse^{54}zai^{55} pɯ^{54} mau^{31} tɕhiey^{55} tse^{54} mu^{54}tsa^{54} tə^{54} tsho^{31} naɯ^{31} tɕie^{54} ha^{54}

哄翻山 又 去 拿 位木匠 的 衣服 穿 着 哈

a^{54} ntau^{54} tə^{55} tə^{55} la^{54}zau^{54}

做木头 嘚嘚 林子

tə^{54}tʂo^{55} mau^{31} pɦo^{31} tɕi^{54} tə^{54}tʂo^{55} tɕi^{54} ta^{54}

老虎 去看见 了 老虎 就说

tɕi^{31} ɳ̥io^{54} he^{55}ni^{55} a^{54} ntau^{54} he^{55}ni^{55} ha^{54}

你 在 这里 做木头 这里 啊

tə^{54} pɦo^{31} zai^{55} l̥ey^{55} zai^{55} tɦa^{31} tɦey^{31} ni^{55} tɕio^{54} ai^{31}

得 看见 哄翻山 烂 哄翻山 死 到 这里 着 吗

o^{35} ɕi^{54} pɦo^{31} ai^{35} a^{33} ʑɦey^{31} na^{55} a^{54}ntɕai^{31} na^{55}

噢 没 看见 啊 啊爷 那 怎么 那

tə^{54}tʂo^{55} ta^{54} ai^{35}ʑa^{54} tə^{54}nie^{31} zai^{55} ley^{55} zai^{55} tɦa^{31}

老虎 说 哎呀 那个 烂哄翻山 烂 哄翻山 死

ni^{31} thau^{31} ni^{31} a^{35}niey^{55} fai^{54} ku^{55} nauɯ^{31} sai^{54}

他 掏 他 肠子 分 我 吃 了

ha^{54} a^{54} thau^{54} ku^{55} a^{31}niey^{55} lo^{31} nauɯ^{31} lə^{54} ha^{54}

还 要 掏 我 肠子 来 吃 了 哈

tɕie^{54} i^{55} təu^{31} tsa^{54} ku^{55} lə^{54} qo^{55}qa^{55} tɕie^{54} mo^{33} ku^{54} na^{54}

钉 一 根 塞子 我 的 屁股 放着 疼 很 了

ku^{55} ley^{55} ni^{31} vai^{54}

我 追 他 呀

tə^{54}zai^{55} ku^{54} tɕia^{54} ʑɦey^{31}

哄翻山 说 假装 爷

ku^{55} la^{54} a^{54} ntau^{54} mau^{31} tsa^{54} ku^{55} vai^{33} vai^{54} ku^{55} vai^{33} la^{54}tɕi^{55} ʑa^{54} l̥a^{33}dʑi^{31} tɕio^{31}

我 要 做 棺材 去 给 我 爸 爸 我 爸 身体 样 大 你 的

na^{54} dʑi^{31} picy^{33} lə^{54}ntl̥o^{31} ntau^{54} ni^{55} tɕie^{54} ha^{54}

那 你 睡 个棺材 这里 着 哈

ku^{55} qo^{31} tɕie^{54} na^{31}mə^{54} he^{55}tɯ^{31} ha^{55} pɦo^{31} tɕi^{55}

我 关着 看看 哪里 还 看见 光

tsa^{55} pɦo^{31} tɕi^{55}dʑi^{31} ho^{31} ku^{55} nkho^{31} tʂhey^{54} tɕie^{54}

要是 看 光 你 喊 我 整理 堵 着

tə^{54}tʂo^{55} pɯ^{31} ntsə^{31} tɕi^{54}

老虎 倒 相信了

tə^{54}tʂo^{55} mau^{31} piey^{31} tsa^{54} lə^{54}ntau^{54} tɕie^{54}

老虎 去 睡/躺着 在棺材 着

tse^{55}zai^{55} tshe^{54} lə^{54}fai^{55}ntau^{31} qo^{31} tɕie^{54} ha^{54}

哄翻山 提 盖棺材 盖 住 了

mau^{31} ntəu^{54} mɦai^{31} lo^{31} thie^{31} tɕie^{54}

去 折 藤 来 捆 着

tə^{54}tʂo^{55} tɕi^{54} ku^{54} a^{31}ɳ̊io^{54} vai^{31}

老虎 就 是 在里面说

ntl̥o^{55} ku^{54} ha^{55}ni^{55} pɦo^{31} tɕi^{55} sie^{54} ha^{55}ni^{55} pɦo^{31} tɕi^{55} sie^{54} lə^{54}ha^{54}

里面 是 这里 看见 光 了 这里 看见 光 了 这样

tə^{54}zai^{54} kho^{31}thie^{55}kho^{31}thie^{54} lə^{54}ntau^{54} ku^{31} kho^{55} tɕie^{54} ha^{54}

哄翻山 整理整理 棺材 得 紧了 放着 了

thɕiey^{55} tl̥o^{55} l̥a^{31} tsa^{54} ntsəu^{31} ku^{54} lə^{54} qa^{33}zai^{31} sai^{54}

把 滚 丢 给 下面 个 山坡 了

tɕi^{54} tə^{54}kə^{55} tsha^{33}n̥əu^{31} mau^{31} ntɕiey^{54}

后来 啄木鸟 每天 去 啄

ntɕiey^{54} ku^{54} ntɕhiey^{54} ku^{54} ntɕiey^{54} nto^{33} la^{55} qo^{55} tə^{54} tɕi^{54}

啄 啊 啄 啊 啄 通 个 洞 了 就

tə^{54}tʂo^{55} ɕai^{55} tshai^{54} tɦi^{31} tey^{31} lo^{31}

老虎 伸 只 手 出 来

tau^{54} vɦai^{54} ta^{54}nau^{31}kə^{55}

得到 抓 鸟 啄木

na^{54} na^{55} ni^{55} ta^{54}nau^{31}kə^{55} ku^{54} ntl̥au^{31} lie^{55} i^{55}tɕi^{54}

所以 现在 鸟啄木 是 花红色 这样

tə^{54}tʂo^{55} tau^{54} vɦai^{54} na^{54} vɦai^{54} mpai^{31} ntshai^{55} l̥o^{31}

老虎 得到 抓 了 抓 冒/流出 血 来

ə^{54}tɕi^{54} a^{54}ni^{55} tɕi^{54} sau^{54} ta^{54}

那么 这样 就 收 了

意译：

故事是这样的，哄翻山去遇见了老虎，哄翻山说，爷，你来，今晚我带你去偷汉家的马来骑，老虎就说可以的，那晚天黑后，哄翻山就去会了老虎，老虎就想着去吃汉家的马，哄翻山就说，我们两去了马棚我俩摸哪匹马的背平，就骑哪一个，去了后，哄翻山就往老虎的背上一跃骑在老虎背上，老虎被吓到了就起身往回跑，路虎跑呀跑呀跑到了天亮了，到了山坡上老虎回头来看，就说你这个发烂臭的死哄翻山，我以为我俩去偷人家马被发现人家来骑我了，咦你还得我把你驼了一晚上，让我把你收拾了算了，气的老虎要把哄翻山吃了，哄翻山就把自己变成一只小蜜蜂钻进了树洞里面，老虎就把自己尾巴伸进去搅树洞，哄翻山就把盐敷在老虎尾巴上，说好像是甜的，哄翻山又把蜂蜜拿来涂在老虎的尾巴上，敷在尾巴上，老虎就说好甜啊这里有一窝蜜蜂吧，我的尾巴太短了，让我去把老熊叫来，让他来捅老熊的尾巴长，老虎就，去请了老熊，一本正经的说：老熊，我看到一窝蜂蜜我带你去捅了回来我俩吃，我的尾巴有点短了捅不到，老熊说好呀，我们俩一起去看看，一直走到，哄翻山变成蜜蜂的地方，老熊伸尾巴去捅，哄翻山就要了块红糖敷在老熊的尾巴上，老熊就，拿出来舔了舔对老虎说咦真的舔，哄翻山就在树洞里仔细的听着熊和老虎的对话，老熊又把尾巴伸了进去，哄翻山把老熊的尾巴握在自己手上捥了又捥，老熊说咦老虎，好像蜂蜜很多吸得我尾巴黏在里面了，哄翻山突然说蜂蜜稠黏我不把你尾巴，给你拉成两节老熊被吓坏了，挣了两下尾巴就断了老虎和熊看情况不对就跑了，第二天哄翻山，拿着那个熊尾巴去烤了吃，据说以前熊德尾巴很长，就是给哄翻山给拉成两截现在没有了尾巴，哄翻山就拿着熊的尾巴去烤了吃，老虎就来看见了，老虎说哄翻山，你在吃啥呢，哄翻山说，我掏我自己的肠子吃呗，老虎饿了就对哄翻山说你分点给我吃吧，哄翻山说我可以分给你吃，就是要一会儿你也把你的掏出来分给我吃，老虎说我可以答应你的，哄翻山就把熊尾巴分给老虎吃了，等了一会儿后哄翻山说老虎，好饿刚刚我俩吃了我的肠子，我俩可以把你肠子掏出来吃了吧，老虎说好嘛，哄翻山就削了一个很大的木棒，拿着斧头，说老虎你就趴着，我掏你肠子来吃，然后老虎就趴在地上撅着屁股，哄翻山，把木棒放在老虎的屁股上，两三斧头就往里锤，老虎嗷嗷的叫着跑了，哄翻山跑了老虎就跟在后面追着，追着追着就遇见几个割猪草的婆娘，哄翻山就大喊大家快扔下箩筐赶快跑，把烂衣服烂裤子脱了快跑，今天老虎来吃天地了，那些割猪草的脱下烂衣裤丢下砍刀锄头丢下箩筐全跑了，哄翻山去把衣服穿上，装作在那里割猪草，老虎，去问割猪草的说你在这里割猪草有没有看见哄翻天，烂臭死哄翻山，老虎大爷没有看见啊我在这里割猪草也没有看见，发生什么了，啊哟那个烂臭死哄翻山，他掏了他肠子分给我吃又要我掏我的给他吃，钉了一个木塞子在我的屁股上，哄翻山假装不知道的说你给我看，我给你看了我就给你拔出来，老虎把屁股对着哄翻山，哄翻山又用力的加两锄在木塞上，老虎疼得嗷嗷的叫着，哄翻山说烂臭死哄翻山是我就是我起身又跑，跑着跑着跑到了林子里，看见一个木匠，在林子里做木工，哄翻山说，赶紧把斧头丢了把烂衣服裤子脱了就跑，今天老虎来吃天地咯，木匠怕了木匠把烂衣服裤子脱了，丢了所有东西就跑了，哄翻山又把木匠的衣服拿起来穿着，在林子里砍树削木做的嘚嘚响起，老虎去看见老虎就说，你在这里做木工有没有看见哄翻山经过这里，噢没看见啊老虎大爷怎么了，老虎说哎呀那个烂臭的哄翻山，他掏了他肠子分给我吃又要我掏我的给他吃，他定了一个塞子在我的屁股上疼得受不了我才追他的，哄翻山说老虎大爷，我要做一个棺材给我爸我爸的身体和你的差不多，你睡在棺材里面就可以了，我关了你看看哪里还有漏光的，有漏光的你就告诉我堵上，老虎相信了就去棺材里面躺着，哄翻山提着棺材盖把老虎改在里面，去折藤来捆得紧紧的，老虎傻傻的在里面大喊这里还有光那里还没堵好，哄翻山把藤整理了捆捆了又整理棺材紧了，就把棺材推滚到了山下去了，后来有只啄木鸟每天都去啄，小鸟啄啊啄通一个小洞，老虎伸只手出来，老虎的爪子抓到的啄木鸟，所以现在花纹带红的啄木鸟，老虎抓出了血，到这里就讲结束了。

参考文献

中文著作：

[1]本尼迪克特:《汉藏语言概论》，中国社会科学院民族研究所语言室，1984年。

[2]曹翠云:《苗语与古汉语特殊语句比较研究》，中央民族大学出版社，2005年。

[3]戴庆厦:《汉语与少数民族语言语法比较》，民族出版社，2006年。

[4]蒋颖:《汉藏语系语言名量词比较研究》，民族出版社，2009年。

[5]蒋颖:《汉藏语系语言名量词比较研究》，民族出版社，2009年。

[6]李云兵:《苗语方言划分遗留问题研究》，中央民族大学出版社，2000年。

[7]罗安源:《发音语音学》，中央民族大学出版社，2005年。

[8]马学良:《汉藏语概论（第2版）》，民族出版社，2003年。

[9]马学良:《汉藏语概论》，民族出版社，2003年。

[10]《少数民族语文论集》第一集，中华书局，1958年。

[11]王春德:《苗语语法（黔东方言）》，光明日报出版社，1986年。

[12]王辅世:《苗语古音构拟》，国立亚非语言文化研究所，1994年。

[13]王辅世:《苗语简志》，民族出版社，1985年。

[14]王辅世:《王辅世语言研究文集》，社会科学文献出版社，

2014年。

[15]王辅世、毛宗武:《苗瑶语古音构拟》，中国社会科学出版社，1995年。

[16]伍新福:《苗族史研究》，中国文史出版社，2006年，第11页。

[17]杨再彪:《苗语东部方言土语比较》，民族出版社，2004年。

[18]杨再彪:《苗语东部方言土语比较》，民族出版社，2004年。

[19]叶蜚声、徐通锵:《语言学纲要修订版》，北京大学出版社，2010年。

[20]余金枝:《湘西矮寨苗语参考语法》，中国社会科学出版社，2011年。

[21]中国科学院少数民族语言研究所:《中国少数民族语言简志：苗瑶语族部分》，科学出版社，1959年。

[22]中国民族语言学会:《中国民族语言论文集》，四川民族出版社，1986页。

[23]戴庆厦:《中国少数民族语言研究60年》，中央民族大学出版社，2009年。

[24]中国作家协会贵阳分会筹委会:《民间文学资料第十六集苗族古歌》，中国作家协会贵阳分会筹委会，1959年。

[25]朱晓农:《音法演化：发声活动》，商务印书馆，2012年。

期刊论文:

[1]步连增:《汉语名量词起源再探》,《暨南学报》(哲学社会科学版），2011年第33卷第1期，第8页。

[2]曹翠云:《黔东苗语状词初探》,《中国语文》，1961年第4期。

[3]陈宏:《大兴苗语的鼻冠音》,《民族语文》，2013年第3期，第63—66页。

[4]陈其光:《古苗瑶语鼻冠闭塞音声母在现代方言中反映形式的类型》,《民族语文》, 1984年，第5页。

[5]陈其光:《汉藏语声调探源》,《民族语文》, 1994年第6期，第37—46页。

[6]陈其光:《苗瑶语前缀》,《民族语文》, 1993年第1期，第9页。

[7]陈其光:《畲语在苗瑶语族中的地位》,《语言研究》, 1984年第1页，第15页。

[8]戴庆厦、蒋颖:《“参考语法”编写的几个问题》,《云南师范大学学报》(哲学社会科学版), 2007年第1期，第109—113页。

[9]戴庆厦:《彝缅语鼻冠声母的来源及发展》,《民族语文》, 1992年第1期，第42页。

[10]贺又宁:《汉、苗语言里几类词的语法特点比较》,《贵州民族学院学报》(哲学社会科学版), 1994年第3期，第63—69页。

[11]洪波:《汉藏系语言类别词的比较研究》,《民族语文》, 2012年第3期，第13页。

[12]胡晓东:《〈苗瑶语古音构拟〉中黔东苗语部分例缺字补正》,《语言研究》, 2009年第29卷第2期，第3页。

[13]胡晓东:《白午苗话的反复问句》,《民族语文》, 2008年第2期，第4页。

[14]黄光荣、唐巧娟:《黔东苗语致使范畴的语形表达》,《凯里学院学报》, 2022年第40卷第4期，第58—66页。

[15]季红丽、赵艳梅、朱莎:《滇北苗语重叠式研究》,《玉溪师范学院学报》, 2022年第38卷第4期，第80—88页。

[16]冀芳:《黔东苗语差比范畴研究》,《贵州民族研究》, 2013年第34卷第2期，第210—214页。

[17]姜礼立:《广西资源(车田)苗话指量名结构的语序类型及其来源》,《湖南师范大学社会科学学报》, 2020年第49卷第4期，第148—

156页。

[18]姜礼立:《伟江苗话的量名结构》,《民族语文》,2020年第5期,第46—57页。

[19]孔江平:《苗语浊送气的声学研究》,《民族语文》,1993年第1期,第67—73页。

[20]乐赛月:《贵阳花溪区甲定苗话的前加成分》,《民族语文》,1979年第3期,第7页。

[21]李方桂:《中国的语言和方言》,引自中国语言学报(美国),1973年创刊号,第1—7页。

[22]李学林、赵冬梅、梁明秀:《贵州省中部苗语音素边界检测方法研究》,《现代信息科技》,2020年第4卷第3期,第19—21页。

[23]李一如:《类型学视野下的黔东苗语量名结构》,《中央民族大学学报》(哲学社会科学版),2015年第42卷第5期,第156—165页。

[24]李一如:《黔东苗语的比较结构》,《民族语文》,2021年第2期,15—24页。

[25]李一如:《黔东苗语的连动结构》,《贵州大学学报》(社会科学版),2016年第34卷第5期,第156—164页。

[26]李云兵:《20世纪以来的苗瑶语调查》,《民族翻译》,2011年第1期,第9页,第72—80页。

[27]李云兵:《花苗苗语方位结构的语义、句法及语序类型特征》,《语言科学》,2004年第3卷第4期,第19页。

[28]李云兵:《论苗瑶语的连读变调》,《民族语文》,2015年第3期,第23—40页。

[29]李云兵:《论苗语名词前缀的功能》,《民族语文》,2002年第3期,第32—42页。

[30]李云兵:《苗瑶语量词的类型学特征》,见李锦芳主编:《汉藏语系量词研究》,中央民族大学出版社,2005年。

[31]李云兵:《苗语川黔滇次方言的名词前加成分》,《民族语文》,1992年第3期，第61—65页。

[32]李云兵:《苗语川黔滇次方言的状词》,《民族语文》，1995年第4期，第63—68页。

[33]李云兵:《苗语的形态及其语义语法范畴》,《民族语文》，2003年第3期，第10页。

[34]李云兵:《苗语历史语言学的最新成果——〈苗语古音构拟〉述评》,《民族语文》，1995年第6期，第4页。

[35]栗华益:《谷撒苗语的声调特点》,《中国语文》，2011年第3期，第7页。

[36]梁锋:《湖南凤凰县山江苗语声调实验》,《现代语文》(语言研究版)，2012年第3期，第19—20页。

[37]梁佳雪:《黔东方言苗语状词的区域性特点》,《凯里学院学报》,2020年第38卷第1期，第64—69页。

[38]刘文、杨正辉、孔江平:《新寨苗语单字调及双字调声学实验研究》,《民族语文》，2017年第2期，第12—24页。

[39]刘文、张锐锋:《鱼粮苗语低平调和低降调的声学感知研究》,《语言学论丛》，2016年第2期，第197—212页。

[40]刘文:《升还是平：新寨苗语声调个案研究——兼论平调的感知判断》,《民族语文》，2020年第1期，第48—57页。

[41]刘文:《新寨苗语五平调的声学和感知研究——兼论五度标调法》,《中国语音学报》，2019年第1期，第79—87页。

[42]龙洁、杨再彪:《湖南泸溪小章苗语声调实验》,《语文学刊》,2012年第19期，第13—15页。

[43]龙正海:《苗语中的“谓主”结构及其历史流变》,《广西民族师范学院学报》，2016年第33卷第2期，第69—72页。

[44]罗安源:《苗语句法成分的可移动性》,《民族语文》，1987年第3

期，第4页。

[45]罗利曼:《尖坡苗语量词“nau33(个)”范畴化过程及动因》,《南开语言学刊》，2020年第2期，第122—128页。

[46]罗美珍:《汉，侗—泰，苗—瑶语声调和量词产生与发展的相同过程》,《语言科学》，2007年第6卷6期，第36—43页。

[47]罗美珍:《汉、傣、苗语“形后名”结构关系比较分析》,《龙岩学院学报》，2013年第31卷第3期，第17—19+72页。

[48]罗美珍:《谈谈我国民族语言的数量词》,《民族语文》，1996年第2期，第10页。

[49]罗兴贵:《苗语滇东北方言前缀词试析》,《贵州民族学院学报》（哲学社会科学版），2009年第6期，第21—24页。

[50]罗兴贵:《谈苗语川黔滇方言小哨口语中的量词》,《贵州民族研究，1990年第2期，第4页。

[51]马学良、喻世长、王辅世:《苗语方言调查报告》，民族语文科学讨论会印，1955年，第3页。

[52]牟飘飘:《安顺苗语的判断句》,《贵州师范学院学报》，2022年第38卷第11期，第1—9页。

[53]潘家荣、周晨磊:《〈参考语法的艺术：实用手册〉述介》,《黔南民族师范学院学报》，2018年第38卷第3期，第45—48页。

[54]石德富:《黔东苗语指示词系统》,《语言研究》，2007年第27卷第1期，第5页。

[55]石怀信:《再论苗语形态》,《贵州民族研究》，1997年第3年，第6页。

[56]时兵:《汉藏等语言中的量词“头”》,《民族语文》，2009年第5期，第28—31页。

[57]谭晓平:《苗瑶语鼻音系统的类型学考察》,《语言研究》，2018年第38卷第4期，第110—117页。

[58]谭晓平:《苗瑶语擦音系统的类型学考察》,《民族语文》,2020年第5期,第95—103页。

[59]谭晓平:《苗瑶语塞音系统的类型学考察》,《中央民族大学学报》(哲学社会科学版),2017年第44卷第1期,第127—134页。

[60]谭晓平:《苗瑶语元音系统的类型学考察》,《语言研究》,2016年第36卷第4期,第120—126页。

[61]唐留芳、牟飘飘:《安顺大硐口苗语的三域声调系统》,《民族语文》,2019年第2期,第69—79页。

[62]唐巧娟、谢建红:《论黔东苗语谓词性形后名结构》,《凯里学院学报》,2015年第33卷第4期,第71—75页。

[63]唐贤清、吴秉承:《湘西山江苗语特殊"形名"结构的语序类型及产生动因》,《华中学术》,2020年第12卷第1期,第179—188页。

[64]陶文武、王朝梅:《田坝苗语并列复合词的结构和词序特征》,《贺州学院学报》,2022年第38卷第3期,第55—63页。

[65]王春德:《关于苗语名词修饰物量词和名词补足形容词的问题》,中国社会科学院民族研究所,1984页。

[66]王德光:《贵州威宁苗语量词拾遗》,《民族语文》,1987年第5期,第36—38页。

[67]王辅世、王德光:《贵州威宁苗语的状词》,《语言研究》,1983年第2期,第192—211页。

[68]王辅世:《贵州威宁苗语量词》,《语言研究》,1957年第2期,第75—121页。

[69]王辅世:《苗瑶语的系属问题初探》,《民族语文》,1986年第1期,第1—18页,第79页。

[70]王辅世:《苗语的声类和韵类》,《民族语文》,1980年第2期,第17页。

[71]王辅世:《苗语方言划分问题》,《民族语文》,1983年第5期,第

1—22页。

[72]王辅世:《苗语方言声韵母比较》,《民族语文》,1979年第2期。

[73]王辅世:《我对苗语语法上几个问题的看法》,《民族语文研究文集》,青海民族出版,1982年

[74]王立芝:《〈苗瑶语古音构拟〉*b-类声母中的汉借词》,《民族语文》,2011年第4期,第34—36页。

[75]王艳红:《古苗瑶语~*ts组音的今读类型及其分布和形成》,《语言研究》,2017年第37卷3期,第121—127页。

[76]吴安其:《分析型语言的名量词》,引自:李锦芳、胡素华:《汉藏语系量词研究》,中央民族大学出版社,2005年。

[77]吴安其:《苗瑶语核心词的词源关系》,《民族语文》,2002年第4期,第1—11页。

[78]吴蕾:《西江苗语的并列结构》,《民族语文》,2021年第6期,第97—105页。

[79]吴平:《苗语的情状量词初探》,《贵州民族研究》,1983年第3期,第9页。

[80]吴生毅、吴蕾:《干荣苗语送气擦音的声学特点与共时变异》,《语言研究集刊》,2017年第2期,第339—350页,第38页。

[81]吴秀菊:《勾良苗语前置和后置两种关系从句》,《汉藏语学报》,2013年,第118—136页。

[82]吴秀菊:《汉语和苗语关系从句的语序对比》,《现代语文》(语言研究版),2015年第9期,第140—154页。

[83]吴秀菊:《论湘西苗语的领属结构》,《民族语文》,2020年第3期,第81—90页。

[84]吴秀菊:《论湘西苗语的名词性并列结构》,《贵州民族研究》,2019年第40卷第3期,第8页。

[85]吴秀菊:《湘西勾良苗语名词短语的语序类型学特征》,《怀化学

院学报》，2015年第34卷第7期，第94—97页。

[86]吴秀菊:《湘西苗语勾良话的话题结构》,《广西民族师范学院学报》，2017年第34卷第2期，第56—62页。

[87]吴秀菊:《语言接触中湘西苗语的合成词构词法研究》,《凯里学院学报》，2019年第37卷第4期，第7页。

[88]吴正彪:《黔东方言苗语前缀音节词Ghab的构词特点及语法功能》,《楚雄师范学院学报》，2011年第26卷第10期，第9—12页。

[89]伍新福:《论苗族历史上的四次大迁徙》,《民族研究》，1990年第6期，第103—110页。

[90]向日征:《湘西苗语的四字并列结构》,《民族语文》，1983年第3期，第7页。

[91]谢关艳:《论大营苗语的指示词》,《民族语文》，2020年第4期，第102—108页。

[92]熊朝兰:《浅析文山苗语绿苗话的存在句》,《学园》，2019年第12卷第10期，第134—135页。

[93]严素铭、徐东伦:《黔东苗语并列四字格结构分析》,《贵州民族学院学报（社会科学版）》，1989年第3期，第69—76页。

[94]燕海雄、孙宏开、江荻:《中国南方民族语言塞擦音的类型与系属特征》,《语言研究》，2010年第30卷第4期，第9—17页。

[95]燕海雄:《论汉藏语言塞音的类型与共性》,《云南师范大学学报》（哲学社会科学版），2015年第47卷第2期，第28—35页。

[96]杨建菊、丁光辉、唐录洁:《基于Android的苗语学习手机APP软件研究与设计》,《数码世界》，2018年第157卷第11期，第69—70页。

[97]杨建菊、唐录洁、龙虎:《基于HMM的黔东南少数民族地区苗语连续语音识别系统研究》,《电脑知识与技术》，2017年第13卷第31期，第190—191页。

[98]杨勤盛:《试析川黔滇苗语四音格的结构及其变调规律》:《贵州

民族研究》，1990年第4期，第6页。

[99]杨潇潇：《黔东苗语数量结构和量名结构的中心语》，《黔南民族师范学院学报》，2021年第41卷第4期，第60—66页。

[100]杨再彪、梁锋：《湖南凤凰腊尔山苗语声调实验》，《三峡论坛（三峡文学·理论版）》，2012年第6期，第101—103页，第149页。

[101]杨再彪：《湘西苗语与汉语个体量词“个”用法比较》，引自：李锦芳、胡素华：《汉藏语系量词研究》，中央民族大学出版社，2005年，第334页。

[102]余金枝：《矮寨苗语处置句研究》，《民族语文》，2016年第5期，第47—58页。

[103]余金枝：《矮寨苗语的差比句》，《中央民族大学学报》（哲学社会科学版），2012年第39卷第2期，第130—136页。

[104]余金枝：《矮寨苗语形容词修饰名词语序的类型学特征》，《中央民族大学学报》，2004年第1期，第106—109页。

[105]余金枝：《泰国苗语调查的几个要点》，《百色学院学报》，2017年第30卷第4期，第38—54页。

[106]余金枝：《湘西矮寨苗语四音格词研究》，《中央民族大学学报》（哲学社会科学版），2006年第33卷第3期，第8页。

[107]余金枝：《湘西苗语被动句研究》，《中央民族大学学报》（哲学社会科学版），2009年第1期，第7页。

[108]余金枝：《湘西苗语的连动结构》，《云南师范大学学报》（哲学社会科学版），2017年第49卷第5期，第9—17页。

[109]余金枝：《湘西苗语述宾结构中的一种特殊类别“形容词+名词”结构分析》，《语言研究》，2009年第29卷第1期，第7页。

[110]余金枝：《中泰苗语的差异分析》，《当代语言学》，2016年第18卷第2期，第244—258页。

[111]张成：《论绕家话指示词的语义功能及语序类型》，《凯里学院学

报》，2020年第38卷第5期，第60—65页。

[112]张成：《黔东苗语的并列结构》，《三峡论坛（三峡文学·理论版）》，2020年第6期，第65—71页。

[113]张学文、王林、冯夫健、谭棉、李学林：《基于卷积神经网络的苗语孤立词语音识别》，《软件导刊》，2022年第21卷第2期。

[114]张永祥、曹翠云：《黔东苗语的量名结构》，《中央民族大学学报》，1996年第2期，第68—73页。

[115]张永祥、曹翠云：《黔东苗语的谓_2—体结构》，《语言研究》，1984年第2期，第11页。

[116]赵静：《文山苗语同汉语形修名语序的比较》，《文山学院学报》，2016年第29卷第2期，第62—64页。

[117]朱莎：《关岭歪梳苗苗语名词性短语的语序》，《民族语文》，2021年第1期，第23—34页。

[118]朱晓农、石德富、韦名应：《鱼粮苗语六平调和三域六度标调制》，《民族语文》，2012年第4期，第10页。

[119]朱晓农、吴和德：《高坝侗语五平调和分域四度制》，《语言研究集刊》，2007年。

硕博论文

[1]陈宏：《贵州松桃大兴镇苗语研》，中央民族大学，2010年。

[2]杨光明：《老挝赛颂本苗语语音研究》，山东师范大学，2022年。

[3]曾虹：《湘西苗语声调实验研究》，湖南师范大学，2014年。

[4]李学林：《贵州省中部苗语语音自动标注方法研究》，贵州民族大学，2020年。

[5]娄朦朦：《文山苗语话题结构研究》，云南民族大学，2015年。

[6]马桂馨：《大浪苗语介词研究》，中央民族大学，2021年。

[7]史庆贺：《苗语方位词的认知语义学研究》，湖南大学，2019年。

[8]王大江：《大南山苗语虚词研究》，贵州大学，2016年。

[9]王丹：《中部方言苗语状词研究》，贵州民族大学，2016年。

[10]王薇阳：《养蒿苗语连动结构研究》，中央民族大学，2018年。

[11]吴金标：《文山苗语状词研究》，云南师范大学，2020年。

[12]吴生毅：《凤凰苗语鼻冠阻塞音的声学实验研究》，上海师范大学，2014年。

[13]熊朝兰：《文山苗语四音格词研究》，云南师范大学，2021年。

[14]杨波：《现代苗语方言鼻冠音声母声学实验分析》，中央民族大学，2005年。

[15]杨棋媛：《小水井苗语声调实验研究》，云南民族大学，2016年。

[16]杨廷友：《文山苗语被动句研究》，云南师范大学，2020年。

[17]杨雪：《川黔滇次方言苗语状词研究》，三峡大学，2020年。

[18]杨悦：《湘西矮寨苗语的类型学描写》，三峡大学，2019年。

[19]张丽：《苗语滇东北次方言重叠式研究》，贵州民族大学，2022年。

[20]赵志娟：《四川古蔺大寨苗语语音及类型特征》，吉首大学，2020年。

[21]周清芳：《苗语下寨话名词短语语序研究》，云南师范大学，2022年。

[22]朱雪梅：《汉苗语四音格词比较研究》，吉首大学，2012年。

外文文献

[1]Aikhenvald，A.Y，*Classifiers—A Typologyof Noun Categorization Devices*.Oxford：Oxford University Press，2000.

[2]Allan，K.*Classifiers[J].Language*，1977，（2）.

[3]Bisang, W.*Classifiers, Quantifiers and Class Nouns in Hmong*.Studies in Language, 1993, 17（1）: 1–51.

[4]Crothers.*TypologyAnd Universals Of Vowel System*[A].In: Greenberg（Ed）, Universals Of Human Language Volume 2 Phonology, Stanford: Stanford University Press, 1978.

[5]Fuller, J.W. 1985. *On the Passive Construction in Hmong. Minnesota Papers in Linguistics and Philosophy of Language 10.*

[6]Fuller, J.W. *1985. Zero Anaphora and Topic Prominence in Hmong. In the Hmong in Transition*, ed. by G.L. Hendricks, B.T. Downing, and A.S. Deinard.

[7]Fuller, J.W. *1987. Topic Markers in Hmong. Linguistics of the Tibeto Burman Area 10.*

[8]Fuller, Judith Wheaton. *1985. Topic And Comment In Hmong*（*Southeast Asia, China, Thailand, Vietnam*）, *PhD dissertation.* University of Minnesota.

[9]Hock, H.H.*Principles of Historical Linguistics.Moutonde Gruyter*, 1991.

[10]Li, C. 1991. *The Aspectual System of Hmong. Studies in Language 15.*

[11]Lyman T A . *c* : *Dictionary of Mong Njua A Miao*（*Meo*）*Language of Southeast Asia. 1974.*

[12]Maddieson, Ian. *Patterns Of Sounds [M], Cambridge University Press.1984.*

[13]Matthias Gerner, Walter Bisang. *Classifier Declinations in an Isolating Language: On a Rarity in Weining Ahmao, LANGUAGE AND LINGUISTICS*, 2010: 579.

[14]Matthias Gerner, Walter Bisang.*Classifier Declinations in an Isolating Language: On a Rarity in Weining Ahmao, LANGUAGE AND*

LINGUISTICS，2010，p579.

[15]Sagart.L. *Chinese and Austronesian*：*Evidence for a Genetic Relationship. Journal of Chinese Linguistics*，1993，21（1）：1-63.

[16]Thomason.Sala.G. *Language Contact*：*An Introduction*.世界图书出版公司北京公司，2014年。

[17]Trask.R.L. *Historical Linguistics*，*Foreign Language Teaching and Reserch Press*，2000.

其他文献

[1]https：//wals.info/languoid/lect/wals_code_hmo.

[2]http：//www.cnyl.gov.cn/contents/1371/38851.html.

[3]https：//yunnan.tianditu.gov.cn/MapResource.